新时代发展经济学

Development Economics in the New Era

洪银兴　任保平　著

高等教育出版社·北京

内容简介

发展经济学是以发展中国家经济发展为对象的系统性经济学说，本书所阐述的新时代发展经济学是指进入新时代的中国发展经济学，以中国发展问题为导向讲中国故事，对经济发展的中国道路进行理论说明。内容包括经济发展的新时代、以人民为中心的发展目标、社会主义现代化和现代化经济体系、经济发展的质量和经济发展方式、经济发展的可持续性和绿色发展、扩大内需、供给侧的结构性改革、经济发展的创新驱动、产业结构转型升级和工业现代化、农业现代化和新型城镇化、区域经济发展和协调、金融服务实体经济、经济全球化和开放型经济、经济发展的市场化推动、经济发展的政府推动。本书适合于发展经济学领域的教师、研究生以及本科生的研究和学习，同时也适用于实际经济工作部门的党政干部和企业管理人员阅读和学习。

Brief Introduction

Development economics is the systematic theory that describes economic growth in developing countries. This new study uses that theory to explain the China Path of economic development, tell China's stories through the lens of its development issues, and demonstrate how the Chinese economy is entering a new era. The book covers topics that focus on economic development in the new era, people-centered development goals, socialist modernization, modern economic system, the quality and mode of economic development, and sustainability and green development. It also includes research on the expansion of domestic demand, structural reforms on the supply side, innovation drive of economic development, the transformation and upgrading of industrial structure, industrial and agricultural modernization, the new urbanization, regional economic development and coordination, financial services for the real economy, economic globalization, open economy, and the marketization and government's promotion of economic development. This book is suitable for scholars and instructors as well as graduate students and undergraduates in economic development studies. It is also relevant for the Party and government officials as well as business management personnel engaging in the actual economic work.

目　　录
Contents

导论　在新的历史起点上建构新时代发展经济学

发展经济学是以发展中国家经济发展为对象的系统性经济学说。中国的发展经济学则以中国的经济发展为对象。各个国家的经济发展是有阶段性的。已有的发展经济学针对处于贫困阶段的发展中国家研究发展问题。中国已经告别低收入阶段进入上中等收入发展阶段,经济发展也由高速增长转向高质量发展。本书所阐述的新时代发展经济学实际上是进入新时代后中国的发展经济学。

一、新时代发展经济学研究对象

发展经济学产生于 20 世纪 40 年代。当时刚刚取得独立的原有的殖民地半殖民地国家都面临着经济发展问题,这些国家被称为发展中国家。摆脱贫困,建立独立的产业体系,实现经济起飞是进入成长阶段的发展中国家的主题。在此背景下应运而生的发展经济学以发展中国家的经济发展为研究对象,研究发展中国家经济从落后状态发展到现代化状态的规律性。

发展经济学作为一门独立的学科出现,是因为已有的经济学(包括微观经济学和宏观经济学)基本上是以发达国家的成熟规范的经济为背景的,经济学所要解决的问题是资源配置问题,这种经济学不能包容发展中国家的特殊问题。正因为发展中国家具有自身的特殊性,其发展有特殊的规律性,特别是这些国家所面临的最紧迫问题是发展问题,所以由此就产生了以发展中国家为对象、以发展为宗旨的发展经济学。

第二次世界大战后兴起的发展中国家有两类:一类是以公有制为基础的社会主义国家;另一类是走资本主义道路的民族独立的国家。虽然各个国家的社会制度不同,所选择的发展道路也不尽相同,但各个国家所面对的不发展状况是相同的,所要解决的发展问题也有共同之处。在发展问题上,各个发展中国家有许多相同的问题、相同的经验教训、相同的发展目标、相同的规律性。因此有可能形成某些为许多不同类型的发展中国家所适用的一般理论。从发展中国家的发展现实中可以发现,有不少发展中国家已经走出了低收入发展阶段,这样,发展中国家的经济发展阶段可以区分为低收入国家发展阶段和中等收入国家发展阶段。相应的发展理论也应该有所不同。

发展经济学建立之初是以处于低收入阶段的发展中国家为对象的,是摆脱贫困推动发展实现起飞的经济学。新中国是从半殖民地半封建国家脱胎而来的,因此发展经济学对处于低收入发展阶段中国的经济发展起过积极的作用。例如以高积累、高投资率支持经济增长,农业剩余劳动力向工业转移,城市化,工业化等。

中国经济发展的指导思想是马克思主义经济学。根据马克思主义经济学理论,生产力的发展就是经济发展。发展生产力,一方面靠调整和完善生产关系。这方面的理论由政治经济学提供,突出的是改革。另一方面是根据生产力自身发展的规律来发展生产力,突出的是遵循规律的发展。揭示这种规律的就是以马克思主义经济学为指导的发展经济学。

本书之所以称为新时代发展经济学,主要有以下两个"新":第一是新范式。已有的发展经济学虽然以发展中国家为对象,但基本上是由发达国家经济学家所写,并且是以发达国家经济发展为发展样板的。本书则是以当代中国的马克思主义理论为指导,虽然也会用到部分西方发展经济学理论,但是以中国发展问题为导向讲中国故事。第二是新时代。已有的发展经济学都是针对处于贫困阶段的发展中国家研究其摆脱贫困问题。本书所要研究的是摆脱贫困后的全面建设小康社会的实践,尤其注重全面小康社会建成以后的发展问题,即现代化问题。从这一意义上说,本书所阐述的发展经济学实际上是进入新时代的中国的发展经济学。

始于 1978 年的改革开放解放了生产力,推进了工业化、城市化和经济的国际化。经过 40 多年的改革开放,中国经济发展水平进入了新的历史起点。

特别需要指出的是,中国的小康社会即将全面建成,相应的现代化建设的大幕已经开启。世界各国都高度关注中国所创造的经济奇迹和经济理论,因此,研究并总结经济发展的中国道路并将其上升为理论就成为中国发展经济学理论建设的重要使命。

本书所要阐述的中国经济发展理论涉及两个方面:第一是阐述中国由低收入国家发展成为中等收入国家所走过的发展道路,当然更多的是对经济发展的中国道路进行理论说明。第二,也是最为重要的,研究并阐述以进入中等收入国家发展阶段为起点的经济发展(现代化)道路,这需要发展理论的创新。

中国经济发展进入新时代的一个重要基础是告别低收入阶段进入中等收入甚至是中上等收入阶段。进入中等收入国家行列后面临的最大风险是"中等收入陷阱"。现实中的拉美国家早就进入中等收入国家行列,但却迟迟不能进入高收入国家行列,人均国民收入难以突破 1 万美元。究其原因:一是发展方式问题。发展水平虽然进入了中等收入国家发展阶段,但发展方式仍然停留在低收入国家发展阶段。二是发展目标问题。进入中等收入国家发展阶段后人民群众所要分享的发展成果得不到满足,尤其是公平分配、健康、教育和环保等方面的诉求得不到满足,由此产生的社会矛盾阻碍经济的进一步发展。当然,进入中等收入阶段并不必然陷入"中等收入陷阱"。发展经济学的创新就是要为跨越“中等收入陷阱”提供理论指导。为此,新时代的发展经济学要为转变经济发展方式提供理论指导。不能把低收入国家走向中等收入国家时所采取的那种发展方式延续到中等收入发展阶段。不仅如此,还要为开启现代化新进程提供理论指导,揭示由中等收入国家向高收入国家发展的进程和规律。这样,指导经济发展的发展经济学就由摆脱贫困的发展经济学转向富裕人民的经济学,由指导经济起飞的经济学转向指导现代化的经济学。

二、 发展经济学家发展观的演变

发展理念决定发展理论。为了明确现阶段经济发展理论创新的重点,需要回顾世界范围内几代发展经济学家的发展观的演变。

第一代发展经济学家产生于20世纪40—50年代初,以哈罗德-多马模型为代表。其发展观可以概括为:① 发展的重点在GDP的快速增长。② 所提出的经济增长模型明确经济增长是劳动、资本、土地等生产要素的函数。十分重视生产要素的投入对经济增长的作用,特别是把资本积累作为发展的必要条件。③ 侧重工业化对发展的作用。这个发展理论对许多发展中国家发展观的形成产生了很大的影响。

第二代发展经济学家基本上从20世纪50年代末开始,直至90年代。以库兹涅茨(Kuznets)、索罗(Solow)、舒尔茨(Schultz)、罗默(Romer)等研究现代经济增长的经济学家和罗马俱乐部的世界末日报告为代表。其发展观可以概括为:① 明确认为增长不等于发展,由关注经济增长的数量转向关注长期增长的能力,特别是结构调整和优化的作用。② 由过去的单纯追求物质要素的投入转到了技术进步和制度要素,人力资本受到重视。③ 由单纯追求经济的增长转向关注环境与可持续发展。④ 由侧重工业化转向关注农业和农村发展。

新一代发展经济学家从21世纪开始,以阿马蒂亚·森(Amartya Sen)、约瑟夫·斯蒂格利茨(Joseph E.Stiglits)和世界银行为代表。其发展观可以概括为:① 不仅仅是增长速度,而且增长的质量也同样重要,增长的来源和模式影响着发展的效果。② 发展意味着增长加变革,变革不仅仅是国内生产总值的增长,还有其他目标。③ 高质量的增长需要有更宽泛的发展标准。例如,减少贫困、分配公平、环境保护,以及增强人的能力和以自由为目标的发展。因此成功的发展政策不仅必须确定实际收入怎样能以更快的速度增长,还必须确定实际收入怎样能够用来实现“发展”中的其他价值。④ 自由是发展的首要目的,也是促进发展的不可缺少的重要手段。

杰拉尔德·迈耶(Gerald M.Meier)用图表概括了发展思想的演进,见图0-1。[①]

---

① [美]杰拉尔德·迈耶、约瑟夫·斯蒂格利茨:《发展经济学前沿:未来展望》,中国财政经济出版社2003年版,第19页.

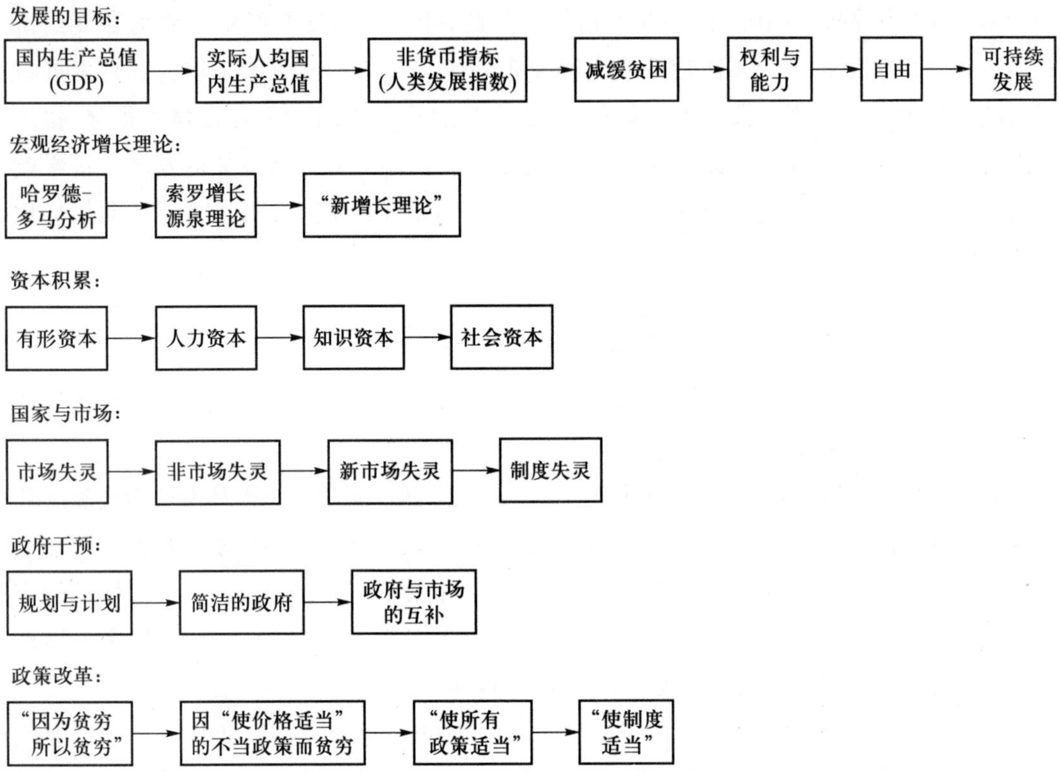

图 0-1 发展思想的演进

借鉴上述演进的发展思想，在中国摆脱贫困进入全面小康阶段并且从低收入国家进入中等收入国家以后，所要吸取的发展经济学理论也应该与时俱进。低收入国家时期的发展理论能够说明我们过去的发展进程，但不可能完全成为今天经济发展的指导。

中国进入新时代后，习近平对发展观进行了新的概括，这就是：“有质量、有效益的发展，必须是遵循经济规律的科学发展、遵循自然规律的可持续发展、遵循社会规律的包容性发展。”①在此基础上形成了创新、协调、绿色、开放、共享的新发展理念。新发展理念立足于社会主义初级阶段基本国情，总结我国发展实践，借鉴国外发展经验，适应新的发展要求，体现了经济发展理论的时代化和中国化。

我国在进入新时代后研究发展问题必须明确：中国仍然并长期处于社会主义初级阶段，发展仍然是硬道理，经济建设仍然是中心，但需要转变经济发展的理念。这主要涉及四个方面：一是由追求 GDP 增长转向追求人民收入水平的提高，这是由“强国”向“富民”的提升。二是让人民公平合理地分享经济增长成果，保障和改善民生，促进社会公平正义。三是构建资源节约、环境友好的生产方式和消费方式，实现人与自然的和谐。四是形成人

① 《习近平总书记系列重要讲话读本》，学习出版社 人民出版社 2016 年版，第 146 页。

类命运共同体的创新思维，对我国的经济发展方向重新定位，把握好自身在全球经济分工中的新定位，创造参与国际经济合作和竞争的新优势。显然，贯彻新发展理念的基本路径是转变经济发展方式，走上“生产发展，生活富裕，生态良好”的文明发展道路。

三、新时代发展经济学的基本框架

根据上述发展观和发展理念的演化，从中国的实际出发，本书所要阐述的新时代发展经济学的基本框架主要包含以下内容：

（一）关于经济发展目标的研究

依据新发展理念确立的经济发展目标所涉及的内容，以及经济发展目标需研究的课题主要有三：第一，以人民为中心的发展观及其实现路径的研究。过去作为发展中大国实施赶超战略，以 GDP 总量增长为导向，以投资为主要拉动力。现在经济发展转向以人民为中心的发展，经济发展目标需要由单纯追求 GDP 增长转向人民收入水平的提高，并且把 GDP 总量翻番和人均收入倍增的目标并列，反映我国经济发展目标既要“强国”又要“富民”。第二，人均收入进入中等收入国家水平后如何避开“中等收入陷阱”研究。其基本路径是由效率性增长转向公平性增长，相应的收入分配政策选择需要由效率优先转向兼顾公平与效率。第三，关于富裕人民的研究。谋求人民富裕可说是经济发展的首要目标，包含丰富的内容。经济发展到现代阶段，富裕人民不仅涉及加快经济增长问题，还涉及经济增长成果如何分配才能使人民群众得到最大收益、最大的社会福利的问题。目标是广大人民公平合理地分享增长的成果，最终实现共同富裕。其次是满足人民对美好生活的需要。

（二）关于现代化的研究

按照现代化的时序，我国要在 2020 年全面建成小康社会，紧接着进入现代化建设阶段，目标是在 21 世纪中叶成为富强民主文明和谐美丽的社会主义现代化强国。为此，经济发展理论研究的任务是贡献现代化理论。现代化研究主要有三个层面：首先，是现代化目标和内涵研究。现代化与全面小康相比，不是简单的数量评价指标上的改变，而是质的提升。这就涉及现代化的目标和参照系的设定以及基本现代化评价指标的确定。过去现代化以追赶发达国家为目标，现在的要求不只是追赶，还包括部分领域的超越。其次，现代化道路的选择至关重要。现代化进程指的是进入现代增长阶段，大致包括科学技术的现代化，经济结构的现代化，人的现代化。最后，开启现代化的行动，就是建设现代化经济体系，涉及现代化的产业体系，城乡体系，区域体系，分配体系，开放体系，市场体系和经济体制。

（三）关于经济发展方式的研究

增长不等于发展。经济发展理论需要对经济发展方式及经济发展方式转变的目标和路径做出科学的说明。已有的发展理论说明了由粗放型经济增长向集约型经济增长转变的内涵。进入新时代所研究的转变经济发展方式比转变经济增长方式的范围更广，要求更高。涉及质量变革、效率变革、动力变革。需研究的问题主要涉及四大转变：首先是经济发展的引擎由外转内，扩大内需成为战略基点，相应地需要研究使国内市场总体规模位居世界前列的条件和途径。其次是经济增长由主要靠投资和出口拉动向消费、投资和出口协同拉动转变。既要突出消费的基础性拉动作用，又要重视消费、投资和出口在拉动经济增长中相互协同。第三是供给侧结构性改革及相应的经济结构的调整成为转变经济发展方式的主攻方向。需要根据我们当前所处的工业化发展阶段研究三次产业的转型升级问题。特别需要研究将建立结构优化、技术先进、清洁安全、附加值高、吸纳就业能力强的现代产业体系作为产业结构转型升级的方向。

（四）关于创新驱动发展战略的研究

科技进步和创新是加快转变经济发展方式的重要支撑。长期以来，由于我国是一个发展中国家，科技经济水平落后于发达国家。相应的技术创新观是实施跟随策略，通过学习和引进，在发达国家之后发展高科技和新产业。现在，我国成了世界第二大经济体，世界是平的，经济全球化与科技全球化互动。相应的技术创新观就要由过去的跟随转向引领，与发达国家进入同一起跑线，在某些重点领域实现跨越，在部分领域占领世界科技和产业的制高点，由世界科技的跟随者转变为引领者。为此所需要的研究课题主要涉及四个方面：首先是研究创新驱动的内涵和现实形式。创新驱动不只是解决效率问题，更重要的是依靠无形要素实现要素的新组合，是科学技术成果在生产和商业上的第一次应用和扩散，是创造新的增长要素。特别要明确创新的核心技术是国之重器。其次是研究新科技革命条件下的技术创新路线图。过去技术创新的源头在企业，现在技术创新的源头转向了来自大学和科研院所的科学技术的新突破，产学研的深度融合就成为研究重点。再次是研究国家创新体系建设，特别关注科技成果的转化。需要研究知识创新和技术创新的衔接和集成的机制以及激励创新的制度，重视协同创新研究。最后是研究知识资本和人力资本在创新驱动和现代经济增长中的决定性作用。

（五）关于二元结构的研究

中国的二元结构现代化问题是发展的基本问题。进入新时代，传统意义的工业化、城镇化任务已经基本完成。经济发展面对的突出的不平衡问题，是地区之间、城乡之间发展不平衡、不协调。与此相关的协调发展研究课题主要有三:首先是“三农”现代化研究。我国已有的“三农”发展是在“三农”以外解决“三农”问题,即以非农化解决农业问题,以城镇化解决农村问题,以市民化解决农民问题。现在“三农”问题进入了新的起点,需要直面“三农”来解决“三农”问题:推进农业现代化,富裕务农农民,提高农业劳动生产率和附加值,建设社会主义新农村。其次是城镇化研究。中国曾经创造了不同于其他国家农民进城的就地转移的城镇化模式。现在实施乡村振兴战略,城镇化有了新的内容,一方面是推进城乡一体化,另一方面是推进人的城镇化,使广大农民享有平等的市民权利。再一方面是要振兴农村的最基层——乡村。最后是工业现代化、农业现代化、城镇现代化和信息化同步发展。我国的二元结构还有地区发展不平衡问题。根据协同发展要求,克服二元结构还有区域协调的内容。其路径是区域经济一体化和重塑经济地理。

(六)关于可持续发展的研究

由工业文明时代转向生态文明时代是进入新时代的重要标志。全球性气候变化以及能源资源安全、粮食安全等问题,成为世界共同关注和研究的领域。可持续发展研究涉及人口、资源和环境等领域,目标是解决当代人的发展不影响后代人的福利问题。发达国家是在完成工业化后提出可持续发展要求的,我国是在工业化还没有完成时提出可持续发展要求的。根据绿色发展的理念,生态也是财富。我国的可持续发展研究不仅迫切,而且复杂。因而研究内容众多,主要涉及四个方面:第一是研究资源节约型和环境友好型社会的建设,这种社会的建设不只是生产问题,空间格局、产业结构、生产方式、生活方式多方面的发展模式。第二是研究经济增长的自然极限。人口、资源、生态和环境同经济增长是一个相互制约系统,土地资源、矿产资源和环境资源的严重稀缺给经济增长设置了自然界限。对这个界限需要敬畏它,需要解决好节能减排,减少碳排放的问题,同时也要通过各种投入和技术进步去增强资源环境对增长的承载力。第三是人与自然和谐共生的生态文明研究。要将尊重自然、顺应自然、保护自然的生态文明理念,融入经济建设、政治建设、文化建设、社会建设各方面和全过程,努力建设美丽中国,实现中华民族永续发展。第四是可持续发展的制度研究,把资源消耗、环境损害、生态效益纳入经济社会发展评价体系,建立体现生态文明要求的目标体系、考核办法、奖惩机制。

(七)关于开放型经济的研究

在现代社会中,任何一个国家的经济发展都有其国际背景。在经济全球化和中国过去40多年改革开放的背景下,中国的经济开放水平已经大大提高。在中国成为世界第二大经济体,欧美等发达国家经济增长速度减缓,并出现反全球化逆流的新背景下,中国不可能再为开放而开放。根据开放发展的新理念,我国经济的对外开放有两个重要转型:一是建设人类命运共同体,参与全球经济治理;二是开放要同提高自己的经济发展水平,增强自己的国际竞争能力结合起来。因此,开放理论和政策需要从以下五个方面研究调整。第一,以出口导向和吸收外资为主转向进口和出口、吸收外资和对外投资并重。第二,参与全球化经济由突出自己的资源和劳动力的比较优势转向谋求竞争优势。依靠并培育国际竞争优势从而提高开放效益就成为新的开放战略。第三,引进国外要素的重点由物质要素转向创新要素。现代经济增长的重要特点是广泛利用世界范围内的技术和知识存量。前一时期我国主要通过引进外资来引进国外先进技术。现在我国实施创新驱动发展战略,引进的重点转向国际创新要素,特别是高端创新人才,国际合作也重点转向科技合作。第四,对外开放与扩大内需的战略基点结合。其中包括外资准入的范围由制造业扩大到金融、教育、文化、医疗等服务业领域。第五,作为世界经济大国的对外开放需要建立开放型经济新体制,涉及金融、外贸、外汇等体制全面开放,涉及人民币汇率市场化、人民币自由兑换、资本自由流动等制度性建设。

(八) 关于经济制度的研究

发展的基础和动力在制度。制度创新是推动经济发展的决定性要素。对后起的发展中国家来说,有效的发展管理尤为重要。现实中没有一个发展中国家不是借助市场有效配置资源的功能和政府强有力的管理取得成功的。我国转向市场经济体制,并且明确市场决定资源配置,这就为提高资源配置效率奠定了制度基础。但是在发展中大国推动经济发展离不开政府的作用。与此相关的发展问题主要涉及三个层面:首先,推动发展的市场作用和政府作用的有效结合。例如,经济结构调整,既要依靠市场选择和优胜劣汰,又要靠国家的产业政策来引导产业结构的转型升级。再如创新驱动,既要市场导向和市场竞争的压力,又要政府实施重大科学创新计划,建立激励创新的体制和机制。其次,完善国家宏观调控机制。宏观调控在确定经济增长的下限(失业率、收入增长率)和上限(通货膨胀率)的宏观经济合理区间内,实行中性的货币政策,国家不会随意出台刺激或紧缩货币的政策,给市场作用留出更大空间。最后,是完善发展管理,尤其是发展项目的管理。发展中国家的发展项目面广量大。社会基础设施的建设、重大民生工程以及参加国际竞争等重大的发展项目,尽管都由企业来实施,但需要政府的规划和管理。国家需要寻求科学而合理的项目评估方法,以保证有限的发展资金取得最大的效益。

发展中国家处于发展中,发展经济学也在发展中。建立新时代社会主义发展经济学是个宏大的工程,就目前来说,社会主义发展经济学研究才刚刚起步,许多带有社会主义特点的发展问题还有待深入探讨,社会主义发展经济学的体系也有待讨论。本书的作者有志于为创立适合中国国情的社会主义发展经济学添砖加瓦。尽管社会主义发展经济学起步较晚,但它起点高。它不仅有西方发展经济学的理论材料可资利用,更重要的是它有科学的马克思主义经济理论作为指导,有中国发展的许多经验教训作为背景材料。因此,新时代中国特色社会主义发展经济学可以较快地形成和完善起来。

第一章　中国经济发展进入新时代

我国是世界上最大的发展中国家，仍然并将长期处于社会主义初级阶段。这两个国情定位意味着我国面临着重大发展问题。当今的中国已经告别低收入阶段，不止进入了中等收入阶段，甚至进入上中等收入阶段。经济发展进入新时代，即由高速增长阶段转向高质量阶段发展。与此相应，创新、协调、绿色、开放、共享成为发展的新理念。

第一节　经济成长的阶段和经济起飞

低收入阶段的发展经济学主要用以下两个指标来衡量发展中国家经济的落后性：

首先是人民生活的低水平。现在占世界人口 3/4 的发展中国家只享有 15%的世界所得。发展中国家面临许多社会经济问题，如人民生活贫困，就业困难，失业严重，贫富两极分化，文化教育发展缓慢，环境生态恶化，等等。发展经济学通常用每人每天摄取的热能量和蛋白质量、人口出生率、婴儿死亡率、平均寿命、文盲率来衡量各国人民的物质和文化生活水平。发展中国家的热能和蛋白质摄取量、平均寿命等指标大大低于发达国家，而人口出生率、文盲率却远远高于发达国家。

其次是经济结构的低水准。一方面，工业化水平低，农业在国民经济中的比重太高。发展中国家作为总体，其人口绝大部分在农村，一般占 80%，而发达国家分布在农村的人口在 35%以下。就劳动力来说，发展中国家的农业劳动力占 66%，而发达国家为 21%。农业产值占国民生产总值（GNP）的比重发展中国家为 32%，发达国家为 8%。占总劳动力 66%的农民生产的产值只占 GNP 的 32%，足见发展中国家农业生产率之低。另一方面，发展中国家的进出口结构反映对发达国家的依赖性。发展中国家作为一个整体，其输出额不到世界出口总额的 30%。出口的品种主要是初级产品。初级产品要占到出口商品的 80%。出口生产为外国资本占有或控制。发展中国家进口数量较大，进口品主要是制成品。这样，发展中国家经济外向后，对外国资本的依赖性一般较强。

新中国建立时在经济落后性方面除了具有发展中国家的一般特征外，还有自己的特点，那就是底子薄、人口多、人均耕地少。帝国主义、封建主义、官僚资本主义长期的掠夺压迫,使中国成了贫穷落后的国家。

一、经济成长阶段

一个国家从贫穷走上富有,需要经过从传统走上现代,从低级阶段走上高级阶段的发展阶段。明确所处发展阶段的阶段性特征尤为重要。

根据罗斯托(Rostow)的分析,经济成长分为六个阶段:

(1) 传统社会。其基本特征是,不存在现代科学技术,生产力水平很低,75%以上的人口从事农业。家族和氏族关系在社会组织中起很大作用。

(2) 为起飞创造条件的阶段。这是从传统社会向起飞阶段发展的过渡中社会。

(3) 起飞阶段。这是一个社会由传统类型转向现代类型的根本转变过程。

(4) 向成熟推进阶段。在这个阶段,社会能有效地把现代技术应用到各个经济领域。

(5) 高额群众消费阶段。这时,社会进入工业高度发达时期,汽车、耐用消费品广泛推广使用。

(6) 追求生活质量阶段。这时,以服务业为代表的提高居民生活质量的有关部门(文化、教育、卫生等)成为主导部门。

在这六个阶段中,第三和第六两个阶段在社会发展过程中具有突破性意义。现在西方许多发达国家已分别进入第五、第六阶段,而发展中国家大都尚处于第二、第三阶段。

二、经济起飞

起飞是经济发展的重要概念。从经济学角度界定的现代化是指经过起飞进入现代经济增长阶段。用罗斯托的起飞理论来说就是,一个国家要实现现代化必须经过起飞阶段。在我国,起飞就相当于现在正在推进的全面建设小康社会,因此,很有必要研究起飞的内涵和作用。

对于落后国家来说,经济发展的主要问题是发展的起步,一旦起步,朝现代工业国家发展便是自然而然的趋势。就好比一架飞机,一经起飞,没有特殊情况会一往直前地飞往目的地。因此,起飞可以说是一个社会在历史上的明确分界线。进入这个阶段后,创新过程不再是杂乱无章的,它成了这个社会的生活中有规则、制度化的一部分。束缚经济增长的阻力最终被克服,增长成为正常的条件,经济进入自我持续增长的阶段。许多发展中国家的经济之所以阻力大、起伏不定,就因为它们的经济尚没有进入起飞阶段。

飞机起飞时,为了冲破各种阻力需要足够的能量和良好的发动机。同样,一个国家的经济起飞需要具备以下三个条件:

(1) 起飞的动力:生产性投资在国民生产总值中的比率达到较高的水平。罗斯托的经验数字是投资率达到 10%。当然这种投资率是以一定的人口增长率、资本产出率为基础的。

（2）起飞的引擎：起飞的强有力的引擎是一个或几个新的制造业部门迅速增长成为主导部门。这些部门具有高的增长率，能通过前向和后向联系对整个经济产生重大的扩散效应；而社会已准备好，在制度上、结构上、文化上积极地响应这种影响，充分利用主导部门的潜能。

（3）起飞的跑道：存在或出现一个能够促使现代部门增长，使起飞带来外部经济效果，并使增长具有连续性的政治、社会和制度体系。我国正在建立的社会主义市场经济体制就是这种制度。

各国经济发展的实践表明，起飞是各国经济成长不可回避也不可逾越的阶段。经济起飞阶段不是突然冲天而起的，这就需要为起飞创造条件。这些条件根据罗斯托的分析大致包括：要有最低限度的社会基础资本（如交通、动力资源）的建设，增加农产品生产，扩大国内外贸易，训练劳动力，出现最低限度的企业家。其中基础资本建设和企业家最为重要，它们是起飞的先行资本。因为它们可为主导部门的扩散效应准备技术条件和行为规则。

罗斯托曾以中国的“大跃进”为例指出，在没有相应的前提性的资本准备的情况下开始起飞的国家，它们在结构上的缺陷会导致起飞年代的严重问题。

对中国来说，长期以来一直支撑着中国传统社会结构的自然经济及以此为基础的中央集权、闭关锁国，是推进现代化的障碍。我国的对外开放、发展市场经济，就是为实现经济起飞、推进现代化创造条件。

实现起飞需要多长时间？在罗斯托看来，一个社会要显示它有能力克服最初的增长高涨可能带来的结构性危机，并且不断引进持续增长所依赖的新技术，需要相当长的时间（罗斯托估计为20年）。这是依据先行发达国家的经验得出的结论，不能完全套用到当代的发展中国家。就资本形成与起飞的关系来说，后起国家起飞所需要的资本并不完全依赖国内储蓄，它们可以利用外国技术、外国专家、外国资本和外国设备，这些是先行工业化国家所没有的。当然后起国家也有先行国家所没有的困难，这就是海外市场已被先行国家所占领，打开国际市场受到很大的限制。而且不能把储蓄率和起飞的关系绝对化。现在许多发展中国家的储蓄率都已超过了罗斯托设定的标准，但几乎没有一个国家敢声称其经济发展的“中心问题”已经解决。原因是在发展中国家，与储蓄率提高相伴的是资金的大量浪费。例如，错误地选择投资项目，在实施和管理方面效率很低，采取了错误的价格政策等。

后起的发展中国家如果抓住了某些机遇，便可缩短为起飞创造条件的进程。例如，突然发现某种资源，这种资源可以大量出口，在国际市场上销路很好。或者外销产品在国际市场上畅销，利润很大，外汇收入迅速增加，国家便有能力从国外大量进口机器设备，国内许多工业因此得以很快建立。在当今的全球化进程中,中国必须牢牢抓住国际国内市场提供的良机,尽快实现起飞。

增长有利益也有代价,还有摩擦,需要寻求最低代价的现代化道路,并做好相应的制度安排。首先是经济增长的自然资源代价。现代化进程需要解决好可持续发展问题。只有在资源得到充分而有效的利用、环境污染得到有效的控制、劳动者的闲暇时间增加的基础上实现的增长才是有价值的。其次是现代化的社会代价。库兹涅茨(Kuznets)曾经指出了这方面的某些表现。例如,城市化造成的生活条件的变化显然包含各种各样的损失和收益;从乡村迁往城市,要承受巨大的损失;学习新的技能并失去过去所掌握技能的价值,是一种浪费;结构调整会使农民、小生产者和土地所有者地位下降;现代化会导致利益结构的调整,一些群体过去存在的相对稳定的地位如果持续地处于动荡中,便孕育着冲突,等等。基于这些,库兹涅茨指出:为了现代经济增长而把由于经济和社会结构的迅速变化而不断产生的冲突在萌芽状态中加以解决,那么,现代的经济增长便可以说是有控制的革命过程①。

第二节　经济发展新时代的重大发展问题

一、经济发展的新起点

正确判定发展中国家经济的水平,明确其发展的起点特征,是确定经济发展目标和相应的发展战略及政策的前提。

中华人民共和国成立以后我国的经济建设取得了巨大的成就,尤其是经过 40 年的改革开放,我国从根本上改变了贫困落后的面貌。现在中国的经济发展经过全面小康社会建设进入了新的历史起点。这主要表现在以下几个方面:

第一,GDP 总量 2010 年达 40.1 万亿人民币(5.88 万亿美元),成为世界第二大经济体。2017 年达 827 122 亿元人民币(12.24 万亿美元),远超处于第三的日本(48 844.9 亿美元)。与此同时,中国成为世界最大的出口国和外汇储备国,世界第二大制造业大国。表明中国的世界经济地位发生了重大变化。

第二,人均 GDP,2011 年达 35 083 元(5 432 美元),标志着我国在成为世界第二大经济体的同时,由低收入国家进入中等收入国家行列。2018 年人均 GDP 超过 64 600 元人民币(约 9 780 美元)。这是上中等收入国家的发展水平,意味着我国的经济发展进入新的历史

① [美]库兹涅茨:《现代经济增长》,载布莱克编:《比较现代化》,上海译文出版社 1996 年版,第 280 页。

起点。

第三,2011 年农业比重降到 10.1%,工业比重达 46.8%,城市化率也过了 50%。2018 年第一产业增加值占国内生产总值的比重为 7.2%,第二产业增加值比重为 40.6%,第三产业增加值比重为 52.2%。2018 年城市化率达 59.58%。这意味着中国已经从农业国变为工业国,被称为新兴工业化国家。

第四,中国的经济增长直至 2012 年平均增长速度为 9.9%,可以说是连续的高速增长。但是 2012 年以后,6.5%~7%的中高速增长成为新常态。这是为转向高质量发展转变发展方式留出空间。

总地来说,我国进入经济发展新起点的主要表现是:稳定解决了十几亿人的温饱问题,到 2020 年将全面建成小康社会,社会生产力水平总体上显著提高,社会生产能力在很多方面进入世界前列。在生活质量方面,人均热量摄取量、婴儿死亡率、成人识字率和预期寿命均达到中等收入国家水平。

需要清醒地认识到,我国仍处于并将长期处于社会主义初级阶段的基本国情没有变,我国是世界最大发展中国家的国际地位没有变。面对人民群众对美好生活的需要,我国在经济发展方面仍然存在不平衡、不协调、不充分、不可持续发展的问题,科技创新能力不强,产业结构不合理,农业基础薄弱,资源环境约束加剧,城乡区域发展差距和居民收入分配差距过大,社会矛盾明显增多,教育、就业、保障等关系群众切身利益的问题较多。所有这些问题都要靠发展来解决。因此,发展仍然是第一要务。

二、跨越“中等收入陷阱”

国际经验表明,进入中等收入发展阶段的国家往往会面对“中等收入陷阱”的压力。

世界银行发布的《东亚经济发展报告(2006)》认为:一些新兴市场国家在进入中等收入国家行列后,陷入“中等收入陷阱”,挣扎在人均 GDP3 000~5 000 美元,并且见不到增长的动力和希望。其典型案例是拉美国家。其基本原因是在低收入发展阶段的经济增长机制和发展模式所推动的经济增长容易出现大幅波动或陷入停滞。在进入中等收入国家发展阶段后,延续原先在低收入阶段的高投入、高消耗的发展方式,其后果是,既无法在工资方面与低收入国家竞争,又无法在尖端技术研制方面与发达国家竞争,国际竞争力明显下降。同时经济快速增长所积累的社会矛盾在进入中等收入国家阶段后集中爆发,突出的社会矛盾主要有三:一是收入分配差距的扩大,二是政府官员的腐败严重,三是资源供给缺乏和环境恶化。所有这些原因使这些国家长期在中等收入阶段徘徊,人均国民收入难以突破 1 万美元,迟迟不能进入高收入国家行列。

当然在拉美国家产生的中等收入陷阱不是在所有国家都发生,例如新加坡、韩国等东亚国家就没有发生,它们通过其推动的现代化进程跨过了这个阶段。但是“中等收入陷阱”的警示作用是显然的。

我国虽然进入了中等收入国家行列，但发展方式在很多方面还停留在低收入国家阶段。其突出表现在：一是发展目标单纯追求 GDP，不重视经济质量和社会发展目标；二是发展要素依赖物质要素投入，创新不足；三是发展条件依靠高储蓄和低劳动成本。现在资源环境供给不可持续，劳动力成本的上升和储蓄率的下降使这种方式的发展进入极限。再就社会矛盾来说，一是收入差距的扩大达到库兹涅茨倒“U”形曲线的最高点；二是腐败指数提高达到库兹涅茨倒“U”形曲线最高点。三是环境破坏指数达到库兹涅茨倒“U”形曲线最高点。特别是经济发展达到中等收入国家水平后，居民生活水平已经或正在进入全面小康阶段。在这个阶段，居民更为关心教育、健康和环保问题，也产生明显的公民维权意识，对公平性发展的诉求日益强烈。在低收入阶段，为谋求发展，人们可以容忍收入差距扩大，而在中等收入阶段，人们不可能继续容忍越来越大的收入差距；更不能容忍权利的不公平以及由此产生的收入差距。所有这些问题解决不好，难免会陷入“中等收入陷阱”。

面对“中等收入陷阱”的压力，中国不能陷进去，必须要跨越过去，跨越“中等收入陷阱”归根结底还是要靠发展。其主要路径，一是要转变经济发展方式；二是转向包容性、公平性发展；三是在继续推进经济发展的同时注重社会发展。

三、潜在经济增长率的改变

所谓潜在经济增长率，是指一国在各种资源得到最优和充分配置条件下，所能达到的最大经济增长率。具体地说，一国的经济增长率取决于以下要素：劳动数量和质量的提高（通过人口增长和教育）、资本的增长（通过储蓄和投资）、技术进步。除此以外，经济结构的改变、资源的可持续供给以及市场需求容量变化都会影响潜在经济增长率。因此，认识我国经济发展进入新时代，需要充分认识潜在经济增长率在进入新时代后的变化。现阶段对潜在增长率的影响因素主要是经济结构、技术基础和资源的可持续供给。

我国从改革开放起到 2010 年的 32 年中 GDP 增长率平均为 9.9%，可以说是持续的高速增长。从 2012 年起我国经济增长正式告别 9%以上的快速增长。我国 GDP 增长率 2010 年高达 10.45%，2011 年开始下降为 9.3%，2012 年和 2013 年的增速均为 7.7%，2014 年为 7.4%，2015 年为 7%，2016 年为 6.7%，2017 年为 6.9%。2018 年为 6.8%（如图 1-1）。

与过去的高速增长不同，近年来的速度属于中高速。中高速增长成为我国新阶段的新常态有其客观必然性，基本上反映了潜在经济增长率的变化。

我国在改革开放 30 多年中保持高速增长的主要原因是改革开放解放了潜在的生产要素，从而支持了较为长期的潜在经济增长率。经过这么多年的高速增长，潜在的增长要素已经得到了充分释放，如果没有新的要素被动员出来，潜在经济增长率就有下降的趋势，这主要表现是：

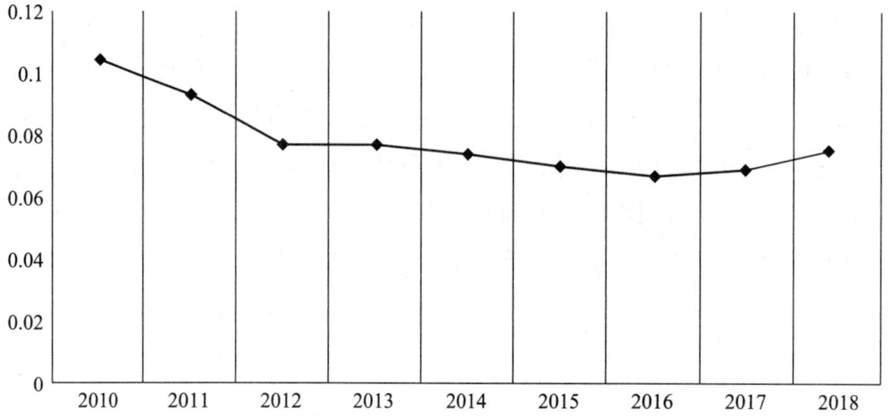

图 1-1　2010—2018 年间的 GDP 增长率

第一,农业剩余劳动力支持的低成本劳动力供给明显减少。过去 30 多年经济的高速增长尤其是工业化的快速推进,很大程度上靠的是农业剩余劳动力转向非农部门的推动。农村工业化和城市化在进行 30 多年后,到今天虽然没有完成,但城市化率已过了 50%,剩余劳动力转移速度明显减慢,在沿海地区民工荒开始显现。与此相关的另一个问题是农民工的低工资也难以持续。这不仅是因为农业剩余劳动力供给减少,还因为农民工进入第二代后,其生活水平要求也相应提高。这主要表现为农民工工资水平提高,2009 年月平均工资 1 783 元,是 2001 年的 2 倍。近年来更高。这意味着低成本劳动力供给基本上不再存在。

第二,支持高投资、高储蓄的人口红利明显减少。过去 30 多年因实施独生子女的计划生育政策产生了人口红利的效应,劳动者赡养人口少而有较高的储蓄率。现在,一方面是老龄化社会已经到来。65 岁以上人口已从 1982 年 4.9%上升到 2010 年 8.87%,2016 年我国 65 岁及以上人口 15 003 万人,占总人口的 10.8%。另一方面是从 20 世纪 70 年代末实行的独生子女政策所产生的 14 岁以下人口占总人口的比重从 1982 年的 33.59%降低到 2016 年的 16.67%。虽然这个比例意味着劳动力抚养的儿童数量减少,同时其受教育的年龄进一步延长,但要注意的是现在进入劳动年龄的人口已明显减少。据国家统计局数字,2012 年,中国 15 岁以上不满 60 岁的劳动年龄人口绝对数减少了 345 万人。2013 年劳动年龄人口统计范围由 15 岁提升到 16 岁,数量依然净减 244 万人。2014 年,统计范围还是以 16 岁到 60 岁为界线,净减 371 万。大陆地区 2016 年年底 16~59 岁(含不满 60 周岁)年龄人口总数较前年底减少 349 万,至 9.07 亿人,在全国人口中占比 65.6%。由此带来劳动力抚养人口数量的增加,现在是 3~4 个劳动力抚养一个人。这样,劳动年龄人口持续多年净减少,赡养人口增加,必然带来支持高储蓄、高投资的人口红利的减少。

第三,随着住房、汽车等高额消费品进入普通居民家庭,中国的高额消费阶段也正在到来,居民边际消费倾向有提高的趋势。中国人的消费水平明显提高,中等收入人口达到3亿人,即使是低收入群体中也有消费攀比。满足温饱型消费需求的中国居民消费正在转向中高端消费。受此影响,中国的国民总储蓄率在2010年达到最高51.5%之后,储蓄率开始逐步下降,平均每年下跌0.5%。2015年的国民总储蓄率为48.4%,虽然较其他国家仍处于较高水平(美国19.2%、日本27.0%、英国12.9%、德国27.7%、印度32.5%)。

第四,物质要素供给的不可持续问题越来越突出。能源、资源、环境的瓶颈约束正在制约经济增长。以能源为例,《中国能源发展报告(2014)》显示,2013年中国能源消费总量37.5亿吨标准煤,同比增长3.7%,中国能源消费占全世界的22%;同期中国GDP占世界的12.3%。这种高能源消耗是无力支持经济持续增长的。无论是在世界范围还是在我国,节能减排的制度性约束日益刚性。为了保证中国人的吃饭问题,基本建设用地面积也成为刚性指标,可建设用地明显紧张,土地价格也在明显上升。所有这些资源和环境的约束,越来越成为增长的自然界限。要想突破这些界限,只能是转变发展方式。

对发展中国家来说,影响潜在经济增长率的不只是前述要素供给。还有结构问题。就如现代发展经济学所指出的:"一国要实现从传统经济系统转变为现代经济系统,除了需要资本积累(包括物质资本和人力资本)以外,还需要一系列相互联系的经济结构的变革。这些经济结构变革涉及几乎所有经济函数的改变,包括生产方式的转变和消费者需求的构成、国际贸易和资源利用的变化,以及诸项社会经济因素的变化,如城市化和国家人口的增长以及分布等。"①这意味着对发展中国家来说,发展不只是增长速度问题,还有一个重要的结构变化问题。发展中国家经济落后不仅表现为产业结构处于中低端,还表现为供求结构失衡。结构变化缓慢可能会降低潜在经济增长率。

以上分析表明,进入新时代,我国的潜在增长率只能是中高速增长率。研究潜在增长率的意义在于,一是不盲目追求高于潜在增长率的速度,二是现实增长率要使潜在增长率充分释放。现实中经济过热和过冷就表现为:现实经济增长率大于或小于潜在经济增长率。

第三节 新时代发展的新理念

进入新时代的一个突出标志就是我国社会主要矛盾已经转化为人民日益增长的美好生活需要和不平衡不充分的发展之间的矛盾。认识新时代,适应新时代,引领新时代,就需要首先科学认识新时代我国社会主要矛盾转化的原因、变动规律和科学内涵。只有这样,

---

① [美]迈克尔·托达罗(Micheal Todaro)、斯蒂芬·史密斯(Stephen C.Smith):《发展经济学》,机械工业出版社2014年版,第81页。

才能清醒地认识和把握我国经济社会发展的全局,准确理解我国进入新时代的阶段性特征和要求,确保实现我国从富起来到强起来的伟大飞跃。

一、社会主要矛盾的转化

党的十九大报告明确指出,中国特色社会主义进入新时代,我国社会主要矛盾已经转化为人民日益增长的美好生活需要和不平衡不充分的发展之间的矛盾。这包含着以下几层含义:第一,新时代社会主要矛盾发生转变,是因为新时代进入时生产力的发展水平发生了根本性的变化,也就是说,社会生产已不再表现为落后的社会生产,以往人民日益增长的物质文化需要同落后的社会生产之间的矛盾就必然要发生转变。第二,在新时代社会主要矛盾中,社会生产力发展的不平衡不充分,是满足人民日益增长的美好生活需要的主要制约因素,因而社会生产力的发展仍然是矛盾的主要方面。第三,由于新时代的生产关系没有发生根本性的转变,因而就需要认识到,“我国社会主要矛盾的变化,没有改变我们对我国社会主义所处历史阶段的判断”。这意味着即使社会主要矛盾发生了变化,我国仍然处于社会主义初级阶段的基本国情没有变。

1. 人民日益增长的美好生活需要

首先,人民对物质文化生活提出了更高的要求。2020 年将打赢脱贫攻坚战,全面建成小康社会。惠及近 14 亿人民的全面小康社会的实现,标志着人民对美好生活的需要已经从追求温饱阶段转向追求生活品质的新阶段。这主要体现在:一是从恩格尔系数来看,2017 年我国居民恩格尔系数为 29.3%,达到了联合国划分的 20%~30%的富足标准。在这种情况下,人们的食品消费开始更多地从吃饱转向吃好,追求食品营养、健康、安全,追求生活品质。二是从国际发展经验来看,人均 GDP 达到 8 000 美元以后,消费者对衣、食、用等基本生活必需品的消费开始转向追求品种、品质、品牌等。三是从居民消费升级的演进规律来看,我国居民消费将更多地从生存型向中高端消费升级。我国居民吃穿用等物质消费占比未来将会降低,文化娱乐等消费将快速增长。

其次,人民在民主、法治、公平、正义、安全、环境等方面的要求日益增长。在富起来的基础上,人民对美好生活的期待越来越广泛,越来越具有多样化、多元化的特征。突出表现在:一是人民的需求会随着收入的增长而表现出消费结构的不断升级。按照马斯洛的需求层次理论,人类需求像阶梯一样从低到高分为生理需求、安全需求、社交需求、尊重需求和自我实现需求五个层次。随着我国小康社会的基本建成,人民对更高层次的需求日益增长。二是从人民对未来的期盼来看,民主、法治、公平、正义、安全、环境等都关乎人的自由全面发展,理应纳入美好生活需要。

2. 相对于人民日益增长的美好生活需要,发展不平衡不充分

我国居民的消费结构已经转型升级,进入追求品质、品牌、安全、健康的发展期,但社会

生产和服务的供给结构优化却相对滞后。一方面由于供给结构与需求结构严重错位出现了严重的供求不平衡，表现为结构性矛盾；另一方面已经升级的消费由于相应的产品和服务供给不充分而得不到有效满足，表现为总量性矛盾。在结构性矛盾和总量性矛盾两方面，结构性矛盾更为突出和关键。

首先，产业结构的转型升级相对滞后。一是从三次产业的比例来看，虽然近几年我国服务业快速发展，增加值占 GDP 的比重 2017 年达到了 51.6%，但仍远远低于发达国家的水平，也低于同等发展中国家 10 个百分点左右。二是从第二产业的内部结构来看，虽然我国已成为世界第一大制造国，220 多种产品产量高居世界第一，但我国还远没有成为世界制造强国。这导致一方面低端产能和产品出现全面的严重过剩；另一方面关键设备、核心部件又过度依赖进口，受制于人。习近平指出：核心技术是国之重器，是实现跨越式发展的支柱，也是国家经济安全、国防安全的底线。真正的大国重器，一定要掌握在自己手里。核心技术、关键技术，化缘是化不来的，要靠自己拼搏。① 三是从农业来看，主要矛盾已经由总量不足转变为结构性矛盾。一方面我国农产品总量产能严重过剩；另一方面消费者对安全、健康、营养的高品质农产品和食品的需求不能满足，需要大量海外进口。

其次，从城乡结构来看，由于我国城乡发展存在着严重的二元结构，城乡居民人均可支配收入差距较大，二者的倍差 2016 年为 2.72，导致农村居民的消费结构与城镇居民的消费结构存在明显差异，这就需要针对城乡居民不同的消费能力、消费偏好和消费习惯提供不同的产品和服务。目前我国的产品供给存在着重城市轻农村的现象，2017 年，农村人口占我国人口总数的42.65%，但农村消费品零售总额仅占我国消费品零售总额的 14.2%。

最后，从区域结构来看，由于我国不同区域之间发展存在较大差距，不同区域消费者的消费能力、消费偏好和消费习惯存在较大差异。尼尔森 2016 年 11 月发布的消费者报告显示：东部经济发达地区的消费者的消费已进入提升品质阶段，而西部地区的消费者的消费仍处在满足基本生活阶段。显然，我国目前针对不同区域消费者的消费差异在提升消费水平的同时，还要提供差异化的产品和服务还有待提高。

以上分析表明，进入新时代社会主要矛盾的矛盾主要方面在发展的不平衡和不充分。改变这种状况是我国新时代发展的着力点。

二、发展仍然是第一要务

经济发展是任何一个发展中国家的主题，在社会主义条件下加快经济发展有特定的要求。过去我们一直没有把发展生产力同社会主义的本质联系起来，在实践中追求生产关系的升级而忽视发展生产力，其结果是社会主义经济没有得到应有的发展，人民生活改善缓

① 新华时评：《大国重器一定要掌握在自己手里》，新华网，2018 年 4 月 27 日。

慢。人们在实践中逐步发现贫穷不是社会主义,经济发展缓慢也不是社会主义。正是在这个问题上,邓小平提出了搞清楚什么是社会主义的问题。他在提出建设有中国特色社会主义理论时,明确地把发展生产力同社会主义本质联系了起来:一方面,落后国家建设社会主义,在开始的一段很长时间内,生产力水平不如发达的资本主义国家,不可能完全消灭贫穷,所以,社会主义必须大力发展生产力,逐步消灭贫穷,不断提高人民的生活水平。另一方面,社会主义是共产主义的初级阶段,社会主义要发展到以各尽所能、按需分配为特征的共产主义社会,就要求社会生产力高度发展,社会财富极大丰富。社会主义的优越性就体现在,它的生产力要比资本主义发展得更高、更快,人民的物质和文化生活改善得更好、更快。也正是在这一意义上,邓小平把发展生产力提到了社会主义本质的高度:"社会主义的本质,是解放生产力,发展生产力,消灭剥削,消除两极分化,最终达到共同富裕。"①

加快发展是由我国目前所处的社会主义初级阶段的历史使命决定的。一般来说,社会主义革命可以在经济落后的国家出现并取得胜利。但是,社会主义不能在经济落后的国家最终建成。在人类历史的长河中,社会主义社会高于资本主义社会形态的标准是经济发展的各个方面都超过资本主义。就是列宁说的,高于资本主义条件下的劳动生产率是社会主义战胜资本主义的条件。达不到这个标准的社会主义社会只可能是社会主义初级阶段。主观随意地拔高社会主义的发展阶段,只会破坏生产力,延缓社会主义经济制度的完善和发展。

我国没有经历资本主义社会。新中国脱胎于半殖民地半封建社会。1956 年我国的社会主义改造提前完成,这标志着我国实现了从新民主主义到社会主义的转变,进入了社会主义社会。但是,旧中国半殖民地半封建的基础遗留下来的是十分落后的社会经济和科学技术。我国的过渡时期没有真正完成国家的工业化任务。一直到今天,我国虽然进入了社会主义社会,但是社会主义的物质技术基础尚未完全建立起来。在我国,由于生产力发展水平的原因,社会主义尚未从根本上建成,还处于初级阶段。

以上分析表明,我国目前所处的社会主义初级阶段,不是泛指的任何国家进入社会主义都会经历的起始阶段,而是特指我国在生产力落后、市场经济不发达条件下,建设社会主义必然要经历的特定历史阶段,通过这个阶段去实现别的许多国家在资本主义条件下实现的工业化,经济的社会化、市场化和现代化。这个阶段起始于社会主义基本制度确立,终结于社会主义现代化实现,生产力水平达到并超过发达资本主义国家。

达到和超过资本主义国家的生产力水平是一个动态的概念。现今的社会主义国家的生产力水平可能已经超过当年马克思预言实现社会主义时英国所达到的水平,但不能说社会主义已经有了自己的物质技术基础。原因是从马克思以后到现在,资本主义国家的生产

---

① 《邓小平文选》第 3 卷,人民出版社 1993 年版,第 373 页。

力水平又有了较大的发展。虽然资本主义国家的经济增长速度较慢，但它们的基数较大。在这种情况下，社会主义国家的经济增长速度必须更快，而且需要经过较长的时期，才能最终赶上并超过资本主义国家的生产力水平，从而走出社会主义初级阶段。

社会主义初级阶段的中心任务是发展生产力。就是说，虽然社会主义的最终目标是要消灭私有制，但在社会主义初级阶段来说，还不可能提出这一任务，现阶段社会主义的任务就是发展生产力，要把集中力量发展生产力放在首位。

根据发展生产力、建立社会主义物质基础的要求，社会主义初级阶段，是逐步摆脱不发达状态，基本实现社会主义现代化的历史阶段；是由农业人口占很大比重、主要依靠手工劳动的农业国逐步转变为非农业人口占多数、包括现代农业和现代服务业的工业化国家的历史阶段；是由自然经济和半自然经济占很大比重逐步转变为经济市场化程度较高的历史阶段；由文盲和半文盲人口占很大比重、科技教育文化落后逐步转变为科技教育文化发达的历史阶段；是由贫困人口占很大比重、人民生活水平比较低逐步转变为全体人民生活比较富裕的历史阶段；是由地区经济文化很不平衡，通过有先有后的发展逐步缩小差距的历史阶段。

社会主义初级阶段的经济，虽然在某些领域逐步呈现出需求约束型经济的特征，但总体上还是供给约束型经济，表现为供给的不平衡和不充分。经济的持续增长对于实现社会主义经济目标至关重要。我们不能盲目地追求高速度，经济增长速度应同国力相适应。我们也不能人为地压低速度，若没有一定的经济增长速度，经济生活中的矛盾和问题一定会更多、更尖锐。在注重效益的前提下，保证国民经济的持续增长是实现经济发展目标的需要，也是人民的根本利益所在。

经济增长不能没有一定的速度。在社会主义条件下，经济增长所要满足的人民群众的物质和文化需要和美好生活需要总是呈增长的趋势。不仅如此，由于人口规模大，即使人口增长有所控制，人口还是要以庞大的基数增长。面对规模庞大的人民群众日益增长的需要，以满足人民需要为己任的社会主义国家的国民经济必须以比人口增长更快的速度增长，更何况社会主义扩大再生产本身也需要以一定的速度为基础。从这一意义上说，低速度就等于停步，甚至等于后退。

在现实中，贯彻发展是硬道理，需要正确认识稳定和发展的关系。这是邓小平针对我国 1989 年开始的治理整顿期间，一些地方过分强调稳定、放慢发展速度、错过发展机会提出来的。在他看来，对于我们这样的发展中大国来说，经济要发展得快一点，不可能总是那么平平静静、稳稳当当。要注意经济稳定、协调发展，但稳定和协调也是相对的，不是绝对的。发展才是硬道理。而且，稳定最终也要靠发展。不敢解放思想，不敢放开手脚，结果是丧失时机，发展犹如逆水行舟，不进则退。因此，“能发展就不要阻挡，有条件的地方要尽可能搞快点，只要是讲效益，讲质量，搞外向型经济，就没有什么可以担心的，低速度就等于停步,甚至等于后退”。①

三、新发展理念

中国经济进入新时代面临的重大发展问题,也凸显了新阶段发展的难题:传统的依靠资源投入的发展动力衰减的难题,资源环境供给达到极限的难题,收入差距严重扩大的难题,经济结构严重失衡的难题,处于全球价值链低端的开放质量不高的难题,人民对经济发展的获得感不足的难题。破解这些难题需要发展理念的创新。

针对我国经济持续30多年的高速增长转向中高速增长,习近平指出:“我国发展仍处于重要战略机遇期,我们要增强信心,从当前我国经济发展的阶段性特征出发,适应新常态,保持战略上的平常心态。”②从战略机遇期视角观察并科学判断新常态,意味着不能只把新常态理解为经济增速放缓,还必须掌握其作为战略机遇期的科学内涵和精神实质,抓住和用好发展的新机遇。基于对新时代客观规律的深刻认识,习近平提出了创新、协调、绿色、开放、共享的新发展理念。新发展理念是对我国当前和今后一个时期经济社会发展的战略指引。

创新是引领发展的第一动力。在经济发展的不同阶段,其驱动力是不一样的。最初是要素驱动,指主要依靠土地、资源、劳动力等生产要素的投入推动经济增长。接下来是投资驱动,是依靠持续的高投资(以低消费为基础)推动经济增长,这种驱动力一般适用于低收入条件下推动经济起飞时。中国进入新时代的一个重要标志就是习近平所讲的,从要素驱动、投资驱动转向创新驱动。一方面支持物质资源高投入的要素供给到了极限,要素驱动难以为继;另一方面居民不能继续忍受低收入和低消费水平来支持高投资,投资驱动不可持续。在此背景下,创新成为发展的第一动力。作为驱动力的创新包含多方面,其核心是科技创新。科技创新的着力点是创新处于国际前沿的核心技术。针对“我国关键核心技术受制于人的局面尚未根本改变,创造新产业、引领未来发展的科技储备远远不够,产业还处于全球价值链中低端的”的现状③,习近平强调核心技术是国之重器。既需要基础研究以研发核心高新技术为导向,也需要推动占领产业制高点的产业创新。将科技创新与产业创新融合,就是要打通从科技强到产业强、经济强、国家强的通道,解决好从“科学”到“技术”的转化,建立有利于创新成果产业化的机制和通道。这就要求新发展经济学加强对国家创新体系的研究。

协调是持续健康发展的内在要求。基于发展中国家发展要素缺乏的现实,发展中国家通常采取不平衡发展战略推动发展,如我国实施的允许一部分地区先富起来的政策。其初

---

① 《邓小平文选》第3卷,人民出版社1993年版,第375页。

② 《习近平关于社会主义经济建设论述摘编》,中央文献出版社2017年版,第73页。

③ 《习近平谈治国理政》第二卷,外文出版社2017年,第203页。

期发展效果也很明显,但随之而来的不平衡不协调问题会影响高质量发展。进入新时代后,习近平指出:“协调既是发展手段又是发展目标,同时还是评价发展的标准和尺度,再比如,协调是发展两点论和重点论的统一。”①协调是经济持续健康发展的内在要求。马克思的社会再生产理论可以归结为协调发展理论,是马克思主义政治经济学的重要组成部分。协调是发展的目标,意味着经济发展的目的并不是经济增长在数量上的累积,而是追求经济、社会、人与自然等多个方面的平衡发展。协调是发展的手段,意味着发展离不开协调,协调能够促进国家实现更高层次的发展,提高发展的整体水平,注重发展的平衡性、系统性与可持续性。协调同时还是评价发展的标准和尺度。因此,协调也就成为高质量发展的评价标准。根据协调发展的理念,经济发展转向平衡战略,涉及产业、城乡、区域等方面的平衡发展。

绿色是永续发展的必要条件和人民对美好生活追求的重要体现。长期以来,人们将财富只理解为物质财富。工业文明时代人类利用工业化的文明成果对大自然加以索取和掠夺,造成自然界生态平衡的破坏和人与自然关系的恶化状况。对此,习近平总书记深刻指出:“人类社会在生产力落后、物质生活贫困的时期,由于对生态系统没有大的破坏,人类社会延续了几千年。而从工业文明开始到现在仅三百多年,人类社会巨大的生产力创造了少数发达国家的西方式现代化,但已威胁到人类的生存和地球生物的延续。”②中国特色社会主义所处的新时代,是由工业文明转向生态文明的时代。绿色发展的理念包含财富观的创新。“绿水青山就是金山银山”。干净的水、清新的空气、多样化的生物、绿色的环境是宝贵的生态财富。这种财富观体现人与自然的和谐共生。经济发展不仅要谋求物质财富,还要谋求生态财富。不能为谋求物质财富而牺牲生态财富,应如习近平指出的:“牢固树立保护生态环境就是保护生产力、改善生态环境就是发展生产力的理念”。新时代的绿色发展理念不仅是保护环境和生态问题,还要治理和改善过去的发展所遗留的环境生态问题,提供人民美好生活所需要的高质量的生态产品。

开放是国家繁荣发展的必由之路。改革开放以来,指导开放的经济理论突出利用国际国内两个资源两个市场。即使在发达国家主导的经济全球化背景下,中国的开放仍然获得了全球化的红利。现在的开放型经济也进入了新时代。与某些发达国家推行反全球化政策相反,作为世界第二大经济体的中国扛起了继续推动全球化的大旗。新时代的开放型经济就是要根据习近平建立人类命运共同体的思想,建立高质量的开放型经济体系。基本要求是:首先,由单向开放转向双向开放,即出口与进口并重,引进来和走出去并重。其次,由出口导向的开放型经济转向创新导向的开放型经济,服从于创新驱动发展战略,引进国外要素的着力点将转向创新要素,进行开放式创新。再次,参与全球化分工将以比较优势转

① 《习近平关于社会主义经济建设论述摘编》,中央文献出版社2017年版,第35页。
② 习近平:《之江新语》,浙江人民出版社2013年,第119页。

向竞争优势,着力培育以技术、品牌、质量、服务为核心竞争力的新优势,争取在价值链中的主导地位。再其次,由偏重制造业开放转向各个产业全方位开放,尤其是服务业的对外开放。最后,由基于沿海地区的开放转向全国各地区的全面开放,推动内陆沿边地区成为开放前沿。归结起来,就是在更大范围、更宽领域、更深层次上提高开放型经济水平。

共享是中国特色社会主义的本质要求。马克思预见的未来社会中,“生产将以所有人的富裕为目的”①。改革开放开始以后,针对长期的平均主义产生的共同贫困,邓小平最早提出了允许一部分地区一部分人先富起来的大政策,实际上创造了通过先富后富的差别最终实现共同富裕的道路。当时邓小平就预言到一定阶段(实现小康)就要提出先富帮后富问题。进入新时代就到了这个阶段。习近平提出了共享发展的理念,这就是他在党的十八届五中全会提出的:“必须坚持发展为了人民、发展依靠人民、发展成果由人民共享,作出更有效的制度安排,使全体人民在共建共享发展中有更多获得感。”②全民共享是目标,全面共享是内容,共建共享是基础,渐进共享是途径,核心是共享发展成果。“落实共享发展理念,归结起来就是两个层面的事。一是充分调动人民群众的积极性、主动性、创造性,举全民之力推进中国特色社会主义事业,不断把‘蛋糕’做大。二是把不断做大的‘蛋糕’分好,让社会主义制度的优越性得到更充分的体现,让人民群众有更多获得感”③。从马克思关于共同富裕的目标提出,到改革初期确定允许一部分地区一部分人先富起来的大政策,直至习近平提出共享发展理念,形成了完整的社会主义条件下实现共同富裕的理论体系。

总的来说,新发展理念是对新时代重大发展问题的积极回应。创新和开放着重解决发展动力问题,回应上述中高速增长的可持续问题。协调着重解决发展不平衡问题,回应上述国民经济的平衡性问题。绿色着重解决人与自然和谐问题,回应上述资源和环境供给不足问题。共享着重解决社会公平正义问题,回应上述经济发展目标和跨越“中等收入陷阱”问题。显然,新发展理念是中国特色社会主义经济发展理论的重大创新。新发展理念贯彻到新时代经济发展理论的构建中,必然推动一系列的理论创新。

---

① 《马克思恩格斯文集》第8卷,人民出版社2009年版,第200页。
② 《习近平关于社会主义经济建设论述摘编》,中央文献出版社2017年版,第25页。
③ 《习近平关于社会主义经济建设论述摘编》中央文献出版社2017年版,第43页。

第二章　以人民为中心的发展目标

社会主义中国的经济发展必须为人民谋福祉。发展社会生产力，目标是不断提高人民物质文化生活水平，满足美好生活需要，促进人的全面发展。特别是作为社会主义国家，发展的最终目的是实现人民的共同富裕，经济发展需要有共享发展的理念。

第一节　贫穷不是社会主义

以人民为中心不仅是发展的目标，也是发展的手段。作为发展的目标，就是要以实现人的全面发展为目标，从人民群众的根本利益出发谋发展、促发展，不断满足人民群众日益增长的物质文化需要，并在此基础上满足人民日益增长的美好生活需要。这同政治经济学中的社会主义生产目的是一致的。作为发展的手段，意味着发展要使人民群众得到看得见的利益，人民群众能够公平地分享发展的成果，让发展的成果惠及全体人民。共享发展既有做大"蛋糕"的要求，又有分好"蛋糕"的要求。

一、多元的经济发展目标

早前的发展理论对发展中国家的发展目标定位非常狭窄，只关注 GDP 的增长。后来的发展经济学家发现其后果非常严重：为了追求最大限度地提高增长率，环境因素被丢到了一边；人们常常允许生活标准下降；阶级、地区和性别之间的不平等受到了忽视；而在匆忙促就最大限度增长的情况下，贫困却得以容忍。因此斯蒂格利茨强调：需要把注意力集中到改善收入分配、环境、卫生保健和教育状况上。与此同时，发展经济学家还提出了应该关注占总人口 20%的最贫困人口的人均收入增长率问题。他们认为这个目标与环境状况和社会稳定的目标有更直接的关系。① 显然反贫困是发展经济学的关注点。

经济发展的目标是多元的，金德尔伯格列出了一个经济目标目录（见表 2-1）。目标的多样性反映经济发展过程的多面性。经济增长的数量目标、产出能力目标、社会福利目标、

---

① ［美］杰拉尔德·迈耶，约瑟夫·斯蒂格利茨：《发展经济学前沿：未来展望》，中国财政经济出版社 2003 年版，第 45、46 页。

效率目标构成经济发展的目标体系。实现不同目标的过程不是一个,相互之间还可能有冲突。例如,生产能力的提高同现实的消费水平的提高可能有替代关系,经济增长同收入分配的平等目标可能有矛盾,经济的高速度增长可能同价格的稳定相矛盾。所有这些也就给发展计划的制定提出了权衡问题。如果在经济发展的过程中,某个或某几个目标过分突出,其他目标没有得到兼顾,那么发展目标体系便处于不均衡状态。这就提出了对经济发展过程进行调节,完善经济发展机制的任务。

表 2-1 各国通常追求的各种经济目标

经济目标	统计指标
1. 总产出和收入的高水平	国民生产总值、国内生产总值
2. 总收入的快速增长	国民生产总值或国内生产总值平均年增长率
3. 收入分配的更大平等	基尼系数
4. 更多的生产性就业	以产业、职业类别和收入区分的劳动力分布
5. 减少国际依赖性	总产值中对外贸易和国际支付的比例
6. 价格稳定	价格指数
7. 更大的地区平衡	地区人均产值

资料来源:金德尔伯格(Kindleberger):《经济发展》,上海译文出版社 1986 年版,第 413 页。

二、消除贫困和富裕人民

我国改革开放初期,邓小平鲜明地指出贫穷不是、也不应该是社会主义的代名词:“贫穷不是社会主义,经济长期处于停滞状态不能叫社会主义,人民生活长期处于很低的水平也不能叫社会主义,社会主义就是要消灭贫穷。”①因此,社会主义的本质是解放生产力,发展生产力,消灭剥削,消除两极分化,最终达到共同富裕。

邓小平认为社会主义的特点不是穷,而是富,这种富本质上就是人民的共同富裕,因而他提出公有制占主体和实现共同富裕是两个必须始终坚持的社会主义根本原则。邓小平在 1992 年视察南方时的重要讲话中提出了“三个有利于”的重要标准,即在评判社会主义发展时,应该主要看“是否有利于发展社会主义社会的生产力,是否有利于增强社会主义国家的综合国力,是否有利于提高人民的生活水平”②。其中,提高人民生活水平从根本上讲就是在发展中实现成果的共享,体现共同富裕的最终价值追求。邓小平反复强调的共同富裕,其实现的根本途径就是大力发展社会生产力,通过不断积累社会物质财富,从而为改善人民生活,实现共同富裕创造基础性的物质条件。

---

① 《邓小平文选》第 2 卷,人民出版社 1994 年版,第 312 页。
② 《邓小平文选》第 3 卷,人民出版社 1993 年版,第 372 页。

我国的经济发展任务不限于摆脱贫困,而是富裕人民。党的十八大明确提出把 GDP 的翻番和人均收入倍增这两个目标并列,就体现了这个要求。中国不可能走向福利国家,强调人均收入倍增不是指国家给老百姓的收入翻一番,国家财力也不允许国家给老百姓的钱翻一番,而是推动发展,在经济发展中为居民创造更多的就业和挣钱机会,使全体人民分享到发展的成果。

富裕人民需要增加收入,以人民为中心要求提高居民收入水平与经济发展同步,但不仅是提高人民收入,还要增加人民财产。其中包括不动产的增加,也包括居民所持有的股权、知识产权的增加。相应地居民不仅能够获得合法的劳动收入,也能获得合法的财产收入。

以人民为中心要求经济增长主要由投资拉动转向消费拉动。过去的经济学是研究生产的经济学,而不是研究消费的经济学,经济发展理论基本上属于供给的经济学。根据富裕人民的要求中国不能停留在生产大国的阶段,还要成为消费大国。消费需求成为主要拉动力后,消费力、消费需求、消费业态就进入经济发展理论的视野。

人民对美好生活的向往不只反映在物质上。由小康到富裕,不仅指居民收入的增长,不仅要求物质上富裕,还要求精神、文化上富有。经济越是发达,越是开放,人民的幸福要求越高。尤其是在其达到小康水平后,人民对健康、享受和发展、社会保障、环境等方面的要求将越来越突出。与此相应,这些都需要在以人民为中心的现代化目标导向中得到体现。

实现共同富裕的具体路径应该怎么走？1978 年 9 月,邓小平在天津视察时第一次明确而响亮地提出了“让一部分人先富起来,先富带动后富”的思想,由此便提出了实现共同富裕的具体路径。1985 年 10 月,邓小平在会见美国高级企业家代表团时说:“一部分地区、一部分人可以先富起来,带动和帮助其他地区、其他的人,逐步达到共同富裕”;一年后,他又指出,“让一部分人、一部分地区先富起来,大原则是共同富裕。一部分地区发展快一点,带动大部分地区,这是加速发展、达到共同富裕的捷径。”①

共同富裕的内涵不同于“同步富裕”或“同等富裕”。共同富裕是一个循序渐进的过程,需要一步一个脚印地逐步实现,不能急于求成。允许一部分人、一部分地区先富起来,是实现共同富裕的必由之路。其中,关键是允许和支持人民通过诚实劳动、合法经营富起来,目的是集中各种资源和要素,充分挖掘发展的潜力,有效调动各方的生产积极性,从根本上提高生产效率。就是说,允许一部分地区一部分人先富起来是做大“蛋糕”的有效路径。

斯蒂格利茨指出:“在一些不公平程度很高的情况下,它降低了经济效率……,然而在其他情况下,不公平却可以加强经济效率。”②实行允许一部分地区、一部分人先富起来的大政策,其显著效应是,我国经济社会发展活力不断增强,人民生活水平普遍提高,也就是

① 《邓小平文选》第 3 卷,人民出版社 1993 年版,第 142 页。

② ［美］约瑟夫·斯蒂格利茨:《社会主义向何处去》,吉林人民出版社 1998 年版,第 54 页。

富起来了。但也出现了收入差距过大的问题。中国特色社会主义进入新时代后,面对新的发展问题,习近平指出:"消除贫困、改善民生、实现共同富裕,是社会主义的本质要求,是我们党的重要使命。"①这个规定,不仅继承了邓小平关于社会主义本质的规定,而且针对收入差距扩大的新问题,把着力点放在消除贫困、改善民生、实现共同富裕上,也就是说关注的不是一部分人而是全体人民的富裕。这是以人民为中心的现实体现。

在实现共同富裕的过程中,允许先富是手段,先富帮后富是关键,共同富裕是最终的目的。中国成为世界第二大经济体,达到中等收入国家的水平,随之产生的问题是收入差距的扩大。早在 20 世纪 90 年代初邓小平在提出允许一部分地区、一部分人先富起来的同时就指出,如果富的越来越富,穷的越来越穷,两极分化就会产生。进入新时代,摆脱相对贫困的任务将会更加突出。在这个背景下需要强调的是包容性经济增长,要由允许少数人先富起来转变为让大多数人富裕起来。过去强调效率性经济学,现在强调的是公平性经济学。

共同富裕本来就是社会主义的本质要求,理应成为中国特色社会主义现代化的主要特征。一些国家在进入中等收入国家行列后之所以陷入"中等收入陷阱",一个原因是其在发展过程中累积的收入差距达到顶点,由此出现的尖锐的社会矛盾阻碍了进一步发展。由小康社会建设转向现代化建设,就有必要明确共同富裕的目标,由允许少数人先富起来转向让大多数人富起来。这就有个平均数和大多数的概念,大多数人的收入水平达到平均数水平,就可以避免平均数掩盖的社会差距。其内涵是普遍提高低收入群体的收入水平,扩大中等收入群体的比重,逐步使其达到大多数。

根据邓小平的分析,社会主义制度就应该而且能够避免两极分化。解决的办法之一,就是先富起来的地区多交点利税,支持贫困地区的发展。此外,他还谈到发达地区通过技术转让支持不发达地区发展,对先富起来的人征收所得税加以一些限制,提倡先富起来的人自愿拿钱出来办教育、修路等方式来解决先富和后富的差距问题。

第二节 共享发展的理念

一、收入差距的扩大

人们一般习惯采用库兹涅茨的倒"U"形曲线来说明收入差距的趋势:收入不平等程度伴随着人均 GDP 的迅速增长而不断加深,在人均 GDP(人均收入)达到中等水平时达到最

① 《习近平谈治国理政》第二卷,外文出版社 2017 年版,第 83 页。

高点，随后基尼系数便开始下降，收入不平等程度开始降低。法国经济学家托马斯·皮凯蒂（Thomas Piketty）在他的著作《21 世纪资本论》中对库兹涅茨的倒“U”形曲线做了修正，把库兹涅茨曲线截止的时间（1949 年）进一步延伸到 2010 年。通过对大量数据的分析研究，皮凯蒂发现无论是美国还是欧洲，前 10%的富人家庭收入水平均呈明显的上升趋势，由此发现收入的不平等明显加剧。根据他的解释，收入差距持续扩大的原因主要有两个：一是资本收益率显著高于经济增长率，“相对于劳动一生积累的财富，继承财富在财富总量中将不可避免地占绝对主导地位，并且资本的集中程度将维持在很高的水平上”；二是大公司的高管收入激增，“高级管理者的技能和生产率较其他人有了突飞猛进的增长。另一个解释是，这些高级管理者拥有制定自己收入的权力”①。

进入新时代以来，我国居民人均可支配收入从 2013 年的 18 311 元增至 2017 年的 25 974元②，已经超过了中等收入国家的平均水平，但多年来我国居民收入基尼系数始终没有下降到国际公认的 0.4 警戒线以下，表明我国收入不平等程度并未有效降低，推进共享发展，实现全体人民共享发展成果任重而道远。

我国区域、城乡居民收入差距扩大是在城乡居民收入均大幅增长的同时产生的。尽管按劳分配本身无法保障分配结果绝对意义上的平等，但我国现实存在的收入分配差距相当大部分，绝不是按劳分配的机制单方面作用的结果。排除某些行业的垄断因素，按要素贡献取得报酬是造成这种收入差距的主要因素。不同的个体掌握的要素不尽相同，那些储蓄能力强，技术水平高，善经营的个体，凭借自身所掌握的资金、技术、管理等要素优势，能够在市场中更加高效地组织生产活动，借助改革开放和市场经济提供的发展机遇，就更有发家致富的可能。正如马克思所谈到的，“随着投机和信用事业的发展，它还开辟了千百个突然致富的源泉”③。从本质上讲，按劳分配为主体的社会主义分配原则在多种要素参与收入分配的结构中也会带来马太效应——在各种生产要素参与收入分配的情况下，多种要素报酬极有可能叠加在同一个体身上，而那些在要素禀赋（包括天赋和机遇）上较为欠缺的个人则更加难以通过增加收入而摆脱贫困，导致收入分配结果的差距继续拉大。

在改革开放开始时我国的基尼系数处于低位（见表 2-2）。其原因一是人均收入处于低水平，二是长期实行平均主义的分配体制和政策。随着我国市场经济体制的建立，实行允许一部分地区和一部分人先富起来的大政策后，伴随着人均收入的增加，基尼系数也明显上升，到 2009 年达到峰值 0.491，2012 年以后逐步下降，到 2017 年还有 0.467，高于同期美国 0.41 和英国 0.36 的水平。

---

① ［法］托马斯·皮凯蒂：《21 世纪资本论》，中信出版社 2014 年版，第 26 页。

② 数据来源：国家统计局，中华人民共和国 2017 年国民经济和社会发展统计公报，2018 年 2 月 28 日。

③ 马克思：《资本论》第 3 卷，人民出版社 1975 年版，第 451 页。

表 2-2　中国居民收入基尼系数

年份	基尼系数
1981	0.239
1988	0.301
1995	0.340
2002	0.366
2003	0.479
2005	0.485
2007	0.484
2009	0.491
2011	0.477
2012	0.474
2015	0.462
2017	0.467

资料来源:中经网。

在现阶段的中国,一个明显的问题是,收入差距的容忍度与人均国民生产总值水平相关(见表 2-3)。在人均国民生产总值较低的条件下,即使其基尼系数与高收入国家相同,由于低收入阶层的基本生活得不到保障,由此产生的社会问题也可能比高收入国家更严重。农民收入的相对下降,城市职工的失业和下岗,一些群体的相对地位也会改变。不断扩大的收入差距不仅发生在不同地区间,也发生在不同阶层间。经济的增长会受到处于相对贫困地位的集团和阶层的抵触。在人均 GDP 处于低水准时,如果收入差距过大,最低收入组的收入不能满足基本生活需要,不可避免地会产生社会冲突。我国的基尼系数已达到或超过美国和英国的水平。再考虑人均 GDP,我国在人均 GDP(8 000 美元)大大低于美国水平(5 万多美元)的情况下,基尼系数却达到甚至超过美国水平。这意味着我国的低收入组的基本生活需要不能得到满足。这也是坑蒙拐骗和社会治安问题的经济原因。

表 2-3　社会问题与收入差距的相关关系

人均 GDP	高	低	低
收入差距	大	大	小
社会问题	小	大	小

公平和效率的关系是所有国家都要面对的,两者不能兼得,只能兼顾,因此在不同的发展阶段,侧重点不同。一般说来,在低收入发展阶段,经济发展主要靠供给推动,这时候为了突出效率,不可能把公平放在首位。而在进入中等收入发展阶段后,经济发展靠需求拉

动尤其是消费需求拉动,这个时候就要兼顾公平与效率,以公平分配来扩大消费需求。

二、共享发展的理念的内涵

针对收入差距扩大及其影响,习近平提出共享发展的理念:“落实共享发展理念,归结起来就是两个层面的事。一是充分调动人民群众的积极性、主动性、创造性,举全民之力推进中国特色社会主义事业,不断把‘蛋糕’做大。二是把不断做大的‘蛋糕’分好,让社会主义制度的优越性得到更充分的体现,让人民群众有更多获得感。”①发展成果的全民共享,充分体现了社会主义本质要求。

共享的发展理念内涵丰富,涉及以下三个方面的内容:一是生产出更多更高质量的物质文化产品,不断满足人民日益增长的物质文化需要和美好生活需要;二是全面调动人们的积极性、主动性、创造性,为各个行业的工作者各尽所能、施展才华搭建平台;三是坚持我国基本经济制度和分配制度,调整收入分配格局,完善以税收、社会保障、转移支付等为主要手段的再分配调节机制,维护社会公平正义,缩小收入差距,使发展成果更多更公平地惠及全体人民。综上,共享发展理念的核心内涵可以归结为四个方面:全民共享、全面共享、共建共享和渐进共享。这四者相互联系、相互贯通、有机统一。

1. 全民共享是目标

广大人民群众共享改革发展成果是社会主义的本质要求,也体现了我们党坚持全心全意为人民服务的根本宗旨。共享应该是人人的共享、全民的共享,而不是一部分人的共享,更不是少数人的共享,全民共享就是要保证改革发展的受益群体覆盖全体人民。改革发展的得失应当以全体人民是否都能够从中获益为根本的评价标准。实现全民共享,就要确保改革发展的成果惠及各地区、各民族、社会各阶层的人民。正如习近平所强调的,“一个民族也不能少”“绝不让一个人掉队”。全民共享要求人们共享水平的差距不能过大。共同富裕不是同步富裕,存在一定的差距是合情合理的,但这个差距不能过大。全民共享也不代表不同群体在共享发展成果时差距悬殊,否则就与社会主义的原则背道而驰,一方面会给社会的和谐稳定带来更大的不确定性,另一方面也不利于高质量发展和共同富裕目标的实现。因此在实现全民共享的过程中,必须把收入分配的差距控制在一个合理的范围内,避免出现两极分化。

2. 全面共享是内容

社会发展是全面的发展,因而人们的需求也具有多样性,人民需要共享的成果也具有多样性。共享发展成果就不单单是共享经济发展的成果,而是包括经济、政治、文化、社会、生态各个方面,全方位、宽领域、多层次的全面的共享。我国经济发展进入新阶段,广大人

---

① 《习近平关于社会主义经济建设论述摘编》,中央文献出版社2017年版,第43页。

民群众对政治参与、精神文化、社会保障、生态环境等各个方面的需求都更为强烈。全面共享，就是要把人民群众对美好生活的关注点转变为一切工作的着力点，不遗余力地解决诸如教育、就业、住房、养老、医疗等人民群众最关心、最直接、最现实的问题，不断提高人民的获得感和幸福感，使得人民在各领域的合法权益得到全面而有效的保障，更好地满足全体人民对美好生活日益增长的需要。

3. 共建共享是基础

人人共享的前提是人人共建，共建的过程也是共享的过程。首先，共建共享的关键是充分调动人民的积极性、主动性和创造性。正如习近平所谈到的，要让人们共同参与发展过程、共同享有发展机遇、共同享有发展成果，最终“形成一种人人参与、人人尽力，人人都有成就感”的生动局面。其次，共建共享要尊重人民的首创精神。尊重人民的首创精神，就是要尊重劳动、尊重知识、尊重人才、尊重创造，通过鼓励探索和创新，促进大众创业、万众创新，最大限度地调动人们的积极性、主动性和创造性，充分激发创新创造潜能，助力高质量发展。最后，共建共享要依靠全体人民凝神聚力推动我国经济的高质量发展。“众人拾柴火焰高”，坚持一切为了群众，一切依靠群众，发展的成果由人民群众共享，努力在共建共享中实现高质量发展。

4. 渐进共享是途径

习近平指出，共享发展必将有一个从低级到高级、从不均衡到均衡的过程，即使达到很高的水平也会有差别。共享发展不可能一蹴而就，在共享发展的实践过程中不能急于求成，必须要立足我国国情和现阶段经济社会状况有条不紊地加以推进。渐进共享，必须针对我国发展不平衡不充分的问题，做出切实可行的制度安排。首先要更加注重保障和改善基本民生，尤其要努力提高低收入群体的生活水平，维护社会的安全稳定；其次要明确当前发展的着力点，全面推进精准扶贫和精准脱贫，全力打赢脱贫攻坚战是现阶段关系到共享发展成效的重点；最后要做到稳扎稳打，步步为营，协调推进经济社会发展和民生改善工作。盲目追求一步到位，终会阻碍长期发展质量的提升。

共享发展理念创新了共同富裕理论。只有解决好人民最关心最直接最现实的利益问题，才能使改革发展的成果惠及全体人民。一方面，发展是解决包括民生问题在内的一切问题的基础和关键，经济发展能够为民生的改善提供物质基础，离开了经济发展带来的物质财富积累，改善民生便无从谈起。另一方面，只有不断增进人民福祉，不断满足人民的美好生活需要，经济发展才会获得源源不断的动力。增进民生福祉是发展的根本目的，必须多谋民生之利、多解民生之忧，在发展中补齐民生短板、促进社会公平正义。坚持共享的发展理念，就是要真正解决好就业、教育、医疗、住房、养老这些与广大人民群众切身利益直接相关的民生问题。实现幼有所育、学有所教、劳有所得、病有所医、老有所养、住有所居、弱有所扶。全体人民的福祉得到显著增进，全体人民都朝着共同富裕的方向稳步迈进。

第三节　社会公平正义和反贫困

一、促进社会公平正义

我国经济发展达到中等收入国家水平，意味着居民生活水平不但过了温饱阶段，而且已经或正在进入小康阶段。在这个阶段，居民关心教育与健康问题，也产生了明显的公民维权意识，对公平性发展的诉求日益强烈。在低收入阶段为谋求发展，人们可能容忍收入差距扩大，而在中等收入阶段，人们不可能继续容忍越来越大的收入差距，更不能容忍权利的不公平以及由此产生的收入差距。而且随着改革的深化，人们对改革成果的分享存在明显差异，这在一定程度上影响了人民群众改革热情的充分发挥。在这个背景下，如果不讲公平，随之产生的社会矛盾会影响整个社会经济持续健康发展的进程。人民不能公平合理地分享经济发展的成果，就不会继续支持改革和发展。这就有必要适时提出将经济发展模式由效率性发展转向公平性发展。

实现共同富裕并不意味着均贫富，共享发展也不否认收入差距存在的合理性。做大"蛋糕"是分好"蛋糕"的基础，分好"蛋糕"也并不意味着要回到计划经济那个吃"大锅饭"、搞平均主义的时代。新时代背景下，坚持按劳分配为主体和让生产要素参与收入分配的目的是先做大"蛋糕"，然后在做大"蛋糕"的基础上把"蛋糕"分得更加公平合理。

当经济发展进入中等收入水平后，不同区域、不同阶层间不断扩大的收入差距就难以承受。人们对公平正义的诉求越发强烈，不可能继续容忍收入分配差距随经济增长继续扩大。那些处于相对弱势地位的阶层会对未来的经济增长产生抵触情绪，因为当人民无法公平地分享到经济发展所带来的成果和利益时，他们继续支持改革发展的动力就必然大大减少。此外，贫富差距的拉大也会激化社会矛盾，缺乏稳定的环境可能会为高质量发展带来更多的不确定性，甚至是巨大的风险隐患。让人们分享发展成果，实现全体人民的共同富裕，是推进高质量发展的最终目的。

缩小收入差距需要扩大中等收入者群体。按照收入水平，居民可分三个阶层：高收入阶层，中等收入阶层，低收入阶层。落后国家的标志是低收入阶层所占比重太大。富裕人民不只是允许一部分人先富起来，进一步的要求是允许大多数人富起来。就中等收入阶层来说，中国是世界上中等收入者人数最多的国家，目前已经有三亿人，而且中等收入者的比重还在逐渐升高。中等收入者群体是消费需求最为旺盛的群体，是中高端消费的主力，到欧美、日韩"海淘"的主要也是这部分群体。尤其是这部分群体是高新技术产品消费的引领者。中等收入者占大多数的结构可以带动消费需求的扩大和升级。对于发展中国家来说，减少低收入群体、富裕人民的关键是扩大中等收入者比重，这是富民的直接体现。因为中等收入者比重的扩大是建立在低收入群体减少的基础上的。中等收入者比重提高就可以使大多数人的收入水平接近和达到平均收入水平。在现代社会中，中等收入者是社会的中坚阶层，也是社会中最为稳定的阶层。全社会收入的提高也是由中等收入者阶层的扩大带动的。更多的低收入者进入中等收入阶层，意味着他们是改革和发展的直接受益者，更是改革与发展的推动者。从发展趋势讲，低收入、中等收入和高收入三个阶层的数量结构不应该是低收入者居多的金字塔形的，应该是中等收入者占大多数的橄榄型结构。由于中等收入者占大多数，整个社会的收入差距也可明显缩小。

促进社会公平正义要求始终把人民利益摆在至高无上的地位，带领人民创造美好生活，让改革发展的丰硕成果更多更公平惠及全体人民。公平正义首先是以坚持公平原则提高效率。按劳分配和按要素分配都是与效率相关的公平原则。要充分激发劳动、资本、技术、管理等要素的活力，必须依靠各种生产要素参与收入分配的制度安排来实现。按劳分配的前提是各尽所能，各尽所能不仅是意味着人们在劳动中不偷懒，更代表着在提高劳动能力的基础上，人们充分发挥自己的才智以获取更高的报酬。人们通常所讲的劳动报酬一般是指处于生产第一线的劳动者的报酬，或者说是简单劳动者的报酬。按照这个定义，劳动报酬占比自然是下降的。根据马克思对生产劳动的定义，技术人员和管理人员的劳动都是生产劳动，他们得到的收入也是劳动报酬。在生产要素参与收入分配的体系中，技术要素、管理要素的报酬也是劳动报酬，而且是复杂劳动的报酬。由于管理、技术要素的作用，社会生产率的提高和经济结构的变革都可以归功于劳动过程的有效组织和技术进步。社会主义国家的性质，决定了我国必须保障劳动者的合法正当权益，生产一线的劳动者理应公平地分享经济增长的成果。一言以蔽之，就是要实现劳动报酬与劳动生产率的同步增长。

收入分配不平等在很大程度上是由各种要素参与分配造成的，而生产要素参与收入分配导致收入差距的深层次原因是个体所拥有的要素存在较大的差异。因此，解决收入不平等问题的关键在于以权利公平、机会公平、规则公平，缩小不同个体拥有要素的差别，实现做大“蛋糕”与分好“蛋糕”的有机统一。这种公平原则体现在以下三个方面公平中。

首先是保证起点公平。资本、知识、技术和管理等要素占有的差距以及由此产生的收入差距，是收入分配差距不断扩大的根源。解决起点公平也要从增加对劳动者的要素供给入手，体现权利公平：一是通过增加居民的财产性收入来缩小资本要素的差距。具体包括保护知识产权，鼓励创新活动；优化企业股权结构，鼓励员工持股和科技入股；通过宅基地和土地承包权流转增加农民的土地收入；等等。二是针对技术要素的差距，需要在获取知识、积累人力资本方面为人们创造更多更公平的机会，基本途径是推进教育公平化，增加对低收入群体的人力资本投资，从而缩小由起点不公平造成的收入分配差距。

其次是机会公平。这里主要涉及两方面的机会：一是发展机会的均等，如投资机会、就业机会的均等；二是竞争机会的均等，如在竞争环境公平、市场秩序规范的前提下，公平获取市场资源和信息的机会。近年来，我国坚持深化经济体制改革，不断完善社会主义市场经济体制，通过确立市场在资源配置中的决定性作用，力争让每个生产者都能平等获取市场资源，公平参与市场竞争。党的十九大明确提出，经济体制改革必须以完善产权制度和要素市场化配置为重点。通过有效激励产权，促进要素自由流动，价格机制发挥作用得到了可靠保证；打破行政性垄断，防止市场垄断，破除企业优胜劣汰的阻碍，从而为高质量发展营造统一开放、公平有序的市场竞争环境。

最后是分配结果的公平。按照上述分配过程的公平原则进行分配必然产生结果的不公平。过分追求结果的公平必然会破坏分配过程的公平原则。因此从发展的角度兼顾结果的不公平，不是平均主义的分配，而是要解决收入差距过分悬殊的问题。其基本要求是，先富起来的一部分地区、一部分人帮带后富，政府采取一定的收入政策（如累进的个人所得税）调节收入分配，以免分配过于悬殊，造成社会的不稳定。兼顾结果不公平的基本考虑是提高低收入者收入，从而缩小收入差距。现在，不断扩大的收入差距不仅发生在不同地区间，也发生在不同阶层间。根据库兹涅茨的倒"U"形曲线，在推进现代化的起始阶段，收入差距有扩大的趋势，而到一定阶段收入差距便开始缩小。现在突出全面小康，意味着收入差距扩大的状况不能等到实现现代化后再去解决，必须在小康社会建设过程中去解决。

由效率性分配转向公平性分配，改革目标是缩小收入差距，改革对象是过去改革所形成的效率优先的收入分配体制。在政策层面上就是由允许"一部分人先富起来"，转向让大多数人富起来。过去允许"一部分人先富起来"，是要在体制上解决推动 GDP 增长的动力，现在解决大多数人富起来的问题，是要使广大人民公平合理地分享增长成果。邓小平在 1992 年视察南方时就提出，等到沿海地区达到全面小康水平后，就要提出先富帮后富、共同富裕的要求。

二、脱贫攻坚

贫困人口主要是低收入群体。主要涉及农民、城市失业和下岗职工，特别是处于贫困地区的农民。改革开放以后，在允许一部分地区、一部分人先富起来的同时，我国自 1986 年开展大规模扶贫，到 2000 年的十几年里，每年平均减少贫困人口 639 万。2001—2010 年的十年里，每年减贫 673 万人。但到 2012 年按农村居民家庭年人均纯收入 2 300 元以下的贫困标准，中国还有 1.28 亿的贫困人口。

贫困人口脱贫目标，就是《中国农村扶贫开发纲要（2011—2020年）》提出的“扶贫对象不愁吃、不愁穿，保障其义务教育、基本医疗和住房（简称‘两不愁、三保障’）”。按这个目标要求，我国制定了现行农村贫困标准，即按2010年价格水平每人每年纯收入2 300元以下。

党的十八大以来，习近平高度重视扶贫开发，根据宏观形势的变化和到2020年全面建成小康社会的需要，中央做出了坚决打赢脱贫攻坚战的决定。为了打赢脱贫攻坚战，中央调整了以往以区域开发为主的扶贫开发模式，将精准扶贫和精准脱贫作为基本方略。精准扶贫就是将贫困家庭和贫困人口作为主要扶持对象，而不能仅停留在扶持贫困县和贫困村的层面上。这种策略调整是基于中国现阶段贫困人口小集中、大分散的客观现实以及贫困人口没有从以往的区域扶贫开发中平等受益的实际状况做出的。在贫困人口分散分布的情况下，以县和村为单元进行扶贫开发必然不能覆盖到全部贫困人口，而有限的财力也同时决定了无法采用普惠式的收入转移（全民社会保障）来实现大规模的综合兜底。因此，要确保所有贫困人口到2020年实现脱贫，就必须将全部贫困人口识别出来进行扶持，不论贫困人口是否在贫困县和贫困村。从区域开发转向精准扶贫，瞄准贫困家庭和个体因户因人施策，是完成脱贫攻坚目标的必然选择。

扶贫的方式和相应的扶贫计划。根据习近平讲话，到2020年，通过产业扶持，可以解决3 000万人脱贫；通过转移就业，可以解决1 000万人脱贫；通过易地搬迁，可以解决1 000万人脱贫，总计5 000万人左右。还有2 000多万完全或部分丧失劳动能力的贫困人口，可以通过全部纳入低保覆盖范围，实现社保政策兜底脱贫。

中国的脱贫攻坚取得显著成就。从1978—2017年，我国农村贫困人口减少7.4亿人，年均减贫人口规模接近1 900万人；农村贫困发生率下降94.4个百分点，年均下降2.4个百分点。按现行贫困标准，2013—2017年我国农村减贫人数分别为1 650万、1 232万、1 442万、1 240万、1 289万人，不仅每年减贫人数均在1 000万以上，而且打破了以往新标准实施后脱贫人数逐年递减的趋势①。

按照现行农村贫困标准测算，从1978—2016年，全国农村贫困人口减少7.3亿，贫困发生率从1978年的97.5%下降至2016年的4.5%（见图2-1）。按照每人每天1.9美元的国际极端贫困标准，根据世界银行发布的最新数据，1981—2013年中国贫困人口减少了8.5亿，占全球减贫总规模的69.3%，为全球减贫做出重大贡献。联合国开发计划署2015年发布的《联合国千年发展目标报告》明确指出，“中国在全球减贫中发挥了核心作用”。中国精准扶贫的新理论、新实践也为全球减少贫困提供了中国范例。

---

① 国家统计局住户调查办公室:《扶贫开发成就举世瞩目 脱贫攻坚取得决定性进展》，统计微讯，2018-09-03。

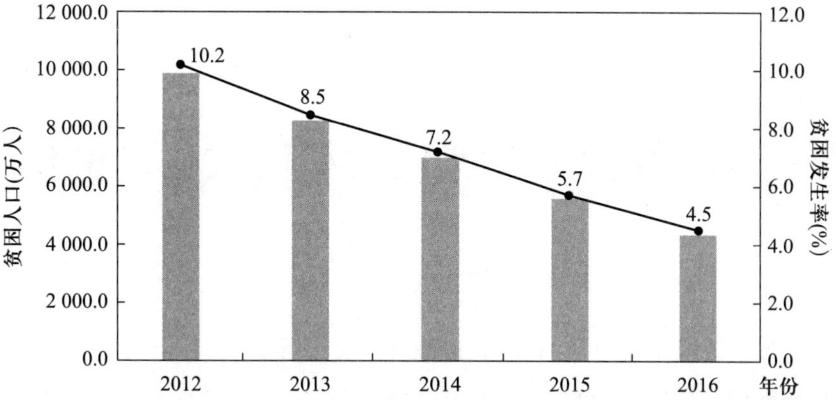

图 2-1　2012—2016 年全国农村贫困人口变化趋势

第三章　社会主义现代化和现代化经济体系

我国经济发展进入了新时代，其发展目标就是实现“两个一百年”目标：一是到 2020 年国内生产总值和城乡居民人均收入比 2010 年翻一番，全面建成惠及十几亿人口的小康社会；二是到 2049 年新中国成立 100 年时建成富强民主文明和谐美丽的社会主义现代化国家。现代化需要全面推进经济建设、政治建设、文化建设、社会建设、生态文明建设，促进现代化建设各个方面、各个环节相协调。

第一节　新时代社会主义现代化

发展经济学创立的初衷是解决发展中国家摆脱贫困的问题。现在的中国进入了上中等收入国家发展阶段，所要解决的发展问题就是在全面建成小康社会的基础上，在新中国成立 100 年时建成富强民主文明和谐的社会主义现代化国家。为了实现这个“中国梦”，需要科学的现代化理论来指导发展的实践。

一、现代化含义的演进

现代化这个词在当今的历史学、社会学、科技史和经济学等学科中广泛运用，但各自的表述不尽一致。

从历史学的角度来定义，现代化指的是发达国家所经历的从传统到现代，从不发达到发达的历史过程。具体地说，是指人类社会从传统的农业社会向现代工业社会转变的历史过程。根据此规定，在相当长的时期人们把现代化等同于工业化过程。而在现代，西方发达国家的经济发达水平进入了信息化阶段。

从社会学的角度定义，现代化指的是在科技革命推动下社会已经和正在发生的转变过程，不仅涉及经济，还涉及政治、社会、文化、心理等方面的变化。最为典型的是美国社会学家英克尔斯依据对几个现代化国家的实证分析概括的 10 项现代化水平指标。这 10 项指标是：① 人均 GNP 在 3 000 美元以上；② 农业增加值在 GNP 中占 12%～15%；③ 第三产业在 GNP 中占 45%以上；④ 非农业就业人口在总就业人口中占 70%以上；⑤ 识字人口占总人口的30%以上;⑥ 适龄青年接受高等教育的人数占10%以上;⑦ 城市人口占总人数的50%以上;⑧ 平均每个医生服务的人口在100个以下;⑨ 人均寿命在70岁以上;⑩ 人口自然增长率在1%以下。这些指标对后起的发展中国家推进现代化有一定的参考价值,但随着经济和社会的发展,这些指标越来越不能准确而全面地反映现代化水平。

经济学对现代化的研究并不完全关注其结果的评价指标,更关注其进程和发展战略。诺贝尔经济学奖获得者西蒙·库兹涅茨没有直接使用现代化概念,而是用现代经济增长阶段的概念。他在考察欧美发达国家近百年经济发展进程的基础上,明确认为,自19世纪后半叶开始,发达国家经济增长的主要源泉一直是科学技术。标志着现今这个经济时代的重大创新是科学被广泛运用于经济生产领域。他把这个时代称为现代经济增长阶段,经济发展就成为现代化的中心问题。发展的程度除了用国民总收入来衡量外,重要的是巨大的结构性变化,其内容包括:产品的来源和资源的去处从农业活动转向非农业生产活动,即工业化过程;城市和乡村之间的人口比例发生了变化,即城市化过程;一国之中各个集团的相对经济地位发生了变化;产品在居民消费、资本形成、政府消费之间的分配发生了变化。他也注意到,在现代经济增长的进程中,技术、社会和时代精神变化之间的相互关系显得特别重要。没有社会制度上的变革,不可能产生科学在技术上的应用。

以上所述的各种关于现代化的定义都是以发达国家的现代化进程为蓝本的。其走过的道路对后起的发展中国家推进现代化有一定的参考价值,其所达到的现代化水平也成为发展中国家现代化的参照系。但需要明确,我国所要推进的现代化是经济文化相对落后的发展中国家的现代化。对发展中国家来说,现代化就是追赶先行现代化国家的过程。其现代化阶段与追赶目标相关,就像马克思在《资本论》中所说的:"工业较发达的国家向工业较不发达的国家所显示的,只是后者未来的景象。"①

明确发展中国家的现代化与先行国家的现代化的区别牵涉对现代化理论的建构。已有的现代化理论研究的是人类社会从传统农业社会向现代工业社会转变的历史过程,及其所导致的经济、政治、社会、文化的变化。而发展中国家的现代化理论则是以先行现代化国家作为追赶目标的发展道路、发展方式和发展战略的理论指导。从一定意义上说,已有的现代化理论属于过去时,而发展中国家的现代化理论则属于现在时和将来时,需要结合发展中国家的实际进行创造和建构。

建构发展中国家的现代化理论毫无疑问需要借鉴已有的现代化理论,包括把先行国家达到的现代化水平作为参照系,把工业化、城市化、信息化作为现代化的必由之路。但是在发展方式上不可能是一样的。首先,先行现代化国家在过去的100多年中推进工业化时,地球上有很大一部分国家还处于传统农业社会,是其附属国或殖民地,先行国家可以无所

① 马克思:《资本论》第一卷,人民出版社2004年版,第8页。

顾忌、无障碍地掠夺国外资源来支持其粗放方式的工业化。而现在,发展中国家作为后起的国家已经没有先行国家当时那种资源环境,不仅是物质资源的供给严重不足,环境资源的供给也受到严厉的约束。因此其现代化的必要环节即工业化不能走先行国家的老路,必须走低消耗、低排放的新型工业化道路。其次,在发展中国家启动现代化时先行现代化国家与之并存。这就给发展中国家现代化提供了后发优势。如库兹涅茨所分析的,在现代增长阶段,创新的知识和技术可以在世界范围进行全面传播。一国经济的增长日益受到别国新知识和新技术的影响。较晚进入现代经济增长阶段的国家,可以选择和利用的世界知识和技术的存量丰富,因而有可能有较高的经济增长率,其现代化所需的时间也不需要先行现代化国家那么长。关键是后起国家要具备相应的学习和利用世界创新的知识和技术的机制。因此发展中国家对外开放参与全球化经济是最为重要的。

观察发达国家的现代化进程,可以发现,现代化已有了三次大浪潮,每次现代化浪潮都是由产业革命或科技革命推动的。18 世纪后期以蒸汽机的使用为标志的第一次产业革命推动了第一次现代化浪潮,英国搭上了这班现代化列车,成为现代工业的中心,然后其工业化浪潮向西欧扩散,把西欧国家卷入现代化浪潮。第二次产业革命发生在 19 世纪下半叶至 20 世纪初,以电力和钢铁为标志。它所推动的第二次产业革命推动了第二次现代化浪潮。年轻的美国搭上了这班现代化列车,一跃超过英国成为最发达的现代化国家。以前两次现代化浪潮都会将落伍的国家沦为殖民地和半殖民地。第三次现代化浪潮发生在第二次世界大战结束以后,一方面继续延续第二次产业革命的成果,另一方面产生了以电子信息为代表的新科技革命。这次现代化浪潮影响之大和作用之深是前所未有的。在亚洲先是日本,紧接着韩国、新加坡等国搭上了现代化的列车。与此同时,先行现代化的美国和西欧国家在电子信息革命的推动下现代化水平又达到了新的高度。

现在在世界范围正在迎来以工业 4.0 为代表的第四次工业革命,据里夫金的描述,这是以可再生能源替代化石能源的革命,同时产生低碳的经济发展模式。这场革命伴随着新科技革命,必然催生新一次现代化浪潮。过去几次现代化浪潮都同中国擦肩而过,这次中国绝不能失之交臂。

对发展中国家来说,经济发展的目标就是现代化。现代化的最初含义是追赶发达国家的现代化,涉及生活质量现代化、经济现代化、科学技术现代化、社会发展水平的现代化。现代化有两个方面规定:一是目标意义上的规定,即达到现代化的发展目标;二是过程意义上的规定,即将“化”看作是过程。

就现代化目标来说,被追赶国家所达到的现代化水平,涉及科学技术、经济结构、人口素质等方面的水准。这个水准是动态的,不是静态的。例如,邓小平在 1987 年提出的基本实现现代化以中等发达国家作为追赶目标。由于发达国家经济也在发展中,发展中国家的现代化目标和参照系应该是动态的,因此,我国现代化的追赶目标既不能定格在 1987 年的中等发达国家所达到的现代化水平,也不能定格在这些国家当年进入现代化国家行列时的水平,应该是以这些国家现代化的最新水平作为参照系,应该是动态的。

就现代化的进程来说,现代化是从西方国家开始、从工业化起步的。工业化现代化的共同规律无论是东方国家还是西方国家都必须遵守。但现代化不能归结为西方化。现代化不仅包括工业化,同时还包括农业和其他行业的现代化。对于许多发展中国家来说,改造传统农业是现代化的重要内容。经典的现代化理论曾经把工业化和城市化作为现代化的主要路径,现在,现代化应该有更高的参照系,不仅涉及工业化、城市化,还涉及信息化和绿色化。特别需要明确,后起的发展中国家有必要遵循现代化的一般规律,走先行现代化国家所经过的基本路线,但又必须结合本国的国情及新的国际国内经济社会政治环境,走出具有自己特色的现代化道路。如中国特色的工业化,中国特色的城镇化。

现代化的追赶目标不仅涉及追赶对象,还需要明确追赶的指标,由此可找到差距,从而明确现代化的目标。库兹涅茨所谓的进入现代经济增长阶段的经济发达国家的指标大致有:人均产值的持续稳定增长;由技术进步推动的产业结构的变化;受制于分配的各种收入的提高几乎与国民总产值的提高并驾齐驱,收入差距趋向缩小的收入分配结构的变化;总收入中消费支出快于储蓄的增长,消费结构沿着教育和较高生活标准所要求的其他消费项目的方面发生变化。

联合国开发计划署编制的人类发展指数从健康长寿、教育水平以及体面生活三大维度衡量经济社会发展水平。

健康长寿(寿命指数)——用40岁以前死亡的人的百分比来测定。

教育水平(受教育年限)——用有读写能力的成人的百分比来测定。

体面生活(收入指数)——用获得医疗服务的百分比、获得安全饮用水的居民的百分比,5岁以下营养不良的幼儿的百分比来测定。

根据人类发展指数的大小,将世界经济体分为四类:极高人类发展指数经济体;高人类发展指数经济体;中等人类发展指数经济体;低人类发展指数经济体。

二、我国新时代现代化的特性

中国特色社会主义进入新时代后推进的现代化,既要体现社会主义的要求,也要反映中国进入新时代后的经济特征,走中国特色社会主义的现代化道路。中国进入新时代后推进的现代化的特性主要涉及三个方面:

1. 现代化的社会主义定位

现在世界上有一批现代化国家,都是资本主义发达国家。现在许多关于后现代化的文献都在批判这些国家在贫富分化等方面的现代化病,反思现代化先行国家的教训。中国推进的社会主义现代化一开始就要明确以人民为中心的定位。必须坚持以人民为中心的发展思想,不断促进人的全面发展、全体人民共同富裕。

以人民为中心的现代化定位表现在三个方面。首先,现代化以提高人民福祉为标准。人民对美好生活的需要不仅看收入,还有文化、精神、健康、生态等多方面的需求。基本实现现代化是要使人民生活更为宽裕,而到全面现代化时人民生活更加幸福安康。其次,现代化注重人的现代化,也就是人的全面发展。目标是文明程度的提高。相应地需要医疗、文化、教育等社会发展水平的现代化,满足人民对文化、精神、健康、生态等多方面的现代化需求。最后,共同富裕本来就是社会主义的本质要求,理应成为中国特色社会主义现代化的主要特征。基本实现现代化阶段,城乡区域发展差距和居民生活水平差距显著缩小,而到全面现代化阶段,全体人民共同富裕基本实现。显然,社会主义现代化是共同富裕逐步实现的过程。

2. 现代化的起点定位

根据“两个一百年”奋斗目标,现代化是在第一个目标即小康社会全面建成的基础上推进的。全面建成的小康社会就成为现代化的起点。在这个起点上,社会生产力水平总体上显著提高,人民群众即将全面摆脱贫困。与此相应,我国长期存在的人民日益增长的物质文化需要同落后的社会生产之间的矛盾基本上得到解决。在此背景下推进的现代化是要解决新起点上的新矛盾,也就是新时代我国社会主要矛盾:人民日益增长的美好生活需要和不平衡不充分的发展之间的矛盾。新时代主要矛盾的主要方面是不平衡不充分的发展。这就表明新时代社会主义现代化的着力点是解决发展的不充分、不平衡问题,涉及供给侧的效率和结构及相应的改革问题。

3. 现代化目标的定位

现代化并不是新名词。已有的现代化理论,将经济文化相对落后的发展中国家的现代化定义为追赶先行现代化国家的过程。发达国家所达到的现代化水平和走过的道路也成为发展中国家现代化的样板。现在需要进一步研究的是这个现代化定义是否适合我国进入新时代后的发展实际。我国进入新时代后必须考虑到,经过全面小康社会建设,社会生产能力显著提高,在很多方面进入世界前列,尤其是在科技方面与发达国家不只是跟跑,在许多领域进入了并跑和领跑的阶段。这意味着我国现代化不只是在发达国家之后亦步亦趋,与其说是追赶,不如说是赶超。就是说,在现代化进程中虽然包含对发达国家的学习和追赶,但最终是要赶超发达国家。尤其是我国的目标是建成富强民主文明和谐美丽的社会主义现代化强国,这个定位就有别于甚至高于发达国家的现代化水平。基于赶超目标,新时代的现代化需要破除一个传统的现代化观念,即所谓的后发优势观念,依靠模仿、引进和采用先行国家的现代科学技术来推进现代化。实践证明,这种追赶模式的现代化虽然能跟上先行国家,但不可能进入国际前沿,也谈不上现代化。新时代提出的现代化,虽然会有追赶发达国家的要求,但更为突出创新赶超发达国家。只有这样,才能真正实现在21世纪中叶建成社会主义现代化强国的目标。

4. 现代化道路定位

我们要建设的现代化是人与自然和谐共生的现代化。习近平指出:“人类社会在生产力落后、物质生活贫困的时期,由于对生态系统没有大的破坏,人类社会延续了几千年。而从工业文明开始到现在仅三百多年,人类社会巨大的生产力创造了少数发达国家的西方式现代化,但已威胁到人类的生存和地球生物的延续。”①我们是在生态文明时代推进现代化,已经没有先行国家当时拥有的那种资源、环境。而且,长期的粗放型发展方式及过度开发所遗留的环境和生态破坏问题在全面小康阶段不可能完全解决,必须在推进现代化阶段在根本上解决。因此,我国新时代的现代化不能走西方国家所走过的浪费和掠夺资源的现代化道路,绿色发展是社会主义现代化的鲜明特征。一开始就要防止和克服其现代化病,一开始就要有生态文明的目标。蓝天白云、青山绿水是老百姓能够切身感受到的现代化水平。生态财富同物质财富一样重要。不仅需要走低消耗、低排放的文明发展道路,还要创造更多的生态财富。这是社会主义现代化与西方国家现代化的根本区别。

现代化最终要归结为人的现代化。就像城镇化的核心是人的城镇化一样。人的现代化不只是现代化的目标,也是现代化的动力。人是现代化的主体。推进人的全面发展,同推进经济、文化的发展和改善人民物质文化生活,是互为前提和基础的。现代化最终是由人来推动的,人的素质没有达到现代水准,也就不可能有现代化。与此相应的发展就不仅只是经济发展,还需要社会发展。人的全面发展需要科学、教育文化和卫生各个方面的现代化。人的现代化还有自由的要求。马克思在《资本论》中将未来社会称为“自由人联合体”②,可见自由是社会发展的基本目标。自由在马克思看来是没有人身依附关系的自由,是建立在人的全面发展基础上的自由。

三、“四化同步”的现代化

现代化涉及政治、经济、文化、国家治理等各个领域的现代化。其中经济现代化是基础。根据美国经济学家罗斯托的经济成长阶段论,起飞阶段是传统社会与现代社会的分水岭。从我国的实践看,全面小康社会建成就相当于实现经济起飞。现代化则相当于罗斯托所说起飞以后的三个阶段。这样,进入现代化阶段就有三个重要特征:例如,“向成熟推进阶段”是指现代技术在各个经济领域中广泛使用,实现经济长时期的持续的增长。“高额群众消费阶段”是指资源越来越倾向于被引导到耐用消费品的生产和大众化服务的普及。“追求生活质量阶段”涉及自然(居民生活环境的美化和净化)和社会(教育、卫生保健、交通、生活服务、社会风尚、社会秩序)两个方面:一方面,与医疗、教育、文化娱乐、旅游有关的

---

① 习近平:《之江新语》,浙江人民出版社 2013 年版,第 119 页。

② 马克思:《资本论》第 1 卷,人民出版社 2004 年版,第 95 页。

服务部门加速发展，成为主导部门；另一方面，认真处理和解决环境污染、城市交通拥挤和人口过密等问题。这三个阶段的特征可以说是现代化阶段的一般标志。

就经济现代化来说，过去有工业、农业、科技和国防四个现代化之说。从经济发展的进程分析，所有现代工业和落后农业并存的二元结构国家的现代化基本上都是由工业化、城市化和改造传统农业起步的。对广大发展中国家来说，现代化不仅包括工业化，同时还包括农业和其他行业的现代化。现代化应该有更高的参照系，不仅涉及工业化、城市化，还涉及信息化和农业现代化，因此中国特色社会主义现代化道路被概括为新型工业化、信息化、城镇化和农业现代化“四化同步”的道路。其中每一个方面的现代化都带有新时代的特征。

1. 新时代的现代化

进入新时代，在新的历史起点上，工业化、信息化、城镇化和农业现代化都有了新的更高的要求：

（1）新型工业现代化。传统意义上的工业化和城市化任务在全面小康社会建设阶段实际上基本完成了。GDP 中的农业增加值比重 2010 年降到 10.1%，2017 年降到 7.9%。制造业增加值比重 2010 年为 46.67%，2017 年为 40.5%。这意味着传统意义上的降低农业比重的工业化任务基本上已经完成。在新时代推进的工业化不是指工业比重继续增大的问题，原因是现代化要求服务业尤其是现代服务业比重进一步提高。许多发达国家的服务业比重都已达到 70%上下，而我国 2017 年才达 51.6%。新型工业现代化涉及两方面：一是低消耗、低排放的绿色工业化，二是质的提升，发展先进制造业，产业迈上全球价值链中高端，培育若干世界级先进制造业集群。也正是在这一意义上，新型工业化提升为新型工业现代化。

（2）信息化进入国际前沿。信息化就是当今的科技现代化。在现代，科技革命和产业革命是结合在一起的。我国过去落后的原因是前几次推动现代化浪潮的科技和产业革命是与中国擦肩而过。现在以信息化为代表的产业革命没有结束，新科技和产业不断涌现。信息网络技术和服务正在成为经济发展的主要推动力，也正在使各个产业的技术基础发生革命性变化。就如杰里米·里夫金（Jeremy Rifkin）所描述的，20 世纪 90 年代和 21 世纪的前十年，信息与通信技术革命和第二次工业革命完成了整合。互联网信息技术与可再生能源的出现让我们迎来了第三次工业革命①。现在我国所面临的现代化关口就在于正在兴起的新科技和产业革命，不能与之失之交臂。尤其是掌握信息化最前沿的科技，根据 G20 杭州峰会通过的二十国集团创新增长蓝图，当今世界前沿的信息化有两个方向：一是针对制造业的信息化，工业革命为推动中长期经济增长提供了新机遇。物联网、大数据、云计算、人工智能、机器人、增材制造、新材料、增强现实、纳米技术和生物技术等很多新兴技术

① [美]杰里米·里夫金：《第三次工业革命》，中信出版社 2012 年版，第 15、31 页。

取得重大进展。二是针对服务业的信息化。在互联网经济时代,数字经济是指以信息和知识的数字化为关键生产要素,以现代信息网络为重要载体、以有效利用信息通信技术为提升效率和优化经济结构重要动力的广泛经济活动。① 现代化不仅要求我国的信息化进入世界前沿,还要求推动互联网、大数据、人工智能和实体经济深度融合。

(3)城镇现代化。中国已有的城镇化基本上属于人口城镇化和地域城镇化。农业转移人口进入城镇的城镇化率,2011年达到了51.27%,2017年达到58.52%。这意味着在转移农业人口意义上城镇化也已基本到位。进入新时代后,虽然在提高城镇转移人口的城镇化率方面还有空间,但城镇化有了现代化的要求:一是市民化意义上的城镇化。不仅解决进入城镇的转移人口享受平等的市民权利,还要进一步解决留在农村的农民享受市民权利。二是城镇城市化。增强处于广大农村的城镇产业发展、公共服务、吸纳就业、人口集聚的城市功能,既可用于疏解大中城市产业和人口,又服务于乡村振兴战略,成为推进农业现代化的现代要素的集散地。因此,现在讲的城镇化,主要不是农业人口向城市转移意义上的城市化,而是倒过来,推动城市发展的势头和要素"化"到农村城镇,实现城市和城镇的深度融合发展。正是在这一意义上,城镇化上升为城镇现代化。

(4)补农业现代化短板。在数亿劳动力转移出去后我国农业产量仍显著增加,解决了将近14亿人口的吃饭问题。这说明了农业生产率的提高。但是相比其他领域农业仍然是弱势产业。相比工业化、信息化、城镇化,我国的农业现代化仍然是"四化同步"的短板。就如习近平所指出的:即使将来城镇化达到70%以上,还有四五亿人在农村,农村绝不能成为荒芜的农村、留守的农村、记忆中的故园,城镇化要发展,农业现代化和新农村建设也要发展,同步发展才能相得益彰。新时代的农业现代化需要从根本上克服农业的弱势状态,改变农村的落后面貌。党的十九大召开以后不久的中央农村工作会议,规划了"两个十五年"的农业现代化目标:到2035年,乡村振兴取得决定性进展,农业农村现代化基本实现;到2050年,乡村全面振兴,农业强、农村美、农民富全面实现。农业现代化即发展现代农业,也就是构建现代农业产业体系、生产体系、经营体系。主要涉及三个方面:一是从根本上改变其落后的生产方式和经营方式,不只是提高劳动生产率,还要提高资本和土地的生产率,并且提高全要素生产率,从而提高农民收入。二是农业发展由农产品"数量剩余"范式转向"品质和附加值"范式,发展优质、高效、高附加值农业,涉及农产品品种的优化、品质的提升、农产品由初级品向最终产品的延伸,以及农业全产业链中的产品附加值提升,由此构建与居民消费快速升级相适应的优质高效的现代化农业产业体系。这种发展范式下的农业就会改变自身的弱势地位。三是农业现代化的基本路径,就是习近平指出的,关键在科技进步。走内涵式发展道路。要适时调整农业技术进步路线,加强农业科技人才队伍

---

① 二十国集团创新增长蓝图,人民日报,2016-09-06。

建设,培养新型职业农民。当然,农业现代化不仅要靠技术进步,更要靠制度创新,尤其是土地制度的改革和农业经营体制改革。

2. “四化同步”

新型工业现代化、信息化、城镇现代化和农业现代化这四个“化”不是孤立的,而是相互融合、相互促进的。新时代现代化要求“四化同步”,不仅要求补齐现代化的短板,如补齐农业现代化的短板,还要求“四化”的融合和互动。最为突出的是以下四个方面:

一是农业现代化与城镇现代化的融合和互动。农业、农村和农民现代化都离不开城镇化的支持。农业现代化的关键在于农民的现代化,其基础是农村现代化,现代化的农村生活和居住环境能够吸引新型农民。农民现代化要求农民市民化。农民现代化的主要内容是人的城镇化,不仅要加快农业转移人口市民化,还要进一步解决农民不进入城市就能享受平等的市民权利。

二是工业现代化同信息化融合。信息化带动工业化,就可以实现工业化的跨越式发展。信息化的产业特征是信息技术产业,绝不意味着信息化就只是发展信息技术产业。信息化的内涵包括建立在最新信息技术基础上的产业创新。不仅要在现有产业中采用高科技,提高产业的高科技含量,更为重要的是直接发展一部分高科技产业,如微电子产业、信息产业、生物工程产业、新材料产业等。信息化没有完全摒弃传统产业,其重要功能是对传统经济的整合和改造,通过信息技术对传统产业的渗透,使很多传统产业部门跃入信息化社会。

三是以“四化同步”的理念推动现代化,就是用新型工业现代化理念来谋划现代农业发展,促进工业与农业的产业对接;用城镇城市化来消解二元体制张力,促进城乡协调融合发展;利用信息化成果,改造传统产业。由此大大增强现代化的能力体系,降低现代化的成本,缩短现代化的进程。

四是各个地区现代化的优势互补。各个地区的资源禀赋、文化传统、产业结构存在很大的差异。“四化同步”不要求各个地区的现代化状态千篇一律。国家“四化同步”的现代化的指标不可能要求每个地区都同样达到。例如,产业结构,有些地区农业比重大,有些地区工业比重大,但不影响农业比重大的地区和工业比重大的地区基本实现现代化。就像目前的发达国家中,德国的工业比重大,澳大利亚的农牧业比重大,美国的服务业比重大,不影响它们的现代化国家地位。这就是说,工业化、城市化和服务业化这类结构性指标对不同区域是有弹性的,可选择的。明确区域现代化的选择性指标是要突出不同区域的现代化特色,不意味着降低现代化要求。例如:尽管某个地区的农业比重较高,城市化率不是很高,但在其城市化率达到基本要求的前提下,农业现代化水平必须更高,农民的市民化程度以及享受到的城市文明程度不能降低。尽管某个地区的服务业化水平不如其他地区,制造业比重较高,但其制造业的技术水准和创新能力必须更高。这样,建立在各个地区强化各自优势基础上实现的全国范围的“四化同步”的现代化是更高效益的现代化。

第二节 建设现代化经济体系

如何启动现代化进程？过去关于现代化的讨论过于关注 GDP 的指标，在实践中往往以抓 GDP 来推进现代化。而在进入转向高质量发展的新时代后，现代化就要由高质量发展来支持，相应地，启动现代化就不是简单地规定 GDP 指标的问题，而是按照新发展理念，以建设现代化经济体系来推进现代化。现代化经济体系的内涵和作用需要在现代化整体中准确定位。现代化有特定的目标和标准，现代化经济体系包括不了现代化的目标和内容，它是开启现代化的行动和路径。

现代化经济体系是由社会经济活动各个环节、各个层面、各个领域的相互关系和内在联系构成的一个有机整体。从推动现代化进程考虑，现代化经济体系可以概括为三个方面：一是现代化的支撑系统，包括创新引领、协同发展的产业体系，彰显优势、协调联动的城乡区域发展体系，资源节约、环境友好的绿色发展体系。它要求在产业、城乡、区域、生态方面推动现代化。二是现代化的动力系统，包括体现效率、促进公平的收入分配体系，多元平衡、安全高效的全面开放体系。三是现代化的国家治理系统，包括统一开放、竞争有序的市场体系，充分发挥市场作用、更好发挥政府作用的经济体制。很显然，建设现代化经济体系是开启现代化的行动。这是高质量开启现代化建设新征程的关键性战略安排，可以为整个现代化建设进程奠定坚实的基础。

一、建设现代化的支撑系统

根据十九大关于建设富强民主文明和谐美丽的社会主义现代化强国的蓝图，中国的现代化需要产业、区域和生态三足鼎立来支撑。

1. 现代化的产业体系

观察发达国家三次现代化的浪潮，每次现代化浪潮都是由产业革命或科技革命推动的。中国之所以在经济和文化上长期落后，重要原因是几次直接影响世界现代化进程的产业革命没有产生在中国，因而中国没有搭上现代化的列车。我国进入新时代后开启现代化进程，关键是抓住以信息化为标志的新科技和产业革命的机遇，建设现代产业体系。这不仅包括发展体现现代水平的新兴产业，也包括采用信息化最新成果的各类产业，也就是互联网、大数据和智能化与实体经济深度融合的产业。现代化产业体系的建设，归根结底是实体经济的发展。实体经济的发展需要科技创新、现代金融、人力资源协同发展。

所谓创新引领，核心是科技创新，创新是引领发展的第一动力，要求科技创新在实体经济发展中的贡献份额不断提高,以科技创新引领产业创新。就如习近平指出:“现代以来,西方国家之所以能称雄世界,一个重要原因就是掌握了高端科技。真正的核心技术是买不来的。正所谓‘国之利器,不可以示人’。只有拥有强大的科技创新能力,才能提高我国国际竞争力。”

所谓现代金融同实体经济的协同,指的是为实体经济发展创造良好金融环境,疏通金融进入实体经济的渠道,现代金融服务实体经济的能力不断增强。银行和金融市场的现代化必须同产业体系现代化协同。其主要表现:一是积极规范发展多层次资本市场,扩大直接融资,加强信贷政策指引,鼓励金融机构加大对先进制造业等领域的资金支持;二是适应科技创新要求,发展科技金融,为科技创新和创业提供灵活充分的风险投资;三是建立完善的金融监管和调控机制,有效防止系统性金融风险。

所谓人力资源同实体经济协同,就是要求人力资源支撑实体经济发展的作用不断优化。如果说科学技术是第一生产力,那么人才就是现代化的第一要素。其中不仅包括高端科技人才,也包括高端创业和管理人才,甚至包括拥有特殊技能的工匠。因此人力资本投资成为创新投资的重点。实体经济和人力资源的协同涉及三个方面:一是突出发展更多地需要人力资本服务的知识密集型产业领域。二是培育企业家人力资本,激发和保护企业家精神。三是在集聚高端创新创业人才的同时培育知识型、技能型、创新型劳动者大军。

2. 现代化的城乡区域体系

现代化的城乡区域体系是针对我国不平衡城乡区域结构提出来的。现代化要求是,一方面彰显城市和发达地区的优势,另一方面城乡区域协调联动发展。

就城乡关系来说,城市是现代化的中心。彰显优势就要求推进城市现代化,协调推动就要求城市和农村都实现现代化。所有国家的现代化过程都会经历农业剩余劳动力转移的城市化过程。虽然城市化过程能够提升农业和农村的发展水平,但城乡差距会进一步扩大。因此建设现代化的城乡体系,需要推进乡村振兴战略,其基本路径是城乡发展深度融合。如果说城市化是农业生产要素进入城市的话,那么乡村振兴则需要城市现代要素进入农村,推动农村基础设施和公共服务现代化。这就需要通过工业反哺农业、城市反哺农村的路径提升农业和农村的现代化水平。其引导性路径是基本公共服务城乡均等化,尤其是农民和城市居民享受平等的优质教育和医疗服务。

就区域关系来说,在我国这样一个幅员辽阔,各个区域经济社会发展很不平衡的国家,无论是小康社会建设还是现代化建设都不可能是齐步走的过程,必然存在有先有后的过程,现代化的势头总是从核心区逐步向周边辐射和传导,逐步扩大实现现代化的区域。因此建设现代化区域体系涉及以下方面:第一,针对尚未达到全面小康水平的经济相对落后的地区着力推进脱贫攻坚,使其同全国其他地区一道进入现代化的起点,共同开启现代化进程。第二,经济发达地区在现代化建设中继续走在前列,彰显优势,为全国的现代化探路。第三，各个地区的资源禀赋、文化传统、产业结构存在很大差异。现代化的区域体系要反映各个地区的比较优势，从而形成各自的现代化特色。就是说，无论是农业为主的地区，还是制造业为主的地区都可能彰显现代化特色。第四，根据协调发展的要求，现代化进程中先发地区和后发地区联动发展。虽然允许一部分地区在现代化进程中走得更快，但不能孤军深入，尤其要持续关注后发地区，先发地区要与后发地区良性互动，融合发展。

3. 现代化的绿色发展体系

现代化的绿色发展体系的基本特征是资源节约、环境友好。我们要建设的现代化是人与自然和谐共生的现代化。围绕建设现代化的绿色发展体系推进现代化，既要创造更多物质财富和精神财富以满足人民日益增长的美好生活需要，也要提供更多优质生态产品以满足人民日益增长的优美生态环境需要。蓝天白云、青山绿水是老百姓能够切身感受到的现代化水平。生态财富同物质财富一样重要。现代化的绿色发展体系就如习近平指出的："要从转变经济发展方式、环境污染综合治理、自然生态保护修复、资源节约集约利用、完善生态文明制度体系等方面采取超常举措，全方位、全地域、全过程开展生态环境保护。"①具体涉及：第一，由资源高消耗、环境强污染和废弃物高排放转向绿色循环低碳型经济。第二，大力发展绿色技术，通过技术创新驱动绿色发展。第三，发展绿色产业，建立健全绿色低碳循环发展的经济体系。第四，倡导简约适度、绿色低碳的生活方式，促进人与自然和谐相处。

二、建设现代化的动力系统

现代化的动力来自两个方面：一是由经济利益产生的内在动力，此与收入分配体系相关；二是由对外开放带来的外源动力，此与对外开放新体系相关。

（一）现代化的收入分配体系

现代化的重要标志是居民收入普遍较大幅度提高并且收入差距明显缩小。发达国家在其现代化的进程中大都出现贫富两极分化的"现代化病"。其表现就是城市化造成的生活条件的变化，从乡村迁往城市要承受巨大的损失；结构调整会使农民、小生产者地位下降；等等。

接受现代化先行国家的教训，中国推进的社会主义现代化一开始就要明确以人民为中心的定位，在脱贫攻坚任务基本完成的基础上建设体现效率、促进公平的收入分配体系主要涉及以下两个方面：一是建立以效率为基础的分配体系，以做大"蛋糕"。既要坚持按劳分配为主体，又要完善按要素分配，充分动员和激励各种创造财富的要素参与到现代化进

① 习近平：《扎扎实实做好改革发展稳定各项工作 为党的十九大胜利召开营造良好环境》，《人民日报》，2017 年 6 月 24 日第 01 版。

程中。二是建立促进公平的分配体系。为分好“蛋糕”,需要在收入分配体系中建立促进公平分配的机制,不仅要求再分配更讲公平,还要求在初次分配中就处理好公平和效率的关系。现代化收入分配体系是上述两个方面的有机结合。体现公平原则的按劳分配和按要素分配能够保障效率的提高。可能产生的收入差距扩大则需要体现公平正义要求的法律规范、税收,国民收入再分配和基本公共服务均等化等途径来解决,由此建立兼顾公平与效率的收入分配制度。

(二) 现代化的开放体系

对外开放是发展中国家现代化的必由之路,既要利用国际国内两个资源两个市场,又要获取国际上科技创新的资源,进行开放式创新。这是现代化的外源动力。就如习近平指出的:“过去 40 年中国经济发展是在开放条件下取得的,未来中国经济实现高质量发展也必须在更加开放条件下进行。”现在的开放型经济进入了新时代。所要建立的现代化开放体系需要体现多元平衡、安全高效的全面开放要求,朝着优化结构、拓展深度、提高效益方向转变,从而建立高质量的开放型经济体系。

在已有开放基础上,现代化开放体系的主要表现是:① 开放战略坚持引进来和走出去并重;② 服从于创新驱动发展战略,引进国外要素的着力点将转向创新要素,进行开放式创新;③ 参与全球化分工既要发挥比较优势,更要培育竞争优势;④ 在产品内国际分工背景下,重视我国产业在全球价值链地位的提升,争取在价值链中的主导地位,并且依托核心技术建立以我为主的全球价值链;⑤ 各个产业全方位开放,尤其是服务业的对外开放;⑥ 推进与“一带一路”沿线国家合作,加快向西开放步伐,推动内陆沿边地区成为开放前沿。归结起来,就是在更大范围、更宽领域、更深层次上提高开放型经济水平。

三、 建设现代化的经济调节系统

经济调节有市场调节和政府调节两个方面。改革开放以来,我国已经建立了系统的支持发展的经济制度。新时代的现代化需要进一步完善社会主义市场经济体制,构建市场机制有效、微观主体有活力、宏观调控有度的经济体制,不断增强我国经济创新力和竞争力。

(一) 现代化的市场体系

社会主义市场经济是社会主义现代化的制度保障,基本特征是市场决定资源配置。依据市场规则、市场价格、市场竞争配置资源有两大功能:一是优胜劣汰的选择机制,二是奖惩分明的激励机制,由此实现效益最大化和效率最优化。在现实中并不是所有市场都具有这种功能的。只有在市场经济发展到现代阶段,并具有了如下特征,市场机制才具有这种功能:① 市场结构完备,生产要素和产品流动无障碍;② 市场竞争充分并有规范;③ 市场调节信号完善并准确；④ 市场活动有较高的组织程度。党的十九大对完善市场机制提出的要求是“要素自由流动、价格反应灵活、竞争公平有序、企业优胜劣汰”。这是现代化市场体系的标志。

习近平指出：“我国社会主义市场经济体制已经初步建立，但仍存在不少问题。”[①]我国目前的市场与现代市场的差距表明建设现代化市场体系的内容：第一，有效的产权制度；第二，以法治和信用为基础的营商环境；第三，完备而统一的市场体系；第四，完善的市场机制作用；第五，规范的市场秩序。

（二）现代化的政府调控体系

在社会主义市场经济体制中，市场决定了资源配置和更好发挥政府作用是个整体。西方发达国家是在市场失灵后发挥政府作用，而在社会主义市场经济中的政府不仅仅是克服市场失灵，还有三方面要求。第一，作为社会主义国家，市场经济的运行需要贯彻社会主义的要求，如公平正义的要求，国民经济计划要求（尽管是指导性的）。第二，作为发展中国家面临着紧迫的经济发展任务。由于制约发展的经济结构问题不仅在于其失衡，尤为突出的是处于低度水准。需要政府有重点地扶持主导产业和高新技术产业的发展，增强国家竞争力。第三，发展中国家市场的发育程度和完善程度都远远落后于发达国家。政府要采取有效的措施培育市场。当然，政府的这些职能会随着经济的发达程度和市场的发育程度的提高而逐步减少，直至市场发育成熟，政府得以退出这一过程。

基于政府在现代化中的上述任务，更好发挥政府作用要在明确政府职责和作用的基础上进行科学的宏观调控，有效的政府治理。保证政府宏观调控的科学性要进行三方面建设：第一，政府需要转型。由经济建设型政府转向执行“经济调节、市场监管、社会管理和公共服务”职能的政府。第二，政府转向法治政府。第三，在突出财政、货币和产业政策的调控作用的同时，明确宏观经济的合理区间，宏观政策要稳，在宏观经济处在合理区间时，避免宏观调控对经济过度干预。给市场自主地配置资源留出更多的空间。这就有效地保证了资源配置的效率，从而保证宏观经济的高质量运行。

总地来说，现代化经济体系的各个方面是有机整体，建设现代化经济体系关键在建设。在推进现代化时对各个方面的体系需要一体建设、整体推进。

---

① 中共中央文献研究室编：《习近平关于社会主义经济建设论述摘编》，中央文献出版社 2017 年版，第 51–52 页。

第四章　经济发展的质量和经济发展方式

在经济发展的低收入阶段，经济发展的主要目标是 GDP 的增长，追求经济增长速度实际上成为经济发展的主要内容，依靠物质资源和环境资源投入就成为经济发展的主要方式。现在我国的经济发展进入新时代，由高速增长转向高质量发展。按此要求，经济发展方式需要有根本性的转变，这就是经济发展由单纯追求 GDP 的增长转向追求增长的质量和效益，由主要依靠物质资源和环境资源投入转向创新驱动。

第一节　经济增长模型和全要素生产率

经济增长通常是指一个国家或地区在一定时期内，由于生产要素投入的增加或效率的提高等原因，经济规模在数量上的扩大，即商品和服务产出量的增加。其衡量指标有国民生产总值（GNP）、国内生产总值（GDP）等总量指标。经济增长速度是指一定时期 GDP 的增长率。转向高质量发展就是习近平在十九大报告中提出的：必须坚持质量第一、效益优先，以供给侧结构性改革为主线，推动经济发展质量变革、效率变革、动力变革，提高全要素生产率。

一、全要素生产率

经济增长理论的主要任务是分析各个经济增长的要素在经济增长中的作用。最早的经济增长模型即生产函数模型，表述为：

$$Y=f(K,L,R)$$

式中，Y 为产出增量，K 为资本增量，L 为劳动增量，R 为可耕地和自然资源增量。

经济增长模型说明经济增长率取决于资本、劳动和自然资源的投入。在该模型中，各种要素都是作为独立的变量起作用的。现实中，任何一种要素都不是均质的，不同的物质资本有不同的技术含量和效率；不同的劳动者含有不同的人力资本存量；自然资源也是异质的：土地肥力有优劣之分，矿产有不同的品位。显然，不同质量的要素投入对经济增长的作用也是不等量的。因此，考察各种要素对经济增长的作用，不仅要关注其投入量，还要关注其投入要素的质量。由此就产生各种要素的生产率，如资本生产率、劳动生产率、土地生产率等。

经济增长不仅取决于各个要素的投入量，还取决于生产率不同的要素组合在一起所产生的全要素生产率（Total Factor Productivity）。

诺贝尔经济学奖得主索罗指出了除资本要素以外的其他要素对经济增长的作用。索罗等所运用的生产函数包含了更多的生产要素，特别是突出了投入要素效率的提高对经济增长所做出的贡献。他们还将生产函数转换为能够测度每种投入对经济增长贡献的形式。根据他们对增长原因的测度结果，投入要素的效率提高在增长率中所起作用的份额越来越大。这意味着经济学家所关注的经济增长的核心要素开始转向各种投入要素的质量和技术进步。由此提出了全要素生产率的概念。各种要素集合所产生的生产率之和大于各单个要素投入的生产率之和。其中的差额就要由全要素生产率来说明。在可应用的计量模型上，全要素生产率的变动是通过总产出增长扣除了投入变动以后的余值来反映，这个余值一般被理解为广义的技术进步。

索罗对经济增长的原因做了更精细的分析，区分出影响全要素生产率的因素包括：规模效益的影响、教育和培训的影响以及公司的组织结构。索罗提出了全要素生产率分析方法，并根据此方法验证的结果发现：促进人均收入增长的主要因素是资本投资和技术进步。在这两者中技术进步的影响更为显著。根据他的统计分析，美国经济增长大约有80%源于技术创新，仅20%源于资本积累。这意味着带来更多产出的原因是技术的进步以及工人技能的提高。

丹尼森把对经济增长起作用的因素归结为五类：① 劳动投入在数量上的增加和质量上的提高；② 资本和土地投入在数量上的增加和质量上的提高；③ 资源配置的改善；④ 规模的经济；⑤ 知识进展和它在生产上的应有。在他看来，资本、劳动和土地等投入要素质量的提高，及③~⑤类因素属于全要素生产率的范畴。在相同的生产要素投入中获得更多的收入，就要用这种全要素生产率的增长来说明。这种全要素生产率指标可以说是评价增长方式的重要评价指标，全要素生产率的增长便成为集约型增长方式的基本内涵。

二、影响全要素生产率因素的扩展

如果用全要素生产率来衡量经济增长方式，则全要素生产率在经济增长率中所占比重较低的经济增长属粗放型增长，反之则是集约型经济增长。上述由全要素生产率说明的集约型增长方式对实现可持续发展有十分重要的意义。改善资源配置的效率、提高资源的质量以及技术进步都可能起到节省资源、替代资源的作用。

一个社会要取得最大产出量，不仅取决于投入生产的物质要素量的增多，更决定于这些要素是否有效配置，同时也决定于社会的技术发展状况。换句话说，社会、文化、制度等方面的环境因素也是影响经济增长的决定性因素。无疑,这种环境因素是无法度量的,但用于实证性的理论分析却是不可忽视的。综合考虑影响产出水平的全要素生产率因素,上述经济增长模型可以改进为:

$$Y=f(K,N,L,S,E)$$

式中,Y 仍然代表产出增量,K 代表社会总资本,N 代表自然资源利用,L 则表示劳动者的使用状况。由于要素生产率有赖于技术的创新和劳动者熟练程度的提高,因此在生产函数中有必要引进技术进步因素 S,它表示知识进展和技术发展水平。同样地,社会、文化、制度创新方面的变化会对整个社会的要素生产率产生重大影响,在生产函数中也包括了反映经济运行的社会、文化、体制特征的环境因素,用 E 表示。这一函数把国民财富在某一时期的产出水平与各种投入要素的数量以及影响这些要素生产率的条件和因素结合了起来。

技术进步要素 S 从量上来说,相当于社会应用科学、技术和组织知识的总量。如同物质投入要素一样,技术进步也是一个多维向量,用于生产过程中的技术、组织或科学技术水平的每一个参数则是这一多维向量的组成部分。技术进步对经济增长的作用不能理解为外生变量。把技术进步引入生产函数中,便可分析资金、自然资源以及劳动由于技术进步的原因而引起的要素生产率的变化。通过这些变量,我们可以考虑到,生产技术的变化、劳动者熟练程度的提高以及健康水平的增进,对经济增长所起到的作用。

环境和制度变量 E 是社会、文化、体制等方面因素的复杂综合体。从经济学意义上讲,环境因素可以是一种经济秩序中的竞争规则,也可以是一种制度创新,也可以表示企业家精神。合理的正常的经济秩序促成了资源的有效配置;良好的市场和法律环境则有利于企业家的成长和壮大,其结果都将导致产出量的增加。环境因素的任何改变,即使物质要素投入总量和技术进步不变,也会独自对产出发生作用。

综上可见,一个国家国民财富的增长,不仅是资金、自然资源和劳动等物质要素投入量的函数,而且是体现在生产过程中的技术进步因素和经济赖以运行的环境因素的函数。而所有这些变量都是时间的函数。影响全要素生产率的因素是多方面的,其中最突出的因素是:要素组织和要素配置的改善、规模经济、知识和技术的发展及其在生产上的应用。提高全要素生产率也有成本,包括研究费用、发展费用、教育训练费用、技术革新和推广的费用等,但其投入的产出效益更高。

三、内生增长

在经济增长模型中投入的各种要素,如资本、劳动、自然资源都是不同质的。不同质量的投入要素对经济增长的作用是不一样的。这意味着经济增长不是同这些物质资源的投入量增加同比例的。高技术的装备、高素质的劳动力和高品位的自然资源投入会比一般的增加物质资源的投入产生更高的生产率。这些物质要素质量的提高以及效率的增进都有赖于技术进步。在这里,技术进步不只是作为“余值”和外生的因素发生作用,而是内生于各种物质要素的质量和效率的提高之中,由此产生内生增长一说。

内生增长理论源于 20 世纪 80 年代前后产生信息技术革命时出现的新增长理论。为此做出贡献的经济学家主要是罗默(Romer)和卢卡斯(Lucas)。

罗默认为,知识的积累是现代经济增长的重要因素。知识分解为一般知识和专业化知识,一般知识的作用增加规模经济效益,专业化知识的作用可以增加生产要素的递增收益,两种作用结合在一起便产生递增收益,而且也使资本和劳动力等其他投入要素的收益递增。由此形成良性循环:以投资促进知识创新,知识创新促进规模收益的提高和知识投资规模的进一步扩大,从而使经济在长时期内得以持续增长。知识不仅形成自身的递增效应,而且能够渗透于资本和劳动力等生产要素,使资本和劳动力等生产要素也产生递增收益,从而使整个经济的规模收益递增。这就是内生增长。投资投在知识创新上比投在生产上更有价值。研究与开发费用的支出总额及其比重对经济长期增长产生重大影响。这样,企业之间、国家之间在知识创新投入上的差异,最终表现为经济增长速度和经济增长质量的差异。

卢卡斯认为,人力资本积累是经济增长的源泉。专业化的知识技能和人力资本积累可以得到生产递增的收益并使其他投入收益及总规模收益递增。人力资本是现代经济增长的决定因素和永久动力,投资投在人力上最有价值。人力资本积累对经济增长也具有内生性特点。人力资本积累表现在人的创新能力的提升、劳动者素质的提高、经营者成为企业家。这样,各国经济增长的差异可以用人力资本积累水平的差别以及各国在国际贸易中的人力资本比较优势来说明。

经济增长是一国生产的商品和劳务总量的增加。它可以是投入的生产要素增加所致,也可以是投入要素的效率提高所致。一般的经济增长模型关心要素投入对经济增长的作用。经济增长的要素有有形的,也有无形的。有形要素有资本、劳动和自然资源,无形要素有技术、知识、组织和制度等。在不同的经济发展阶段,各种要素对经济增长的影响力(权重)是不同的。与此相应,依经济增长的主要影响因子区分,经济发展可依次分为资源经济、劳动经济、资本经济、技术经济和知识经济五个阶段。目前我国可以说是五种经济并存,但占主导的还是资源、劳动、资本等有形要素起作用的经济。因此研究经济发展时还需要关注这些有限的有形要素的可得性及这些有形要素的配置效率,关注可枯竭资源的代际配置及与此相关的可持续发展问题。

吉利斯(Gillis)和罗默在《发展经济学》中针对通常只包括资本和劳动要素的经济增长模型,将资本分为三种类型。机器、建筑物和基础设施等资本存量为后天资本,劳动力的知识和技术存量为人力资本。与后天资本相对应,他们创造了自然资本的概念,认为自然资本是一国现存自然资源的价值。与后天资本一样,自然资本在生产过程中通常会被消耗掉,也能够通过可再生资源的自然增长和投资发现新的资源而实现增加。

资本投入效率，主要涉及资本在各种要素之间的配置效率。资本投入可用来推动更多数量的资本存量（设备等）和劳动力，但集约型增长重视的是要素的质量。我国目前要素的质量太低，突出表现是：劳动力素质太低、机器设备落后、矿产资源品位太低、土地贫瘠等。这种低素质的要素投入增长过程，对经济增长的贡献作用太小。因此从集约型增长考虑，提高要素投入对经济增长的贡献率，关键是提高投入要素的质量。具体地说，要重视人力资本投资，提高劳动者素质；要重视技术创新和技术开发的投资，重视在生产中采用新技术的投资；重视提高土地肥力和各种自然资源品位的投资。相应地，资金投入的主要方向将是研究费用、开发费用、教育费用、技术革新和推广费用。

我国投入要素质量最差的恐怕是人力资本。人力资本是人的知识和技术的存量。劳动是经济增长的一个要素，但劳动要素不是均质的、无差异的。在不同的国度、不同的时期、不同的劳动者之间身体素质、文化素质、各自的技能是不同的，这些差异也就是人力资本的差异。人力资本的差异便产生不同的生产率，从而使劳动要素的投入产生不同的贡献。显然，生产力发展到现在这个阶段，对经济增长起作用的劳动已不是简单劳动，而是掌握一定知识和技术的劳动。劳动要素投入对经济增长的贡献，主要说明因素将是投入的劳动力的质量，而不是劳动力的数量。显然，进行人力资本投资，提高劳动者的素质，本身就是集约型经济增长的重要方面。

作为现代经济增长基础的科技进步不仅物化在具有较高技术等级的机器设备上，还体现在劳动者知识和技术存量的增大上。在现阶段最有价值的资源应该是与先进的机器设备相适应的知识和技术。面对我国目前存在的人力资本存量同物质资本存量不成比例的巨大缺口，当前转变经济增长方式的重点应是加大人力资本投资，提高劳动者素质。人力资本投资的主要方面是教育投资。新增长理论指出教育投资所产生的规模效益递增。这意味着对人力资本投资会使投资产生更高的效益。

因此，在我国转变经济增长方式之际，急需对现有就业人口进行文化教育和技能训练。这种教育和训练需要在供给和需求两方面采取措施。在供给方面便是加大教育和训练费用，建立多种形式的专业和技能训练学校或课程。在需求方面便是建立相应的制度迫使劳动者自觉地接受训练，其中包括确定以某种专业知识和技能为标准的就业和上岗条件，以专业知识和技能为标准的工资等级，以及不适应产业升级的结构性失业制度。

四、要素的替代和补充

在经济增长中，资本、劳动和自然资源三者之间基本上是替代关系。要素的替代有两个依据：一是依据各种要素的产出弹性（对增长的贡献），一般说来，哪种要素的产出弹性大，就要较多地使用哪种要素；二是依据本国资源的稀缺性程度，哪种资源供给相对丰裕，就要较多地使用那种资源。这两个方面可能有矛盾，这就提出了要素替代中的均衡问题。

就我国目前情况来看,资本的产出弹性无疑较其他要素大,但资本非常短缺,这就提出了充分利用本国的劳动力资源问题。面对自然资源的稀缺性,特别是面对一些不可再生的资源,可持续发展的要求是寻求替代,即相对宽裕的资源替代不可再生的稀缺资源,被消耗的自然资本必须由后天资本替代。

在市场经济条件下,市场决定资源配置的一个重要机制是各种要素都进入市场,各种要素的报酬(价格)由各个要素市场的供求调节。要素间相互替代的机制是各种要素的价格比例。例如利率低于工资率就要鼓励多用资金少用劳动力,这就可能导致经济增长受资金不足的束缚,而劳动力资源却没有得到有效而充分的利用,从而使经济没有得到应有的增长。解决不可再生资源的替代问题的关键是提高使用这些资源的价格。

在经济增长的诸要素中,技术、组织是其他要素的补充要素。尽管就具体的生产过程来说,技术进步可能节约资金、节约劳动,起替代作用,但就整个国民经济发展来说,各种现存的资源都要充分地对经济增长起作用,技术进步的作用是克服资金供给不足的“瓶颈”,提高劳动力的素质,改善自然资源供给条件。技术在这里明显起到补充作用。至于组织,其补充作用更是毋庸置疑。各种要素的投入规模越大,组织便越重要。

借助价格机制解决资源短缺问题。提高可能耗竭的自然资源价格,可驱使相互竞争的生产者用数量比较丰富、价格比较便宜的资源来代替它。没有其他资源来代替时,使用这种昂贵资源做原料的商品的价格相对比其他商品高,消费者便会少买这种商品,多买其他商品,最终起到降低资源需求的作用。

针对自然资源的枯竭可能造成的经济增长的自然限制,格里高利·曼昆(Gregory Mankiw)在《经济学》中提出:“技术进步会提供避免这些限制的方法。”比较现代经济与过去经济,可以发现各种使用自然资源的方法得到了改进:现代汽车耗油更少,新住房由于有更好的隔热设备而节省用于调节室温的能源,资源回收使一些不可再生的资源被重复利用,可替代燃料的开发,使我们能用可再生资源替代不可再生性资源。例如,在50年前锡和铜是关键商品,前者用于制造容器,后者用于制造电线,环保人士担心锡和铜的过度使用。由于技术的进步,锡和铜都有了替代物:塑料代替锡成为制造容器的材料,电话通信可以利用砂子生产的光导纤维。因此“技术进步使一些曾经至关重要的自然资源变得不太必要”①。

第二节 经济增长的质量和高质量发展

世界银行 2000 年发布的题为《增长的质量》报告和世界银行行长沃尔芬森

① [美]格里高利·曼昆:《经济学原理》,三联书店 1999 年版,第 148 页。

(Wolfensohn)指出:核心是经济增长,不仅仅是增长速度,而且增长的质量也同样重要。增长的来源和模式影响着发展的效果。该报告对仅把GDP增长作为衡量进步的标准提出质疑。突出增长质量的具体要求是:将促进经济增长的政策与普及教育、加强环保、增加公民自由、强化反腐败措施相结合,使人民生活水平得到显著提高。报告强调:我们需要更多更好的"高质量"的增长,这不是一种奢侈品,这对于国家抓住时机改善这一代人以及子孙后代的生活具有决定性的意义。显然,所有这些质量要求实际上包含在发展的内涵中。

一、增长不等于发展

在通常的分析中,经济增长与经济发展似乎是相同的概念,人们也往往从经济增长的意义上理解和解释经济发展。在现实中,不计成本片面追求产值、速度,就是增长与发展不分的表现。早在20世纪中后期,发展经济学就针对发展中国家出现的单纯追求经济增长而出现"有增长而无发展"的状况,明确提出增长不等于发展的命题。

对我国这样的发展中国家来说,发展是硬道理。其必要性是显然的。在社会主义初级阶段建立社会主义的物质基础需要发展,摆脱贫困、提高人民群众的福利水平需要发展。增长和发展紧密相关。经济增长是促成经济发展的基本动力,是一切经济进步的首要物质条件。

增长不等于发展,经济发展除了包括经济增长的内容外,还包括增长所依赖的产业结构、技术状况和体制的变革。增长和发展的区别正如人一样,增长着眼于身高和体重,发展则着眼于机能、素质的提高。而且,经济增长着眼于短期,在短期内一个国家的GNP的增减受自然因素的影响很大,风调雨顺则可能增长,遇上自然灾害则可能减产。经济发展所关心的是长期持续增长,这就涉及产出能力的提高问题。西蒙·库兹涅茨曾经给现代经济增长下了一个比较完整的定义,他说:"一个国家的经济增长,可以定义为向它的人民供应品种日益增加的经济商品的能力的长期上升。这个增长中的能力,基于改进技术,以及它要求的制度和意识形态的调整。"①这个定义指出的三个组成部分不仅包括数量和规模的增长,还包括实现持续经济增长所依赖的技术的进步、制度的优化和意识形态调整。

这样,经济发展除了包括更多的商品和服务的产出外还包括更为广泛的目标:一是经济增长所依赖的产业结构、技术结构和经济体制的优化。这是涉及经济长期增长能力的发展目标。二是摆脱贫困、公平分配、增加社会福利的目标。增长若不能使人民得到最大限度的利益,这种增长是无意义的。三是经济增长的最小成本目标。经济增长需要付出代价,诸如资源投入、污染环境等。只有在资源得到充分而有效的利用、环境污染得到有效的控制、劳动者的闲暇时间增加的基础上实现的增长才是有价值的。

---

① 库兹涅茨1971年12月11日演讲,摘自《诺贝尔经济学奖金获得者讲演集》,中国社会科学出版社1986年版,第97页。

明确增长不等于发展绝不意味着不要增长。如上所述，增长同发展的其他目标紧密相关，经济增长是促成经济发展的基本动力，是一切经济进步的首要物质条件，因而也为实现发展的其他目标提供物质基础，这也是经济发展的目标体系得以均衡的重要条件。但这不等于说单纯的增长就能实现发展目标的均衡。我国在相当长的时期中，增长没有能够建立在产业结构、经济体制优化的基础上，尽管经济增长速度很高，但社会生产能力、增加产出的机能没有多大提高，因而经济增长的基础非常脆弱，速度稍微高一点便有大落的威胁，特别是加快增长速度时，忽视环境保护和生态平衡，使自然资源的供给条件遭到严重破坏，为谋求一定的速度付出了过高的代价。所有这些"有增长而无发展"或"无发展的增长"状况从反面提出了明确发展目标的必要性。联合国开发计划署（UNDP）在《人类发展报告》中讨论了五种有增长无发展的情况，即无工作的增长、无声的增长、无情的增长、无根的增长、无未来的增长，都是无视人作为发展的目的，从发展的角度提出增长要突出经济长期的持续增长，是避开大起大落波动的长期增长。要实现经济的持续增长，必须实现增长方式的转变，由单纯依靠有形要素投入转到依靠技术进步、结构优化、体制优化和提高效益的轨道。

供给是否有效是对需求而言的。满足人民群众不断增长的物质文化需求和美好生活需要是社会主义条件下对供给有效性的基本要求。在低收入阶段，满足需求主要是数量问题。而进入中等收入阶段后，满足需求的供给主要是结构问题。现实中存在的供给问题突出表现在有效供给不足和无效产能过剩。

有效供给不足是供给侧的结构性问题，可以说是发展中国家的通病。进入中等收入阶段后，解决了温饱问题的居民需求更为多元化、个性化，需求层次更高。而供给仍然采取低收入阶段的方式，只追求数量，不追求质量，不注重技术进步，为生产而生产，势必造成有效供给不足和无效产能过剩。显然，提高经济增长质量的关键是解决供给的有效性问题。中国经济增长要通过供给的改善来追求更加有质量的经济增长。

从社会供求角度来看，当经济发展到一定程度，社会需求结构就会升级，就需要供给结构与之相适应。这时，就需要对产业结构进行及时调整，对资源在社会生产各部门、各行业重新进行更有效的配置，提高单位资源的产出效益来促进经济增长。产品结构适应需求多元化和个性化而定制生产、体验性服务就能很好地解决供给的有效性问题。当然，供给结构不是被动的适应消费结构，供给也能创造消费者、引领消费结构的升级。

二、高质量发展及其衡量

从高速增长阶段转向高质量发展，是新时代中国经济鲜明的特征。高质量发展体现中国经济的转型升级，这种转型升级是经济从以外延性增长为驱动力转变为以内涵型增长为驱动力，同时也是一个将产业从以劳动密集和低附加值为主向高附加值的知识密集型转化的过程。高质量发展是经济结构优化、新旧动能转换、经济社会协调发展、人民生活水平显著提高的结果。

高质量发展强调的是经济效益、社会效益和生态效益的结合,体现的是人与经济社会相协调的一种包容性的增长。人的全面发展、资源环境的可持续都被考量在高质量发展中。经济资源的配置及其相互作用的结果会影响到经济发展质量的各个方面。经济发展质量提高了,不仅意味着资源创造的物质财富增多,还表现为经济结构和产业的优化升级,以及不可再生的资源可以使用更长的年限,可以保证人类有足够的时间寻找到替代资源,并且可以有充分的动力支持科学技术的进步、提高教育水平、发展医疗卫生事业,提高人民的生活质量,改善被恶化的生态环境。因此,经济发展质量的内涵不仅包括数量的增加,而且包括质量的改善,是数量和质量的有机统一。

国民生产总值或国内生产总值,这两个指标能够衡量经济增长,但是不能作为衡量经济发展的指标。早在 20 世纪 70 年代末,美国经济学家威廉·诺德豪斯和詹姆斯·托宾就已经认识到 GNP 核算的不足,提出用经济福利尺度(NEW)来代替 GNP 指标衡量经济发展。他们把闲暇和无报酬的就业赋予积极的价值考虑衡量经济发展质量标准中,但是他们没有把环境的成本考虑进去。随后,美国经济学家赫尔曼·戴利和约翰·科布建立可持续的经济福利指数(ISEW)衡量经济发展质量,这个指数把经济活动成本从经济收益中扣除。经济学家柯利设计了新经济福利指数(NEWBI),此指数把实际人均收入也包括进去,共有七种指标,反映不平等、失业、通货膨胀和利息率的水平及其变化,从而得出综合的福利指数衡量经济发展质量。哈根、尼维阿罗斯基等设计了综合度量指标来衡量经济发展质量,该指标体系包括五个指标:基本必需品的消费量、收入和分配的均等程度、识字率、健康水平和就业状况,指标采取加权方法进行合成。参照目前学术界关于经济发展质量内涵的界定,衡量经济发展质量的标准应包含经济发展的有效性、协调性、创新性、持续性、分享性和稳定性等方面。

1. 经济发展的有效性

经济发展的有效性指的是经济增长的效率,即在经济增长过程中各种经济资源投入与产出的比例关系。每一单位经济资源投入获得的产出越多,说明该种经济资源的生产效率就越高,经济增长就比较有效,经济发展质量越高。有效性是经济学中衡量经济增长质量的具体体现,也是经济能否持续增长的重要保障。经济资源配置比例、配置方式和配置效率决定了经济发展质量。如果经济发展质量依赖于生产资源数量的增加,那么经济发展就是数量型方式,经济发展的效率就较低;如果经济发展依赖于经济资源配置效率,那么经济发展就是质量型方式,经济发展就有效,经济发展质量就较高。

2. 经济结构的协调性

经济结构包括产业结构、城乡结构、区域结构和贸易结构等,这些结构之间需要相互协调，任何一个方面滞后，都会影响整个经济结构的优化，经济效益和经济发展质量就难以提高。经济结构的合理和协调程度可以作为评价经济发展质量高低的重要内容。如果经济内部各结构协调发展，经济就可以持续健康地发展。产业结构在国民经济体系中占主导地位，包括供给结构、需求结构、国际贸易结构和国际投资结构，产业之间存在着投入与产出的关系，可以体现产业之间相互依赖和相互影响的关系。城乡协调发展需要优化城乡结构，提高城市化水平。在经济全球化的背景下，任何国家的经济发展总是与其他国家或地区之间的经济相互联系。因此，经济发展的协调性可以用产业结构水准、最终消费水平、城市化水平和对外开放水平来衡量。

3. 经济发展的创新性

经济发展的创新性包含技术创新、制度创新、管理创新等。技术创新是经济增长和经济发展的源动力，企业是经济增长和经济发展的载体，企业的技术水平、技术创新能力，不仅直接决定企业的竞争力，并且对整个产业和经济的发展有着重要的基础作用。企业应用新知识、新技术、新工艺，采用新的生产方式和经营管理模式，开发生产新的产品，提供新的服务，提高产品质量，增加产品附加值，提高生产效率，从而推动产业结构的不断升级和经济向高质量发展。进入21世纪，知识经济的兴起使技术创新、制度创新、管理创新等推动经济发展的作用更加明显。从本质上讲，创新能力是推动经济结构优化升级、经济效益提高、加快经济社会发展的重要源泉和手段，是衡量经济发展质量的重要标准。

4. 经济发展的可持续性

经济发展的过程是经济资源与环境、制度等有机整合的过程，在资源、环境、制度等因素的承载基础之上，经济持续发展依赖于稀缺资源的利用程度，如果能把稀缺的资源充分利用，转化为生产力，资源不会出现浪费，经济就会充分发展。在注重经济发展速度的同时，需要重视经济发展给资源、环境带来的巨大压力和损害。经济要持续性发展，前提是必须有效地利用自然资源，避免过度开发，并对生态环境进行有效保护。粗放式经济发展必然付出巨大的资源和环境的代价，这会导致经济低质量发展，人民生活质量下降。因此，经济发展质量的标准必须把资源利用和环境代价考虑进去。

5. 经济运行的平稳性

经济增长的质量还表现在经济的持续稳定增长。经济增长速度的波动是正常的，经济增长的稳定性是指波动中增长速度不会远离均衡点，是围绕均衡点的波动，也就是不会出现大起大落的波动。我们拿什么来测度这种稳定性呢？最直观和最具代表性的测度方法就是使用每年的GDP增长率来表示经济增长的稳定性。如果不同年份之间的GDP增长率变化较小，就说明经济增长稳定性较好，而如果不同年份之间GDP增长率的变化较大，则说明经济体运行的稳定性较差。经济的运行和发展本就有周期性，这是无法避免的，经济增长的稳定性并不能克服经济周期，但能在一定范围内熨平大起大落，减少经济的非正常波动。从经济发展角度分析,促成稳定增长依赖于多方面条件:第一,人口要稳定增长,只有这样才能使人均总产值稳定增长;第二农业中出现技术进步,从而降低庄稼歉收的可能性;第三改进交通运输,从而扩大资源供给的范围;第四总产值中农业份额下降和其他产业份额的上升,从而使技术上的可控性增强;第四是制度和政策的稳定,使经济的稳定增长有制度保证。经济增长的稳定性和经济的增长方式有很大关系。粗放型的经济增长方式片面强调经济数值或者经济指标的增加,忽视与之相关的人口、社会、文化、法制、自然环境等上层建筑因素。久而久之,这类经济增长方式必然是不稳定的。

6. 居民生活质量的提高

经济发展的目的是满足国民日益增长的物质和文化生活的需要,减少贫困,提高居民生活质量。高质量的经济发展应使更多的居民从中受益,如果只注重经济发展的速度,居民的消费水平较低,储蓄水平较高,城乡之间、区域之间、产业之间居民收入差距较大,收入分配不合理,这样的经济发展是不可持续性的、低质量的。因此,应该把居民是否能够分享经济发展成果、居民生活质量是否得到提升作为衡量经济发展高低的标准之一。这方面可以用居民收入增长率、恩格尔系数、基尼系数、泰尔指数等来衡量经济发展质量。

三、发展质量评价指标

提高经济发展质量是一项带有全局性和长期性的战略任务。任何单一指标都无法对经济发展质量做出全面、准确的评价,需要构建综合性的评价指标体系。

关于经济发展质量指标体系的构建,学术界进行了多方面的研究,国际上最初的指标体系就是联合国开发署提出的人类发展指数。国内有学者曾提出从经济发展的有效性、充分性、协调性、持续性、创新性、稳定性和分享性出发,构建经济发展质量评价指标体系①。也有人构建了由综合经济效益、创新发展、协调发展、绿色发展、开放发展、共享发展六个评价子系统 35 项指标组成的经济发展质量评价体系②。还有人提出了由经济增长的稳定性、经济结构、社会总需求、科技进步、资源环境、民生改善六个方面 30 个指标构成的指标体系③。

目前学界认为经济发展质量影响的主要因素有:经济增长、经济结构优化、技术进步、人力资本、资源配置状况、收入分配状况、城市的发展状况等。我们认为,以上这些因素不是独立存在的,而是相互作用、相互影响。研究经济发展质量,还需要考虑环境因素、制度因素、市场的开放性等。经济发展质量的评价指标不但应包含经济增长的效率,还要包含质上的改变,即经济社会结构的优化、创新能力提升、经济可持续发展、国民经

---

① 冷崇总:《关于构建经济发展质量评价指标体系的思考》,《宏观经济管理》,2008 年第 4 期。
② 刘兴远:《江苏经济发展质量的比较研究》,《统计科学与实践》,2016 年第 1 期。
③ 许永兵:《河北省经济发展质量评价》,《河北经贸大学学报》,2013 年第 1 期。

济平稳运行、居民生活质量的提高。

依据经济发展质量的内涵，经济发展质量的评价维度包括经济效益、社会效益和生态效益三个方面，应从这三个方面出发构建衡量经济发展的指标体系。① 经济效益主要是经济发展的效率，即资源投入最小获得最大的产出，投入产出的效率达到最大。表现为经济增长的效率提高、经济结构的优化、创新能力的提升和国民经济平稳运行等。② 社会效益指的是居民生活质量的提高，不但包含居民收入和福利水平的提高，还包含劳动力就业水平的提高，城乡发展差距、区域发展差距和产业发展差距的缩小等。③ 生态效益，即环境效益，在经济发展过程中资源是否达到最大化利用，环境污染的程度是否达到最小化，经济发展不是以环境恶化为代价的，而是与环境改善实现良性循环。因此，经济发展质量的指标体系构建如表4-1 所示。

表 4-1　经济发展质量评价指标体系

一级指标	二级指标	三级指标	指标类型
经济效益	经济增长效率	1. 投入产出率(%)	正向指标
		2. 社会劳动生产率(元/人)	正向指标
		3. 工业经济效益综合指标(%)	正向指标
		4. 农业耕地产出效率(%)	正向指标
		5. 单位 GDP 能耗	逆向指标
		6. 单位 GDP 水耗	逆向指标
	经济增长的创新能力	7. 全要素生产率	正向指标
		8. 研究与试验发展经费支出占 GDP 比重(%)	正向指标
		9. 高新技术产业化程度(%)	正向指标
		10. 专利授权指数	正向指标
	国民经济运行的平稳性	11. 产出波动率(%)	逆向指标
		12. 价格波动率(%)	逆向指标
		13. 就业波动率(%)	逆向指标
	经济结构的调整	14. 工业化率(%)	正向指标
		15. 市场化程度	正向指标
		16. 对外开放程度	正向指标
社会效益	社会发展	17. 城市化程度	正向指标
		18. 就业弹性系数	正向指标
		19. 人均受教育年限(年)	正向指标
		20. 居民消费水平	正向指标

续表

一级指标	二级指标	三级指标	指标类型
社会效益	社会协调与福利	21. 基尼系数	逆向指标
		22. 居民人均可支配收入与人均 GDP 的比(元/万元)	正向指标
		23. 恩格尔系数	正向指标
		24. 城乡居民人均收入比	逆向指标
生态效益	环境污染	25. 万元 GDP 工业废水排放量(吨/万元)	逆向指标
		26. 万元 GDP 工业废气排放量(立方米/万元)	逆向指标
		27. 工业固体废物排放量	逆向指标
	环境治理	28. 环境污染物治理投资总额占 GDP 的比重(%)	正向指标
		29. 生活垃圾无害化处理率(%)	正向指标
		30. 污染治理指数(%)	正向指标
		31. 城市污水集中处理率(%)	正向指标

第三节 转变和创新发展方式

经济发展的质量取决于经济发展方式。随着我国的经济发展由数量型转向质量型,经济发展方式也需要相应改变。改革开放以来我国按照提高经济发展质量的思路,先后经历了从经济增长方式转变,到经济发展方式转变再到创新经济发展方式的思路。在这些思路的转变过程中,通过创新发展方式来提高经济发展的质量的思路被突出出来了。

一、经济发展方式

最初提的经济增长方式基本是根据经济增长的源泉差异区分的。经济增长来源于两个方面:一方面是要素投入的增长;另一方面是要素使用效率的提高。如果用全要素生产率来衡量,全要素生产率在经济增长率中所占比重较低的经济增长属粗放型增长,反之则是集约型经济增长。

在现代经济增长中,人力资本对经济增长起着不可替代的巨大作用,这一点已经和正在得到发展中国家的高度重视。就土地及其他自然资源来说,发展中国家的需求很大,但对自然资源的投资也严重不足。在发展经济学看来,土地及其他自然资源匮乏的唯一经济判断标准是成本,而不是实物的稀缺。一般说来,发达国家当年推动经济增长时自然资源不像今天这样紧缺,现在它们可以依赖其充裕的资本和发达的技术克服大自然的吝啬,发现新的资源,改变现有资源的性能,提高其生产率。对这些国家来说,自然资源相对地不甚重要。而发展中国家自然资源稀缺性的缓解受资金和技术的限制，自然资源供给状况便相当重要，土地资源、矿产资源和环境资源的严重稀缺给经济增长设置的自然界限非常严格。因此，发展中国家推动发展一开始就要注重要素投入效率，需要依据各种要素对经济增长的贡献（产出弹性），寻求各要素生产率的最佳组合，追求体现组织和技术进步功能的全要素生产率。

各个国家间全要素生产率的差别反映其体制背景的不同，不同经济体制吸收技术创新和获得所有其他提高效率的机会是不同的。实行不同体制的国家的经济增长速度和效益的差别，主要应由彼此间的全要素生产率差别来说明。一般说来，实行市场经济体制的国家在经济增长率中全要素生产率所占比重相对较高。这里的经济增长属集约型增长。而实行计划经济体制的国家偏重于不断增加要素投入，而不注意提高要素使用效率，因而其全要素生产率不高。随着我国转向市场经济体制，我国的经济增长战略也应转变，由粗放型增长转向集约型增长，提高全要素生产率。

经济增长方式与经济发展阶段存在密切的关系。在经济发展的初期阶段，由于劳动力、土地等生产要素价格便宜，具有比较优势，通过大规模投入生产资源来推动增长具有必然性，因此该阶段具有明显的粗放型增长方式的特征。我国曾经很长一阶段的经济增长基本上具有这种特征，主要依靠高投入，以人力、物力和财力的投入为基础外延地扩大再生产，而忽视在技术进步的基础上内涵地扩大再生产。

改革开放以来，为了提高经济发展的质量，我国试图从计划经济体制转向社会主义市场经济体制以提高发展的质量，有明显的效果，但不能完全解决质量问题。1995 年中共十四届五中全会基于新的探索，提出提高经济发展质量建立在两个转变的基础上：一是经济体制的转变，二是经济增长方式的转变。这是第一次提出转变经济增长方式的问题。

2007 年党的十七大明确把转变经济增长方式改为转变经济发展方式，正式提出，实现未来经济发展目标，关键要在加快转变经济发展方式、完善社会主义市场经济体制方面取得重大进展。党的十七大同时指出，要实现加快转变经济发展方式的目的，就必须在坚持走中国特色新型工业化道路和扩大国内需求，特别是消费需求的方针的同时，促进经济增长实现“三个转变”，即由主要依靠投资、出口拉动向依靠消费、投资、出口协调拉动转变，由主要依靠第二产业带动向依靠第一、第二、第三产业协同带动转变，由主要依靠增加物质资源消耗向主要依靠科技进步、劳动者素质提高、管理创新转变。

2012 年召开的党的十八大提出，以加快转变经济发展方式为主线，是关系我国发展全局的战略抉择，要以深化改革作为加快转变经济发展方式的关键，实施创新驱动发展战略，推进经济结构战略性调整。坚持科学发展观要以加快转变经济发展方式为主线，把推动发展的立足点转到提高质量和效益上来，着力激发各类市场主体发展新活力，着力增强创新驱动发展新动力，着力构建现代产业发展新体系，着力培育开放型经济发展新优势，不断增强长期发展后劲。

2013 年召开的十八届三中全会强调，加快经济发展方式转变，加快建设创新型国家，推动经济更有效率、更加公平、更可持续发展。2014 年中央经济工作会议明确新时代不仅是经济增长速度的换挡，更要逐步实现中国经济发展方式的转型，使中国经济逐步转向经济结构更加均衡、环境更加友好、收入分配更加包容、经济增长更具创造力。

党的十八届五中全会关于“十三五”规划建议明确要求，把发展基点放在创新上，深入落实创新驱动发展战略。把创新驱动战略作为加快转变经济发展方式的途径。因此，经济发展方式转变是我国经济发展进入新阶段和新时代背景下的必然选择，而创新驱动战略是加快经济发展方式转变的路径。

在 2013 年 7 月 29 日召开的中央政治局会议上，习近平指出：发展必须是遵循经济规律的科学发展，必须是遵循自然规律的可持续发展，必须是遵循社会规律的包容性发展。这是对新时代中国经济发展新特征、新趋势的科学把握，是对推动经济持续健康发展新思路、新目标的高度概括，对当前以至今后长期做好经济工作具有重要的指导意义。

第一，遵循经济规律，实现科学发展。习近平指出：我们强调要以提高质量和效益为中心，不再简单以国内生产总值增长率论英雄。发展中国家在发动经济增长的初期一般都追求一个“快”字，实施赶超战略，试图在较短的时期赶上发达国家的现代化水平。单纯追求“快”的增长方式适应于经济发展初期阶段的环境。随着经济发展的全面推进，经济发展整体水平的提高，在新的发展阶段要实现经济发展的持续性，就不能单纯强调数量和速度，而要强调发展的质量和效益。一方面，要由过去的投资和进出口的带动向消费投资和出口协调发展转变，在强调投资需求和进出口需求对经济发展和经济增长拉动的同时，更加强调消费对经济发展的作用。另一方面，要由过去低成本的规模扩张向提高效率转变，推进技术进步，加快产业结构优化升级，在优化结构中加快发展、提高效益、降低能耗，走自主创新之路、新型工业化之路、农业现代化之路。

第二，遵循自然规律，实现可持续发展。人与自然的关系在一开始是人类屈服于自然，后来人们提出人类征服自然，与此相应便出现了一系列不顾资源和环境有限性的约束而掠夺和破坏自然的行为。特别是在进入工业时代以后，人类利用工业化的文明成果——先进的技术对大自然加以索取和掠夺，对整个社会和自然都造成了巨大的威胁，导致人口、资源、环境和经济增长系统的不可持续性。在新时代下对环境、资源和生态问题要给予高度的重视，在现代化建设中不仅新的项目不能破坏生态，还要治理因过去发展对生态所造成的破坏，实现人与自然的和谐。

第三，遵循社会规律，实现包容性发展。过去强调经济增长和发展，而社会发展相对滞后，使得经济发展与社会发展不协调。所以，在发展方式转变中要强调经济和社会的协调发展。经济社会协调发展是社会文明进步的标志。经济发展和社会发展是相互作用的，经济发展是社会发展的基础,社会发展反作用于经济发展。和谐的社会能够调动劳动者的积极性,从而促进经济发展,反之社会矛盾凸显则会制约经济发展的脚步。社会发展要遵循社会规律,最重要的是公平性、全民参与共享发展成果的包容性发展。

二、持续的经济增长

在社会主义初级阶段,持续稳定的经济增长对于经济发展目标的实现至关重要。如果没有较高的经济增长速度,经济发展目标的实现便是一句空话。我们不能盲目地追求高速度,经济增长速度应同国力相适应,但是也不能人为地压低速度。若没有一定的经济增长速度,经济生活中的矛盾和问题一定会更多、更尖锐。在注重效益、稳定协调的前提下,保证国民经济持续增长是实现经济发展目标的需要,也是人民的根本利益之所在。

经济增长的速度有两个基础:一个是投入基础,一个是效益基础。经济效益是社会生产活动中资源、劳动占用和消耗同其成果(产出)和社会需要满足程度的对比关系。

诚然,为保证经济增长,可以采取高投入方式,这就要求提高和维持较高积累率,动员更多的资源投入经济过程。但是积累率的提高、资源投入的增加是有限度的。积累率的最高限度是原有人口和新增人口的物质和文化生活水平不降低并有所提高,否则谈不上社会主义的生产目的和经济发展目标。我国曾经以直接削减群众消费的途径追求高积累、高速度,在短期内实现了经济的较快增长,但难以取得经济的持续增长。

随着中国经济发展进入新时代,过去多年高速增长所依赖的资源禀赋条件发生了新的变化,经济发展的红利也发生了变化:体制转轨的红利逐步消退,形成了中国经济发展新阶段的制度供给约束;人口红利的逐步消退,形成了中国经济发展新阶段的要素供给约束;投资红利的逐步消退,形成了中国经济发展新阶段的增长动力约束;资源红利的逐步消退,形成了中国经济发展新阶段的资源环境约束;外资与外贸红利的逐步消退,形成了中国经济发展新阶段的外部约束。受此影响我国宏观经济最为突出的状态是经济增长速度的换挡,告别了过去30多年9%以上的高速增长,中高速增长成为新常态。

现在我国已经达到了上中等收入国家的水平,不能再延续过去依靠高积累来实现高投入的发展方式。我国的高投入战略实际上是在人均资源非常缺乏、资源消耗水平又大大高于其他国家的条件下实行的。现有的资源已不能支撑投入战略,有限的土地资源和矿产资源供给量,有限的环境资源容量和有限的劳动者的知识和技术存量已经成为束缚经济进一步增长的“瓶颈”。我国多次出现的经济波动也要用这种高投入来说明。依靠高投入,速度一时上去了,但资源的“瓶颈”不能长期支撑高速度,速度被迫下降,一时间又有大批在建项目被迫停产或下马,造成人力、财力和物力的浪费。这表明,在我国,高投入经济增长战略已经走到尽头,最重要的是把经济增长的基础转到提高投入效益上。

谋求效益型速度应该成为转换经济发展机制的目标。但是在机制转换期间,速度型效益还在起作用。就是说,经济增长的效益在很大程度上还寓于经济增长的速度。原因是直接影响效益的开工率、市场购买力等因素都同速度相关。因此不能将效益和速度简单地对立起来,以为高速度必然低效益。这就对经济增长提出了两方面要求:一是在效益还与速度相联系时,保持较高的速度是必要的,但要努力寻求效益和速度相互促进的机制。二是片面追求 GDP 指标,单纯依靠增加投入的速度不会产生速度型效益,这种速度则要有所控制。我国对经济增长预期速度所做的重大调整,目的就是要为转变经济增长方式,提高经济增长的质量留出更大的空间。

在一部分人看来,增加投入是粗放型增长方式的特征,因此增加投入与集约型增长方式是对立的。仔细考察增长方式的基本内涵便可发现,这种判断是片面的。做出正确判断的前提是:确认我国当前所处的经济发展阶段还是投资推动向消费拉动的转型期,投资的推动作用还很大。

就增加投入来说,集约型增长并不排斥必要的要素投入。从经济上考虑,现有的资源应该得到充分利用,使之充分地对经济增长起作用。经济增长需要在保障可持续发展的前提下动员现有的各种可资利用的资源,使之充分"就业"。集约型增长不是不要这些要素"就业",而是要使这些"就业"的资源得到最有效的利用,要使这些要素在节约使用的条件下充分发挥效能。

在市场经济中,各种要素(包括资本、劳动等有形要素和技术、组织等无形要素)都是靠资本投入结合进生产过程的,各种要素质量的提高也要靠资本投入。这意味着资本投入的增加不完全是粗放型增长方式的特征,资本投入也可以服务于集约型增长方式。

在现代,效率的提高在经济增长率中所起作用的份额明显高于资本存量增长的贡献份额,但是罗默与吉利斯根据发展中国家的实际情况指出:虽然资本并不像早期增长模型设想的那样大,但资本在今天发展中国家的发展中确实起着很大作用。他们指出:在任何情况下,尽管资本积累不再被视为贫困国家摆脱困境的灵丹妙药,然而非常清楚的是,只有社会能够在国民生产总值中保持一个相当规模的投资比例时,才能在长时期内维持适当却强劲的收入增长率。显然,集约型增长方式不是排斥资本投入,而是重视资本投入的效率和质量。

罗默等列举的提高资本投入效率的路径包括:在资本短缺的国家,劳动密集型投资比资本密集型投资具有更高的效率,原因是少量的资本可以推动更大量的发展中国家充裕的劳动力。由于某些引起效率提高的技术进步体现在资本设备中,因此资本流动(引进外资)仍然是发展中国家政策制定者们关注的重点。此外,用于人力资本的投资也会提高资本投入的效率。进入新经济时代后,经济增长的决定性要素转向知识和技术及人力资本。尽管知识资本和人力资本都被称为资本,但这些资本的形成和积累都还是需要投资。与其他类型的资本不同的是,投资投在知识资本和人力资本上更有价值,投资效率更高。

三、科技创新

在经济增长过程中,配置技术和组织要素的关键是积极推进技术创新和组织创新,强化技术扩散和组织制度的完善,使各种要素的结合功能,即全要素生产率得到充分释放。

根据罗默的增长理论,在信息时代,生产已不是仅仅由资本和劳动两大要素组成,知识是推动增长的一个独立要素,知识的积累是促进现代经济增长的决定性要素。如果说过去经济增长主要依靠对大自然的索取的话,进入信息时代后,经济增长将主要依靠对知识和信息的索取。对建立在依靠科技进步基础上的经济,人们一般用知识经济来概括。知识经济对可持续发展的意义主要在于以下三个方面:① 以知识和信息替代物质消耗,体现为物质消耗和环境污染的减少。② 各种自然物质可能被多次使用和反复使用。③ 物品在使用功能完成后重新变成可利用的资源。总地来说,科技进步需要形成这样一些技术:节约能源和原材料消耗的技术,提高资源使用效率的技术,替代不可再生资源的技术,减少和治理环境污染的技术,等等。

长期以来流行的理论是:由于先进技术明显节省劳动力,考虑到就业的压力,选择的技术应该是中间技术或适用技术。就像近年来网购造成了许多实体零售店倒闭,有人主张限制“互联网+”一样。现在看来,这个理论形成的误导便是阻碍采用最新最先进技术。扩大就业以降低经济中采用新技术的层次为代价,是典型的粗放型方式。这种技术选择在过去的封闭经济中似乎还过得去。现在,随着改革开放的深入,国内市场在实际上正在成为国际市场的一部分,中国产品不仅在国外市场与国外产品竞争,在国内市场也遇到国际竞争。以中间技术为基础的产品明显缺乏竞争力,这可以说是近年来许多企业因产品销售不畅而效益下降的主要说明因素。现实中也可发现一些企业的产品之所以能在买方市场背景下争得较大的市场份额,靠的就是首先采用国际最新最先进的技术。就中国的消费者来说,他们要接受的产品也是具有高技术含量的产品。所有这些表明,在现阶段推进技术进步所要选择的技术是国际最新最先进的技术。

索罗用历史事实证明了推进技术进步和提高生产率不一定会造成失业。他说:从历史的角度看,工人担心的情况显然没有发生。现在的生产率是 18 世纪工业革命时期的 10~20 倍,但失业率并不比那时的高。如此看来,担心技术和生产率的提高会带来失业是杞人忧天。其主要说明因素是技术进步本身可能创造新的就业岗位。

我国推进技术进步还必须考虑到一些发达国家正在进入知识经济时代对我们的挑战。例如,美国等发达国家的经济正在进入知识经济时代。可以预计,知识与经济的直接结合是生产方式的新的革命,必然会给人类社会发展带来巨大影响和深刻的变化。在国际竞争空前激烈的今天,尚未进入知识经济时代的我国经济的发展已经和正在面临知识经济的挑战。这对于我国的经济发展而言是挑战,也是机遇。

进入中等收入阶段以后,解决了温饱问题后居民的消费需求开始转型升级,人们更为关注供给的产品和服务的档次、质量、健康、安全、卫生等。要满足这些方面转型升级的消费需求,就需要推进科技和产业创新。这要求:一要提高企业自主创新能力,促进科技成果向现实生产力转化,同时应注重企业的人力资本积累,倡导科技、知识和技术在部门产出增长中发挥主导作用;二要促进科技和教育制度创新,为改善供给和提高经济增长质量提供知识、技术和人才支持。通过科技制度创新鼓励在关键技术领域和前沿核心技术领域进行创新,努力形成一批拥有自主知识产权的关键技术。通过教育体制的创新,培养高素质的人才,优化教育结构,推行素质教育,扩大教育资源,加快创新人才的培养。

四、文明发展

中国特色的社会主义现代化道路是生产发展、生活富裕、生态良好的文明发展道路。文明发展道路,不仅要体现在生产发展上,而且要体现在生活富裕上。坚持走生产发展、生活富裕、生态良好的文明发展道路就是要建设资源节约型、环境友好型社会,实现速度和结构质量效益相统一、经济发展与人口资源环境相协调,使人民群众在良好生态环境中生产生活,实现经济社会永续发展。因此,文明发展的道路把生产、生活和生态联系起来,是人类社会发展规律的要求,也是人类文明进步的要求。具体地说,文明发展道路包括如下内容:

1. 走物质文明道路

物质文明是指人类物质生活的进步状况,在经济领域中创造的财富和成果,反映了物质生产和经济生活的进步。其内容包括:社会生产力的发展,生产工具和技术的改进,生产规模的扩大,社会财富的积累,人的物质生活水平的改善,衣食住行水平的提高,生活方式的变化等。它与社会生产力发展水平相一致,并受生产关系、地理条件和人口因素的制约和影响,科学技术的发展对物质文明的发展起决定作用。

2. 走精神文明道路

精神文明是人类在改造客观世界和主观世界的过程中所取得的精神成果的总和,是人类智慧、道德的进步状态。精神文明主要表现在两个方面:一是科学文化方面,包括社会的文化、知识、智慧的状况,教育、科学、文化、艺术、卫生、体育等事业的发展规模和发展水平。二是思想道德方面,包括社会的政治思想、道德面貌、社会风尚和人们的世界观、理想、情操、觉悟、信念以及组织性、纪律性的状况。其作用是为物质文明的发展提供思想保证、精神动力及政治保障、法律保障和智力支持。社会主义精神文明是人类精神文明发展的重要阶段。它是以马克思主义为指导,在社会主义经济政治制度下形成的人类历史上新型的精神文明,是社会主义社会的重要特征,是现代化建设的重要目标和重要特征。

3. 走政治文明道路

政治文明是指在政治领域中所取得的成果，主要表现为政治制度和政治生活的进步。主要包括政治制度和政治观念两个层面的内容：在政治制度层面，主要表现为由于经济基础和阶级力量对比的变化所引起的国家管理形式、结构形式的进化发展；在政治观念层面，主要表现为政治价值观、政治信念和政治情感的更新变化，如民主、自由、平等、人权、正义、共和、法治等思想观念的形成、普及和发展，以及人们政治参与意识的普遍增强等。

4. 走生态文明道路

生态文明是协调人与自然关系的文明，是指人类遵循人、自然、社会协调发展的客观规律而取得的物质与精神成果的总和。是指以人与自然、人与人、人与社会和谐共生、良性循环、全面发展为基本宗旨的文明形态。物质文明的发展离不开生态文明的建设，生态文明建设和发展的好坏制约着物质文明的发展程度。生态文明建设的高度发展，会使人们心中形成良好的社会生态意识，提高人们生态道德水平，规范人们的生态活动的行为准则，转变人对生态环境的态度，让人承认自然界的权利与价值，提高人们对环境保护和建设的认识。

5. 走社会文明发展道路

加强和创新社会治理，是我国社会主义社会发展规律的客观要求，是人民安居乐业、社会安定有序、国家长治久安的重要保障。一方面完善党委领导、政府主导、社会协同、公众参与、法治保障的社会治理体制，运用法治思维构建社会行为有预期、管理过程公开、责任界定明晰的社会治理制度体系，推进国家治理体系和治理能力现代化。另一方面健全利益表达、利益协调、利益保护机制。统筹好群众的现实利益和长远利益，兼顾好个体利益和集体利益。

总地来说，发展不仅要看经济增长指标，还要看人文指标、资源指标、环境指标。在提高发展质量的过程中，实现经济社会和人口资源环境的协调发展。加大环境保护力度，强化环境监管，改善环境质量，积极构建资源节约型、环境友好型社会。按照可持续发展的要求，正确处理经济发展同人口资源环境的关系，促进人和自然的协调与和谐，努力开创生态良好的文明发展道路。

第五章　经济发展的可持续性和绿色发展

经济发展不仅要持续更要可持续,这就涉及经济增长的自然界限。绿色发展要求人和自然和谐相处,经济发展与人口、资源、环境相协调。生态文明的理念体现在经济发展的方方面面,这就是可持续发展。可持续发展就是寻求一条新的文明发展道路,即不能为满足当代人的福利而损害子孙后代发展的道路。

第一节　经济增长的自然界限

经济增长离不开自然资源的供给。土地资源为农业提供劳动对象,为经济增长提供食物和原料。矿产资源为经济增长提供能源和原材料。环境也是重要的自然资源,清洁的土壤、洁净的水和新鲜的空气不仅有益于健康,还能使经济增长超出环境容量所设置的限度。

一、自然资源的供求矛盾

早在100多年前,马克思在《资本论》中就引用威廉·配第的名言:劳动是财富之父,土地是财富之母①。恩格斯进一步将此解释为:劳动和自然界在一起才是一切财富的源泉,自然界为劳动提供材料,劳动把材料转变为财富②。可见自然资源在创造国民财富中的重要作用。这里所讲的自然资源是广义的,除了土地和其他各类自然资源外,也包括了环境和生态以及生物多样性。经济持续增长的基础是经济增长的要素能够持续不断地供给。

自然资源可以有多种分类方式。根据可持续发展研究的目的,资源可分为耗竭性资源和非耗竭性资源两类。前者是指越用越少,直至耗竭的资源。资源的耗竭有两种情况:一种是即使没有人类的行为,资源也可能耗竭,如金属的氧化等。另一种是由于人类的行为所导致的资源耗竭。正是这种资源的可耗竭性提出了经济学的新问题。现有的经济学是面对资源的有限性提出资源的有限配置。现在面对资源的可枯竭性,提出了资源的代际有效配置问题。

---

① 马克思:《资本论》第1卷,人民出版社1972年版,第57页。

② 《马克思恩格斯选集》第3卷,人民出版社2012年版,第988页。

根据是否再生，资源可分为可再生资源和不可再生资源两类。对可再生和不可再生自然资源的分析除了提出节约和防止浪费的共同要求外，还会根据各自的特点提出特殊的要求。可再生资源不等于可持续供给。如果生态平衡不能维持，动植物的生物环境遭到破坏，那这些可再生资源可能不再生。因此可持续发展对可再生资源的要求是促使其保障永续性，防止生态的破坏和动物的灭绝等。不可再生资源意味着资源会最终被耗尽。因此不可再生资源是制约经济长期发展的主要因素，根据短边原理，不可再生资源也制约着可再生资源在长期内可以利用的程度。

在人类发展的进程中，人与自然的关系经过了几个阶段。在农业文明阶段人被自然支配，刀耕火种，望天收。进入工业文明阶段人支配自然，最极端的是“让高山低头、河水让路”的理念。其结果是人受自然惩罚，不仅经济发展到了极限，人类的生存条件也难以维持。

工业文明时期，对自然资源的疯狂掠夺，高废液废物污染、高碳排放的黑色粗放型发展模式造成了空前巨大的生态灾难，环境的自净能力弱化甚至丧失，资源大规模短缺，全球气候变暖等矛盾凸显。当时马克思就发现，自然资源的“丰饶度往往随着社会条件所决定的生产率的提高而相应地减低。……例如，我们只要想一想决定大部分原料产量的季节的影响，森林、煤矿、铁矿的枯竭等等，就明白了。”①针对当时的工业化造成自然界生态平衡的破坏和人与自然关系的恶化状况，恩格斯深刻指出：“我们不要过分陶醉于我们人类对自然界的胜利。对于每一次这样的胜利，自然界都对我们进行报复。”②如果人类不保持自身与自然的和谐统一，就会危及自身的生存发展。

在低收入阶段所推进的工业化、城市化、重工业化，不可避免地会造成资源的耗竭及不可持续供给。依靠化石能源的工业文明给人类造成的生态破坏表现在：自然资源的迅速枯竭，造成生态体系的破坏、物种的灭绝、水质污染、大气污染、垃圾堆积。这种状况就是习近平所指出的：“人类社会在生产力落后、物质生活贫困的时期，由于对生态系统没有大的破坏，人类社会延续了几千年。而从工业文明开始到现在仅三百多年，人类社会巨大的生产力创造了少数发达国家的西方式现代化，但已威胁到人类的生存和地球生物的延续。”③

基于对工业文明造成的严重的资源和环境问题的反思，人们对人和自然关系的认识进入了新的阶段，这就是人和自然和谐相处的阶段。其内涵就是习近平在党的十九大报告中指出的：“人与自然是生命共同体，人类必须尊重自然、顺应自然、保护自然。人类只有遵循自然规律才能有效防止在开发利用自然上走弯路，人类对大自然的伤害最终会伤及人类自身，这是无法抗拒的规律。”

---

① 马克思：《资本论》第3卷，人民出版社1972年版，第289页。

② 《马克思恩格斯选集》第3卷，人民出版社2012年版，第695页。

③ 习近平：《之江新语》，浙江人民出版社2013年版，第119页。

二、所谓的世界末日模型

20 世纪 70 年代初,罗马俱乐部发布了一个关于《增长的极限》的研究报告,报告借助系统动力学模型研究世界人口增长、粮食生产、工业发展、资源消耗和环境污染五种因素对人类发展的影响,描绘了一个“世界末日模型”:如果维持现有的人口增长率和资源消耗程度,那么,由于世界粮食的短缺、资源的耗竭和污染的严重,世界人口和工业生产能力将会发生非常突然和无法控制的崩溃。具体地说,人口的增长和经济的增长要受食物、不能再生的资源和污染的制约。由过度耕作而引起的土地肥力的丧失,粮食减产,资源极度耗竭,最终会使经济增长停止,出现所谓的零增长。由于环境污染,人类将在某一天被窒息。根据世界末日模型,技术的进步只是延长了人口和工业的增长,但不能消除增长的最终界限。这种增长极限论被称为新马尔萨斯主义。

罗马俱乐部的研究报告发表以后,引起了广泛的注意和争论,遭到了许多人的批评和责难,于是罗马俱乐部又先后委托有关学者做了第二个、第三个研究报告。

罗马俱乐部的第二个报告名为《人类处于转折点》,作者是美国的梅萨罗维克(Mesarovic)和德国的佩斯太尔(Pestel)等。这个报告改变了第一个报告把世界模型作为一个总体看待的缺点,根据世界各地经济、文化发展水平和资源分布的不同,整个世界可分成十个区域。在这个基础上形成《多水平世界体系模型》。模型表明,在 21 世纪中期以前,不同的地区由于不同的原因在不同的时间可能发生区域性的崩溃。这种区域性的崩溃会影响整个世界。增长的最大威胁仍然是人口的增加和能源供给的不足。

第三个报告题为《重建国际秩序》,作者是第一届诺贝尔经济学奖获得者丁伯根(Tinbergen)。这个报告缓和了前两个报告的论点。但是他仍然认为,适宜耕种的土地大部分都已耕种,人口的压力仍然存在。资源问题中,能源问题是主要的问题,缓和矛盾的途径是更有效地利用自然资源,工业国家和贫穷国家必须发展对自己有利益的工业,以便于扩大国际贸易,进行资源交流。

罗马俱乐部三个报告的基本出发点是自然资源的稀缺性、不可再生性、不可替代性。面对自然资源日趋耗竭的威胁,人口的增长、经济的增长有自然界限:能够开采的但不能再生的资源存量的有限性,环境吸收污染的容量的有限性,可耕地数量的有限性,每一单位可耕地的粮食产量的有限性。这些都成为经济增长的自然界限。

许多经济学家依据发达国家经济增长的实际状况指出,上述自然资源供给给经济增长设置的界限是可以改变的。原因是自然资源的稀缺性、不可再生性、不可替代性是可以改变的。投资和技术的进步可在一定程度上缓解资源的稀缺性。随着科学技术的进步,人类可以从自然界发现新的资源;借助价格机制,可以使相对丰裕的资源替代相对稀缺的资源;借助投资和技术进步,劣等土地可以成为优等土地,消耗的土地可以在一定程度上恢复到原有状态，沙漠可以变成绿洲，低品位铁矿石可以化为生铁和铝锭。

一般说来，发达国家可依赖其充裕的资本和先进的技术克服大自然的吝啬。对这些国家来说自然资源相对不甚重要。但发展中国家自然资源稀缺性的缓解受资金和技术的限制，一个国家越不发达，资金供应越小，自然资源供给的数量和性质便越重要。就目前来说，发展中国家的经济增长不能不考虑由自然资源供给条件设置的自然界限，不能不考虑资源的有效而充分的利用，不能不考虑改善自然资源的供给条件。

在现代经济中，一个国家缺少的资源可以通过国际贸易的途径获得。但这又取决于这些国家的出口竞争能力。不少发展中国家恰恰缺乏这种获取国际资源的能力。

三、发展的代价

对发展中国家来说，自然资源的稀缺性及其对其增长的硬性约束，不仅在于其缺乏资金和技术，还在于其所处的经济发展阶段，对自然资源有强烈的需求。

发展中国家的经济发展进程主要是结构转换的过程：工业化、城市化、重工业化。这些过程是一个国家或地区由传统社会进入现代社会，由贫困转向富裕必须经历的过程。但是无论是哪一个方面的结构转换都会形成对资源的强烈需求，都可能造成资源的耗竭及不可持续供给，由此形成发展的代价。

首先是工业化过程。农业社会向工业社会转换过程既会形成对土地资源的强烈需求，又会形成对矿产资源、水资源的需求。工业化过程中，因办厂的需要，可耕地转向工业用地是不可避免的。工业生产所造成的环境污染（水污染、空气污染等）和生态破坏等都是发展的代价。

其次是城市化过程。城市化过程不只是农村人口进入城市的过程，还是地域城市化过程。与此相应的城市化设施的建设、城市规模的扩大、城乡联系的交通网的建设，不可避免地要越来越多地占用可耕地。与城市化相伴的各种现代病，如城市垃圾、废水废气的排放等都会破坏严重破坏环境。

最后是重工业化过程。重工业化是一个国家制造业现代化的重要阶段。重工业化必然要大大增加对矿产资源及各种能源的需求和高排放，从而大大增加不可再生资源的消耗。

对发展中国家来说，由于以下两个方面原因会使自然资源的消耗更快，浪费更严重：一是发展中国家在经济发展的初期，为了实现赶超，往往忽视可持续发展，不计代价地追求增长。这些国家感觉最为缺乏的要素是资金和技术，而没有感觉到自然资源稀缺性，因而在追求经济增长时往往不计自然资源消耗的代价，因此出现滥用自然资源的状况。二是发达国家当年推进工业化和重工业化时，虽然也要加大资源消耗，但那时欠发达国家处于农业社会，发达国家可以通过掠夺欠发达国家的资源来实现工业化。现在发达国家正在进行结构转换的一个重要方面又是将高污染、高消耗的行业转移到欠发达国家。再加上现在欠发达国家大都进入工业化阶段，世界范围的资源、环境更为紧张。

现在发达国家对于可持续发展似乎更为关注，但我们注意到它们是在其实现工业化后考虑和关注此问题的，它们对欠发达国家存在的不可持续发展问题是有责任的。尽管如此，人类只有一个地球，欠发达国家对可持续发展还是责无旁贷，工业化一开始就要寻求保障可持续发展的工业化路径，以降低经济发展的代价。

我国现在正处于工业化、城市化和现代化阶段，这一过程正是经济结构显著转换的过程，资源消耗推动经济增长的特点较为明显。这种结构转换和经济发展对自然资源形成巨大的需求，从而使本来就捉襟见肘的自然资源更为紧张。

1. 土地资源的供求矛盾

发展中国家在成长阶段大都面临着潜在的土地资源危机。发展中国家在工业化进程中因办厂和建设道路等基础设施的需要，不可避免地要占用一部分耕地。这时，为了保证农产品供给不减少并有所增长，耕地数量减少必须适度和有控制，同时要借助投入的增加和技术的改造提高土地的肥力来弥补耕地数量的减少。可是许多发展中国家往往忽视了这个问题，存在潜在的严峻的土地资源危机。

2. 矿产资源的供求矛盾

矿产资源包括可用作能源的原煤、石油、天然气及可用作原材料的金属和非金属矿产。发达国家成长的历程表明，工业化是以矿产品消费的迅速增长起步的。英国在 19 世纪的前 80 年中，煤消费量增长 15 倍，生铁消费量增长 40 倍。美国在南北战争后的 48 年中，铁矿石消费量增长 27 倍，铜矿石消费量增长 47 倍，铝矿消费量增长 32 倍，煤消费量增长 38 倍，石油消费量增长 98 倍。现阶段大部分发展中国家正在经历的工业化和城市化过程，正是对矿产资源需求的增长阶段。其重要特征是矿产品消费的增长率快于经济增长率。由于世界矿产资源储藏量有限及开采条件的恶化，特别是作为能源的石油、煤炭等矿产资源的供求矛盾将越来越突出。

与对矿产资源需求猛增的状况相反，发展中国家受矿产资源储藏量、勘探和开采能力的限制以及进口矿产品能力的限制，矿产品供给增长缓慢，矿产品供求矛盾也就日益尖锐。这个矛盾在现阶段的中国更为突出。同其他国家相比，中国每单位国内生产总值的能源消耗量特别高。一方面，这种状况同经济结构相关。我国国内生产总值中工业产值所占的比例高，其中能源密集的产业所占的比重更高。另一方面，我国能源利用率低也导致高消耗。造成这种状况的因素有技术落后、专业化协作水平低，也有因体制原因所造成的浪费严重。根据《世界资源报告（1999-2000 年）》提供的中国能源消耗与工业七国的比较，中国经济每创造 1 美元消耗的能源是美国的 4.3 倍、德国的 7.7 倍、法国的 7.7 倍、日本的 11.5 倍、工业七国平均的 5.9 倍。

3. 环境资源的破坏

环境是指人类进行劳动和生活的空间。使用环境资源不是没有代价的。环境吸收污染的容量十分有限，污染吸收不了便会危及人类健康，还会影响生产。现在环境的恶化已经成为人类文明进程的巨大障碍。导致全球变暖的温室效应、臭氧层遭破坏、酸雨污染、水资源危机、土地沙漠化、森林锐减、物种灭绝、有毒化学品污染、垃圾成灾等，是环境恶化的主要表现。据世界银行新近发表的报告，全世界每年有 1 000 万公顷森林遭到毁灭，由于土壤流失，每年减少2 000万公顷耕地，严重缺水和水污染每年夺去 2.5 万人的生命，在 20 年内可能有 1/5 的动植物在地球上绝迹。

根据厉以宁教授的分析，环境污染是广泛存在的，无论是生产过程还是消费过程都不可避免地产生物质废弃物和能量废弃物。要求不排放废弃物无异于不允许人类生产和消费，因此人类可以做到的是控制和治理环境污染。他还认为，治理污染只是人类社会的目标之一，不是唯一目标。贫穷之所以是环境保护的大敌，就是因为维持生存的需要会迫使人们放弃环境保护，缺少资金和技术就无力改善环境和生态。

四、环境库兹涅茨倒“U”形曲线

环境经济学常常使用环境库兹涅兹曲线来表示环境污染的程度与经济发展阶段之间的倒“U”形关系（图 5-1）：经济发展的初期，人类活动范围较小，所使用的环境资源较少，对环境的影响程度有限，此时环境状况比较好，如图中 A 点；随着经济的继续发展，人类使用环境资源增加，但是对资源的使用和处理方式改进却不大，这样，就开始对环境造成较大的影响，环境的承载能力下降，环境污染问题开始显现并且加重，如图中 B 点；当人们认识到这个问题以后，就开始注重环境保护，注重经济发展对消耗资源方式的转变，力图减轻人类活动对环境所造成的影响，经济发展也产生了较强的治理环境的能力，相应的环境污染程度则有明显下降，技术的发展胜过资源的损耗，环境污染状况开始减轻，环境逐渐好转，从而进入图中 C 点。

根据图 5-1，现在发达的现代化国家已经进入 C 点，而发展中国家正处于库兹涅兹曲线中 A 点至 B 点中间的位置，甚至已经到了 B 点，人们已经开始承受环境污染带来的恶果，同时也萌发了环境保护意识。与此同时，经济发展水平达到了小康阶段，这时作为现代化的一个重要目标是提高健康水平，其主要路径就是建设资源节约和环境友好型社会，在图中就表现为进入 C 点。

我国经历了多年的粗放式的高投入、高排放式的经济发展，造成了比较严重的环境问题：空气污染、水土流失、土地沙化和盐碱化等、水生态平衡失调、林草植被破坏、生物多样性锐减和海洋生态恶化。在温室效应、全球变暖的大背景下，这些问题显得尤为严峻和突出。

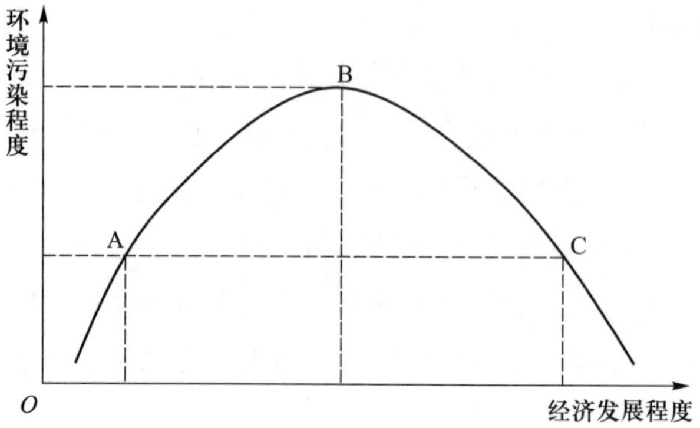

图 5-1 环境库兹涅兹倒“U”曲线

从经济学上分析，经济增长的极限会从供求关系决定的价格上涨中表现出来。物质资源供给不足会导致其成本的上升，也就是价格的上涨，由此给经济增长设置显性的极限。如空气和水等环境资源具有非竞争性和非排他性，是一种“公共物品”，生产和生活对它们的消费被认为是“免费”的，既不排他也不竞争，因此不可避免产生了滥用。但是享用空气和水最终不是免费的。现在环境污染造成了社会的巨大损失，不仅导致了因健康水平下降而造成的费用，而且经济活动的环境费用超过了环境的自净能力，就得为此支付费用，更不用说治理环境本身需要支付费用了。这样，越来越高的环境费用必然成为增长的极限。总地来说，经济增长无力偿付资源和环境投入的成本，经济增长就要停止。

面对资源和环境压力所造成的增长的极限，我国所推进的现代化必须树立可持续发展的理念，把生态文明建设融入现代化建设的方方面面，确保现代化建设建立在生态文明基础上。从一定意义上说，在已有的发展基础上推进现代化需要集中解决生态和环境问题，不只是解决其症状，更要解决其根源。只有在环境和生态得到根本性好转以后，经济增长才有更大的空间，现代化才可能实现。

第二节 经济的可持续发展

研究经济发展史便可发现，发达国家当年谋求工业化、现代化所实行的战略和具体措施大都属于掠夺资源型的。现在，在全球环境恶化及资源供给条件恶化的背景下，许多发展中国家开始进入工业化、现代化阶段。发展中国家正在经历的，正是发达国家曾经普遍经历过的，因此，实现人与自然和谐的可持续发展，就必须摒弃发达国家所采用的工业化模式和走过的先污染后治理的道路，当然，发展中国家为此所付出的成本要比发达国家高得多。

一、可持续发展的提出

一般地说,没有发展,在原始状态,人和自然最为和谐。这种状态在我们的讨论中没有意义。我们需要解决的是在发展的基础上建立人和自然的和谐问题,具体体现在经济发展与人口、资源、环境相协调,也就是可持续发展。

工业化实现了农业文明向工业文明的转变。在工业文明基础上科学技术、经济、政治、文化的现代化都达到了较高的水平。但是工业化和城市化快速发展,也带来了一系列的负面生态效应,如环境退化、资源枯竭、大气污染等全球性问题。为了实现经济的高速增长,造成了资源过度开发、生态平衡遭到破坏、环境受到严重污染,其结果就是人类的生存条件遭到破坏。虽然由于经济增长人们的收入水平提高了,但是人们的健康水平受到显著影响。这种发展显然是不值得的,也是不可持续的。

针对世界性的资源和环境的危机,20 世纪 70 年代起,在世界范围内开始了关于"增长的极限"的讨论。1972 年 6 月,联合国在斯德哥尔摩召开了有史以来第一次"人类与环境会议",讨论并通过了著名的《人类环境宣言》,从而揭开了全人类共同保护环境的序幕,可持续发展的思想也随之形成。1983 年 11 月,联合国成立了世界环境和发展委员会,1987 年该委员会在其长篇报告《我们共同的未来》中,正式提出了可持续发展的模式。1992 年联合国环境与发展大会通过的《21 世纪议程》,高度凝结当代人对可持续发展理论的认识,正式提出"环境友好"的理念。

对于可持续发展,世界环境和发展委员会的解释是:"人类有能力使发展持续下去,也能保证使之满足当前的需要,而不危及下一代满足其需要的能力。"①可持续发展概念的提出实际上开辟了通向经济发展新时代的道路,也就是满足当代人的福利又不损害子孙后代福利的可持续发展道路。可持续发展是个系统,其内涵非常深刻:

首先,可持续发展要求人口的增长与资源和环境相协调。人口进一步快速增长会加重资源的负担,延缓生活水平的任何提高。只有人口数量和增长率与不断变化的生态系统的生产潜力相协调,可持续发展才有可能实现。

其次,可持续发展是要满足所有人的基本需求,向所有人提供实现美好生活愿望的机会。现阶段的突出问题是存在发达国家同欠发达国家之间的发展差距。发达国家现在达到的发展水平是以当年不公平地掠夺不发达国家的资源和环境为代价的。而不发达国家现在的首要任务是消除贫困(也即发展),从其最为紧迫的摆脱贫困的目标来说,发展中国家不能牺牲发展来承担全球性的保护资源和环境的责任。为了满足发展中国家的基本需要,不仅需要这些国家的经济增长达到一个新的阶段,而且还要保证其能得到可持续发展

① 世界环境和发展委员会:《我们共同的未来》,吉林人民出版社 1997 年版,第 10 页。

所必需的自然资源的合理份额。可持续发展的这个要求也体现在国内发达地区与不发达地区的关系上。

再次,可持续发展要求代际公平。这一代人过多过快地开采已过量开采的环境资源,使其被耗竭而不能持续到遥远的未来,会使我们的子孙承受损失。现在挥霍浪费资源的结果,将使后代人迅速地失去选择余地。因此,这种经济增长就是牺牲了后代人发展条件的经济增长。

从一般的经济学角度考虑,现有的资源应该得到充分利用,充分地对经济增长起作用,达到“充分就业”状态。即便是考虑效率,也不是不要这些要素“就业”,而是要使这些“就业”的资源得到最有效的利用,要使这些要素在节约使用的条件下充分发挥推动经济增长的效能。而从人与自然和谐相处的角度考虑,对不可再生的资源,就不能让它们在当代就“充分就业”。

可持续发展并不是不要发展,而是在发展中采取积极的措施,调整发展战略,减少向自然界的索取,增加对自然界的投入,改善自然资源的供给条件。

自然资源的可持续发展包括:水资源的保护和开发利用,土地资源的管理与可持续利用,森林资源的培育、保护和管理,海洋资源的可持续开发与保护,矿产资源的合理开发利用与保护,草地资源的开发利用和保护等。就产业发展来说,可持续发展主要涉及农业和农村的可持续发展,能源原材料工业的可持续发展。

实现资源和环境的可持续发展,需要转变经济发展方式,最为突出的是改变传统的片面追求 GDP、偏重工业偏废农业的发展模式,改变以矿物燃料为基础、以汽车工业为核心、一次性物品充斥的工业模式。按照可持续发展要求形成的新的经济发展方式是:从对自然资源竭泽而渔的做法转向以再生能源为基础、重复或循环利用资源的经济。在处理发展与治理环境污染方面,由先发展后治理转向边发展边治理,并进一步转向先治理后发展。

今天强调经济发展的可持续性,正是人类在享受工业文明、现代文明的辉煌成果的同时又付出沉重代价以后,重新审视经济发展与生态环境相互关系正反两方面的经验与教训基础之上进行总结、反思与创新的结果。可持续发展理论最本质的创新是,在价值观上从过去的人与自然的对立关系变为和谐关系,在发展观上从过去的单纯追求经济指标转变为实现经济、社会以及自然的综合协调发展。可持续发展的核心问题是克服人与自然的矛盾,即人类生存发展的需要与自然资源消耗之间的矛盾。

二、生态文明和绿色发展

不可否认,同其他发展中国家一样我国在工业化初期阶段,尤其是最早推进工业化的地区,采取过掠夺性增长方式。长期的过度开发所遗留的环境和生态破坏问题已经非常严重:气候变暖、生物多样性减少、酸雨污染、土地荒漠化、海洋污染、水污染、有毒化学品污染等。这些问题必须在推进现代化阶段解决。

生态文明阶段是人与自然和谐相处的阶段。绿色发展作为一种发展理念体现在尊重自然、顺应自然、保护自然。根据这种发展理念,人们不仅拒绝对大自然进行野蛮与粗暴的掠夺,而且积极改善和优化人与自然的关系,从而形成人与自然、人与社会和谐共生、良性循环、全面发展、持续繁荣的生态环境。人类的生产生活方式以最适宜的文明方式影响和介入自然,可以换取自然对人类活动最佳反馈。

生态文明也是人们对美好生活的一种向往。在经济发展处于低水平时,人们期待解决温饱问题,因而也会容忍破坏环境和生态的发展方式。科学技术的发展日新月异,推动了经济的快速发展,这极大地改善了人们的生产、居住、医疗、娱乐的条件。平板电脑、3D 打印等最新的技术和产品丰富了人们的生活。人们在开始享受经济增长成果的同时,也不得不承受环境破坏的后果,这是人们在为自己的经济发展方式付出代价。在经济发展达到一定阶段,温饱问题解决并逐步达到富裕阶段以后,人们期待解决教育和健康问题。就是说,人们在达到全面小康水平后,对现代化的期待就突出在受教育水平和健康水平的提高。影响健康水平的不仅是医疗水平,还有直接影响健康水平的环境质量,人们不会容忍危及健康和生存的大气污染、水污染和土壤污染。尤其是近些年来,雾霾天气频繁袭击,人们的自我保护和环境保护意识得到了空前的提高。对老百姓来说,所谓现代化,不仅是金山银山,还需要绿水青山。实际上生态和环境也是财富,干净的水、清新的空气、绿色的环境是宝贵财富。老百姓不仅需要通过现代化获取更多的物质财富和精神财富,还要获取更多的生态财富。

生态文明的提出不是不要经济发展,不是退回到原始的生态和谐,而是要在发展的基础上解决生态问题、化解生态危机、调解人与自然的关系,实现理性发展。从发展的角度看绿色发展实际上是可持续发展。

现在先行现代化的国家现代化的重要特征就是环境和生态的现代化。选取以下国家单位 GDP 综合能耗和单位 GDP 二氧化碳排放量两个指标(见表 5-1),据统计数据,我国 2012 年一次能源消费量 36.2 亿吨标煤,消耗全世界 20%的能源,单位 GDP 综合能源消耗是世界平均水平的 2.5 倍。再看二氧化碳排放强度,按汇率法和不变价美元计算,2008 年我国万美元二氧化碳排放量为 26.5 吨,是世界平均水平的 3.4 倍,日本的 9.8 倍、德国的 6.5 倍、美国的 4.8 倍。从我国同现代化国家的差距中可见我国推进环境和生态现代化的追赶目标。

表 5-1　部分国家的能耗和碳排放指标

指标	美国	英国	德国	韩国	日本
单位 GDP 综合能源消耗(吨标准油/万美元)2006 年数据	2.06	1.07	1.73	3.1	1.03
单位 GDP 二氧化碳排放量(吨/万美元)2007 年数据	4.1	1.9	2.4	4.8	2.9

生态文明特别关注影响人类可持续发展的生物圈的生存环境,即生态问题。人的生存

和发展所处的生态环境包括生物圈和人与自然界以及与人们自己所创造的周围事物的关系。生物圈包括地球、地球表面的大气以及这个星球上的全部生物。在这个生物圈中，人口与社会经济，通过能量与物质在时间、空间上不同规模的流转，成为生态环境密不可分的一部分。因此，人类对自然资源的开发与废弃物的丢弃并不是孤立的行为，而其作用于同一环境中，且这两种活动都影响着自然环境所提供的支持功能。这个生命支持环境是一个基础，健康的生态系统是人类繁荣的前提条件。因此从整个系统的整体关联角度来看待经济与生态系统，对于获得与环境的持续关系和确保我们人类在球上的继续生存具有非常重要的意义。

就“美丽中国”而言，建立一个生态文明、绿色宜居的中国是题中应有之义。这就需要把生态文明建设放在突出地位，融入经济建设、政治建设、文化建设、社会建设各方面和全过程。基于对我们所处的生态环境的认识，面对已有的经济发展方式对生态环境的破坏，推进生态文明建设，就不仅是简单地从污染治理入手，而是从改变人的行为模式出发，改变经济和社会的发展模式。需要坚持节约资源和保护环境的基本国策，坚持节约优先、保护优先、自然恢复为主的方针，着力推进绿色发展、循环发展、低碳发展，形成节约资源和保护环境的空间格局、产业结构、生产方式、生活方式，从源头上扭转生态环境恶化趋势，为人民创造良好生产生活环境。努力建设美丽中国，实现中华民族永续发展，为全球生态安全做出贡献。

三、 生态财富和绿色 GDP

财富观是指人们对财富价值的理解。传统的财富观是物质财富观，在经济发展的初期，人们对财富这一概念的理解局限在财富具有使用价值，且依附于特定的实体物质的认识上。

绿色发展的理念包含财富观的创新。“绿水青山就是金山银山”。干净的水、清新的空气、多样性的生物、绿色的环境是宝贵的生态财富。这种财富观体现人与自然和谐共生的观点。经济发展不仅要谋求物质财富，还要谋求生态财富。不能为谋求物质财富而牺牲生态财富。基于生态财富观，习近平明确提出“牢固树立保护生态环境就是保护生产力、改善生态环境就是发展生产力的理念”①。新时代的绿色发展理念不仅是保护环境和生态问题，还要治理和改善过去的发展所遗留的环境生态问题，提供人民美好生活所需要的高质量的生态产品。

为了使保护环境节约资源成为人们的自觉行为，就有必要建立绿色 GDP 的概念和导向。

---

① 2013 年 5 月习近平总书记在中央政治局第六次集体学习时的讲话。

在现行国民经济核算体系中，GDP 指标既没有真实反映预防环境污染费用，也没有考虑自然资源存量的消耗与折旧及环境退化的损失费用，从而给经济发展产生了错误导向，直接导致了以环境资源存量和质量迅速恶化为代价的虚假繁荣。

当前普遍采用的 GDP 的核算中，未考虑由于经济增长带来的对环境资源的消耗和破坏所造成的影响。其副作用是“砍树有产值，种树无产值”，从而导致资源的盲目开采和浪费，以及环境的任意污染与破坏。

针对现行的 GDP 核算的缺陷，一些经济学家和国际组织相继提出了改进 GDP 衡量指标的方法。由世界银行在 20 世纪 80 年代初提出的“绿色核算”（Green Accounting），以及随后提出的“绿色 GNP/可持续收入”概念迅速为人们所接受，并逐步成为衡量现代发展进程、替代传统宏观核算指标的首选指标。“绿色 GNP”被界定为：在不减少现有资本水平的前提下所必须保证的收入水平。这里，资本包括人工资本（厂房、机器及运输工具等）、人力资本（知识和技术）以及环境资本（矿产、森林及草原等）。

我们首先假设现行 GNP 的计算是正确的，则国民生产净值（NNP）等于国民生产总值（GNP）减去人工资本的折旧（*Dm*），同时，按照绿色 GNP 的定义，还应再减去如森林这类自然资产存量的折旧。设 D*n* 为环境资本的折旧，并用年内环境退化的货币损失价值来表示，那么可持续收入（*SI*）或“绿色 GNP”就可采用公式计算求得：

$$SI=\mathrm{GNP}-D_m-D_n \qquad (5-1)$$

式中，环境退化的货币损失（*Dn*）将以两种形式出现：一种是原没有进入 GNP 计算的损失（如野生生物物种和美丽景观的消失）；另一种则是虽已包括在 GNP 中但却是低估的损失（如由于大气污染引起的农作物产量减少）。从消费的角度讲，可持续消费就是可持续收入，而且该消费水平等于 GNP 减去维持所有资本存量所需的投资。当然，所有的资本也包括自然资源和环境资本。

实际上，式（5-1）所定义的可持续收入并不具有广泛的意义，这是因为前面有关“GNP 的计算是正确的”假设是值得怀疑的。一般认为，有关 GNP 或 GDP 的计算本身包含了对环境损失的估算的一些扭曲，如 GNP 没有真实反映环境污染预防费用等。为了校正这种扭曲，在 GNP 或 GDP 中还应减去：① 污染引起的环境恢复费用（*R*）；② 污染的防治费用或预防费用（*A*）；③ 由于自然资源的非最佳利用和开采引起的过高评价资源价值的损失费用（*N*）。从理论上讲，还有一部分环境损失费用是很难从货币损失（*Dn*）中得到反映的，这部分费用就是当污染还没有超出环境净化容量之前的环境容量资源消耗费用。这样，我们就可以在式（5-1）的基础上得到一个更有代表性的可持续收入或绿色 GNP 的计算定义，即：

$$SI=\mathrm{GNP}-(R+A+N)-(D_m+D_n) \qquad (5-2)$$

$$SI=\mathrm{GDP}-(R+A+N)-(D_m+D_n) \qquad (5-3)$$

这样，绿色 GDP 的指标，即在 GDP 总量中既要扣除自然资本耗竭和环境损害的价值，又要扣除当年支付的用于恢复环境质量等方面的成本，同时加上自然资源资产价值的增值额①。

与绿色 GDP 指标相关，中共十八届三中全会明确提出完善发展成果考核评价体系，纠正单纯以经济增长速度评定政绩的偏向，加大资源消耗、环境损害、生态效益等指标的权重，对领导干部实行自然资源资产离任审计。建立生态环境损害责任终身追究制。

第三节 绿色发展的实现机制

在发展经济学看来，土地及其他自然资源匮乏的唯一经济判断是成本，而不是实物的稀缺。如前所述一般说来，发达国家可以依赖其充裕的资本和发达的技术来克服大自然的吝啬，改变现有资源的性能，提高其生产率，并且发现新的资源和材料。对这些国家来说，自然资源供给相对地不甚重要。而发展中国家自然资源稀缺性的缓解受资金和技术的限制，自然资源供给状况便相当重要，土地资源、矿产资源和环境资源的严重稀缺给经济增长设置的自然界限非常严格。因此，绿色发展理论所要面对的重要课题是，既要研究各种资源提高生产率的途径，又要研究节约使用各种资源的机制，还要研究对资源的投入以改善资源环境的途径。

一、新型工业化和循环经济

我国的经济发展目前总体上处于工业化阶段，虽然有的地区的工业化已进入工业化的后期阶段。无论工业化处于什么阶段，都需要走新型工业化道路，这就是经济效益好、科技含量高、资源消耗低、环境污染少、人力资源优势得到充分利用的工业化道路。这里讲的新型，第一相对于我国原有的工业化道路是新型的，第二相对于西方发达国家的工业化道路是新型的。

新型工业化道路反映经济增长模式的转变。最为突出的是改变传统的片面追求产值、偏重工业偏废农业的发展模式。改变在 20 世纪曾极大地提高生活水平的以矿物燃料为基础、一次性物品充斥的西方工业模式。在处理发展与治理环境污染方面，由先发展后治理转向边发展边治理并进一步转向先治理后发展。例如，我国实施的长江经济带发展战略思路就是共抓大保护，不搞大开发。

新型工业化发展要求在资源消耗、环境污染等方面有明确的选择。一般的工业化都会经历高消耗、高污染的阶段，如重化工业阶段。重化工业的一般特征是占用土地资源、不集

① 关于绿色 GDP 的上述分析最早在洪银兴 2000 年主编的《可持续发展经济学》中提出，这部分内容为曲福田所写。

约,资源消耗大,环境污染严重。新型工业化要求依靠最新科技跨越这个高消耗、高污染的阶段。特别是通过推进信息化,使工业化水平一下子进入国际前沿,同时以其对物质资源的替代和节省,实现低物质消耗,以其带来的清洁生产而降低污染。

发展循环经济是突破经济增长的资源供给障碍的重要途径,也是实现可持续发展的重要方面。循环经济(Recycling Economy)既是一种科学的思想理念,又是一种先进的经济模式。循环经济相对传统经济模式是一次巨大变革,可以从根本上消除长期以来经济增长与生态环境之间的尖锐冲突。

循环经济体系是以产品清洁生产、资源循环利用和废物高效回收为特征的生态经济体系。在工业生产过程中,企业生产会伴随着大量生产剩余物,这些剩余物中部分仍可回收再利用。将其加以回收,一方面可节约能源,另一方面可减少环境剩余物质。这个过程不仅是企业自己消化自己产生的成本,还可能创造新的价值。由于循环经济将对环境的破坏降低到最低程度,并且最大限度地利用资源,其结果是节约资源,提高效益,减少环境污染,降低经济发展的社会成本。

循环经济涉及生产、消费、回收等各个环节,涉及工业、农业、服务业等各个领域,涉及城市和农村各个区域。因此推进循环经济涉及整个国民经济的调整:在工业经济结构调整中,要以提高资源利用效率为目标,降低污染物排放强度,优化产业结构,淘汰和关闭浪费资源、污染环境和落后的工艺、设备和企业;在农业经济结构调整中,要大力发展生态农业和有机农业,建立有机食品和绿色食品基地,大幅度降低农药、化肥使用量;在技术结构调整中,发展高新技术特别重视研发循环经济技术和生态技术,大力发展节能、降耗、减污等高新技术。

二、向自然资源投资

在微观经济学中,要素的边际收益递减规律是指如果在生产过程中保持其他要素投入的数量不发生变化,只改变一种要素的投入数量,那么最后追加的一单位可变数量要素所带来的产出的增加将会随着这种要素投入量的逐渐增多而越来越少。

边际报酬递减规律最为典型的一个例子便是传统农业中土地和劳动等要素资源。假设在一块一亩的土地中,随着劳动这一可变要素数量的变化,总产量、平均产量和边际产量也会发生变化。总产量是指生产要素投入后所能获得的全部产量。平均产量是指平均每单位可变要素投入后可以获得的产量,它等于总产量除以可变要素的投入数量。边际产量是指增加一单位可变要素的投入所能获得的产量的增量,也即边际报酬。上述产量都是随着投入可变要素的数量的变动而变动的。开始时,随着劳动这一可变要素投入的增加,边际产量也会增加。当边际产量随着劳动投入数量的增加而增加时,总产量也是增加的。当边际产量增加到一定量以后,就会开始递减。此时总产量虽然仍会继续增加,但是增加的速度却越来越慢。当边际产量下降为零时,总产量会达到最大,之后随着劳动要素的继续增加,边际产量成为负数,总产量也转而下降。

边际报酬递减的规律告诉我们,劳动的边际报酬递减,并非是因为使用了效率更低的劳动力,而是因为在数量固定的土地上使用了过多的劳动力。较多的劳动力和较少的土地结合,使劳动力的作用不能充分发挥。在一些要素的数量固定的情况下,通过增加可变要素数量来获得更多产量的过程是有限的。可变要素与固定要素的结合比例必须适当,即可变要素的投入量也有一个度的问题。

克服和缓解边际收益递减趋势的唯一可能是对自然资源的投资和推进技术进步。马克思曾经以土地肥力为例说明改变边际收益递减趋势的途径,耕作的自然规律是:一开始不需要或者很少一些投资便可以直接利用土地的自然肥力,当耕作已经发展到一定水平时土地肥力已经相应消耗的时候,资本会成为土地耕作上的决定因素①。其他自然资源的开发和利用道理也是一样。经济越是发展,各类经济发展的要素供给条件方面的投资也就越重要。正是在这一意义上,发展经济学家普遍认为:“自然资源匮乏的唯一判断是成本,而不是实物的稀缺”②。

尽管科技进步在克服经济增长的自然界限方面令人神往,但在现阶段的发展中国家普遍存在技术供给不足的问题。因此自然资源的稀缺性及可耗竭性对经济增长的制约作用依然很大。面对这种状况,发展中国家需要加大对自然资源的投资力度,改善自然资源质量和供给条件。

面对经济增长所遇到的由自然资源供给条件设置的自然界限,要实现经济的持续增长,需要以资本和先进的技术克服大自然的吝啬。就是说,要从自然界取出资源,就要给自然界投资。经济越是发展,对自然资源供给条件方面的投资便越为重要。

就环境来说,面对经济发展过程中带来的环境恶化问题,许多发展经济学家提出了经济发展是否可取的问题。现在看来,发展中国家经济要增长,环境要保护,两者要结合进行。环境作为稀缺性资源,本身也是经济增长的重要因素。面对日益恶化的环境,发展中国家必须高度重视治理环境的投入,只有这样才能拓展经济持续增长的空间。

就土地资源来说,工业化、城市化不可避免地需要占用土地,实现可持续发展的要求是,通过对土地的投入提高土地资源质量来弥补被占用的数量,也可以通过开发新的土地资源如将荒地、滩涂转化为可耕地来弥补被占用的土地的数量。

向自然资源投入涉及两方面内容:一方面开发新资源,以替代不可再生和稀缺的资源;另一方面通过资金积累和劳动积累改良土壤和其他自然资源的生长条件,使其产生人工肥力或提高丰度,增加优等资源的供给,从而提高土地及自然资源的生产率。一般来说,其途

---

① 马克思:《资本论》第3卷,人民出版社1975年版,第733、762页。

② [美]金德尔伯格(Kindle Berger C.P):《经济发展》,上海译文出版社1986年版,第90页。

径包括以下三个方面。

第一,动员各方面资金增加对自然资源的投入。政府财政资金的分配应增大投向自然资源份额,这是确定无疑的。但是在投资主体多元化的条件下还要调动各方面增加对自然资源投入的积极性。刺激手段大致有:① 投资收益即级差收益必须归投资者所有。② 保证土地等自然资源的经营者(投资者)能够在较长时期中经营他们所投资的土地等自然资源,以提高其向自然资源投资和进行劳动积累的积极性。③ 调整价格体系,提高农产品、矿产品和能源的价格。在现行的价格体系中农产品、矿产品和能源的价格过低,价格不能抵补成本费用的支出。这些产品价格适当提高以后,这些部门便可提高自我积累的能力。

第二,调整固定资产投资结构,引导固定资产投资较多地投向旨在降低能源、原材料消耗的技术改造项目。针对由于技术原因,能源密集度超过了发达国家的水平,以及能源的有效利用率很低的现状,对能源使用较多的部门进行技术改造,将能大大节约能源。特别重视钢铁、石油精炼、水泥和化学工业等部门的技术改造。

第三,调整自然资源投资结构,提高自然资源投资的效益。自然资源投资结构的调整包括三个方面:一是借助投资寻找替代品,使廉价的资源替代日益枯竭且昂贵的资源。二是根据资源的丰裕程度、开采的难易程度、国民经济的需要程度确定对各种资源投资的优先顺序。三是在自然资源投资中突出保护和改善自然资源供给条件的投资。

三、外部效应内部化的体制安排

影响资源和环境不可持续供给的微观原因可以用微观经济学中的外部性原理来说明。外部性是指某个经济单位的经济活动所产生的外部经济效应,包括外部正效应和外部负效应。例如,在某个地区举办一家企业,可能产生增加就业岗位等外部正效应,也可能产生排放污染物等外部负效应。影响资源和环境不可持续供给的外部性就是指这种外部负效应。所谓的市场失灵指的外部性,就是这种效应。需要政府干预来克服这种外部性。

外部性理论说明,经济活动当事人因其活动的外部正效应和负效应可能产生相应的收益和成本。就是说,经济活动当事人可以因其产生的外部正效应而向得益者收取费用,也可以因其产生的外部负效应而向受害者支付补偿费,即所谓的外部成本的内部化。因此外部性问题可以通过两个方面的途径解决:一是外部效应内部化,使生产者对外部社会所产生的效应纳入生产者的经济行为中,利用经济杠杆或市场机制有效地控制外部不经济;二是通过政府行为或法律的手段控制外部不经济的发生,鼓励对社会产生正的外部经济效应。

就环境而言,外部不经济从本质上讲是私人成本社会化。由于利润动机的驱使,生产者一般不会对其生产过程中产生的废物进行处理。因为对废弃物进行治理要花费一定人力、物力,使其私人成本增加。生产者不愿对废物进行治理而将其排入环境中,从而对社会造成经济损失,即社会成本。生产者"节约"了自身治理污染的私人成本,而使社会为此付出了代价即私人成本社会化。显然,要解决生产的外部不经济,必须通过社会成本内部化(私人化),即由生产者本身承担治理污染的费用,从而减少污染,增加社会福利。从资源配置角度看,外部不经济的内部化,可使厂商在充分考虑其行为会对社会产生危害的情况下,更合理有效地配置资源。这样,将个人利益与社会利益统一到一起,减少了资源的浪费和环境污染,无疑可以促进资源的永续利用,有利于经济可持续发展。

一般说来,扭转环境恶化趋势主要靠行政和法律手段,主要手段是对导致环境恶化的活动征税,使排放污染者为排放污染而付出代价。对汽车排放尾气征税,会使采用洁净运输方式易于接受。国家也可以借助政策和法律的机制筹集环境保护资金,其中包括要求企业直接承担环保费用等。

经济活动当事人为其产生外部负效应而支付报酬费固然可以对其行为有所遏制,但是不可能完全克服其外部负效应。面对造成资源和环境不可持续供给的外部负效应,需要一系列的制度安排:

第一是价格机制的调节。必须建立体现可持续发展要求的资源价格调节机制。资源价格体现资源的稀缺性,资源的配置只有通过价格调节机制,才能达到资源的优化配置和节约使用。具体地说,首先,资源的市场价格调节资源流向要素生产率较高的部门。其次,资源的市场价格迫使使用者对资源进行成本和效益的分析,最节约地使用资源。最后,资源的市场价格是一个价格比例,不同资源的价格由各自市场的供求决定,最短缺的资源价格最高,反之亦然。如此,使用者就会依据价格对各种资源需求替代,对最稀缺的资源最节省地使用,从而使资源组合搭配达到最优。与此同时,为克服价格机制的局限性,可以将庇古税以及许可证制度与之配合。现实中实施的排污权交易就是利用市场方式控制环境污染。

第二是资源的产权制度建设。产权制度是社会基础性规则。它规定了经济行为主体在稀缺资源使用方面的地位,规定了每个行为主体在与其他行为主体的相互交往中必须遵守的规范和不遵守这些规范时所必须付出的成本。"公地的悲剧"已经很明确地反映出了共有产权或者产权不明晰所存在的资源配置上的弊端。排他性产权制度是随着资源有用性的变化、人们预期收益的改变以及界定和实施产权的成本的下降而出现的。排他性产权制度改变了人们对公共财产的过度使用现象,提高了资源的利用效率。在资源相对变得稀缺、价值增加时,排他性产权制度的建立对于增加社会产出、满足人类生存和发展需要发挥了重要作用。按此要求,对土地和自然资源,凡是能够明确私有产权的尽量明确其私有产权,从而使自然资源得到私人产权利益者的关心。而对一些仍然必须保持国有产权的自然资源也要克服"公地的悲剧",必须健全国家自然资源资产管理体制,统一行使好自然资源资产所有者职责。

第三是完善可持续发展的政策。可持续发展的政策和制度的设计应当包括的目标主要涉及:实现经济发展;改善资源配置;维持自然资源的持续利用,保护生态环境,促进人与自然和谐进入良性循环;实现经济和社会的协调发展,建立起一套可持续发展的社会保障体系。可持续发展的政策体系包括产业与技术政策、区域协调发展政策、可持续发展的投资与金融政策、可持续发展的税收和价格政策、对外贸易以及进出口政策等。可持续发展的制度体系涉及国家的法制建设,包括调整经济关系的制度法规、引导经济发展的制度法规以及保护社会经济环境资源的制度法规等经济法规体系,以及调整人们在自然资源以及环境的管理和开发、利用、保护过程中发生的各种社会关系。

第六章　经济增长的总需求拉动和扩大内需

进入新时代,经济增长的发动机开始向两个方面转换:一是在供给侧由数量推动转向结构推动;二是在需求侧产生新的动力。这种转换不仅反映了中国经济体制转向市场经济的要求,也是经济发展转向现代化阶段的基本特征。由于供给与需求是一个问题的两面,相互依存,虽然新时代经济发展的主要矛盾在供给侧,但也不能忽视需求侧的作用。在国际市场需求的引擎作用减弱的背景下,需要扩大内需并且激发需求侧的内需动力。

第一节　经济增长需求侧的拉动力

我国进入新时代后,转变经济发展方式的一个重要方面就是改变在低收入国家阶段实行的主要依靠投资拉动经济增长的方式,转向依靠消费、投资、出口协调拉动,尤其是突出消费对经济增长的拉动作用,提高消费对经济增长的贡献率,从而提高经济增长的效益和质量。

一、宏观经济的基本平衡式

对经济增长需求侧的动力分析可以从宏观经济的基本平衡式出发。根据凯恩斯的分析,一定时期一国的经济总量即总产出可以从总供给和总需求两个方面分析。

总供给=消费+储蓄+进口

总需求=消费+投资+出口

总供给和总需求的均衡式可表述为:

消费+储蓄+进口=消费+投资+出口

根据一般的宏观经济理论,经济增长是由总需求拉动的,也就是由投资、消费和出口三驾马车拉动的。一般情况下这三驾马车应该协调拉动,但不排斥这三驾马车在不同的发展阶段起不同的作用,即有的作用力大,有的作用力小。各自作用力的大小与不同阶段的经济发展方式相关(见表 6-1)。

表 6-1　我国若干年份的三大需求对经济增长的贡献率　　单位:%

年份	GDP 增长率	最终消费贡献率	资本形成贡献率	货物和服务进出口贡献率
2003	10.0	35.3	63.7	1.0
2009	9.2	52.5	92.3	-44.8
2012	7.8	55.1	47.0	-2.1
2016	6.7	64.6	42.2	-6.8
2017	6.9	58.8	32.1	9.1

资料来源:根据相应年份的《中国统计年鉴》整理。

经济增长主要由投资需求拉动,一方面是指相对于消费和出口,投资需求更旺,对经济增长的拉动力更大(如 2003 年、2009 年)。另一方面从总供给和总需求的平衡式分析,要实现经济增长,就需要作为供给的储蓄转化为投资需求。如果储蓄小于投资,那就需要减少消费增加储蓄以满足投资需求对储蓄量的需要。我国过去在相当长的时期内高积累、低消费就是要满足投资需求的需要。

经济增长主要由消费需求拉动,一方面是指相对于投资和出口,消费需求更旺,对经济增长的拉动力更大(如 2016 年和 2017 年)。另一方面从总供给和总需求的平衡式分析,要实现经济增长,就需要作为供给的消费收入转化为消费需求。如果消费的供给小于消费需求,那就需要减少储蓄增加消费以满足消费需求对消费供给的需要。

二、外需作用的衰减

一般说来,一国经济发展的动力有供给推动和需求拉动之分,需求拉动又有外需拉动和内需拉动之分。我国改革开放以来的经济发展除了供给推动以外就是外需拉动。外需拉动,一是出口导向,二是引进和利用外资。

自发展开放型经济以后,虽然不能说我国的经济属于外需型经济,但不可否认外需对经济增长的作用和贡献较大,尤其是在东部沿海地区。按照比较优势理论,我国扩大外需要从两个方面推进:一方面以比较优势安排出口结构并调整产业结构,致力于劳动密集、资源密集和高能源消耗、高排放产品的生产和出口。另一方面以廉价的劳动力和土地资源、较为宽松的环境约束为条件引进外资,利用国际资源。外商投资企业进入我国参与的环节在产业链上基本属于劳动和资源密集的低端环节,以及需要利用环境资源的生产。应该说,以比较优势为基础的开放战略在发展的初期阶段是成功的。引进的外资、技术和管理等要素同我国的劳动力和土地要素结合,推动了经济的快速增长。

但是,依靠外需拉动的开放型经济发展到今天,国际市场需求推动经济增长的引擎作用正在衰减。

首先,从国际经济环境分析,2008 年世界金融危机爆发过后,紧接着又产生欧美主权债务危机，世界经济出现两次探底。在欧洲，主权债务危机还在蔓延，其后果必然是紧缩需求。即使这些国家经济以后逐步复苏，但其作为世界经济的火车头的作用在“减弱”。这样，外部需求萎缩不可避免地会冲击实体经济，并在很大程度上抑制我国经济的增长。与此同时西方发达国家产业结构开始转型，如美国提出出口五年翻一番，实行再工业化。发达国家依靠其拥有的资本和技术优势，提升劳动密集型产业的出口产品竞争力。为了保护其市场，这些国家采取各种保护主义手段，不断地以反倾销和反补贴为名设置进口壁垒。尤其是在特朗普上台后，推行美国优先政策，挑起贸易战，以提高关税来限制中国产品出口。

其次，支撑扩大外需的我国的劳动力和自然资源正在失去比较优势。吸引外资所依托的廉价劳动力、廉价自然资源和环境资源优势正在消失。一方面，具有技术和资金比较优势的发达国家也进入我国本来具有成本优势的劳动密集型制造业，其相对竞争优势更加明显。另一方面，外资进入我国所谓高科技产业的环节在全球价值链上也主要是劳动和资源密集的环节，核心技术和关键技术，甚至品牌都不在我国。因此虽然我国的出口产品数量大，但附加值不高。再一方面，随着我国经济发展水平的提升，劳动力和土地的价格也明显上涨，虽然相比发达国家这些要素的价格可能还不是高的，但是与之相对应的生产力优势明显不在。也就是说，相对于劳动力价格，劳动生产率不具有优势；相对于土地价格，土地生产率也不具有优势。

因此，已有的建立在利用我国自然资源和劳动力基础上的外需型经济模式的发展效应明显衰减，建立在这种比较优势基础上的对外贸易和利用外资所实现的经济增长只是数量上的增长，没有质量和效益的提升。这种比较优势的消失决定了我国经济发展转向主要依靠扩大内需的客观必要性。这是扩大内需成为我国经济增长的战略基点的基本说明因素。

在国外需求拉动力下降的背景下，中国经济发展的引擎需要由外转内，即由依赖国外需求转向依靠内需。就如斯蒂格利茨所说：“随着经济增长和全球经济环境的变化，那种主要依靠出口和国外直接投资来推动经济增长的战略的重要性将降低。同时，中国面临着继续改善资源配置和生产力挑战。”应对这个挑战的对策就是“使国内经济成为增长和平等的发动机。”①

三、扩大内需的内容及其战略性意义

中共十八大报告中明确提出：“要牢牢把握扩大内需这一战略基点，加快建立扩大消费需求长效机制”。这意味着扩大内需不是权宜之计，而是带有长期性战略性的经济发展之策。尤其是在2018年美国特朗普政府挑起贸易战后，扩大内需显得更为重要。

扩大国内需求以拉动经济增长，反映了我国经济体制转向市场经济的要求，而且是大

① [美]约瑟夫·斯蒂格利茨：《中国第三代改革的构想》，转引自胡鞍钢《中国走向》，浙江人民出版社2000年版，第151页。

国特征。

所谓内需指的是国内发展所产生的投资需求和消费需求。中国的内需市场容量究竟有多大？一个肯定的回答是国内市场的总体规模位于世界前列。具体地说，第一，中国13亿多的人口是其他国家无法比拟的内需市场。第二，中国区域发展不平衡形成多元并多级的市场需求。第三，中国是实际上中等收入群体人数最多的国家，目前有3亿多人，这个群体无论是消费欲望还是消费能力都是最强的。而且，中国人的消费文化是潜在的市场，这种中国人的消费文化可能会使消费水平超出其收入水平。第四，中国的市场是新兴市场经济国家的市场。这里有两种情况：一是中国进入经济增长阶段，无论是工业化和城市化，还是信息化都会产生强大的投资和消费需求。二是中国的许多市场需求处于从无到有的阶段，如家用汽车、住房、地铁等基础设施不同于发达国家，在它们那里是升级的需求，而在我国是从无到有的需求。

国际经验表明，无论是发达国家还是发展中国家，大国经济发展主要依靠内需。只有立足扩大内需，坚持以扩大内需为战略基点，才能真正增强经济发展的内生动力，使我们的发展立于不败之地。从实际情况看，我国人口众多、幅员辽阔，是世界上最大的发展中国家，正处于发展的重要战略机遇期，已进入消费结构和产业结构调整升级的关键阶段。我国市场空间大，回旋余地大，无论是提高城乡居民生活水平，还是加强经济社会发展薄弱环节，处处都蕴藏着巨大的消费需求和投资需求。牢牢把握扩大内需这一战略基点，就要抓住这些有利条件，立足改善居民消费能力和环境扩大内需；立足消费结构升级和产业结构调整优化扩大内需；立足新型工业化、信息化、城镇化、农业现代化同步推进扩大内需；立足社会保障体系的不断完善扩大内需；积极促进绿色产品和服务消费扩大内需；积极在优化投资结构的同时扩大有效投资。

投资与消费是GDP创造的两面。投资创造GDP，消费也创造GDP。就是说，经济增长的拉动力实际上有两个链条。投资拉动的链条是：扩大投资需求（投入）——经济增长（GDP增长）——扩大投资需求（投入）。消费需求拉动的链条是：扩大消费需求——经济增长（GDP增长）——扩大消费需求。这两个链条共同的作用是都能扩大生产，前者直接提高生产能力，从而创造出更多的GDP；后者则是对生产提出需求，每增加一分消费都会增加GDP（当然消费不等于浪费）。

经济发展更多地依靠扩大内需，突出的是内需的“扩大”。存在扩大内需的巨大空间不等于是现实的内需。扩大内需市场不仅需要发现更要去开拓，其主要途径包括：扩大民间投资需求保持投资合理增长；建立扩大消费需求长效机制，扩大国内市场规模。

在经济体初始增长阶段，基础设施落后，企业缺乏原始积累，固定资产严重不足，并且人均收入水平比较低下，无法产生高水平的消费需求。在此条件下，经济增长的主拉动力是投资需求。尤其是为了实现经济起飞，需要大规模投资的大推动，包括政府投资，进行基础设施建设,进行固定资产投资,进行人力资本投资,从而为经济增长创造基础性条件。这种投资拉动在低收入发展阶段效果非常明显,有大投入大产出之效果。我国长期以来经济增长的主拉动力一直是投资,直到2010年三大需求对GDP增长的贡献率为:消费36.8%、投资54%、出口9.2%。

而在经济体走出低收入发展阶段进入中等收入发展阶段后,经济持续增长的基础设施和基础性条件已经基本具备,固定资产投资的需求也不再像低收入阶段那样强烈,与此同时,居民的消费需求与日俱增。在此背景下,经济增长的主拉动力就逐步转向消费需求。满足居民多方面的产品和服务需求成为经济增长的主要拉动力。这种状况在发达国家尤为突出。消费需求对经济增长的贡献率一般都要在70%以上。

第二节 经济增长的投资拉动

资金是经济增长的重要要素,在经济起飞阶段可说是起决定性作用的要素。进入新时代,虽然转变发展方式的一个内容是由投资拉动转向消费拉动,但不意味着不需要投资拉动,中国经济发展的许多方面仍然需要投资拉动。投资对经济增长起着关键性作用。资金的积累、筹集和运用是我国经济发展的重大理论和实践问题。

一、经济增长的第一推动力

经济增长的第一的或持续的推动力是投资。这已被英国的哈罗德和美国的多马不约而同地推导出的哈罗德—多马模型所证明。该模型的基本方程式为:

$$G=S/K$$

式中,G表示经济增长率,S表示储蓄率,K表示资本—产出比率。

哈罗德—多马模型就其本身研究的是发达国家的经济增长问题,但它对发展中国家也有重要意义。

首先,模型十分强调储蓄、投资对经济发展的作用和意义。对资金短缺的发展中国家来说,提高储蓄和投资水平,对促进经济发展有积极作用。

其次,模型客观地导出资本—产出比率与经济增长率之间的相互关系。如果投资效益下降,每一单位产出所需要的投资增加,即使投资增加,也会抵消经济增长率的提高。这意味着我国在进入新时代后,为满足消费需求增长的需要,在资本—产出比率不变的情况下,投资需求不但不会进一步增长还可能下降,经济增长将更多地建立在投资效益的提高上。

最后,模型只是说明投资对经济增长的作用,忽视了技术进步在经济增长中所起的巨大作用。这反映了经济发展处于初期阶段的特征。

在经济发展处于投资拉动阶段，人们可以借助模型确定达到一定的增长率目标需要多高的储蓄率和怎样的资本—产出比率。

罗斯托的起飞理论所指出的实现经济起飞的三个条件之一就是足够高的投资率，也就是生产性投资从占国民净产值的5%增加到10%以上。

罗森斯坦—罗丹提出的大推进理论进一步指出了大规模投资对发展中国家经济增长的推动作用。大推进理论认为，如果投资是一点一点、孤立分散地进行，它对经济增长难以产生有效的影响，只有在投资达到一定的规模，采用大推进的方式，持续增长的目标才能实现。也就是说，资金的积累必须达到足够的规模。其依据在于三个方面：首先，由于各产业部门之间的联系有着不可分性，工业化的领域必须足够广大。因此在工业化进程中需要有足够规模的投资，以整体地推动各个部门的工业化。其次，投资具有不可分性。经济发展的先行条件是投入大量的社会公共投资，如电力、运输等基础设施建设投资。这些投资具有周期长、投入多的特点，不达到一个最小规模便不能形成生产能力。建一个港口，不能只建一半，修一条公路，不能只修一段，否则不能使用。这类建设都必须通过大规模的投资来推进。最后，需求具有不可分性，各产业间互为需求。如果投资只集中于某一部门或行业，没有有保证的国内或国际市场需求，便会出现市场瓶颈。要形成广大的市场，就要有足够规模的投资配置于各个部门。发展中国家通常有两个特点：一是缺少完善的市场信息系统，因此，潜在的投资者无法预期别人的投资，往往因不能预期有足够大的市场值得投资而踌躇不前。二是缺乏必要的基础设施，因而使其他投资成为不经济。这是启动经济增长的最初障碍。没有一个全面投资的大推动，这一障碍就无法超越。如同要使一架飞机从地面起飞，在飞机凌空之前，必须超过临界地面速度一样。

上述各种理论说明了储蓄—资本—增长的相互关联性，但是必须注意它们之间的关系是复杂的，对此不能做绝对理解。赫希曼指出了哈罗德—多马模型用于发达国家和不发达国家的差别。首先，在发达国家，储蓄与投资决策往往是彼此独立的，人均国民收入是决定储蓄来源的一个重要因素。因此，储蓄等于投资是一种均衡条件。而在不发达国家，储蓄与投资决策在相当程度上互相依赖。同时，增加投资更要依赖于开拓投资机会和消除投资障碍，而不大受增加收入的影响。其次，在发达国家，由于不同资本系数的各种生产项目分布均衡，资本—产出率大致可视为一种技术系数。但在不发达国家，资本系数则不确定得多，而且其生产能力往往受短缺和结构性矛盾约束，无法充分发挥。因此，赫希曼（Hirschman）认为，一种建立在储蓄倾向和资本—产出率基础上的模型，无法对落后环境中着手推进经济进步所应选择的关键机制提供太多的启示。① 中国经济增长的实践也说明了这个模型的如下局限性：

---

① ［美］赫希曼：《经济发展战略》，经济科学出版社1991年版，第28页。

首先,投资同经济增长不是直线关系。投资的增加不一定导致生产能力的提高,资本投在产出率低的部门便有这种情况。即使生产能力提高了,也不一定增加产出,生产能力闲置便是如此。而且,储蓄同投资的增加也不是直线关系。有了储蓄,还要看有无在国内投资的积极性。显然,经济增长不能单看投资一个因素。

其次,在低收入基础上不一定没有高的投资率,也不一定没有高的经济增长率。如我国多年来积累率一直很高,市场购买力一直很强,投资需求一直很旺,经济增长率一直很高。其可能性在于两个方面:一是在分配国民收入时实行高积累低消费政策。二是信贷的膨胀会带来市场需求的膨胀,旺盛的市场需求会在一段时间推动经济的高速增长。但是,这种高积累、高速度增长没有有效供给作基础,最终会导致严重的通货膨胀,进而需强制性地对经济增长速度进行"迫降"。

一般说来,一国的积累水平取决于收入水平。但是收入水平不是决定积累水平的唯一因素。许多发展中国家资金积累不足,并不完全取决于其经济发展水平,而在于制度和政策。我国曾经依靠集中的计划体制动员资金,保持了较高的积累率。现在要继续提高积累率已十分困难,但不等于说已无积累潜力可挖,路径是提高积累效益。

这里讲的积累效益不是人们一般所说的投资效益,而是指积累每一单位资金所付出的代价,或者说是指支付每一单位积累成本所积累的资金。它涉及积累成本和积累资金量的对比关系。资金的筹集是要付出代价的,如消费的牺牲、积累过程本身的费用、公众的抱怨抵触等。波兰经济学家卡莱茨基曾经用抵制系数衡量公众对增加积累、降低消费的反映强度,并将由积累带来的经济增长的收益同短期牺牲消费的成本加以比较,从中确定具有效益的积累的边界。如果我们用社会边际成本这一概念来表示资金筹集所付出的代价,那么,只有当资金边际效率大于资金筹集的社会边际成本时,通过积累增加发展资金总量才是合理的。因此,积累率、积累方式和积累机制的选择都不是随意的,都应服从积累效益目标。

积累率的形成本身包含着一定的福利评价标准。一般说来,积累率的提高意味着现期消费份额的减少和未来消费水平的提高。其福利目标便是以牺牲一定的现期消费为代价换取未来更高的消费水平。不仅如此,积累效益的评价还涉及积累所付出的代价是否能得到补偿的问题。积累过低,经济增长缓慢,就业问题难以解决,无法满足居民的近期消费。这时尽管积累率不高,但社会成本很大。积累率过高,尽管可能产生更高的经济增长率,但由高速增长造成的产业结构失衡,由高积累造成的公众低消费及由此出现的抱怨抵触等代价未必得到补偿。特别是由高积累引起的经济大起大落的波动,给整个国民经济造成的巨大损失更是无法补偿的。这就提出了按积累效益目标寻求适度和最优问题。适度和最优的积累率的标准便是,既能充分动员全部实际可用的生产资源,又能最大限度地提高人民群众近期和未来的消费水平,从而保证国民经济的持续健康发展。

二、发挥投资对经济增长的关键作用

即使消费需求对经济增长起着主拉动力作用,也不能忽视投资需求对经济增长的关键性作用。更不要说在消费需求拉动的发展方式还没有完全到位的条件下,保持投资的合理增长,启动新的投资项目,可以有效地推动内需的扩大。进入新时代后发挥投资的关键性作用主要在以下两个方面:

第一,补国民经济发展的短板。我国是发展中大国,在许多方面存在制约经济发展的短板。最为突出的是交通等方面的基础设施建设的短板(高铁、高速公路等),环境和生态建设的短板,乡村振兴中的农业基础设施建设短板,科学研究中的基础研究短板(重大科学研究和实验设备),等等。不仅如此,扩大消费的民生项目也有基础设施建设的短板。所有这些都需要投资来补齐短板。基础设施的投资对拉动总需求具有乘数效应,涉及对建筑材料需求、消费需求等。在经济处于下行时,补这些短板的投资就可能提供扩大总需求以拉动经济增长的空间。

第二,激发民间投资活力。中国民间投资潜力很大,激发民间投资活力是我国经济保持稳定增长的希望所在。就现阶段来说,激发民间投资需求,突出需要解决以下两方面问题:

其一,克服政府投资的挤出效应。在各级地方政府债务问题严重的背景下,更要重视民间投资。激发民营企业投资的积极性:① 进一步放宽民间资本的投资领域。凡是法律法规未明确禁入的行业和领域都应该鼓励民间资本进入,凡是中国政府已向外资开放或承诺开放的领域都应该向国内民间资本开放。民间资本进入国企垄断的行业,启动市场竞争,可以倒逼垄断企业提高生产效率,降低成本。② 优化民营企业投资环境。一方面,制定相应的法规政策,切实保护民间投资的合法权益,培育和维护平等竞争的投资环境;另一方面,减少或清理涉及民间投资管理的行政审批事项,简化环节,缩短时限,进一步推动管理内容、标准和程序的公开化、规范化,提高行政服务效率,减轻民营企业负担。③ 重大基础设施建设、重大基础性科研的政府投资,在必要时也可引进民间资本合作经营。

其二,创新投融资方式,拓宽民间融资渠道。民间投资乏力,主要是缺乏有效的投融资渠道,促进民间资金进入实体经济领域、公共服务等领域。走出这种困境的对策是,深化投融资体制改革,消除投资障碍,促进投资便利化,充分发挥社会资本的经济拉动效应。首先,构建多层次的资本市场,扩大直接融资占比。推进金融市场改革,允许银行以贷款为主的间接融资模式扩展到直接融资,调整企业融资结构,提高企业的直接融资比重,降低实体经济企业的融资成本和杠杆率。其次,推行政府和社会资本合作模式(PPP),改善公共服务建设资金不足的现状。在基础设施建设以及公共服务领域适当地引入社会资本,不仅可以使相应的项目顺利完成,还能将有限的财政资金用于发展更多的公共服务,如中西部铁路、大型水利工程、棚户区改造,以及城市地下管廊等公共设施建设。

第三节 消费拉动和培育消费力

一、消费需求的拉动力

扩大内需不能仅仅依靠投资的拉动链条,需要重视消费的拉动链条。虽然在宏观经济中,消费和投资都属于总需求的范围,但消费需求拉动对经济增长方式转变更具有特征性意义:与投资需求相比,消费需求属于最终需求,进入投资需求的产品还只是中间需求。经济增长的效应还是要看最终需求。相比起来,扩大投资需求而增加生产的产品和服务没有人消费不能成为现实的有用的 GDP。现实中由投资拉动导致许多领域的产能过剩,问题不是产品多了,而是消费需求不足。正是从这一意义上说,消费拉动对 GDP 的增长更为可靠。

在包括生产、交换、分配和消费的社会再生产中,不只生产是起点,消费也可以成为起点。有消费才有人去生产,一件产品只有进入消费过程才完成生产过程。消费作为起点是指:“消费在观念上提出生产的对象,作为内心的意象、作为需要、作为动力和目的。消费创造出还是在主观形式上的生产对象。没有需要,就没有生产。而消费则把需要再生产出来。”①这就明确指出了消费对生产从而对经济增长的拉动力。转向消费拉动型经济不只是扩大消费,还需要发展消费经济。发展消费经济的基本考虑是中国不仅是生产大国,还要成为消费大国。中国在生产总量成为世界第二大经济体后,国内市场总体规模也将位居世界前列。面对不断增长的消费需求,新的增长点就是发展消费经济,从而以满足并引导消费需求的供给来推动我国经济上新的台阶。这也是我国成为消费大国的基础。

扩大内需,最重要的是扩大消费需求。索罗(Solow)有一个明确的判断:经济增长的最终目的就是消费,你不应该要求一个国家为增长而增长②。消费的增长速度不仅取决于生产的增长速度,还取决于人口规模、就业面、收入增长速度、消费品价格等因素。提高人民消费水平本身也是对经济增长的拉动。由消费需求拉动的经济增长由于有市场保证因而是可靠的经济增长。

我国长期以来经济增长的主拉动力一直是投资拉动,在经济增长的拉动力中一直没有消费拉动的地位。2007 年召开的党的十七大明确提出,促进经济增长由主要依靠投资、出口拉动向依靠消费、投资、出口协调拉动转变。这就明确赋予了消费在拉动经济增长中的

---

① 《马克思恩格斯选集》第 2 卷,人民出版社 1995 年版,第 94 页。

② [美]索罗:《论经济增长》,载廖理等:《探求智慧之旅》,北京大学出版社 2000 年版,第 202 页。

动力地位,也反映了我国由低收入向中等收入转型阶段对消费需求作用的要求。2012 年的中共十八大报告则进一步明确经济发展要更多地依靠消费拉动。这就明确了我国在进入新时代后经济增长的主拉动力。现实中,从 2012 年起消费对经济增长的贡献率就明显增大。当然在今后一个时期,经济增长主拉动力的转换需要有个过程,投资的拉动力还有惯性,消费的拉动力还需要培育。不仅如此,我国作为发展中国家,基础设施等方面还是短板,在拉动经济增长动力不足时,适当扩大投资需求对增长的拉动作用还是能迅速见效的。

二、培育和提高消费力

在低收入国家阶段的经济发展一般都是强调发展生产力,而在进入中等收入发展阶段后,需要明确提出培育和提高消费力的要求。其实,生产力和消费力的概念都是马克思提出来的。发展生产力和培育消费力同等重要。

所谓消费力,是指一定时期内消费者的消费能力。在马克思所说的发展生产力途径中包括提高消费力。这就是他所说的,“决不是禁欲,而是发展生产力,发展生产的能力,因而既是发展消费的能力,又是发展消费的资料。消费的能力是消费的条件,因而是消费的首要手段,而这种能力是一种个人才能的发展,一种生产力的发展。”①在这里,马克思把消费力的发展看作是生产力的发展。发展生产力与发展消费能力、发展消费资料是同步的;消费能力的发展也就是个人才能的发展。马克思在分析资本主义社会再生产矛盾时又提出了社会消费力概念。它“既不是取决于绝对的生产力,也不是取决于绝对的消费力,而是取决于以对抗性的分配关系为基础的消费力;这种分配关系,使社会上大多数人的消费缩小到只能在相当狭小的界限以内变动的最低限度。这个消费力还受到追求积累的欲望的限制。”②这里既说明了社会消费力对宏观经济的影响力,还指出了影响消费力的分配关系和积累与消费的比例关系。

用消费力概念可以完善凯恩斯的宏观均衡式。凯恩斯的总供给和总需求的均衡式为:

消费+储蓄=消费+投资。

这个公式又进一步推导出储蓄=投资为基本均衡式。根据此公式,储蓄与投资的不均衡状态,以及储蓄转化为投资的程度就成为宏观不均衡关系的主要说明因素。按此思路,同样可以研究等号左边的消费和等号右边的消费的关系。等号左边的消费属于总供给范围,相对于储蓄,指的是经过分配所形成的用于消费的收入(消费基金)。等号右边的消费指的是最终消费所形成的消费需求。在一定时期中两者的不均衡关系可能有两种情况:① 消费<消费需求。在这里,消费需求超过了消费基金的供给,实现平衡的主要途径是消费信用。② 消费>消费需求。在这里,收入分配形成的消费基金在当期没有完全用于消费

---

① 《马克思恩格斯全集》(下册)第 46 卷,人民出版社 2003 年版,第 225-226 页。

② 《资本论》第 3 卷,人民出版社 2004 年版,第 273 页。

需求。

长期以来我国消费需求不足归结起来主要有两个方面：一是在国民收入分配中消费份额长期偏低；二是即使形成了消费基金，人们仍然不愿意或不敢用于当期的消费支出。这两个方面问题都牵涉消费力问题。

社会消费力取决于分配关系。生产过剩的经济危机产生的直接原因是，对抗性的分配关系，使社会上大多数人的消费缩小到只能在相当狭小的界限以内变动的最低限度。这种消费力还受到追求积累的欲望的限制。由此我们得到的重要启示是：积累（储蓄）和消费的比例是一个国家重要的宏观比例关系。社会消费力直接影响宏观经济的均衡，消费率压得过低，投资率过高不可避免地会导致经济危机。这表明依靠高投资来实现的高增长是不可靠的。为了加大消费对经济增长的拉动力，需要提高居民收入在国民收入分配中的比重，从而适当提高消费率。

培育消费力先要解决居民有钱可花的问题。个人消费力是由其收入水平决定的。全面提高城乡居民收入可以全面提高社会消费力。因此要求在国民收入分配中提高居民收入比重。就增加收入和相应增加消费的消费弹性来说，不同收入阶层的新增收入的消费弹性是有差别的。如果把消费者分为低收入者、中等收入者、高收入者的话，低收入者的消费弹性最高，增加一块钱可能全部进入市场消费；中等收入者的消费弹性其次，增加一块钱，可能五毛钱进入市场，五毛钱储蓄；高收入者的消费弹性最低，增加的一块钱可能全部进入银行。因此提高消费力要特别注意消费弹性最大的中低收入者群体。对提高低收入者收入，意义不仅是在扶贫，更重要的是在增加经济增长的拉动力。其基本途径是，努力实现居民收入增长和经济发展同步、劳动报酬增长和劳动生产率提高同步，提高居民收入在国民收入分配中的比重，提高劳动报酬在初次分配中的比重。

影响居民收入的要素除了薪酬标准外，重要的是市场物价。居民在市场上的消费力即购买力，取决于市场物价水平。在通货膨胀时，居民的实际收入会下降。不同收入阶层存在恩格尔系数的差别，低收入者的恩格尔系数最高，有的可能要达到50%，这个阶层对市场物价敏感最强，因此通货膨胀对这部分居民的消费力影响最大。因此，消费拉动型经济增长对国家宏观经济调控的要求更高，要管理好通货膨胀预期，以保障低收入居民必要的消费力。

培育消费力还需要解决居民有钱敢花的问题。这涉及居民的消费预期，有了良好的消费预期，增加的收入才能成为现实的消费力，从而产生即时消费。其基本的制度安排是解决居民消费的后顾之忧。在这方面政府的公共性和民生性支出起导向作用。

首先是完善社会保障制度。在过去的体制中，城市居民的养老、医疗靠企业，是企业保障；农民的养老靠的是土地保障。已经进行的城市改革打破了企业保障；农村的工业化和城市化正在打破土地保障。由此产生的问题是社会保障制度建设不能及时跟上，导致城乡居民消费的后顾之忧,即使增加了收入也不愿意扩大消费。建立和完善城乡一体化的社会保障制度则能解除居民的后顾之忧,增加的收入就能即时地进入市场消费。现阶段消费弹性最高的低收入群体,尤其是农民和农民工的社会保障最不完善,因此这部分居民就成为扩大社会保障制度覆盖面的重点。

其次是完善基本公共服务体系。政府公平地为居民提供义务教育、基本医疗和公共交通等公共服务,也可普遍地提高居民的消费力,并且给居民提供良好的消费预期。这类基本公共服务基本上属于准公共产品,既需要政府投入,也需要享用者提供一部分费用。居民提供费用的高低直接影响其消费力。现阶段,一方面优质教育和医疗资源严重供不应求,另一方面因收入差距的原因造成不同居民分担教育成本和医疗成本的能力有较大差别。有些地方,市场化改革渗透到基本公共服务领域,有的地区医院、学校等公共部门完全私有化,没有私有化的也走市场化道路,乱收费、乱涨价,牟取暴利。上学贵、看病贵等问题由此产生。其后果是居民甚至是中等收入阶层都有后顾之忧,消费预期恶化,不得不减少即时消费以备未来看病和子女上学。针对这种状况,完善基本公共服务的首要问题是,将市场化了的基本公共服务还给政府,由国有的公共部门(企业或事业单位)来提供这些服务,私人进入这些领域只能起补充公共服务供给不足的作用。政府要加大教育、医疗等公共部门的投入,以增加优质教育、医疗等公共资源的供给,减轻此类事业单位以收抵支的压力。其目标是保证中低收入者有获取公共服务的支付能力。在此基础上产生良好的消费预期,扩大对商业性产品和服务的消费。

现在人们最为担心的是居民收入水平提高后会使我国丧失过去建立在低劳动成本基础上的比较优势,从而降低国际竞争力。对此需要说明的是,第一,在当前的全球化经济背景下低劳动成本的比较优势越来越不具有竞争优势。第二,提高劳动者收入不是随意的,必须建立在劳动生产率提高的基础上,与劳动生产率提高同步。第三,劳动者收入的提高会倒逼企业向技术密集型产业转型,探索新的商业模式以弥补劳动成本的提高。

三、充分就业和提高就业效率

就业是民生之本,是收入之源。劳动就业状况反映人民群众的生活水平。就业者的收入一定,劳动就业面越宽,就业率越高,人民的生活水平便越高。只有就业规模扩大了,劳动者的收入增加了,扩大消费才有基础。稳定的就业环境是保证消费需求的基本条件。各国政府都要把充分就业,降低失业率,保持较高的、稳定的就业水平作为政府宏观调控的一个主要目标。在劳动人民当家作主的社会主义国家更应如此。在社会主义条件下,劳动权是公民的一项基本权利,劳动者以主人翁的姿态参加社会主义建设,充分就业便有了制度保障。

所谓充分就业,指的是每个有劳动能力并愿意工作的劳动者都能找到就业机会。我国过去实行“铁饭碗”的就业制度，职工就业后就不会失业，实际上在企业中存在大量的在职失业者。现在我国进入了市场经济体制，就业制度相应地发生重大变化。企业职工的公开性失业问题也就出现。例如，企业打破“铁饭碗”的劳动就业体制，将会使一部分职工流出企业；企业破产倒闭也将使职工失业。经济不景气，企业处于停产、半停产时，也会使相当一部分职工带着“折扣工资”回家待业（下岗），这就会使我国的失业问题公开化。职工一旦离开工作岗位，便成为“无产者”，其生活便得不到保障。这就把充分就业问题提到我们面前。政府有责任采取有效措施保障充分就业，而充分就业必须靠经济发展，社会主义国家的经济发展必须以充分就业为目标，实施就业优先战略。

劳动是经济增长的一个基本要素，就业状况同经济增长水平相联系。一般来说，劳动就业面的扩大（即劳动投入的增加），在一定范围内能推动经济增长。其作用在劳动密集型部门，在主要依靠劳动投入的经济增长阶段特别明显。从经济波动阶段来分析，经济在开足马力增长时就业率特别高，相反经济增长速度减缓和停滞时，就业率便相应降低。经济增长本身也具有吸收劳动力的作用，为维持一定的经济增长率，需要保持一定的投资率，一定的投资率总能推动一定量的劳动就业，尽管两者不一定同比例。实行规模经济，开拓新的生产领域都可提供更多的就业机会。

尽管社会主义制度为劳动者创造了充分的就业机会，但劳动力总供求失衡的状况在我国仍然严重存在，劳动就业的压力非常沉重。就劳动力的供给来说，城镇就业不仅有新增劳动年龄人口的压力，还有农业剩余劳动力的压力。随着农业劳动生产率的提高和农村市场化的发展，以及外国农产品大量进入中国市场，会有更多的农业剩余劳动力要离开土地寻找新的就业机会。

就劳动力的需求来说，经济增长提供的就业机会是有限的。就劳动的物质条件来说，在 20 世纪 80 年代全民所有制企业中平均每增加 1 个就业岗位需要 1 万元的固定资产投资。随着资金有机构成的提高，所需要的固定资产投资将更多。这意味着就业规模的扩大受国家积累能力的限制。就开拓新的生产领域来说，不但受当时达到的技术水平的限制，还要受劳动者择业意愿的限制。由于这些限制，一方面经济增长对劳动力的需求有相对减少的趋势，另一方面劳动就业人数增加到一定限度便起不到推动经济增长的作用，其边际生产率可能趋向于零或负数。

就业压力还体现在经济发展目标的冲突上。在国民收入一定，且其中的消费份额一定时，就业人口的过快增加会在相当程度上降低在业人口的收入水平。为了给新增就业人口创造就业机会，在许多领域不得不采用劳动密集型技术，放弃采用资金集约型技术的机会，放慢技术进步的步子，从而牺牲许多发展的机会。所有这些表明，所谓就业压力，归根结底是对我国经济长期发展的压力。

在社会主义条件下，面对沉重的就业压力，国家不仅通过广辟生产门路来安置就业，还通过发展多种经济成分来扩大就业面。但是需要明确，适应长期发展的就业制度不仅要解决好充分就业，还要提高就业效率。

就业效率的提高意味着劳动力得到充分利用和有效配置，劳动者在劳动时间内提供的劳动都是有效劳动，既不存在就业不足，也不存在在职失业。但在现实中，不可忽视的矛盾是提高就业效率可能减少劳动力需求。原因是提高劳动效率有两个条件：一是劳动者之间存在就业竞争；二是以劳动的边际生产力为标准，确定劳动力的需求规模。

长期以来，我国一直试图以低工资政策来保证高就业。经济发展的实践表明，这并没有化解客观存在的劳动力供求矛盾，它只是使失业现象采取隐蔽性形式体现。从表面看，失业率很低，劳动者都有一份工作，但却处在半负荷状态，几个人员分担一个人员胜任的工作。农业中剩余劳动力拥挤在狭小的土地上也是一种隐性失业。所有这些隐性失业和就业不足的现象，反映了劳动力资源的巨大浪费，也是劳动效率低下的主要原因。

解决结构性失业也有效率要求。结构性失业的压力主要是指劳动者的知识结构及素质不能适应就业岗位的需要而产生的失业。随着经济增长逐步转向依靠科技进步的轨道，这种结构性矛盾将越来越尖锐。劳动者的择业意愿也会造成结构性失业。由于不同行业间在劳动条件及收入等方面存在较大的差距，经济比较发达的城市失业人员想找环境好、工作轻松、待遇高的就业岗位的择业意识较为普遍，使得不少本能安置大量劳动力的劳动密集行业如纺织、建筑、矿山等行业招工比较困难，不得不到农村和外地招用大量农民工，于是，招工难和就业难并存，一方面城市失业率高，另一方面招工困难。这种结构性失业使经济增长难以产生降低失业率的效应。

解决就业效率不高的根本途径是按照发展社会主义市场经济的思路改革劳动就业制度。改革就业制度的关键是真正确立企业的用人主体地位和劳动者的劳动主体地位。企业有用人的自主权，职工有自主的择业权。企业和职工双向选择，并在这个基础上签订两个主体之间的劳动合同。

提高就业效率，不可避免地会进一步加剧已存在的就业矛盾，然而，失业由隐性形式转向公开形式，是个痛苦的转变，难免会出现摩擦和震荡。社会主义国家政府作为向人民负责的政府需要采取一系列改革和发展的措施，减轻可能产生的摩擦和震荡，实现充分就业和就业效率的均衡。为此需要建立完善的包括失业保险在内的社会保障体系，建立和完善劳动力的再就业机制，通过产业结构调整和优化创造就业岗位。此外，在结构调整和技术进步的进程中，不排斥采用劳动密集型技术和发展一部分劳动密集产业，以便能在经济增长进程中保留必要的就业岗位，使我国丰富的劳动力资源得到充分的利用。

四、消费需求增长和中高端消费

在社会主义条件下，消费不仅是社会再生产的一个条件，还直接成为社会再生产的根本目的，生产不再单纯为生产，满足人民消费需要真正成为生产的出发点和归宿。消费需要可以在生产发展的基础上得到最大限度的满足，其消费水平也随着生产的发展不断提高。在经济发展更多依靠扩大内需，特别是消费需求拉动的条件下，要实现经济更好更快的发展就要靠消费需求的增长和升级。

消费需求的增长不仅是数量问题，更是结构问题。马克思曾经指出以扩大消费来发展生产力的途径："第一，要求扩大现有的消费量；第二，要求把现有的消费量推广到更大的范围，以便造成新的需要；第三，要求生产出新的需要，发现和创造出新的使用价值。"①中等收入发展阶段居民的消费与低收入发展阶段的最大区别是消费结构的差别。在低收入阶段居民消费需求的基本内容是解决温饱问题，对物质产品的需求更为强烈。而在中等收入阶段，达到了小康水平，教育、医疗、环保等方面的需求成为基本消费需求，与此同时对住、行和信息的质量要求也更高，相应地家用轿车、私有住房和现代信息产品也成为居民的必要消费品。与这些新的消费需求相适应，道路、交通、网络、文化教育、医疗服务等公共服务的需求也随之产生。满足这些新的并不断增长的消费需求成为这个时期经济增长的主要拉动力。

我国即将全面建成小康社会。生活服务设施完善、居民健康和营养水平较高是现代化阶段消费的特征，具体包括：居民新增消费支出选择性逐步加大；居民收入用于食品消费的比例逐步下降，非食品消费的比例逐步上升；服务性消费比例逐步提高；等等。所有这些消费的增长都依赖于生产的发展和生产结构的调整。一般说来，消费作为生产的目标和动力，一定程度的适当超前，对生产的发展特别是产品结构和产业结构的调整有带动作用，刺激消费也就是刺激生产。尤其是在市场经济中，消费对供给的促进和拉动作用更为明显。在进入上中等收入阶段后，所谓消费拉动更为重要的是中高端消费拉动。

中高端消费反映进入新时代后人民对美好生活的需要，是高质量发展的重要标志。党的十九大报告将中高端消费作为需要培育的新增长点和新动能。

何为中高端消费？涉及两个层次：一是中高端人群的消费，尤其是中等收入者，消费欲望最强，消费能力也最高。我国现阶段拥有世界上最多的中等收入者，人数达到 3 亿人。即使是低收入群体消费也在升级，尤其是攀比文化的影响，也会产生中高端消费的需求。二是相比解决温饱问题的低端消费，中高端层次消费主要是满足发展和享受层次的消费。更为关注供给品的品牌、质量、档次、环保、安全、品位等。这反映了进入中等收入阶段的消费者消费需求转型升级。很显然，中高端消费是中国进入新时代后市场的主旋律，也是高质量发展的重要拉动力。对生产和服务的供给者来说，不能停留在低收入阶段或者满足低端消费追求数量型供给，不仅要从中高端消费中发现新市场，更要从中高端消费中发现技

---

① 《马克思恩格斯全集》第 46 卷，人民出版社 1995 年版，第 391-392 页。

术创新的方向,发现市场和管理创新的方向。

消费需求增长的关键是动员居民消费。在传统体制中,消费机制的主要弊端是消费需求的市场调节范围太小,硬性预算约束的消费范围太小,其突出表现是:一方面,在广大农村,自给性消费比重过大。另一方面,福利性和公益性消费比重过高。这种福利性公费消费突出表现在公费医疗、公款吃喝、“公费旅游”等方面。这类消费在机制上的主要弊病:它抵制市场调节,给市场造成强大的压力。消费需求对收入缺乏弹性,消费需求对价格缺乏弹性,消费需求缺乏层次性。与此相应,居民消费需求增长建立在不受市场调节的公费消费和福利消费基础上。一旦公费消费、福利消费受到限制,居民消费需求就会疲软。改革根据发展市场经济的要求,提高商品性消费的比重,扩大有硬性预算约束的消费需求的范围,从而扩大市场调节消费需求的范围。具体措施是,缩小国家提供福利性消费的范围,改变实施福利政策的形式,使各类消费都由居民收入支付。通过住房制度、医疗制度和公共福利制度的改革,将低价消费形式的“暗补”改为直接向消费者提供补贴的“明补”,严格控制企事业单位向职工发放实物消费品,使消费品和消费服务的价格合乎规律地形成,市场对消费便能起到自动调节作用。在此基础上,在收入分配上拉开档次,从而使不同收入层次居民在消费结构上产生分化,其中包括允许一部分高收入阶层实行高消费。生产要创造出满足各种收入层次的消费要求。

基于上述消费需求增长的要求,我国的消费结构发生了结构性变化。据国家统计局数据,2017 年,全国居民人均消费支出18 322元,其中,城镇居民人均消费支出24 445元,农村居民人均消费支出10 955元,城乡居民消费结构按所占人均消费支出的比重排序:人均食品烟酒消费支出5 374元,占比为 29.3%; 人均居住消费支出4 107元,占比为 22.4%;人均交通通信消费支出2 499元,占比为 13.6%;人均教育文化娱乐消费支出2 086元,占比为 11.4%;人均医疗保健消费支出1 451元,占比为 7.9%;人均衣着消费支出1 238元,占比为 6.8%;人均生活用品及服务消费支出1 121元,占比为 6.1%;人均其他用品及服务消费支出 447 元,占比 2.4%。

第七章　供给体系质量和供给侧结构性改革

经济运行中的供给和需求相互依存、相互依赖。供给和需求相互作用推动经济增长。在供给和需求这对矛盾中,供给侧始终是矛盾的主要方面。在生产不能满足人民群众日益增长的物质和文化需要的低收入阶段,供给侧强调的是发展,尤其是数量增长。进入新时代后,主要矛盾转向人民对美好生活的需要与经济发展不平衡不充分的矛盾。因此供给侧强调的是结构性发展和改革。供给侧的结构性改革,不仅要解决结构性问题,还要激发供给侧的动力。这就是习近平指出的:"供给侧结构性改革,重点是解放和发展社会生产力,用改革的办法推进结构调整,减少无效和低端供给,扩大有效和中高端供给,增强供给结构对需求变化的适应性和灵活性,提高全要素生产率。"①

第一节　发展和改革的着力点转向供给侧

中国的经济发展需要供给侧和需求侧共同发力。这两侧发力的程度与两侧的体制相关。改革是这两个方面充分发力的动力。在经济发展的不同阶段根据激发不同侧动力的需要,改革的着力点不完全相同。

一、经济运行和发展中的供给侧

研究经济运行主要涉及资源配置方式和供求关系的分析,关注的是经济运行效率和供求平衡。对于供给和需求,习近平总书记指出:"供给和需求是市场经济内在关系的两个基本方面,是既对立又统一的辩证关系,二者你离不开我、我离不开你,相互依存、互为条件。"据此习近平明确提出供给侧和需求侧运行内容:"供给侧和需求侧是管理和调控宏观经济的两个基本手段。"②需求侧管理重在解决总量性问题,注重短期调控,供给侧管理重在解决结构性问题,注重长期发展。

我国从 1978 年开始的市场化改革实际上是需求侧的改革,包括取消指令性计划,转向

---

① 《习近平关于社会主义经济建设论述摘编》,中央文献出版社 2017 年版,第 98 页。
② 《习近平关于社会主义经济建设论述摘编》,中央文献出版社 2017 年版,第 99 页。

市场经济。突出市场调节，强调市场竞争，由此激发的需求侧的微观动力主要是指市场选择和竞争的压力。在明确市场对资源配置起决定性作用后，市场配置资源的有效性就取决于市场环境。与此相应，建立统一开放竞争有序的市场、建立法治化营商环境便成为重要的改革内容。在宏观上，我国又明确扩大内需的发展战略基点，明确转向消费、投资和出口三驾马车协同拉动经济增长，与此相应，国家的宏观调控也转向需求管理，采用财政和货币政策调控总需求。所有这些都属于适应市场经济的需求侧改革，所取得的效果是明显的。经过 40 年的需求侧改革，需求侧的重点将转向完善需求管理。

经济运行的实践证明，只是在需求侧进行改革，只是完善需求管理，并不能有效解决经济运行的效率和供给质量，不能满足人民美好生活的需要。供给侧涉及结构、技术、效率和动力。发展中国家在转向市场经济体制时，长期存在的结构、技术、效率等供给侧问题，不会因转向市场经济就能自动解决，也不可能靠需求侧的调节来解决。原因是发展中国家的这些供给侧问题既有发展方式方面的原因，又有供给侧的体制问题。因此解决供给侧的问题，既需要转变发展方式，又需要进行结构性改革。这意味着转向市场经济体制后推动发展的改革重点在供给侧。供给侧的改革解决长期发展问题，其重点在解决结构性问题，提高供给体系的质量。

二、供给侧的结构性问题

经济发展进入新时代，经济运行和发展面临供给侧的挑战。过去经济快速增长的供给侧动力可以归结为处于低收入发展阶段时非常强劲的物质资源供给推动力。相应的发展方式是高投入、高资源消耗。经济发展进入新时代，物质要素的供给对经济增长的推动力明显减弱。中国的劳动力和自然资源的比较优势正在失去。由此，供给侧的结构性问题就凸显了。

一是有效供给不足和无效产能并存。如习近平所说，“我国供给体系产能十分强大，但大多数只能满足中低端、低质量、低价格的需求①。”产品的质量、技术档次、卫生、安全等不适合需求反映出有效供给的短缺。与此同时又存在无效和低端的产能过剩。无效产能包括过剩产能、落后产能和污染产能。这种结构性矛盾是发展中国家的通病，属于长期问题。这种结构性矛盾归结为现行经济发展方式的症结：供给不能适应进入中等收入阶段以后消费需求的新变化。进入中等收入阶段后，解决了温饱问题后居民的消费需求开始转型，更为关注健康、安全、卫生、档次方面的需求。而生产和服务还停留在低收入阶段的供给，追求数量、不重视质量、为生产而生产，势必产生现在的有效供给不足与无效供给和低端供给所产生的库存和过剩问题。供给侧的结构性问题最终归结为产业结构失衡和供给处于低

① 《习近平关于社会主义经济建设论述摘编》，中央文献出版社 2017 年版，第 113 页。

端水准问题。

二是供给侧的低效率问题。虽然经过改革,企业的效率明显提高,但是供给侧仍然存在低效率的结构性问题。首先资源错配。新增投资较多地投在虚拟资本上,而不是投在实体经济上;还有相当多的资源被束缚在过剩的、污染的、落后的产能上,造成有效产能投资不足;在物质资本和人力资本的投资比例上,偏重物质资本,忽视人力资本,造成创新能力不足。其次是过高的制度性交易成本。体制上难以遏制的重复建设重复投资问题、行政垄断问题及烦琐的行政审批、地方保护等问题,都严重降低了效率。这些都是全要素生产率偏低的重要原因,由此也产生了高昂的要素配置成本。

三是供给侧的质量问题,我国供给体系总体是面向低收入群体为主的供给体系,没有及时跟上国内中等收入群体迅速扩大而变化了的消费结构。中低端产品过剩,满足中高端消费的供给不足。新产品和新服务的供给潜力没有得到解放。许多产品的精致性、可靠性、适用性、耐久性等品质特性和技术水平不能令人满意,多数产业的生产流程和供应链流程仍处于较低水平,生产过程的节能、低碳、环保都处于较低标准状况,生产安全事故、食品药品安全问题频发。同时,过去供给体系主要是适应排浪式消费的,满足多样化、个性化消费的能力较差,高端化需求难以得到满足,甚至出现到境外大量采购日常用品的现象,造成国内消费需求外流。

四是供给侧的动力不足问题。已有的市场化改革只是解决市场竞争和市场需求压力所产生的动力。已有的企业改革解决了产权制度的动力问题,但供给侧动力仍然不足则与激励制度相关。突出表现是企业的高税负、高利息、高社会负担。还有不少企业因高杠杆,面临财务困难,陷入债务困境,其中有不少成为所谓“僵尸企业”。企业分享不到发展的成果也就缺少发展的动力。

供给侧的结构性问题是社会主要矛盾的反映。进入新时代后,主要矛盾转为人民日益增长的对美好生活的需要同发展不平衡不充分的矛盾。这种结构性矛盾具有经济发展阶段性特征:供给不能适应进入中等收入阶段以后消费需求的新变化。

供给侧的结构性问题需要采取结构性的解决方式:一是针对无效产能去产能、去库存;二是针对有效供给不足补短板;三是针对企业负担,去杠杆、降成本。这三方面任务必然会触动其背后的供给侧的体制问题,需要以改革的办法来解决供给侧的问题。

三、着力振兴实体经济

实体经济是经济之本。供给侧结构性改革最终目标还是要实体经济发力,在实体经济领域产生发展的新动能。针对我国现状,振兴实体经济主要涉及以下两个方面。

一是处理好实体经济和虚拟经济之间的关系。现阶段对实体经济冲击最大的是虚拟经济。理论与实践都证明,实体经济是经济之本,一国的经济最终是需要实体经济支撑的。

虚拟经济只是经济的润滑剂，即使其有扩张资本的能力，也要反映在实体资本所推动的实体经济的扩张上。就如马克思所说，虽然虚拟资本和实体资本分离后有独立的运动，但最终不能脱离实体资本的运动。马克思说："只要这种证券的贬值和增值同它们所代表的现实资本的价值无关，一国的财富在这种贬值和增值以后，和在此以前是一样的。"①这意味着一国的财富是由实体经济的增长实现的。马克思说："假如大部分的资本家愿意把它们的资本转化为货币资本，那么，结果就会是货币资本大大贬值和利息率惊人下降；许多人马上就会不可能靠利息来生活。"②这就是说，大家都去搞虚拟经济不去搞实体经济，经济便成了无本之木，虚拟经济也就无利可图。

振兴实体经济需要足够的对实体经济的投资。现阶段需要警惕"脱实向虚"。虽然虚拟经济领域存在巨大风险，但虚拟经济领域中的一夜暴富现象会刺激实体企业盈利不愿再投入实体而转向虚拟经济领域。如董明珠的"野蛮人的敲门"所说，"我们今天看到的野蛮人的敲门，因为你太有钱了，但是你一个实体经济的发展，它要能够引领世界，是要有资本来支撑的，而现在很多人用经济杠杆来发财，那是对实体经济的犯罪！"这引发我们对股市上的野蛮人的思考，同样贷 1 000 万元款，一个进入实体企业进行技术改造，设备更新，发员工工资；另一个进入股市举牌，试图控制该上市公司股权。后果怎样？只讲资本的力量，不讲资本的责任是对资本的误读。即使靠资本力量控股了某个实体企业，也要有足够的治理能力。

二是降低实体经济企业的运行成本。为什么会"脱实向虚"，原因之一是实体经济运行成本太高，赚不到钱。曹德旺之制造业成本说反映出目前实体经济成本过高的问题，他说："中国制造业的综合税务跟美国比高 35%，而且是全世界最高的。中国工人工资比四年前高涨 3 倍，但仍比美国低，但它可用自动化设备来替代。美国电价仅是中国的一半，天然气仅中国的1/5，加上当地政府补贴，所以购买厂房基本没花钱。"这里指出的制造业运行成本偏高的问题影响经营实体经济企业的积极性。需要通过减税、减费、去杠杆等途径降低企业成本。其他如用电、天然气、运输等方面的费用降下来，都会有效促进实体经济的振兴。

第二节　供给侧结构性改革的目标和任务

针对供给侧的结构性问题，习近平在 2015 年年底的中央经济工作会议上发出了推进供给侧结构性改革的号令：在适度扩大总需求的同时，着力加强供给侧结构性改革，着力提

---

① 《资本论》第 3 卷，人民出版社 2004 年版，第 531 页。
② 《资本论》第 3 卷，人民出版社 2004 年版，第 424 页。

高供给体系质量和效率，增强经济持续增长动力，推动我国社会生产力水平实现整体跃升。2016年的经济工作会议又进一步指出：供给侧结构性改革，最终目的是满足需求，主攻方向是提高供给质量，根本途径是深化改革。在庆祝改革开放40周年大会上习近平的讲话中再次明确“我们要坚持以供给侧结构性改革为主线”。很显然，供给侧结构性改革是我国长期的改革任务。

一、改革的目标

供给侧结构性改革一开始聚焦在去产能、去库存、去杠杆、降成本、补短板上。这对供给侧的结构性问题有明确的针对性。但供给侧结构性改革作为长期的改革任务，其目标就不能仅仅是这“三去一降一补”。供给侧结构性改革就同发展是硬道理一样，是需要长期实行的发展政策，有着更为长远的目标，尤其是实现新时代的发展任务的要求。

第一，提高全要素生产率。马克思理论中有要素生产率的概念，如劳动生产率、土地生产率、资本生产率。全要素生产率最早是诺贝尔经济学奖得主索罗提出的，意思是各种要素集合所产生的生产率之和大于各单个要素投入的生产率之和。习近平在关于供给侧结构性改革的讲话中多次使用这个概念，就如他说的：“供给侧结构性改革，重点是解放和发展社会生产力，用改革的办法推进结构调整，减少无效和低端供给，扩大有效和中高端供给，增强供给结构对需求变化的适应性和灵活性，提高全要素生产率。”①全要素生产率的主要说明因素是技术水平、管理水平、劳动力素质、要素使用效率，以及各生产要素的配置和组织效能，还包括企业制度和公司的组织结构效能。按此目标，供给侧的运行不仅关注要素的投入，而且更为关注技术、结构、效率、制度等方面的投入，这也就是习近平指出的：“优化现有生产要素配置和组合，提高生产要素利用水平，促进全要素生产率提高，不断增强经济内生增长动力。”②质量变革、效率变革、动力变革就成为提高全要素生产率的基本途径。

第二，建立有效供给的长效机制。有效供给涉及供给品在技术档次、产品质量、安全和卫生等方面符合消费者的要求。针对所要解决的有效供给问题，供给侧改革的关键是提升供给的能力，建立有效供给的长效机制，提高供给结构的适应性和灵活性，并且赢得消费者。根据提高供给体系质量和效率的要求，供给侧的改革需要推动结构调整和优化。

第三，释放企业活力。一般说来，需求侧的经济学关注的是选择问题：在市场决定资源配置的条件下市场选择资源流向，进入哪个地区、哪个行业、哪家企业，由充分竞争的市场进行选择，这种选择对企业产生外部压力。供给侧的经济学则关注激励企业问题，其中包括减轻企业负担，减少对企业的行政干预，从而激发企业活力。在信息经济学中也要求在信息不完全条件下，建立激励性体制，克服影响供给质量和效率的道德风险之类的机会主

① 《习近平关于社会主义经济建设论述摘编》，中央文献出版社2017年版，第98页。

② 《习近平关于社会主义经济建设论述摘编》，中央文献出版社2017年版，第108页。

义行为，并从机制上克服劣币驱逐良币的问题。中国特色社会主义政治经济学的一个重大原则，就是坚持调动各个方面积极性，这也应该成为供给侧结构性改革的重大原则。供给侧的激励注重对实体经济的激励，突出的是对市场主体的激励，企业活力是整个经济活力之源。增强企业活力的要素除了在需求侧的充分竞争机制外，更需要在供给侧减轻企业负担、减少对企业的行政干预。

二、改革的任务

我国的供给侧结构性改革突出了去产能、去库存、去杠杆、降成本、补短板。这五个方面的改革需要根据上述目标在改革和发展中推进。

1. “去产能、去库存”的改革

面对因供给结构造成的供求不均衡，特别是有效供给不足与无效供给过剩并存，需要进行结构调整。过去的结构调整以增量扩能为主，效果不佳，与市场需求脱节，无效产能严重过剩，尤其是大量污染产能难以淘汰。因此结构调整需要转向调整存量与做优增量并举，进行去产能、去库存，为增加有效供给腾出空间，而推进这种调节方式就要采取改革的办法。

首先，需要强化优胜劣汰的市场机制，由市场来淘汰过剩生产能力，供给侧改革要求以新的体制和发展方式保证不再产生新的无效产能和库存，关键还是要解决供给以市场为导向，真正转到市场决定资源配置，打破垄断和地方保护，强化市场优胜劣汰的选择和竞争机制。

其次，在市场决定资源配置的条件下，有效的政府行为是“标准”的调控。供给侧改革要求建立和完善严格的技术标准、质量标准和环保标准，依靠这些标准来淘汰无效产能、低端产能、落后产能和污染产能。

最后，“去产能、去库存”本身也有降成本和减少资源浪费的要求。在供给侧，可以采取化解的方式，过剩产能并不都是无用的生产能力，寻求新的用处和去处去化解过剩产能，包括对过剩产能的再开发，以适应新的需求。在需求侧，需要创造需求，在发展中化解过剩产能，包括推进国际产能合作。

2. “补短板”的改革

首先，补影响全要素生产率提高的短板，一是矫正要素配置的扭曲，推动要素进入提供有效供给的领域，尤其是实体经济领域。二是补与人力资本相关的企业家供给和劳动力素质跟不上的短板。尤其是激励和保护企业家精神。在体制上推动经营者成为企业家，放手让企业家在市场决定资源配置的条件下带动提高供给体系的质量和效率。

其次，补有效供给不足的“短板”，一是依靠科技创新提高产品的技术档次和质量。创新不仅要高端，更要实，实就实在产品创新。这不仅需要构建促进创新的体制机制，更要形成科技创新与产品创新有效衔接的机制，以此来补因技术水平原因造成的市场供给短板。二是建立精细化的治理体系和文化，加强质量管理和重塑精细文化，培育一丝不苟的“工匠精神”。三是规范市场秩序。加强并完善市场监管体制，“乱市”用重典，在制度上克服劣币驱逐良币问题。四是加强诚信体系建设，打造诚信品牌。这些方面的体制形成，就可以引导企业不只是采取价格竞争的方式，更多地采取技术革新和产品质量的竞争方式，生产更新、更好的产品并提供更新、更好的服务。

3. “去杠杆”和“降成本”的改革

供给侧突出经济激励，激发发展的动力。这主要涉及以下几个方面：一是从政府方面给企业减税降费；二是从金融方面“去杠杆”，降低利息负担；三是全方位“降成本”，包括减轻企业社会负担，降低能源原材料和物流成本。目标都是激发企业活力，以调动其增加有效供给的积极性。

“去杠杆”是针对企业金融债务过高而提出来的。企业过高的金融债务不仅造成过高的利息负担，还可能资不抵债。从改革的角度“去杠杆”，指的是改革投融资体制。去杠杆就是要求企业投融资结构更多地由通过银行的间接融资转向直接融资和股权融资，从而在投融资体制结构上建立企业自我积累、自我约束的机制。这就要求金融创新，有两个重要方面：一是针对“脱实向虚”，强调金融服务实体经济。二是相应地发展多层次直接融资的资本市场，为企业参与资本市场运行提供更多工具。

从改革的角度“降成本”，目标是为企业减负，让更多企业轻装上阵，并且激活“僵尸企业”。尤其要降低制度性交易成本。这需要处理好国民收入分配中国家、企业和职工三者的利益关系，尤其要突出企业利益。一方面，职工既要共享企业发展的成果，也要分担企业风险，如果企业承担不了不切企业实际的职工负担而关门或裁减员工，最终受损的还是职工。另一方面，政府要给企业让利。政府改革不只是取消下放审批，还要取消和减少各种收费。据 2019 年政府工作报告减税降费清单，制造业等行业现行 16%的税率降至 13%；交通运输业、建筑业等行业现行 10%的税率降至 9%；下调城镇职工基本养老保险单位缴费比例，各地可降至 16%；减税加社保减负，减轻企业税收和社保负担 2 万亿元。此外还有降低电价、交通、网络等方面费用的安排。

供给侧结构性改革不可避免地要关停一批“僵尸企业”，但不能简单地把关停“僵尸企业”作为改革目标。“僵尸企业”是个模糊概念，与其说关停“僵尸企业”不如说关停污染企业。以上意义的“去杠杆”和“降成本”必然会使僵尸企业范围缩小。“僵尸企业”不是指所有困难企业，而只是指采取各种激励方式后仍然激不活的企业。处置“僵尸企业”最简单的方法就是需求侧的市场淘汰方法。但是考虑降低社会成本，不能简单采取破产倒闭的办法。着力点还是救活“僵尸企业”。保企业还是保职工之争实际上是伪命题。保职工固然比保企业成本小，但国家能在多大程度多长时间保这些失业的职工呢？没有企业何来就业？因此，处置“僵尸企业”应该在供给侧更多地采取办法。例如，并购重组，依靠优势企业带动劣势企业走出困境；如，引导企业转产，浴火重生；再如，对僵尸的国有企业进行民营化改制。这些都能降低处置“僵尸企业”的社会成本。

三、培育企业家和激励企业家精神

企业家是一种生产要素。在增长要素中，企业家被认为是低收入国家中最稀缺的要素。在发展经济学理论中，企业家居于十分重要的地位。罗斯托的经济成长理论把培育企业家作为实现起飞的两个“先行资本”之一。赫希曼等也把在产业联系链上的各个投资者和经营者具有企业家精神能对产业联系变动做出灵敏反应作为实现非平衡发展战略的两个实现条件之一。

从供给侧分析，各种要素在企业中配置和组织都是由企业家推动和组合的。经营者是企业经营活动的中心。经营者成为企业家是企业进入市场并占领市场的关键，企业家作为市场活动的主体，本身就是市场经济的组成部分。没有企业家的市场经济不可能有序、高效地运行。因此培养企业家是市场经济体制建设的重要方面。而且，大批企业家的形成也可以在一定程度上弥补市场的缺陷。一方面企业家的作用可以减少市场调节和盲目性；另一方面企业家的作用可以降低和节省市场的交易费用，从而提高市场调节的效率。因此，只有造就大批企业家才可能建立起完善的市场经济体制。此外，供给侧结构性改革所要实现的全要素生产率的提高，建立有效供给的长效机制，都是需要由企业家来实现的。

在发展经济学看来，企业家经过了单凭经验型——富有知识型——深谋老练型的成长过程。在早期阶段，土生土长的企业家关心当地市场。后来，企业家对某个特定部门有了整体意识，关心整个部门的技术进步，关心自己的产出在整个部门中所占的份额及其地位。到最后，企业家的活动适应于全国市场乃至国际市场。

过去我们评价企业经营者的标准，一是将企业管理得井井有条，二是服从上级领导的指挥，这反映出计划经济体制的要求。现在转向市场经济体制，建立现代企业制度赋予企业法人很大的权利和责任。企业拥有出资者投资形成的全部法人财产权。企业法人是一种经营组织，但其核心是企业经营者，即作为法人代表的董事长和主持企业日常经营的经理，他们是企业法人责任和权利的人格化。很显然，这种现代企业制度的运行需要一批组织型、管理型、智慧型的专家成为企业经营者，需要这些经营者成为开拓市场的企业家、成为人格化的“资本”，需要这些企业家进行科学决策和科学管理。因此，企业家是经营者，但经营者并不都是企业家。企业家有如下评价标准：

第一，创新。在熊彼特的《经济发展理论》中，企业家是同“创新”联系在一起的。所谓创新，指的是生产要素的新组合，他把新组合的实现称为“企业”，把职能是实现新组合的人们称为“企业家”。正因为企业家是创新活动的主要组织者，他们便成为市场经济条件下经济发展的主要推动者。根据熊彼特的定义,创新即生产要素的新组合,经营者只有在从事创新活动时才能成为企业家。“每一个人只有当他实际上‘实现新组合’时才是一个企业家;一旦当他建立起他的企业以后,也就是当他安定下来经营这个企业,就像其他的人经营他们的企业一样的时候,他就失去了这种资格。这自然是一条规则。”①这也反映市场经济的规律。当然,企业家的创新活动不应该是盲目的。正如美国学者彼得·杜拉克所说:“企业家的革新,并非不分青红皂白地去找‘风险’,而是一种有目的、有系统的活动,是刻苦的追求与科学的变化,响应变化,努力从中捕捉革新的机会。”由此提出了对企业家的科学决策和抓住机会的素质要求,这也就是约瑟夫·熊彼特所讲的:“为了他的成功,更主要的与其说是敏锐和精力充沛,不如说是某种精细。他能抓住眼前的机会。”②

第二,敢冒风险。根据日本学者上野明的分析,敢冒风险体现在以下四方面:① 标志攻势经营的先行投资。其标志就是看研究开发和设备投资这两项先行投资的费用。在日本,一家企业的研究开发费用占其总销售额的5%以上,设备投资费用也占其总销售额的5%以上,便可判断企业是在开展“以攻为主的经营”。② 经营者在企业成长关键时刻的决断。企业的发展过程绝不是一帆风顺的。企业成功的关键是,每逢遇到有关企业命运前途的紧要时刻,都是富有企业家精神的领导者,做出了出色的决断。③ 不满足于现状的进取精神。始终抱有勇于进取,向更高目标挺进的雄心壮志,这是企业规模即使扩大而企业活力丝毫不减的根本所在。④ 促进公司内部的竞争。企业内部缺乏竞争,领导者很难掌握优先发展何种产品,确定哪个部门对全公司的收益做出贡献,有朝一日企业活力也会消失殆尽。③ 市场经济是竞争性、风险性经济,风险和利益是对等的。对企业来说,安于现状不求进取,等于落后,会被无情的市场竞争所抛弃,因此敢冒风险、不断创新、不断进取是企业家的基本素质,也是在市场经济中企业家应具备的基本能力。

第三,开拓市场。以企业的市场经营成果来检验经营者是否成为企业家。在市场经济体制中,企业的兴衰取决于市场竞争力,因此增强企业竞争力便成为企业家的重要职能。企业家组织技术创新和市场开拓,开发和研制新产品是增强企业市场竞争力的重要方面。只有具有创新精神、敢冒风险、勇于开拓、善于经营的经营管理者才是企业家。经营者成为企业家后,便会主动地关心市场和开拓市场,主动地关心技术进步和开发新产品,主动地接受市场导向,主动地接受国家发展计划和发展政策的指导。

企业家对企业进行科学管理,以便提高效率、降低消耗,也是增强企业市场竞争力的重要方面,这些已成共识。以上企业家标准也就是企业家精神。

发展经济学家普遍认为,发展中国家最缺乏的是做决策的人才。同其他发展中国家一

① [美]约瑟夫·熊彼特:《经济发展理论》,商务印书馆 1990 年版,第 87 页。
② [美]约瑟夫·熊彼特:《经济发展理论》,商务印书馆 1990 年版,第 99 页。
③ [日]上野明等:《企业活力和企业家精神》,上海翻译出版公司 1993 年版,第 1-9 页。

样,我国制约经济发展的最大缺口可以说是缺乏企业家。现在它又成为供给侧的结构性"瓶颈"。企业家的成长有个自然的过程。为了加快体制转轨,加快经济发展,我国不能等待企业家的自然成长,所以培育和壮大企业家队伍就成为供给侧结构性改革的重点任务。

根据调查分析,造就企业家队伍大致需要下述环境:① 企业经营者要有明确的产权关系。其中包括两权分离条件下明晰的经营权及企业自行积累的资产占有权。② 企业经营者要有相对独立的责任和利益。企业家相对独立的利益不仅是指同经营成果相联系的收入分配的利益,还包括名誉和社会地位。对现代企业家来说,他们更看重的是自己经营的事业的发展和与此相联系的社会地位的提高。③ 要有充分竞争的市场。目前影响企业家健康成长的环境因素主要包括:市场的不公平不规范竞争及由此产生的过高的竞争费用;政企不分及由此产生的行业主管部门行为不规范;企业家的评价机制不客观及激励机制不健全。针对这种状况,企业家成长的环境建设主要涉及以下三个方面:

一是在政企分开及出资者产权与法人产权分离的基础上保障企业法人的权益。在建立现代企业制度的过程中,政企职能彻底分开,不以行政级别评价企业领导人的大小,赋予经营者足够的经营决策权,以市场作为唯一标准检验和评价企业家,从而为企业家提供充分施展才干的机会。政企分开的基础是经过产权制度改革所形成的出资者产权与法人产权分离的产权结构。在经营者不是资产所有者的条件下,经营者的产权约束环境是:一方面经营者作为企业法人代表必须享有出资者赋予的完全的法人财产权,出资者不能随意干预其自主经营,要保障其对资产的充分的支配权;另一方面建立完善的对经营者的出资者所有权的约束机制,明确经营者的资产保值和增值责任。

二是建立经营者的市场选择和市场评价机制。在市场经济条件下真正能有效解决让企业家进入企业的法人治理结构的机制,只能是市场机制,而不是行政机制。企业家作为一种生产要素,只有由市场安排才可能是最为有效的。按照这种思路,企业家制度的建设主要涉及以下方面:① 建立完善的经营者市场,经营者进入市场流动,造成人尽其才的社会环境。② 企业以竞争方式通过招标、投标等方式选择经营者。出资者及代表出资者利益的专家是选择经营者的主体。③ 政企职能彻底分开,企业性质和级别也同行政脱钩,不以行政级别评价企业领导人的大小。④ 以市场业绩及资产市值作为核心标准检验和评价企业家,建立经营者的市场考核和所有者考核的机制。⑤ 建立经营者风险机制,出资者有权通过合法途径依据经营者的市场业绩辞退经营者。通过这样一些制度安排可以保证企业家通过竞争进入企业,成为经营者,或者经营者在竞争中成为企业家。⑥ 建立有效的监控机制,其中包括银行监督和独立的审计制度。

三是建立有效的经营者激励机制。企业家的成长需要有良好的激励机制。企业家负有增强企业的凝聚力,率领企业在市场竞争中取胜的使命,作为理性个人,企业家同样有自己的追求,其中包括经济收入、社会地位、成就感、名誉等。就是说,企业家的利益是相对独立的，既不完全等同于企业利益，也不完全等同于国家利益，因此需要根据其相对独立的利益追求设计企业家成长的激励机制。无论是追求经济利益的企业家，还是追求事业成就的企业家，都应得到承认和鼓励。国家要在体制上、政策上保障企业家的追求。对追求经济利益的企业家，企业经营成功，就必须在收入分配政策上给予兑现；对追求事业成就的企业家，企业经营成功，就必须在荣誉和社会地位等方面给予充分的肯定。当然两者不能决然分开。成功的企业家不仅要得到物质利益上的激励，也要得到精神上的激励，其相对独立的合法权益应该得到保障。当然，企业家成长的激励机制包含其承担风险的机制，这就是真正打破只能上不能下的“铁交椅”。企业经营失败，企业家就得承担负亏、下台乃至身败名裂的风险。这也是激励企业家成长的重要机制。

这里特别强调经营者的股权问题。过去我们讲将经营者的收入同其经营成果挂钩，基本上限于收入分配刺激。从现代企业理论分析，只有当经营者分享了企业利润，或者说经营者具有剩余索取权，他的目标才可能和所有者目标一致。我们长期以来没有很好地解决的就是经营者的股权问题，经营者如果和一般的职工一样，也仅仅是拿工资，而没有参加资本收入分配分享剩余、那么他的目标就不一定能和所有者的目标一致。经营者持股本身就意味着他的责任、他的风险、他的利益同企业兴衰是连在一起的。解决好了经营者创新收益和风险收益，就可以促使经营者以企业家精神经营企业。

第三节　培育高质量发展的新动能

针对去掉的产能培育新的动能，从而以新动能替代旧动能。改革是要解决长期发展的动力，着力点是培育新的发展动能，提高发展的质量。经济发展由高速增长转向高质量发展的新时代，在发展动能上不可能再只是指望物质资源供给推动。实现新旧动能的转换是影响我国长远发展的供给侧结构性改革的内容。

经济发展是有阶段的，不同阶段经济增长的动能也有所不同。经济就是在新旧动能的转换中运行和发展的。在去产能、去库存的供给侧结构性改革已经取得明显成效的基础上，深入推进供给侧结构性改革，就不能只是去产能、去库存。“去”了需要“立”，这就是培育新动能，使该“去”的无效产能被新动能替代。新动能可以给经济增长带来新的活力、新的动力、新的能量。新动能不仅是经济发展的新引擎，也是改造提升传统动能，促进实体经济蓬勃发展的动力。从这一意义上说，培育新动能是供给侧结构性改革的升级版。

中共十九大报告明确要求：在中高端消费、创新引领、绿色低碳、共享经济、现代供应链、人力资本服务等领域培育新增长点、形成新动能。这几个方面就是现阶段供给侧结构性改革需要培育的新动能，进一步说是转向高质量发展的新动能。

关于中高端消费第六章已有详细论述,关于绿色低碳也有专章论述。这里突出分析如下新动能。

一、创新引领产业升级

创新本身就是新动能。产业结构层面的新动能主要指的是产业升级。创新引领的产业升级主要涉及两个方面:

1. 发展绿色低碳产业

从新动能角度发展绿色低碳经济主要涉及:治理和修复生态环境是新动能;发展绿色产业,促进产业结构绿色化转型是新动能;增强生态产品的供给能力是新动能。随着经济的增长、社会的发展,人民生活水平不断提高,对生存环境的改善以及良好的空气环境、干净的水资源有着日益迫切的需求。为适应这些需求,提供优质生态产品、舒适宜人的生态环境就成为新的增长点,具有广阔的市场空间。

2. 发展被称为"新经济"的战略性新兴产业

涉及制造业和服务业两个方面:一是反映新工业革命标志的高端产业。如智能制造、机器人、新能源、新材料、环保产业、生物技术等。二是体现于传统产业和服务业的互联网经济和数字经济。前者涉及制造业领域创新的产业,后者涉及服务业领域创新的新业态。

习近平对世界范围新兴产业的具体概括就是:一是移动互联网、智能终端、大数据、云计算、高端芯片等新一代信息技术发展将带动众多产业变革和创新。二是围绕新能源、气候变化及空间、海洋开发的技术创新更加密集。三是绿色经济、低碳技术等新兴产业蓬勃兴起。四是生命科学、生物技术带动形成庞大的健康、现代农业、生物能源、生物制造、环保等产业。培育这些新兴产业并使之成为主导产业,不仅是产业中高端的目标,更是现阶段发展的新动能。

战略性新兴产业是科技创新的成果,代表产业发展的方向。国家竞争力很大程度上表现在其科技和产业占领世界的制高点。一般说来,战略性新兴产业成长的生态环境涉及供给和需求两个方面:一是科技供给,掌握当今世界最为高端的科学技术,而且需要不间断地创新;二是市场需求,其产品要为市场所接受,实现其价值。

新时代的产业升级依靠科技创新,也就是科技创新与产业创新对接。涉及以下三个方面:

首先,创新原创性、颠覆性产业技术。其途径包括:以原创性新产业、新技术为导向,支持研究型大学和科研机构进行国际前沿性基础研究;鼓励大学与企业共建产学研协同创新平台,以研发既有产业化价值又达到国际前沿的新产业技术。

其次,有效衔接科技创新和产业创新,打通从科技强到产业强、经济强、国家强的通道,解决好从"科学"到"技术"转化,建立有利于出创新成果、有利于创新成果产业化的机制。

其措施包括:建立高新技术产业化基地;依托各类大学科技园建立大学和研究机构的高新技术研究院,吸引科技人员(包括海外科技人才)科技创业;科技园成为新产业技术的研发和转移中心。

最后,战略性新兴产业需要政府进行前瞻性的培育。如果没有政府的扶持,战略性新兴产业会被扼杀在襁褓中。培育方式:一是对战略性新兴产业进行科学规划。二是对孵化新技术、新产业环节提供引导性投资。三是对孵化出的战略性新兴产业进行加速性扶持,扶持性措施不只是在税收等方面的财务性支持,更重要的是市场扶持,也就是消费拉动。同时要防止一哄而上,在制度安排和计划安排上克服重复、分散投资,实现优势集中,并且从研发到制造到采用形成产业链,达到范围经济。

二、互联网、大数据、人工智能同实体经济深度融合

现阶段移动互联网+进入哪个产业领域,哪个产业领域就能得到根本改造并提升,并且产生新业态。经济发展进入了移动互联网的时代。移动互联网的产业发展功能是颠覆性的。互联网+零售产生网购,互联网+金融产生互联网金融,互联网+媒体产生新媒体,互联网+教育产生“慕课”(MOOC),互联网+出租车产生网约车,互联网+物流产生快递……。与此同时各类产业都要+互联网,如零售实体店遇到网购产业的冲击,也“+互联网”;金融业面对互联网金融业的冲击,也“+互联网”;服务业几乎都通过加上互联网找到发展的新动能;制造业也在出现这种趋势,就如三一重工的董事长曾讲过:核心业务全部在网上,管理流程全部靠软件,产品必须高度智能化。

大数据成为重要的经济资源。一般的经济资源指的是资本、劳动、技术、管理等。现在大数据也成为新的经济资源。大数据的发展就如习近平所指出的:工业化时期数据量大约每十年翻一番,现在数据量每两年就翻一番;浩瀚的数据海洋就如同工业社会的石油资源,蕴含着巨大生产力和商机,谁掌握了大数据技术,谁就掌握了发展的资源和主动权。企业通过互联网获得的大数据将成为发展的重要资源。谁通过互联网掌握大数据,谁就能垄断市场。

共享经济是互联网大数据与实体经济融合后产生的新经济业态,在目前可以说是活跃的新动能。共享经济是利用互联网平台的共享使用权的经济。在互联网+平台的背景下,传统的财富的独占和排他的权利,被全新的通过社交网络同他人分享经验的财产观所取代。互联网平台提供了谁都可以进入、平等共享的权利。共享经济的核心是:公众利用互联网平台,使用权和所有权分离,使用者不试图占用这个资产,而要试图高频次、高效地去利用和使用这个资产。目前的共享经济有多种类型,其中包括:① 共享互联网+平台,互联网平台开放、透明,进入平台的资源是公共的,平台是共享的。② 私人闲置资源借助互联网+共享,实现私人资源再利用。

三、现代供应链上培育新动能

现代供应链是围绕核心企业,由供应商、制造商、分销商、服务商,直到最终用户所连成的整体功能网链结构服务体系。现代供应链是垂直一体化的产业组织方式,能够打破区域分割、行业界限、企业壁垒,贯通产业链的各个环节,最大化地扩展流通边界、提高流通效能、降低物流成本。现代竞争可以说是供应链之间的竞争。同种产品之间的竞争背后就是各自的供应链竞争。就如不同品牌手机之间的竞争实际是各自的供货商、制造商、分销商形成的链条之间的竞争。在现代供应链上形成新动能主要涉及各自的集成创新的能力,依靠互联网技术和大数据技术降低物流成本,更为重要的是使供应链成为创新链,形成供应链、产业链和创新链的融合。

进一步说,现代供应链也就是全球价值链。在经济全球化的背景下,国际竞争进入了一个全球价值链竞争的阶段,处于产业链的不同环节有不同的附加值。一国产业在全球价值链中所处的地位反映其产业的国际水准。我国目前依靠比较优势所嵌入的价值链大多处于全球价值链的低端环节,附加值太低。处于价值链低端的加工制造环节,核心技术和关键技术环节不在我国的居多,中国创造部分少,品牌也是用外国的多。这与我国作为世界第二大经济体的地位很不相称。因此,在供应链上培育新动能,就要求依靠创新驱动产业攀升全球价值链中高端。不仅要从低端的价值链环节进入中高端环节,并且要建立以我为主的全球价值链。

四、开发人力资本服务领域的新动能

经济增长要素有多种,在现代增长中哪种要素可以作为新动能来培育?托马斯·皮凯蒂(Thomas Piketty)在《21世纪资本论》中回答:“现代的经济增长大多取决于人力资本的兴起。”①历史经验表明,“落后国家是通过提高科技水平、专业知识与技能和教育水准来追赶发达国家的。”②我国的实践也证明,人力资本积累是经济增长的源泉,是现代经济增长的决定因素和永久动力。

人力资本即经过教育和培训形成的人的知识和技能的存量,相当于马克思理论中复杂劳动概念。马克思当时就认为复杂劳动创造多倍于简单劳动的价值,可见人力资本的动能作用。人力资本服务成为新动能反映现代经济增长的趋势。就我国正在推进的创新驱动发展战略,创新是发展的第一动力,人力资本是创新的第一要素。可见人力资本服务的新动能作用。在供给侧把人力资本服务作为新动能来培育有多方面的内容:

首先,在主要依靠人力资本服务的领域产生的新动能。随着知识经济的发展,产生了

---

① [法]托马斯·皮凯蒂:《21世纪资本论》,中信出版社2014年版,第42页。

② [法]托马斯·皮凯蒂:《21世纪资本论》,中信出版社2014年版,第71页。

一系列知识密集型产业领域,如金融、咨询、设计、软件等。这些领域无疑更多地需要人力资本服务。这些领域可以说是知识经济时代发展的新增长点。

其次,其他各个领域都需要从提高劳动者素质和技能方面培育新动能。即使是劳动密集型产业和环节也有复杂劳动密集型和简单劳动密集型之分。我国产业链的分工环节处于中低端,原因就在人力资本缺乏。因此培育新动能需要建设知识型、技能型、创新型劳动者大军。我国人口众多,有人力资源优势,通过教育、培训等途径进行人力资本投资,就使人力资源优势转化为人力资本优势。在人才政策上,不能只是瞄准高精尖科技人才,需要重视高级技工和应用型人才的培养和供给,培育更多的工匠。

最后,尤为重视企业家人力资本。就如中共十九大报告所要求的,激发和保护企业家精神。在现代企业中,资本、劳动、技术、土地等要素都是由企业家组合的。企业家精神就是创新精神。很显然,企业家的人力资本无论是对企业还是全要素生产率提高,从而对整个供给体系的质量起着决定性作用。供给侧的结构性改革就是要推动经营者成为企业家,提高企业家人力资本积累,激发企业家精神,形成发展的新动能。

第八章 经济发展的创新驱动和科技创新体系

经济发展由依靠物质资源投入转向创新驱动，是要把创新作为经济发展的新动力，使经济发展更多依靠科技进步、劳动者素质提高和管理创新驱动。转向创新驱动发展方式的目标是要提高经济发展的质量和效益，培育技术、质量、品牌的竞争优势。驱动经济发展的创新是多方面的，包括科技创新、制度创新和商业模式创新，而其中科技创新是关系发展全局的核心。

第一节 创新驱动经济发展的方式

2014 年 11 月 9 日，习近平在亚太经合组织工商领导人峰会开幕式上的演讲中把从要素驱动、投资驱动转向创新驱动称为经济新常态的一个重要方面。

一、作为经济学范畴的创新

最早的创新思想可追溯到马克思在《资本论》中所提出的自然科学在技术进步中的作用。根据马克思的概括，"智力劳动特别是自然科学的发展"[①]是社会生产力发展的重要来源。

最早提出创新概念的是美国经济学家熊彼特。他指出：创新即生产要素的新组合，包括五个方面创新：① 采用一种新的产品；② 采用一种新的生产方法；③ 开辟一个新的市场；④ 掠取或控制原材料或半制成品的一种新的供应来源；⑤ 实现任何一种工业的新的组织。[②] 人们通常将此简单概括为：产品创新、技术创新、市场创新和组织制度创新。创新就成为企业家的职能。

后来弗里曼进一步将创新定义为：新发明、新产品、新工艺、新方法或新制度第一次运用到经济中去的尝试。此定义特别强调"第一次运用"：创新是指新发明第一次引入商业中去的全过程。创新的全过程包括发明、创新和创新的扩散三重概念。其中，发明是指为

---

① 马克思：《资本论》第 3 卷，人民出版社 2004 年版，第 97 页。

② ［美］约瑟夫·熊彼特：《经济发展理论》，商务印书馆 1990 年版，第 73 页。

新的或改进的产品、工艺或制度而建立的新思想、图纸或模型,通常表达一种前所未有的构思。创新的扩散是指创新的成果经过全体潜在采纳者之手扩散提高全社会生产率。①

索罗在 20 世纪 50 年代提出的经济增长模型包含了技术进步的作用。根据他对增长原因测度的结果,促进人均收入增长的主要因素是资本投资和技术进步。在这两者之间技术进步的影响更为显著。根据他的统计分析,美国经济增长大约有 80%源于技术创新,仅 20%源于资本积累。这意味着带来更多产出的原因是"技术的进步以及工人技能的提高。"②

诺贝尔经济学奖得主费尔普斯(Edmund Pheips)的创新定义:创新是指新工艺、新产品在世界上的某个地方成为新的生产实践。他特别强调经济学家与科学家的创新定义差别:对经济学家来说,创新就是指新实践,而不仅仅是开发;而科学家则习惯把新工艺和新产品的发明都称为创新,不管用户是否接受③。

经济合作与发展组织(OECD)的创新定义较为具体,创新指的是:一种新的或做出重大改进的产品(商品和服务)或工艺,一种新的市场经营模式或在商业实践、工作组织或外部关系中的一种新的组织方式的实施过程。

以上各家提出的创新定义有一个共同的特点,就是强调创意和新发明的应用。就如熊彼特当年所说的,"仅仅制造出令人满意的肥皂是不够的,诱导人们去清洗东西同样是必要的"。现实中有许多创意和发明是充满智慧的,但是没有得到应用,也就没有多大价值。这就是说,发明并不完全等同于创新,创新要求将创意落到实处,创造出价值时,这种发明才具有创新的价值。

二、经济发展转向主要依靠创新驱动

最早将创新驱动作为一个发展阶段提出来的是迈克尔·波特(Michael E. Porter),他把经济发展划分为四个阶段:第一阶段是要素驱动阶段,第二阶段是投资驱动阶段,第三阶段是创新驱动阶段,第四阶段是财富驱动阶段。他认为,企业具有消化吸收和创新改造外国先进技术的能力是一国产业达到创新驱动阶段的关键,也是创新驱动与投资驱动的根本区别④。

长期以来我国的经济发展基本上处于要素驱动和投资驱动阶段。要素驱动即依靠物质资源投入的经济发展;投资驱动即依靠高积累低消费的经济发展。经济发展达到中等收入阶段出现的新常态是:一方面,物质资源和低成本劳动力供给严重不足,要素驱动的经济

---

① 转引自伊特韦尔约:《新帕尔格雷夫经济学大辞典》,经济科学出版社 1996 年版,第 925 页。
② [美]索罗:《论经济增长》,载廖理等:《探求智慧之旅》,北京大学出版社 2000 年版,第 196 页。
③ [美]费尔普斯:《大繁荣:大众创新如何带来国家繁荣》,中信出版社 2013 年版。
④ [美]迈克尔·波特:《国家竞争优势》(上),天下远见出版公司 1996 年版,第 31-32 页。

发展方式不可持续；另一方面，人民群众不可能长期忍受高积累低消费，不仅如此，经济发展的主拉动力将由投资拉动转向消费拉动。在此背景下，我国的经济发展动力需要从要素驱动、投资驱动转向创新驱动。创新驱动成为新的经济发展方式，可以从以下四个方面来说明：

第一，现有的资源容量（尤其是能源和土地）难以支撑经济的持续增长，必须要寻求经济增长新的驱动力。根据熊彼特最初给创新下的定义，创新是要素的新组合。也就是利用知识、技术、企业组织制度和商业模式等无形要素对现有的资本、劳动力、物质资源等有形要素进行新组合，以创新的知识和技术改造物质资本、创新管理，就可以提高物质资源的生产率，从而形成对物质资源的节省和替代。显然，创新驱动可以在减少物质资源投入的基础上实现经济增长。

第二，我国正在推进的工业化伴有严重的环境污染和对生态平衡的破坏，再加上世界范围内高的碳排放造成全球气候异常，这些明显危及人类的健康和安全。从提高可持续发展能力考虑，控制环境污染，减少碳排放，以及修复被破坏的生态，不是一般的控制和放慢工业化进程，而是要依靠科技创新发展绿色技术，开发低碳技术、开发能源清洁化技术、发展循环经济、发展环保产业。显然，创新的绿色技术得到广泛采用，就可以实现绿色低碳生产。

第三，虽然我国已成为世界第二大经济体，但产业结构还处于低水准，转型升级的能力弱，缺乏国际竞争力。根据波特的竞争理论，国家的竞争力在于其产业创新与升级的能力。产业结构优化升级需要有创新的新兴产业来带动。现在国际范围正在催生新的科技革命和产业革命，在全球化、信息化、网络化的条件下，我国没有理由再错过新科技和产业革命的机会，需要依靠科技和产业创新，发展处于世界前沿的新兴产业，占领世界经济科技的制高点。

第四，我国经济体大而不富，原因是许多中国制造的产品处于价值链的低端，核心技术和关键技术不在我们这里，品牌也不在我们这里。由此产生高产值、低收益问题。要改变这种状况只能转变发展方式，依靠创新驱动由中国制造转为中国创造，依靠原创性自主创新技术增加中国产品和服务的附加值，提高中国产品的品牌价值。我国沿海地区从发展外向型经济到发展开放型经济，基本上是依靠劳动、土地、环境等物质资源的比较优势，现在这种比较优势的优势地位已经明显衰减，再加上这种建立在资源禀赋比较优势基础上的开放型经济无力提升自身的国际竞争力。因此要提高对外开放的质量和效益，就有必要由比较优势转向竞争优势。其基本途径是依靠创新来形成以技术、品牌、质量、服务为核心的出口竞争新优势。

驱动经济发展的创新是多方面的，包括科技创新、制度创新和商业模式的创新，其中科技创新是关系发展全局的核心。这样，可以准确理解由物质资源投入推动转向创新驱动的内涵。通常认为转变经济增长方式是转向集约型增长方式。集约型增长方式的基本内涵是集约使用物质要素,提高要素使用的效率。尽管集约型增长方式包含了技术进步的作用,但没有摆脱物质要素推动经济增长的架构。创新驱动的增长方式不只是解决效率问题,更为重要的是依靠知识资本、人力资本和激励创新制度等无形要素实现要素的新组合,是科学技术成果在生产和商业上的应用和扩散,是创造新的增长要素。因此,创新驱动的经济增长是比集约型增长方式更高层次、更高水平的增长方式。

创新驱动作为经济发展的一个阶段提出来是相对于过去的资源驱动和投资驱动而言的。资源驱动基于劳动力、土地等生产要素价格便宜,具有比较优势,通过大规模投入生产资源来推动增长具有必然性,因此该阶段具有明显的粗放型增长方式的特征。投资驱动则是建立在高积累(储蓄)、低消费基础上的。进入新阶段后这两种驱动力都明显衰减,前者遇到资源环境供给的瓶颈,后者遇到高积累的"瓶颈"。创新驱动则是以创新取代要素投入成为经济增长的主要推动力,可有效克服上述两方面"瓶颈"。

三、创新驱动经济发展的特征

创新一词目前的使用频率最高,而且外延也很广,如文化创新、制度创新、管理创新、市场创新、技术创新、科技创新等。这些创新对于当前的经济发展都是必不可少的。但是作为经济增长方式的创新驱动的创新应该主要指的是科技创新,其他方面的创新则是围绕这个核心形成创新驱动系统。而且科技创新也应该明确界定为与经济发展紧密结合的科技创新。

过去常用的概念是技术创新,现在突出科技创新。其基本原因是在新科技革命的推动下,"知识和技术的创新是任何重大经济增长的前提。但是在现代的经济增长中,这种创新的频率显然快得多了,并且为速度更高的总体增长提供了基础。"①这段话强调了知识和技术的创新是增长的前提,同时也强调了在现代增长中创新的频率要快得多。知识和技术创新成果主要指的是依靠科学发现产生的原始创新的创新成果,反映创新源头的改变。过去常用的技术创新相当多的是源于生产中经验的积累、技术的改进、企业内的新技术研发。即使是由科学发现所推动的技术进步,也会间隔很长时间,需要几十年甚至上百年才会应用到生产上。现在的技术进步更多地来源于科学的发明。在20世纪后期产生新经济以来,科学上的重大发现到生产上的使用,转化为现实生产力的时间越来越缩短,缩短到十几年、几年。现在一个科学发现从发现到在生产上应用(尤其是产业创新)几乎是同时进行的。这意味着利用当代最新的科学发现的成果迅速转化为新技术可以实现大的技术跨越。例如,新材料的发现、信息技术和生物技术的突破都迅速转化为相应的新技术。这种建立

---

① [美]库兹涅茨:《现代经济增长》,载布莱克:《比较现代化》,上海译文出版社1996年版,第281页。

在科技创新基础上的以科学发现为源头的科技进步模式,体现知识创新(科学发现)和技术创新的密切衔接和融合,这是技术进步路径的革命性变化。

创新驱动作为新的发展方式还意味着我国的技术进步需要从外生向内生转变。我国已有的驱动经济增长的科技创新很大程度上是外生的,主要表现是:创新的先进技术大都是引进和模仿的,创新的先进产业大都是加工代工型的。这种模式的技术创新基本上属于国外创新技术对我国的扩散,创新的源头在国外。采用的创新技术,是国外已经成熟的技术。核心技术和关键技术不在我们这里。因此这种技术创新的意义在于跟上国际技术进步的步伐,但不能进入国际前沿。创新驱动方式的基本要求是科技创新由外生转为内生,有以下三个方面的含义。

首先是立足于自主创新,依靠原始创新和引进技术的再创新,形成具有自主知识产权的关键技术和核心技术。在这里需要克服在发展中国家流行的跟随理论。在全球化、信息化、网络化的条件下,我国有条件与其他发达国家进入同一个创新的起跑线,依靠引领创新实现跨越,占领世界科技和产业的制高点。

其次是创新的知识和技术内化于生产要素。传统的经济增长模型把经济增长归结为劳动、资本和土地等物质要素投入的函数,技术进步的作用是这些要素之外的“余值”。意味着技术要素的作用是外生的。现代增长理论认为,创新驱动指的是:以创新的知识和技术改造物质资本、提高劳动者素质和进行管理创新,实现要素的新组合,各种物质要素经过新知识和技术的投入提高了创新能力,就形成内生性增长。这种由创新驱动的内生增长就是更多依靠科技进步、劳动者素质提高、管理创新驱动。

最后是着力推进产业创新。现在国家竞争力越来越多地表现为产业竞争力。与此相应,创新作为内生增长的驱动力就要以产业创新为导向提升国家竞争力。产业结构优化升级要有创新的新兴产业来带动。科技创新是产业创新的基础,以创新产业来谋求竞争优势。这就是发展能与发达国家较量的高新技术产业,形成内生的产业竞争力。

四、科技创新和产业创新的对接

从世界发展的历史看,18世纪以来,技术革命尤其是科学技术革命一直是产业革命的先导,产业革命是技术革命的结果。第一次技术革命是18世纪的蒸汽机和机械革命,关键技术包括动力和机械等技术;第一次产业革命是机械化革命,主导领域包括纺织工业、煤和铁、机械、蒸汽机和铁路等。第二次技术革命是19世纪的电力和运输革命,关键技术是电力、运输、化工和电信等技术;第二次产业革命是电气化革命,主导领域包括电力、石化、钢铁、汽车和家电等。第三次技术革命是20世纪的电子和信息革命;第三次产业革命是自动化和信息化革命。有学者认为,第三次技术和产业革命可分为两个阶段:第一阶段是电子和自动化阶段,关键技术有电子、自动控制、激光、材料、航天和原子能等,主导产业包括电子工业、计算机行业、原子能产业、航天业和自动化产业等。第二阶段是信息化和智能化阶段，关键技术有信息、云计算、量子通信、智能和绿色等，主导产业包括信息产业、电子商务、物联网、无线网、大数据、智能制造（3D 打印）、先进材料、智能机器人、智慧城市、绿色能源和生物产业等①。德国推出的工业 4.0 计划实际上把 18 世纪以来的产业革命分为四次：第一次机械化，即工业 1.0；第二次电气化，即工业 2.0；第三次信息化，即工业 3.0；第四次是以智能制造为主导的第四次工业革命，即工业 4.0。

现代经济增长的实践证明，先行国家的产业结构转型升级都是在科学技术取得重大突破基础上实现的。这意味着科学技术不仅是第一生产力，还是产业结构转型升级的第一推动力。技术创新及其成果的高速扩散是推动产业结构高度化的重要因素。没有科学技术的突破就不会有新产业的产生，没有新技术的扩散就不可能有产业结构整体水准的提升。顺应现代增长的趋势，我国实施创新驱动的发展战略需要解决好科技创新和产业创新的对接问题。产业创新依托科技创新。科技创新是先导，产业创新是目标。现在的科技创新则落脚在产业创新上，利用当代最新的科学技术成果迅速转化为新产业可以实现大的技术跨越。

提出科技创新和产业创新对接的重要原因是基于我国这两个方面创新的严重脱节。一方面我国的科技人才和科技论文数量已居世界之首，另一方面我国的产业水准还处于中低端。即使是高新技术产业，还缺少自己的原创性核心技术和关键技术。因此我国转向创新驱动经济发展，基本要求是强化科技同经济对接、创新成果同产业对接、创新项目同现实生产力对接。这几个方面归结为科技创新和产业创新的对接。

首先，在孵化和研发新技术阶段对接科技创新和产业创新。自从 20 世纪后期产生新经济以来科技创新出现新趋势，就是技术创新和知识创新在中游环节，即高新技术孵化阶段相互交汇。一方面，技术创新的先导环节前移到科学向技术的转化过程；另一方面知识创新的环节延伸到了科学知识转化为生产力的领域。这样高科技的孵化领域成为知识创新和技术创新的交汇点，新产业也正是在这种交汇处孕育。

其次，以共同的中高端创新目标对接科技创新和产业创新。知识创新和技术创新以产业创新为导向和目标，可能实现大的技术跨越，导致产业结构的革命性变化。科技创新和产业创新对接的目标是科技创新和产业创新都必须中高端，与发达国家进入同一个产业创新起跑线。库兹涅茨把现代经济增长看作以划时代的创造发明为基础的一个过程：科技和产业的“时代划分是以许多国家所共有的创造发明为依据的。这是现代经济增长的一条特殊真理。”②发展处于世界前沿的新兴产业，占领世界经济科技的制高点。在现时代无论是科技创新还是产业创新都应该瞄准具有划时代意义的创造发明，如清洁能源、新材料、生物

① 何传启：《新科技革命引发新产业革命》，人民日报，2015 年 7 月 5 日。

② ［美］库兹涅茨：《现代经济增长》，北京经济学院出版社 1989 年版，第 250、251 页。

技术,节能环保技术,新一代信息网络技术,尤其是正在兴起的智能技术及相关产业。

最后,在攀升全球价值链中高端上对接科技创新和产业创新。现代国际产业竞争的重要特征是全球价值链之间的竞争。国际分工演变为高科技产品在不同国家的生产环节的分工,也就是根据各个国家的资源禀赋条件进行生产环节的分工。产业创新的一个重要方面是改变我国企业所处的全球价值链的低端制造地位,依靠创新攀升全球价值链的中高端。产业结构的中高端化不是过去意义上的替代进口品,而是价值链攀升。目前我国企业包括引进的外商投资企业基本上是以比较优势嵌入全球价值链的,所处的环节基本处于产业结构低端的制造环节。核心技术和关键技术环节不在我国的居多。我国生产的许多高科技产品要么是代工的,要么是在国内加工组装的,要么是“贴牌”,附加值都很低,由此产生低附加值问题。在全球价值链结构性变化的背景下,我国企业参与全球价值链就需要依靠创新实现向中高端攀升。所有这些产业链(价值链)上的技术创新很大程度上依赖科技创新的成果转化,利用原创性科技成果推进产业创新,掌握和替代国外所拥有的较高附加价值的核心技术和关键技术的研发。

总结以上分析,创新驱动的经济发展方式可以概括为:主要依靠科技创新成果、主要依靠知识和科技人才推动经济发展的方式。科技进步对经济增长的贡献率是其重要的判断标准,发达国家一般已经达到70%~80%,甚至更高。目前我国这方面与发达国家的差距还很大,说明我国转向创新驱动的经济发展方式还有个过程,但必须以此为目标推动发展方式的转变。

第二节 创新驱动的基本要素

一、新增长理论和知识经济

20世纪80年代末90年代初,西方国家产生的所谓新经济的重要标志是科学技术迅速在生产和社会生活各个方面广泛应用,以知识创新为基础的知识经济的特征越来越明显。对经济新现象做出理论概括的便是新增长理论。先后对新增长理论的创立和发展做出贡献的学者有:保罗·罗默、罗伯特·卢卡斯等。

新增长理论从内生性技术进步出发解释了技术进步的源泉以及由此产生的经济增长效应。所谓内生性技术进步,是指技术进步成为经济系统的内生变量,技术进步率应该被经济中用于研究和开发的资源所占份额所决定。“新增长理论”提出了除资本、劳动力外新的影响收益的生产因素,即知识和人力资本。

罗默将知识作为一个独立的要素引入增长模型,并认为知识的积累是现代经济增长的重要因素。知识不仅形成自身的递增效应,而且能够渗透于资本和劳动力等生产要素,使资本和劳动力等生产要素也产生递增收益,从而使整个经济的规模收益递增,因而罗默模型是一个规模收益递增模型,这一点已被近年来知识经济发展的实践所证明。

企业之间、国家之间在知识创新投入上的差异,最终表现为经济增长速度上和经济增长质量上的差异。而这种差异可以通过国际贸易得到改善,因为国际贸易可以促进知识在国际间的传播,减少后进国家的研究开发费用,从而间接达到增加发展中国家资本积累的目的。发展中国家可利用知识传播中创造的"后发优势",尽快缩短与发达国家之间在经济上的差距。

推动技术进步的知识是厂商进行投资决策的产物,厂商为了实现技术进步必然要将投资投向知识部门。据此,罗默假定经济中存在三个部门:研究部门、中间产品部门和消费品部门。对研究部门的投资是效益最高的投资,研究与开发费用的支出总额及其比重是衡量研究部门投入的重要指示。

罗默认为,由于研究部门生产的知识可以获得知识产权保护,因此知识具有非竞争性和部分排他性。这使知识积累成为厂商进行意愿投资的产物。知识不同于其他产品之处在于具有溢出效应。任何厂商所生产的知识都能提高全社会的生产率。因此,资本的边际生产率不会因某种生产要素(如劳动)固定而递减。这是知识生产的外部正效应。这种外部正效应的存在使知识生产的社会收益率高于厂商的私人收益率。这就提出了政府干预经济的要求:政府为了推动技术进步也要向知识部门投资,包括向生产知识的厂商提供补贴,以及推行能够奖励厂商生产知识的政策等。

卢卡斯增长模型的基本思想是:人力资本积累是经济增长的源泉。人力资本积累也具有内生性特点。教育投资形式的人力资本积累也会产生提高全社会生产率的收益递增的外部正效应。各国的生产率差别可以用人力资本积累水平的差别来说明。卢卡斯等人认为专业化的知识技能和人力资本积累也可以生产递增的收益并使其他投入收益及总规模收益递增,人力资本是现代经济增长的决定因素和永久动力。

新增长理论的基本政策主张,一是重视研发(R&D)的投入,二是重视人力资本的投入。前者突出知识创造,后者突出知识传播。现代发展理论根据资本的属性将资本区分为自然资本、物质资本、知识资本和人力资本四种类型。从新增长理论我们可以看出经济增长的要素不仅包括资本、劳动和土地等有形要素,还包括知识资本和人力资本之类的无形要素。随着以信息技术为代表的新经济的出现,无形要素对经济增长所起的作用越来越大,研究这些无形要素对中国经济有着极为重要的意义。

20世纪末进入的新经济时代的另一个表述是知识经济。知识经济是以知识创新为基础的经济。依靠知识创新,新知识、新技术不断涌现,新知识转化为现实生产力的速度大大加快。

准确把握知识经济的含义,要从理解科学的功能开始。众所周知,科学有两个层次的功能:第一层次是科学发现,创造出知识;第二层次是科学发明,创造出技术,科学发现所创造的知识成为技术创新的基础。科学的这两个层次分别与经济结合便产生技术经济和知识经济。在技术经济时代,技术和经济的结合,技术创新是生产和经济增长的决定性要素。现在讲的知识经济,则是指科学创造的知识直接与经济结合,知识创新直接成为生产和经济增长的要素。现代社会发展的趋势是:知识正日益成为比有形的物质资产更重要的经济要素。对知识投入的回报也远远大于其他形式的投资回报。

大学及科研机构是技术创新和知识创新的源头,不仅提供创新的知识和新技术,而且提供创新人才。大学及科研机构不再远离经济建设,已经是经济建设的重要组成部分。只要建立起产学研结合的有效机制,对大学和科研机构的投资,不仅是经济性投资,而且是比投在一般的生产过程中效益更高的投资。

在现代经济中,许多知识可以被编码化或者数字化为信息,如成为软件、商标、专利、品牌等。这些信息产品和信息资产也就是知识资本。根据青木昌彦(2001)的分析,信息资本有两类:一类是不可分离的信息资产,即固化在人身上的信息加工技能,不可能和个人分开,通常指人力资本;另一类是可分离的信息资产,如软件、数码内容、发明等(它们也可以成为信息产品)。它们的所有权可以和其生产者相分离,用于交易。当然,这些信息产品交易的前提是确定其所有权,否则就不可能进行交易。知识的生产也就是信息的生产。由于创新知识可以催生创新产品或创新过程,因此它们本身就是具有相当价值的知识信息产品。

以上分析表明,现代经济增长需要有与知识经济相关的两个方面的资本积累:一是通过知识创新积累知识资本,二是通过知识传播积累人力资本。在现代经济中,国家之间、地区之间、企业之间发展水平的差距主要由这两种资本的积累水平来说明。对发展中国家的经济发展来说,关键是增强两个能力:一是创造知识的能力;二是将知识直接与经济结合的能力。重视国际信息交流、获取国际新的知识和信息是至关重要的。

二、知识资本积累

根据新增长理论,在新经济时代,生产已不是仅仅由资本和劳动两大要素组成,知识是推动增长一个独立的要素,知识的积累是促进现代经济增长的决定性要素。投资能够使科技更有价值,而科技反过来可使投资更有价值。人类如果要保持长期的增长,就要把自己投身于科技发现的全过程中去。把相当大的人力物力用在科技发现而不只是生产上。

知识可分解为一般知识和专业化知识,它们在促进经济增长中作用不同。一般知识的作用是增加规模经济效益,专业化知识可以增加生产要素的递增收益,这两种作用结合在一起便可使知识、技术和人力资本产生递增收益，而且也使资本和劳动力等其他投入要素的收益递增。知识或信息一旦被获得，可以在不支付额外成本的情况下被反复使用，因而产生递增的边际收益。对于某一个厂商来说，这种递增收益表现为知识产权的收益（垄断利润），而知识产权的收益又可重新用于技术创新，形成一种以投资促进的知识积累和知识创新，以知识创新促进规模收益的提高和知识投资规模的进一步扩大。这样一种良性循环，可使经济在长时期内得以持续增长。

一个国家的知识资本积累主要有两个途径：一是以企业为主体的知识资本积累，这部分知识资本积累主要通过技术创新的形式表现出来。技术创新就是创造新产品和新技术，其最终环节是将新技术应用于生产过程。在过去相当长的时期内，技术创新相当多的是源于生产中经验的积累、技术的改进，技术创新主要是依靠企业自身的技术和研发力量。在新经济时代，像微软公司那样不过几年就一跃超过具有百年发展历史的福特和通用等制造业公司，这种“一夜暴富”的现象颠覆了过去的技术创新路径。利用当代最新科学发现的知识实现大的技术跨越，建立在知识创新基础上的新产业的产生可以导致产业结构的革命性变化。二是以大学和科研机构为主体的知识资本积累，其成果即为科学新发现以及创新的知识。现代科技进步的特点和趋势是，科学新发现越来越成为科技创新的源头，而且原始创新的成果一般都是源自科学新发现转化的技术。

知识经济的一个突出表现是研究与发展费用具有较高的比重。目前发达国家企业的研究开发费用一般占其销售额的5%以上，在OECD国家研究与开发费用一般要占GDP的2.6%以上。这些研究与发展费用不仅投在企业，还有大量的投在大学和科研机构。就如新增长理论所指出的，投资投在科学发现上比投在生产上，价值更高。

在相当长时期里科学研究的选题全凭研究者的兴趣爱好。最初的转型以美国阿波罗计划为代表，科学家的研究（包括基础研究）开始转向国家目标，但主要是军事目的。重大的科学发现迅速应用于战略性军事工程和武器装备。随着冷战时代的结束，世界范围的竞争就逐步由军事装备竞争转向经济竞争，美国的国家战略也就由谋求世界军事霸权转向经济霸权。与此相应，重大科学研究重点也由军事目的转向经济目的。以电子信息技术发现和应用为代表的美国出现的新经济就是这一转型的成果。现在世界范围内科学研究的国家目标导向和经济目的已经成为趋势，即使是出于兴趣爱好的研究也要服从于国家目标，我国政府确定的重大科学研究的专项规划就体现了这个精神。这个转型表明大学等科学研究开始进入了创新型经济系统。

促进一个国家的知识资本积累主要应该从三个方面入手：

首先是建立完善的激励创新机制，尤其是严格的知识产权保护制度。一般说来，充分的市场竞争会形成创新的压力。创新的动力则依靠知识产权保护并保证其获得垄断收益。在创新的知识和技术市场上信息不完全，创新的知识和技术具有公共产品的特性，“其他人分享创新收益的边际成本为零”①。具体地说，创新成果的成本有创新成本（信息成本）和复制成本（扩散成本）之分。创新成本明显大于复制成本，因为创新成果的复制几乎是没有成本的。其他厂商不付成本地从创新者那里获取创新成果并得到收益，其结果是创新者的创新成本得不到补偿，研究开发的投入得不到及时的回报，必然严重挫伤创新者的创新积极性。因此，创新的动力在于创新成本得到补偿并得到创新收益，由此提出垄断对激发创新动力的价值。保障创新者的创新收益的制度安排就是明确并保障创新技术的厂商拥有垄断收益权（专利之类的知识产权）。新技术的推广只能通过购买发明专利之类的知识产权途径进行。如果有人复制和采用其创新成果，就要从复制和采用者那里收取收益，从而补偿其创新成本。这种创新企业对其创新收益的独占垄断不是指某家企业对特定行业和部门的垄断，而是指发明专利之类的知识产权的垄断。这种垄断和独占不但不会阻碍创新，还会成为创新的动力。

其次是创新的国家目标导向。政府主动介入创新的必要性主要在两个方面：一是创新成果具有溢出效应。创新的知识和技术，不仅创新者受益，社会也会受益，这种外溢性同时也表明，创新不仅要支付私人成本，也要支付社会成本，这种社会成本就需要由政府作为社会代表来支付。二是创新的知识和技术具有公共产品的属性，这种公共性特征不只是靠政府规制来克服仿冒、剽窃等免费搭车行为，更为重要的是制定重大科技创新的国家计划，并通过公共财政对此类创新进行直接的或引导性投入。研究科技创新的国家目标导向，需要提出国家创新力概念。市场经济中的个体创新力是最强的。但在现代经济中，国家竞争力主要由国家创新力来衡量。国家创新力不是个体创新力的相加，而是对科技创新的国家集成能力。即使是在发达的市场经济国家，最为成功的重大的科技创新计划都是由政府规划并组织实施的。例如，美国的农业研究计划、空间研究的阿波罗计划、研究核弹的曼哈顿计划等，其中最重要的科技进展都是在政府实验室以及政府资助的实验室中取得的。我国实施的科技重大专项（如过去的“两弹一星”、现在的航天和奔月计划）也是这样。由国家直接实施的重大专项科技计划所取得的重大科学技术突破会带动全社会的科技进步。由于国家竞争力体现在产业创新的能力，尤其是每个时期需要发展的战略性新兴产业都是由国家规划和确定的，重大的科技和产业创新不仅需要足够的资金支持，而且这种投资具有长期性和风险性，需要国家为此提供资金和政策性引导。

最后是加强知识创新源头建设。当今推进技术进步的重点是发展高科技研究，缩短高科技的国际差距，并且占领国际科技和产业的制高点。一个国家的基础研究水平直接反映其知识创新的国际水平。在现阶段的中国，高科技的国际差距小于高科技产业的国际差距。在高校和科研机构发现的高科技与国际先进水平的差距并不像高科技产业的国际差

① ［美］约瑟夫·斯蒂格利茨（Joseph Stiglitz）：《社会主义向何处去》，吉林人民出版社 1998 年版，第 173 页。

距那么大。就像美国的硅谷紧靠斯坦福大学就是要接近大学的最新创新成果。企业的技术创新对大学提供创新成果的需求越来越强烈。其原因不只是企业创新需要从大学获取新知识,而且也需要通过大学获取国际最新的科学知识。从科学知识和新技术的国际流动性分析,新技术的流动遇到知识产权的障碍,甚至遇到政府的保护堡垒。科学新发现和新知识在大学之间的流动则不会遇到这种障碍。因此,科学和知识的国际流动性比技术的流动性强,流动的障碍也小。依托大学利用国际最新科学发现进行技术创新,技术创新就可能在许多领域得到当今世界最新科学成果的推动。

三、人力资本积累

劳动力作为生产要素不是均质的。不同素质的劳动力对经济增长的作用是不一样的。具体地说,劳动力是两种劳动能力之和:一类是任何人都能从事的非技术性体力劳动,另一类是通过教育和培训而形成的具有一定技术性的劳动。后一类劳动就体现人力资本的作用。① 人力资本即人的知识和技术的存量。它通过人力资本投资形成,体现在人的身上。经过教育形成的劳动者的知识和技术存量的增大越来越成为现代经济增长的重要源泉。

最早提出人力资本理论的是1979年诺贝尔经济学奖获得者舒尔茨(Schultz)教授。他认为现代经济增长有两个趋势:一是从资本—收入比率的长期变动来看,相对于资本的增长,国民收入增长得更快;二是相对于国民资源的增长,国民收入增长得更快。这两个趋势都可以用劳动者的知识和技术存量的增大,从而用教育的作用来说明。每一单位劳动生产率的提高也是这样,机器设备的先进固然对劳动生产率的提高起了重大作用,但不可否认,单位劳动中知识和技术存量的增大也是劳动生产率提高的重要因素。更何况再先进的设备和技术,也需要拥有一定知识和技能的劳动者来掌握。美国发展经济学家丹尼森发现,美国的实际国民生产总值增长中的10%~15%可以直接归功于教育。杰文森(Jayvenson)和劳(Law)依据对三十多个国家农业的研究成果,做出了这样的估计:在农业投入资金不变的情况下,每个农户户主多接受一年的教育,农业产量的平均增长将近2%。世界银行的研究资料表明,在低收入国家,上过四年学的农民的生产产量比未上过学的高13%,即使没有诸如高产种子、化肥的投入,前者也比后者高8%。

根据新增长理论,人力资本的积累,不仅包括劳动力素质的提高,还包括具有创新素质的企业家的涌现和参与科技创新的科技人员的能力的提升。经济发展的实践表明,与先进的机器设备相适应的知识和技术是最有价值的资源。作为现代经济增长基础的科技进步就包含着劳动者知识和技术存量的增大。像我们这样的发展中国家,不只缺物质资本,更缺人力资本。在创新驱动中,最缺的是科技企业家。科技企业家不仅要有企业家的一般素

① 人力资本定义就相当于马克思《资本论》中的复杂劳动定义。

质,还要有科技的视野。

在广义上,人力资本涉及人的身体素质、文化素质和专业技能。因此,人力资本投资有多种形式,主要有:① 用于教育和培训的费用;② 用于医疗保健的费用;③ 变换就业的迁移费用;④ 移民费用。

教育就增加人的知识和技术存量来说是人力资本投资的主要方面。发展中国家经济落后的主要原因是教育投资普遍不足,但其教育投资的收益率是最高的。据世界银行1980年的报告,44个发展中国家教育投资的所有收益率都超过世界银行标准的可接受的最低比率10%以上。初等教育投资的收益率,低收入国家为27%,中等收入国家平均为22%;中等教育投资,相应的收益率分别为17%和14%;高等教育投资的收益率分别为13%和12%。

新中国成立以后,政府采取各种措施,大力发展教育事业,切实保障公民的受教育权利,特别是实行了九年制义务教育。但是,教育仍然是制约我国经济发展的"瓶颈"。其突出表现是:第一,2015年我国受过高等教育的人口只占总人口的15.83%,这个比率大大低于美国(31.2%)、日本(14.3%)等发达国家的水平。第二,虽然我国初等教育的普及率较高,但发展很不平衡,许多地区入学率低,中途辍学率高,致使文盲、半文盲率仍然比较高。第三,劳动者在职培训薄弱,影响劳动者整体素质的提高。所有这些造成了劳动者的知识和技术存量的缺口,不能适应不同层次的技术进步要求。问题还是出在教育投资不足上。

教育投资不足的主观原因恐怕同教育投资的特点有关。教育投资是长期投资,需要过相当长的时期才能见效。教育投资的收益带有社会性,这意味着教育的投资者并不一定是这项投资的直接受益者,导致人们对教育投资的主动性、积极性不足。由此可见,增加教育投资的关键是在体制上解决好教育投资收益的归属和投资者的长期行为问题。改革开放以来,我国的国民收入分配格局发生了重大变化,国家财政所占的份额明显下降,企业和居民收入所占的份额明显上升。与此相适应,教育投资的主体就要由过去单一的政府主体转向政府、企业和居民共同办教育的多元投资主体。要动员居民对教育的自愿性投资,就得承认居民的利益驱动,使居民在教育投资中得到利益。学生及其家庭受教育不仅要付出学费之类的直接成本,还要付出上学期间放弃收入的机会成本。只有当这些成本能在未来的收益中得到补偿时才会有接受教育的要求,居民才会乐意向教育投资。

在现有的国民收入水平下,即便动员了各方面的教育投资,也仍显不足。特别是优质教育资源供给不足。为使有限的教育经费带来较大的效益,必须调整和优化教育结构,实现教育资源的有效配置。教育结构包括正规教育结构和职业教育结构。正规教育结构包括初中等层次的基础教育和各种层次的高等教育。根据经济发展的经验,教育结构应该同人均国民生产总值相适应,同每一发展阶段上的技术层次对劳动者的需求相适应。经济发展初期的教育结构应该是以初等、中等教育和职业教育为广泛基础的金字塔结构。达到中等收入国家水平后,高等教育的大众化成为趋势。

迁移和移民是人力资本投资的重要形式。如果说教育是长期投资的话,迁移和移民则是一种能在短期见效的短期投资。其现实表现除了劳动力流动外,就是人才引进。

在现实中,发展中国家普遍存在智力外流现象,受过高等教育的、高度熟练的劳动者流入发达国家。对发达国家来说,它们投入了一定数量的移民费用,但它们获得了巨大的人力资本。美国的硅谷就是依靠吸引全世界优秀的高素质人才兴起的,其中不仅包括高科技人才,也包括创业人才。而对发展中国家来说,它们支付了对这些外流人才从生育、扶养及从初等教育到高等教育的费用,由此形成的人力资本外流到发达国家产生效益。显然对发展中国家来说,智力外流是人力资本的损失。

当然,智力外流对发展中国家不完全是损失。外流人才在发达国家学习工作本身也是人力资本投资过程。发展中国家如果能够采取有效的政策吸引这些人才回国(短期的或长期的)服务和创业,就可以增加本国人力资本的总量。这也是一国积累人力资本的重要途径。由此就提出智力引进问题。

对发展中国家来说,在一定时期不可避免会出现智力外流问题,但也有引进国外智力的机会。舒尔茨在提出人力资本理论时指出了发展中国家在这方面的问题:传统的发展战略往往强调物质资本的投资,引进外资也是突出机器设备等,而不用于增加人力资本。实际情况是,人力资本不能与物质资本齐头并进,便会成为经济增长的限制因素。在引进外资的过程中,仅仅增加物质资本,资本吸收率必然十分低下。因此,有效地引进利用优越的生产技术所要求的知识和人才,也就是为发展吸引最有价值的资源。

对创新驱动来说,引进人才可以说是最为有效的人力资本投资。这种投资最重要的是制度投入。首先是薪酬待遇。需要纠正长期占主导的低成本战略理论。过去在低收入发展阶段,经济发展主要靠低劳动成本优势,现在进入中等收入国家阶段,发展所依靠的创新驱动的基本要素是高端创新创业人才。只有高价位的薪酬才能吸引到高端人才,才能创新高科技和新产业,从而创造自己的竞争优势。其次是人尽其才的环境。既需要充分施展才干的产业结构水准,也需要相应有利于人才成长的体制环境。

第三节 国家创新体系和产学研协同创新

一、科技创新路线图和国家创新体系

创新有广义和狭义之分:狭义的创新,只是指重大科学发明的应用,通常的解释,是指新发明(新产品、新工艺、新方法或新制度)第一次运用到经济中去,如孵化高新技术;广义

的创新则包括发明、创新和创新的扩散的全过程。广义的创新概念表明,完整的科技创新除了技术创新以外还包括知识创新,以及教育所承担的扩散创新知识的过程。

建立在科技创新基础上以科学发现为源头的科技进步模式,体现知识创新(科学发现)和技术创新的密切衔接和融合,包括三个环节:上游环节,即科学发现和知识创新环节;中游环节,即科学发现和创新的知识孵化为新技术的环节;下游环节,即采用新技术的环节。所有这三个创新环节相互联系就构成科技进步和创新的路线图。

在现代,技术创新的源泉更多地来源于科学的发明,也就是说,科学发现的成果越来越多地直接成为技术创新的源泉。以科学发现为源头的技术创新意味着技术创新上升为科技创新,体现科学发现(知识)与技术创新的结合。科技创新包括不同的创新阶段和不同的创新主体,由此就提出了科技创新体系建设问题。科技创新体系涉及产学研用各个环节中的主体相互间的合作和互动。OECD 在总结知识经济时代特征时提出了国家创新体系的概念:创新需要使不同行为者(包括企业、实验室、科学机构与消费者)之间进行交流,并且在科学研究、工程实施、产品开发、生产制造和市场销售之间进行反馈。因此,创新是不同参与者和结构共同体大量互动作用的结果,把这些看成一个整体就称作国家创新体系。①

这样,国家创新体系包括两大创新体系:一是知识创新体系,包括基础研究、前沿技术研究、社会公益性技术研究。所有这些研究属于知识创新的范围,在这个体系中,研究型大学是创新主体。二是技术创新体系,即以企业为主体、市场为导向、产学研相结合的技术创新体系。

知识创新体系在本质上就是一个由众多的专业从事知识吸收、知识开发、知识共享、知识转移、知识应用的个体组成集合体。该集合体不断吸纳现存的知识储备,利用内部有效的知识创新机制进行知识创造,从而获得科学新发现。在知识经济背景下,知识的创造,科学的发现越来越多地成为技术创新的源头。由于原创性技术一般都是来源于科学的新发现,即知识创新成果,知识创新也就有顶天立地的要求,一方面要瞄准处于国际前沿的科学问题;另一方面要瞄准国民经济发展的现实课题,为此需要实施国家科技重大专项,从科学思想上突破重大技术"瓶颈",为技术创新提供科学思想。因此,科技创新的关键是提高知识创新能力。我们可以从诺贝尔自然科学奖高度集中于几个创新型国家的原因分析中,明确提高国家知识创新能力的基本要求:一是以追求原始性科技创新为国家发展的基本战略取向。二是具有独特且富有活力的国家创新体系。三是拥有培养、造就科学精英的世界一流大学。四是有着强大的科研经费投入。②

在过去相当长的时期中,知识创新远离经济,只是技术创新紧靠经济。而在现代,明显

① 经济合作与发展组织:《以知识为基础的经济》,机械工业出版社 1997 年版,第 11 页。

② 陈其荣:《诺贝尔自然科学奖与创新型国家》,《上海大学学报》,2011 年第 6 期。

的趋势是科学创造的知识直接与经济结合,直接成为生产和经济增长的要素,从而决定经济增长的决定性因素由技术转向知识。例如,新材料研究领域、信息研究领域、计算机研究领域、清洁能源研究领域、生物工程研究领域等高科技研究领域的成果和新发现迅速创造新的产业从而直接转化为生产力。在这场无声的革命中,经济发展直接依赖于知识的创新、传播和应用,知识密集型产品的比例大大增加,知识型产业取代传统产业占据主导地位,生产知识并把知识转化为技术和产品的效率即知识生产率,其取代劳动生产率成为衡量经济增长能力的主要指标。从这一意义上说,现在大学和科研结构所从事的科学研究(包括基础研究)不再是远离经济的。

长期以来我国创新能力不足,主要原因是在科学研究成果到企业采用新技术之间存在明显的断层。科研机构研究出的成果通过鉴定、获得国家专利或奖励,才算完成。企业自我研发新技术与大学的科学研究没有直接的联系。无论是哪一方都不会主动地花大的投资和精力进入科技成果转化过程,致使我国许多处于国际国内前沿的科研成果和国家专利束之高阁,形成科研成果的严重浪费。

知识创新者与企业家合作创新有自身的价值实现需求,原因是科学发明的价值在于应用。许多重大的科学发现在其应用之前是不知道有多大价值的,只有在科学发明者与企业的合作创新中,科学发明的价值才能得到较为充分的实现。因此,在大学和企业合作创新的体系中,大学不仅要确立自身的知识创新主体地位,切实发挥其知识创新主体的作用,出重大的达到国际一流和先进水平的原创性创新成果。还要向前走一步,创新具有产业化价值的高科技成果,并积极参与将创新的高科技成果产业化的过程,以实现科学发现的价值。

二、产学研协同创新

国家创新体系理论将企业、大学与国家科技政策之间的互动作为国家创新体系的核心,并将企业、研究型大学和政府实验室等促进知识创造与扩散的组织视为创新的主要来源。根据国家创新体系理论,科技创新不能只靠企业,需要大学和企业的协同,科学家和企业家的协同。提升创新能力的重要方面是建立知识创新体系和技术创新体系有效衔接和协同的机制,这就是产学研协同创新。这意味着费用较低的创新捷径是:推进产学研结合,使高校和科研机构发现的高科技成果迅速产业化、商业化。我们所讲的产学研结合,并不一定是将研究机构办到企业,也不是大学办企业,而是要建立产学研紧密结合的机制。大学和企业的合作创新,也就是科学家和企业家的合作创新。

长期以来,人们对产学研之间的关系强调的是技术转移,其背景是,在创新体系中,知识创新和技术创新在时间和空间上是分开的。知识创新限于大学和科学院所从事的科学研究,企业采用新技术。这就出现大学创新的技术向企业转移的问题。现在讲产学研协同创新则有新的特定的内容:大学和企业进入共同的创新载体。根据科技创新路线图,产学研共同进入的创新载体建在高新技术孵化阶段。在这里知识创新同技术创新交汇。一方面,技术创新的先导环节前移到科学向技术的转化过程。另一方面,知识创新的环节延伸到了科学知识转化为生产力的领域。这个阶段衔接市场需求与研发供给,孵化和研发出适应并且引导市场的新技术、新产品甚至新企业。

大学的知识创新延伸到了孵化阶段,意味着大学的知识创新不仅限于创造知识(包括基础研究项目结项、发表学术论文、申请到国家专利等),还要向前走一步,将科学研究成果推向应用。适应这种趋势,在不少地区的大学周边涌现出各种类型的孵化器。大学的科学家、教授和大学生产生出新的思想,可以就近进入孵化器,将新思想进行研发,研发成功,孵化出的新技术新产品"飞出"孵化器进入产业园和企业。实践证明,这种在大学周边建立的孵化器尽管不可能将新思想都孵化出新技术,甚至失败的居多,但只要孵化成功,一般都具有原创性,有明显的经济效益。即使孵化失败,失败成本也低,也可能成为成功之母。

过去企业作为技术创新的主体只是限于采用新技术。现在企业将技术创新环节延伸到了大学提供的科研成果的孵化创新阶段,成为孵化新技术的主体。一方面提供孵化新技术的投资,另一方面对孵化新技术进行市场导向,从而使孵化出的新技术具有商业价值和产业化价值。

在孵化阶段知识创新主体和技术创新主体交汇,就形成企业家和科学家的互动合作。科学家的科学研究追求的是学术价值,追求的是学术领先地位和重大科学发现。企业家追求的是商业价值和市场前景。由此产生两者的相互导向,解决了学术价值和商业价值的结合,从而使创新成果既有高的科技含量,又有好的市场前景。

创新成果的供给者和需求者进入合作创新体系,创新的三方面工作(科学发现和发明、发明成果的转化、采用新技术)在大学和企业的合作中实现了新组合。尤其是高新技术孵化环节成为大学和企业的交汇处,并且成为大学和企业合作创新的平台。在这个合作创新平台上,知识信息和市场信息进行无障碍交流,产生边干边学的效应,就能有效克服知识市场上信息不对称的问题。

企业是技术创新的主体,更是产学研协同创新的主体。企业固然需要自主地进行技术创新和产品创新,但不能限于此,必须跳出企业范围,需要关注科学发现和科学发现成果向产品和技术的转化过程。在现代,由于科学发现的成果越来越多的直接成为技术创新的源泉。企业的技术创新不能限于自身的研发力量,需要得到大学和科研机构开发的新技术。企业获取新技术的途径固然可以通过技术交易的途径,但购买技术还有成本效益的考虑,而且企业获取新技术还有自身的特殊要求。因此企业需要将技术创新环节延伸到大学提供的科研成果的孵化创新阶段。其主体作用表现在:一方面,技术创新的主体工作及主要过程都需要通过企业实现;另一方面,也是更为重要的,孵化出的新技术必须具有商业价值和产业化价值,能够确定其商业价值的只能是企业;再一方面,孵化新技术是可能有回报的,因此企业投资可以成为其资金来源。这意味着产学研合作创新平台的建设、孵化器的建设的主要投资都必须由企业承担。

在市场经济条件下,产学研的协同得以成功的关键是建立产学研各方互利共赢的创新收益分配体制,彼此间形成创新的利益共同体。在产学研协同创新的平台中,知识创新和技术创新两个主体的合作不是一般的项目合作,而是以产业创新为导向的长期合作,因此可能实现大的技术跨越,甚至导致产业结构的革命性变化。而且,科学家和企业家共建的产学研协同创新平台是开放的,并不只是以进入平台的大学和科学家的科研成果作为孵化新技术的来源,进入平台的科学家还会根据企业家的需求利用国内外的创新成果为之提供科学思想,从而在平台上产生源源不断的新技术。科学新发现的价值就在于经过科学家和企业家的协同研发创新多种新技术。

协同创新不只是产学研的协同,还有科技创新和商业模式创新的协同。成功的创新不仅要靠领先的技术,还要有出色的商业模式相辅。原因是一种新技术创新出来后需要有相应的商业模式去推向市场,充分实现创新成果的价值。现实中有许多创新成果水平很高,预期的商业价值也很高,但没有达到预期效果,甚至中途夭折,其主要原因是没有合适的商业模式与之配合。

产学研不完全是企业、大学和科研院所三方机构的问题,而是指产业发展,人才培养和科学研究三方的功能问题。具体地说,一方面作为"学"指的是人才培养。另一方面"研"指大学及科学研究机构,承担着科学研究的功能。再一方面"产"也不只是企业,是指产业发展,或者说产业创新,与此相关的除了作为主体的企业外,还有各种类型的研发机构,及风险投资家。因此产学研合作从总体上说是大学与产业界的合作,涉及科学研究,人才培养的职能与产业界的合作创新。

产学研协同创新离不开政府作用。政府需要对企业的技术创新与大学的知识创新两大创新系统进行组织和集成。集成创新即创新系统中各个环节之间围绕某个创新目标的集合、协调和衔接,从而形成协同创新。政府对包括产学研在内的创新系统进行整体协调和集成的主要方式是建立大学科技园,搭建产学研合作创新平台。正是在这一意义上,我国的产学研协同创新前需要加一个"政"字,即政产学研合作创新。

三、科技创业

创新驱动发展战略的实施,需要营造大众创业万众创新的氛围。所谓大众创业万众创新,指的是大众参与科技和产业创新。2006 年诺贝尔经济学奖得主费尔普斯的《大繁荣》一书的副标题就是"大众创新如何带来国家繁荣"。他对大众创新的表述就是:"把各种类型的人都变成创意者,金融家成为思考者,生产商成为市场推广者,终端客户也成为弄潮儿。"①具体地说,不仅要有创新构想和创意的人士提出创意,还要求围绕被接受的创意,企业、风险投资、甚至消费者等各方面参与并协同。"新产品和新工艺的开发过程需要不同投资主体的参与,如天使投资人、超天使基金、风险资本家、商业银行、储蓄银行和对冲基金。这个过程还需要不同生产商的参加,如创业公司、大公司及其分支机构,并涉及各种市场推广,包括制定市场策略和广告宣传等活动。"除此以外,还有终端客户的评价和学习。② 这样,有"大众"和"万众"参与的产业化创新将是科学家(创意者)、金融家和企业家的集合。

科技创业指的是科技创新者(包括大学生)带着孵化出的创新成果创办企业,也就是通过创业将科技创新的成果(新技术、新发明)产业化。在这里,创新和创业是融合在一起的。近年来,在机器人、无人机、3D 打印、大数据、生物技术等新产业领域都可以看到一大批这样的创业者。在许多场合是科技创新者带着孵化出的创新成果创办企业,也有现有的企业将新技术进行产业化,从而实现企业的转型升级。与产学研协同创新的方式不同,科技创业的产业化创新是在了孵化和研发新技术阶段之后,把科技创新的成果即孵化出的新技术通过创办企业的方式进行产业化。尽管在产业化过程中还需要进一步进行创新和研发,但主要任务是创业和产业化。

在产业发展史上,常常不是传统产业创造出替代自己的新产业。熊彼特当年在阐述其创新理论时就指出:创新通常可以说是体现在新的企业中,它们不是从旧企业里产生的。例如,并不是驿路马车的所有主去建造铁路③。其原因可以用创新理论来说明。创新就是创造性毁灭。已有的产业部门(或者说传统产业)有工艺创新的动力,有降低消耗的创新动力,但不可能有以产业创新来毁灭自己的动力。资产的专用性,产业创新所产生的沉没成本,已有的市场都会成为包袱,阻碍对自己的产业创新。因此,产业创新往往产生在已有产业的外部。

科技创业既然是创办科技企业,就需要创办企业的基本要素,如资本和劳动,但科技创业的起始条件是知识、技术及其专利之类的科技成果,这是科技创业之源。创新创业过程虽然也需要物质资源的消耗和劳动的消耗,但更为重要的是智慧和创意。就如费尔普斯所说,创新所依赖的资源主要是人力资源,但"基本要素是想象力或创造力,对可能开发和推广的还没有人想到过的事物的构想。④"

虽然科技创业依靠知识资本和人力资本,但既然是创业就离不开物质资本。科技人员创业一般是有技术和知识产权,但缺乏创业资本。由于科技创业存在风险,高风

---

① [美]费尔普斯:《大繁荣:大众创新如何带来国家繁荣》,中信出版社 2013 年版,第 30、31 页。
② [美]费尔普斯:《大繁荣:大众创新如何带来国家繁荣》,中信出版社 2013 年版,第38 页。
③ [美]约瑟夫·熊彼特:《经济发展理论》,商务印书馆 1990 年版,第 74 页。
④ [美]费尔普斯:《大繁荣:大众创新如何带来国家繁荣》,中信出版社 2013 年版,第31 页。

险可能有高收益,因此创办科技企业所需要的资本一般是风险投资。这样,科技创业的资本是以科技创新成果体现的知识资本、以创业家体现的人力资本和以风险投资体现的物质资本的集合。同一般的创业是以资本招(雇佣)劳动和技术不同,科技创业是以技术和知识产权招(雇佣)资本。这意味着在科技创业中,知识资本和人力资本对创业起着决定性作用,尽管物质资本不可或缺。

四、国家创新能力建设

科技创新成为经济发展的主要动力是中国成为创新型国家的重要标志。建设创新型国家实际上是建设国家创新能力,其标志:一是创新要素(包括高端创新创业人才、科研和研发机构、风险和创业投资、科技企业家等)的高度集聚;二是包括产学研协同创新平台在内的创新体系高效运行;三是包括人才环境、创新成果供给环境、创新的文化和制度环境在内的创新的生态环境良好。其效应是:创新活动极为活跃,创新成果源源不断,战略性新兴产业形成集群。按此要求,需要以下几个方面的建设:

1. 创新投入机制建设

目前 OECD 国家的研发费用一般要占其 GDP 的 2.3%以上,而对科技创新企业来说一般要达 5%以上。我国目前这方面的差距很大。这也表明由主要依靠物质资源投入转向创新驱动,只是指创新驱动可以替代和节省紧缺的能源、土地、环境之类的物质资源,但不能替代资金投入,恰恰要加大对科技创新的投入,也要求资源向创新领域流动和集聚。不仅要求企业成为创新投入的主体,政府也要加大科技创新的投入。当然政府的创新投入同企业的创新投入应该有分工,前者偏重知识创新投入,后者偏重技术创新投入,但孵化新技术环节,两者都应该积极投入。孵化和研发新技术成为创新驱动的重点环节,创新投资更多地投向孵化和研发环节,才能获得源源不断的新技术。这两个方面的投资有保证,就可能转向创新驱动的发展方式。

经济体制改革的核心问题是处理好政府和市场的关系。创新制度的建设也是这样,既要尊重市场规律,又要更好地发挥政府作用。就创新投入制度的创新来说,既要有市场创新,又要有政府创新。市场创新主要是发展科技金融。从创新驱动型经济对金融的需求以及金融自身的创新要求分析,商业性银行和金融机构应该也可能成为科技金融的主体。因此金融创新的一个重要方面是发展科技金融,推动科技创新与金融创新的深度融合,促进金融资本开展以科技创新成果孵化为新技术、创新科技企业为内容的金融活动。政府创新主要是政府提供创新投入。由于创新成果具有外溢性和公共性的特征,政府必须提供自主创新的引导性和公益性投资。同时为创新成果的采用提供必要的鼓励和强制措施,包括政府优先采购自主创新的产品和服务等。当然政府的创新投入不能替代企业的投资主体地位,更不能挤出企业的创新投入。

2. 创新环境建设

转向创新驱动,环境建设非常重要。当年我国沿海发展开放型经济时着力打造"n通一平"的引进外资的环境。现在转向创新驱动,需要引进和集聚创新资源,创新要素涉及创新人才、创新机构、创新投资、创新成果等。其中最重要的是创新人才,尤其是高端创新创业人才。因此,创新环境和开发环境不完全相同。突出的是为高端创新创业人才提供宜居、宜研、宜产业化的环境。这里涉及包括网络信息通道在内的基础设施建设,产学研合作创新平台的硬件建设和创新创业人才的宜居环境建设,活跃的风险和创新投资,创新文化建设等。就激励创新的公共环境来说,不仅要强化市场竞争,还要激励改善创新的公共服务环境。其中除了政府批准项目的效率和政府对创新的支持政策外,最为重要的是提供法制特别是知识产权保护环境。单纯的竞争机制只能缓解创新外在压力,不能解决创新的内在动力问题,更不能解决连续创新的动力问题。在保障必要的竞争机制的基础上确认一定程度创新者垄断的作用。创新企业在一段时间内垄断和独占创新收益,可以使创新者的创新成本得到充分的补偿。对专利等知识产权保护制度的垄断不仅可以克服对创新成果免费搭车的行为,还可增强创新动力。

总而言之,实施创新驱动的发展战略是个系统工程,既涉及知识创新,又涉及技术创新;既涉及经济发展方式的根本性转变,也涉及相应的经济体制的重大改革;既要发挥市场的调节作用,又要政府的积极介入。需要各个系统形成合力,促进创新资源高效配置和转化集成,把全社会的智慧和力量凝聚到创新发展上来。

第九章 产业结构转型升级和工业现代化

发展中国家发展的根本问题是经济结构问题，因此发展经济学一直将结构调整看作发展的中心问题，其中最为突出的是产业结构。经济的发展不仅反映产出量的增加，更重要的是反映产业结构的转型升级，涉及三次产业结构。我国已经从农业大国转变为新兴工业化国家。在这个基础上推动产业结构转型升级的方向是使经济发展更多地依靠现代服务业和战略性新兴产业推动。

第一节 产业结构演进的趋势

一、产业结构演进的内容

产业结构，在马克思看来是生产生产资料和生产消费资料的两大部类之间的比例关系；而在现实的统计和比较中是指农业、工业和服务业三次产业的比例关系，还可进一步细化到各个产业内部的结构，也涉及传统产业和新兴产业的比例关系等。产业结构的演进包括两方面内容：一是产业结构的平衡和协调；二是产业结构的高度化。

就产业结构的协调来说，一是指马克思所说的，在一定的扩大再生产规模或经济增长速度上，两大部类产品的生产成比例，社会的投资需求和消费需求在两大类产品的交换中得到合理的满足。二是指社会所有产业部门的产品（中间产品和最终产品）供给与社会对它们的需求（中间需求和最终需求）平衡。这样，在一定的经济增长速度上，各产业部门的生产能力得到充分利用，一定产业结构所达到的生产能力得到充分释放，社会既不存在局部闲置的生产能力，也不存在局部过度利用的生产能力。

产业结构可以在不发生结构水准变化的基础上维持平衡，但这只是产业发展的静态目标。对发展中国家来说，产业发展绝不是仅维持已有结构水准上的均衡。我国目前供给能力弱的症结不只是比例失调，更重要的是它长期处于低水准。从发展水准来看，产业发展要使社会生产能力和社会需要的满足程度不断达到新的水准。这包括各产业部门产出能力不断提高，满足新的社会需要的新兴产业部门不断产生和壮大，夕阳产业逐步被淘汰。

显然,产业结构高度化是要在结构上产生新的生产能力,创造和满足新的社会需要。当然,产业结构的高度化过程会不断地打破处在原有结构水准上的平衡。产业结构达到新的水准后还必须通过协调建立新的平衡。因此,产业结构协调是动态的,是产业结构高度化进程中的协调。协调产业结构必须同推动产业结构高度化结合起来,使社会生产能力和社会需要的满足程度在不断达到新水准的基础上得到协调。

根据诺贝尔经济学奖得主、美国经济学家库兹涅茨的研究方法,产业结构的水准有两方面衡量指标:一是总产值的部门构成,二是劳动力的部门构成。根据库兹涅茨提供的实证资料(见表 9-1)可以发现产业结构高度化的下述趋势。

表 9-1 不同发展水平下的产业结构 1958

人均国内生产总值(美元)	国内生产总值的部门构成(%)			考察的国家个数
	第一产业	第二产业	第三产业	
52	53.6	18.5	27.9	6
83	44.6	22.4	33.0	6
138	37.9	24.6	37.5	6
221	32.3	29.4	38.3	15
360	22.5	35.2	42.3	6
540	17.4	39.5	43.1	6
864	11.8	52.9	35.3	6
1 382	9.2	50.2	40.6	6

资料来源:库兹涅茨:《各国的经济增长》,商务印书馆 1985 年版,第 111 页。

表 9-2 世界银行 2014 年有关国家三次产业结构数据 单位:%

国家	人均 GDP 美元	第一产业	第二产业	第三产业
英国	45 603	0.61	19.76	79.63
德国	47 627	0.75	30.69	68.56
日本	36 194	1.21	26.21	72.58
美国	54 629	1.45	20.50	78.05
韩国	27 970	2.34	38.23	59.42

根据国际经验(见表 9-2),总产值部门构成的高度化趋势:第一,随着人均国民生产总值水平的提高,第一产业在国内生产总值中的比重呈明显下降的趋势。当然,农业产值比重的下降绝不意味着农业产值总量的下降。这种趋势恰恰是在农业产值总量增长和农业劳动生产率提高的基础上产生的。农业产值比重下降的趋势只能由以下两个趋势来说明。第二,人均国民生产总值提高,促使第二产业(工业)产值的比重呈快速上升的趋势。分析

工业部门内部构成可以看到，首先是制造业的上升速度最快，工业部门份额的上升有一半要归功于制造业的迅速扩大。其次是建筑业在工业总产值中的比重迅速上升，这是由城市化和工业化对基础设施建设的需求上升引起的。再次是运输和通信部门成为工业发展中最富有生气的部门之一。第三，第三产业（服务业）的份额随人均国民生产总值水平的提高而增大。发达国家一般达到7%以上。其中，随着资本来源社会化、资本运动社会化，金融行业有较大的扩充。

劳动力部门构成的变动趋势。劳动力的部门构成与总产值的部门构成是相辅相成的。一方面，总产值的部门构成变化会改变对劳动力的需求，引起就业构成的变化。随着人均国民收入水平的提高，劳动力会从第一产业向第二产业转移；工业化基本完成之后，劳动力又会从第二产业向第三产业转移。总的发展趋势是：在第一产业中就业的人数占全部劳动者人数的比重逐步下降，而在第二和第三产业中就业的劳动者所占比重会逐渐上升。但是与总产值的部门构成比较在时间和速度上存在显著的差异。这主要表现在两个阶段上：第一，在工业化初期，农业部门占用的劳动力比重下降的速度远远慢于其提供的产值在总产值中所占比重下降的速度；第二，在工业化阶段之后，第三产业就业人数占全部劳动者的比重上升速度，要快于其创造的产值在总产值中比重的提高速度。但是，劳动力的部门构成最终还是要与总产值的部门构成趋向一致。

对处于农业国地位的发展中国家来说，其产业结构调整都是从工业化开始的。工业化的进程涉及工业内部结构的调整和升级。根据霍利斯·钱纳里（Hollis Chenery）在其著作《工业化与经济增长的比较研究》中的分析，工业发达国家的工业化分为三个时期。工业化初期阶段，即由以农业为主的传统结构逐步向以现代化工业为主的工业化结构转变，工业则以食品、烟草、采掘、建材等初级产品的生产为主。这一时期的产业主要是以劳动密集型产业为主。工业化的中期阶段，即由轻型工业的迅速增长转向重型工业的迅速增长，也就是所谓的重工业化阶段。这一阶段的产业大部分属于资本密集型产业。工业化后期阶段，信息和生物技术等新兴产业成为主导产业，与此同时，第三产业开始由平稳增长转入持续高速增长，特别是新兴服务业，如金融、信息、广告、公用事业、咨询服务等。进入现代化社会后，第三产业开始分化，知识密集型产业开始从服务业中分离出来，并占主导地位：人们消费的欲望呈现出多样性和多边性，追求个性①。

显然，一个国家和地区所处的工业化发展阶段能大致反映其产业结构的水准。产业升级不只是指在现有产业中培植出适合新的市场需要的具有竞争优势的产品，同时还要求产业结构的升级换代，其中包括由劳动密集型产业上升为技术密集型产业，产生满足新的市场需求的新兴产业。

---

① ［美］霍利斯·钱纳里：《工业化与经济增长的比较研究》，吴奇等译，上海三联书店1989年版。

由于大国人口多,需求规模大,需求结构也多样化,有广阔的国内市场,因此大国的结构变动有如下特征:第一,大国可以在收入水平较低时进入结构变动时期,并能较早地建立起比较完整的工业生产体系。根据钱纳里的分析,达到工业化最高速度的人均国民生产总值水平,大国在人均270美元(1970年美元),拥有少量资源的小国在人均630美元,拥有丰富资源的小国在人均580美元,因此,拥有广大国内市场的国家达到产业结构最迅速变化阶段的时间可以早于其他典型的国家。这正是我国得以在人均国民生产总值水平较低时推动工业化进程的原因。第二,在人均国民生产总值基本相同时,大国的工业产值在国民生产总值中所占比重要比小国高,大国的积累率也高于小国。第三,在国际贸易方面,大国的进口比例要相对高一些,净出口比例不如小国高。就国际贸易对结构转移的影响来说,国家越小,国际贸易对结构转移的影响越大。而在大国,国际贸易在总产出中的比重较小,对外贸易的扩大对国内生产结构转移的贡献较小。第四,大国在生产资源的配置和利用上存在的困难比小国大。所有这些便决定了大国结构与钱纳里的"标准结构"的正常偏差。在钱纳里的发展模型中,大国结构指的是人口在2 000万以上的国家的结构。按此标准,我国简直是巨国,巨国结构与大国结构存在偏差也是正常的。当然这不排斥将"大国的一般结构"作为评价我国产业结构现状的参照系。

对三次产业结构的变动趋势,钱纳里有个标准结构和大国结构的经验数据(见表9-3),这是各个国家产业结构调整的重要参照系。

表9-3　人均GNP1 000美元时的标准结构与大国结构　　单位:%

结构类型	初级产业比例	整个工业比例				服务业比例
		小计	轻制造业	重制造业	建筑和基础设施工程	
标准结构	13.8	34.7	15.8	8.6	15.1	51.5
大国一般结构	5.7	28.7	12.5	12.2	4.0	65.6

资料来源:钱纳里:《工业化与经济增长的比较研究》,吴奇等译,上海三联书店1989年版。

二、中国产业结构现状

我国是在半殖民地半封建经济基础上推动发展的。中华人民共和国成立初期产业基础是传统农业,现代工业比重过低,没有形成独立的现代工业体系,工业基本上是手工业和传统的纺织业。从20世纪50年代初期推进的国家工业化基本上是在城市进行,发展城市工业。到1956年宣布完成国家工业化任务时也只是建立起独立的城市工业体系,工业比重不到30%。我国大规模的工业化是从20世纪80年代发展乡镇企业开始的,一方面在农村推进工业化;另一方面引进国外直接投资,建立各种类型的工业园和开发区。到2011年第一产业比重降到10.1%,第二产业达到46.8%。这表明我国已经真正从农业大国转变为工业大国。表 9-4 给出了 1978 年以来主要年份的三次产业增加值占 GDP 的比重。

表 9-4　中国若干年份三次产业占 GDP 比重值

时间	第一产业(%)	第二产业(%)	第三产业(%)	人均 GDP(美元)
1978	28.1	48.20	23.70	381
1982	33.4	44.77	21.85	298
2010	10.1	46.67	43.24	4 382
2013	9.4	43.67	46.92	7 081
2016	8.6	39.80	51.60	8 260
2017	7.9	40.50	51.60	8 836

通过观察表 9-4,可以总结出我国三次产业比重的变化规律:第一产业在国民经济中所占比例越来越小,已经从 1952 年 50%降至 2013 年的 9.4%,近些年下降趋势较为缓慢;第二产业在 GDP 中的比重在改革开放之前一直增加,由 1952 年的 21%增长至 1977 年的 47%。改革开放之后一直到 2007 年,都维持在 43%~47%,这一时期也是工业化发展最为迅速的时期,工业化速度几乎和我国改革开放以来经济增速相同,工业产值迅速增加,工业体量迅速扩大;作为第三产业的服务业改革开放以来则稳步增加,尤其是进入 21 世纪以来,其在 GDP 中的比重超过了 40%,而 2013 年,这一比重达到了 46.92%,第一次反超第二产业。

中华人民共和国成立以后,经过 70 年的建设,我国的国民经济有了迅速的发展。虽然在经济发展过程中我国的产业结构发生了很大的变化,总的方向与产业结构高度化的方向是一致的,但现行的产业结构与钱纳里所总结的达到同等经济发展水平的国家的标准结构相比,(将表 9-4 与表 9-3 比较),可见我国的三次产业结构仍然相对落后:第一,农业比重仍然偏高;第二,服务业比重严重偏低。

2017 年,我国人均 GDP 为 8 836 美元,按照钱纳里的标准,我国大致处于工业化的中级阶段中后期。比较 2017 年我国人均 GDP 达到 8 836 美元时的产业结构与钱纳里的人均 GDP 为1 000 美元时的中等收入国家大国标准结构,可以发现我国现阶段的产业结构现状:

(1) 第一产业占国内生产总值的比重 2017 年为 7.9%,与大国结构 5.7%仍有差距,与发达国家差距更大。再就其劳动力份额来说,中国农业劳动力按照官方的统计,目前还有 28%,和发达国家比,发达国家只有 4%、3%,这就是说占比 28%的劳动力提供 7.9%的国内生产总值,可见我国第一产业农业劳动生产率之低,技术进步之慢。

(2) 第二产业占国内生产总值的份额 2017 年为 40.50%,远远高于大国结构 28.7%的水平。

(3) 第三产业占国内生产总值的比重 2017 年为 51.6%,仍然远远低于大国结构 65.6%

的水平，更是低于高收入国家70%的水平。我国服务业的落后，不仅在于其在国内生产总值中的占比太低，在第三产业就业的劳动者份额约为36.01%，还在于服务业结构具有低收入国家特征，表现为生产性服务业太落后。批发和零售贸易餐饮业在第三产业GDP的份额一直占主导地位。一些新兴的行业，比如金融保险业和社会服务业虽然有上升的趋势，但是比重仍然很低。科学研究和综合技术服务业以及教育文艺广播电影电视业等的比重也不高。

归结起来，我国的产业结构与同等人均国民生产总值的国家的"标准结构"（大国结构）存在很大的偏差。三次产业好像不是同一经济的三个部分，倒像是不同社会三次产业的组合，即接近中等收入国家的工业，低收入国家的农业，工业社会前的服务行业。这种状况反映了我国的产业结构与经济发展的总量水平不协调，明显带有低收入国家产业结构的水准，这与人均收入达到中等收入国家水平的产业结构水准是不相符的。

第二节　产业结构的现代化

从经济发展的进程分析，所有现代工业和落后农业并存的二元结构国家的现代化基本上都是由工业化、城市化和改造传统农业起步的。中国已经经历了快速的工业化进程，并取得了巨大的成就。进入21世纪，中国已经从农业大国转变为工业大国。特别是在小康社会全面建成后将要开启现代化进程。经济现代化首先是产业结构现代化，建立现代化产业体系。现代化产业体系涉及：现代化的产业结构，体现现代水平的新兴产业，以及各类产业采用现代科学技术。

一、服务业的快速发展

我国的产业结构转型升级的一个重要方向是突出发展服务业，有其客观必要性和紧迫性。

第一，在工业化和城市化进入中后期阶段后，客观规律是服务业，尤其是现代服务业的快速增长。服务贸易较产品贸易增长更快。服务业特别是现代服务业发展潜力和增值空间大于制造业。其原因是居民不断增长的物质产品需求得到满足以后，对交通、文化、教育、医疗、信息等方面的服务消费需求更为强烈。服务业能够吸收更多劳动力就业且大都属于环境友好型产业，而且可以满足群众日渐丰富的多元化需求，集中体现一国的发达程度，理应受到重视并大力扶植。

第二，从产业发展顺序看，制造业的发展拉动服务业的发展。制造业达到较高水平，对服务业会提出强烈需求；服务业发展对制造业又有明显的拉动作用。尤其是制造业进入提高附加值阶段后，发展生产性服务业就显得更为重要。价值链“微笑曲线”也表明，服务环节的附加值明显高于制造环节的附加值。特别是新兴服务业，如金融、信息、广告、公用事业、咨询服务等发展最快。

第三，经济发展由投资拉动转向消费拉动依托服务业的发展。服务业与制造业的明显区别是：制造业的生产地点可以与其市场，也就是与消费地点分开；服务业则不同，其服务与消费在地点上不可分离。哪里的消费需求旺，服务网点就到哪里去；反过来，服务网络到哪里，哪里的消费就会热起来。最为明显的是当前的信息消费热就是同信息服务热相互促进的。

第四是当下的国际背景。从经济结构角度可把世界上的国家也分为三类，第一类是消费和服务主导型国家，就像美国、日本、英国、法国等，这类国家既富又强，但是面临就业压力；第二类是像中国这样的制造业和出口主导型国家，这类国家经济体大，就业充分，但是收入水平较低；第三类国家是资源型国家，资源型国家又有两类，有的富裕程度较高，但是不强，比如一些石油出口国，而有的国家非常贫困。自 2008 年金融危机以来，这三类国家都开始寻求转型，第一类国家着力解决就业问题，其转型的方向就是发展制造业和扩大出口，比如美国奥巴马政府提出出口五年翻一番和再工业化。第三类国家为了减轻对外国的依赖性，则倾向于发展制造业。这两类国家产业结构转型趋势对中国的影响很大，由于发达国家再工业化以及资源型国家也发展制造业的原因，中国在国际市场上面临的竞争压力和资源供给压力日益加重。这样作为制造业和出口主导型国家，主动推进产业结构转型升级，着力发展服务业，不仅是要解决自身结构的大而不富的问题，也是应对全球经济转型的趋势和压力的应用之策。

随着我国工业化进程由中期向后工业化阶段的演变，服务业地位迅速崛起，发展速度也明显快于 GDP 的增速。表 9-4 的数据显示，进入 21 世纪以来，服务业增长速度明显快于第二产业的增速，对 GDP 的贡献迅速攀升，2013 年服务业增加值首次超过第二产业，成为国民经济的第一大产业。就服务业对 GDP 增长的贡献率来说，2000 年为 36.2%，2013 年为 47.2%，2017 年为 58.8%。

正在推进的城市化城镇化进程也带动服务业的迅速发展。实证分析表明，服务业的发展与城市化具有同步性。与现代经济相联系的大型商贸、文化教育、金融、保险、房地产业、信息服务业等均集聚在城市，尤其是大中城市。凡是国际性大都市，服务业比重一般要在 70%以上。发达国家 60%的产值和 60%的就业在服务业，其主要集中在城市。主要原因是城市的功能就包含服务的功能，如市场功能、信息功能、金融保险通信等方面的服务功能。现在正在推进的城市化，其内容就是强化城市功能。城镇化也会推动农村城镇具有城市功能，更多的农村人口转化为城镇人口，城市（人口和地域）规模扩大，公司总部向城市集中，都会进一步扩大服务业系统和网络。

服务业本身也有个转型升级的问题。相对于传统服务业，现代服务业是适应现代人和现代城市发展的需求，而产生和发展起来的具有高技术含量和高文化含量的服务业。服务业包括消费者服务业和生产者服务业。随着服务业体量的迅速增加，服务业的结构也在不断优化，并且创新不断，新的服务种类和业态进一步给服务业带来了更大的成长空间。

消费者服务业的发展同居民消费水平的提高和消费结构的变化相关。随着人均收入水平的不断提高，与居民的温饱型消费的比重不断下降相适应，居民的服务性消费比重不断上升，这将推动消费者服务业的不断成长。零售、餐饮、娱乐、旅游、体育，客运、航运、旅店、家政服务等消费性服务业是属劳动密集型产业，与居民生活需求密切联系，进入退出的壁垒低。因此，这类服务业的发展非常迅猛。统计数字也显示，医疗保健、交通通信、娱乐文教三项保持高幅增长势头，成为当前消费的热点。旅游消费热也已在居民家庭中兴起。由于不同群体之间收入水平存在差距，居民消费档次逐渐拉开，要求提供不同层次的服务。可见，即使是消费性服务业也可能有较高的等级和附加价值。

生产者服务业对制造业大国更为重要。现代经济中服务业主导制造业正在成为现代经济的趋势。金融服务、科技服务、文化服务、国际商务、信息服务等现代服务业对经济发展的带动作用越来越明显。法律、会计、评估、咨询、工程设计、广告等中介服务机构越是发达和规范，制造业的发展空间越大、质量越有可能提高。

服务业的技术手段也在升级，突出表现是电商对传统服务业的挑战。2017 年电子商务已占零售总额的 20%~30%，在年轻人中占 50%。

在经济全球化的背景下，发达国家不仅将制造业向发展中国家转移，其现代服务业如金融、保险、通信、网络等也通过服务外包进入发展中国家。这些恰恰是发展中国家较为落后但潜力较大的部门。发展和引进国外制造业的基本投资环境是服务业环境。发展中国家在积极发展和引进国际制造业的同时，还要重视发展自身的服务业，特别是现代服务业。

二、新型工业现代化

产业结构的水准不只是看三次产业的比例关系，特别要关注各个产业的内部结构水准。在我国这样的制造业大国，制造业的创新和升级尤为重要。在工业化达到较高水平以后，需要提出工业现代化要求。根据现代化要求，制造业升级的方向，一是利用最新科技推动产业创新，发展代表未来发展方向的关键性产业；二是运用高科技改造传统产业，通过高科技产业化增大新兴产业和技术密集型产业的比重。对一个国家来说，产业升级的关键是建立现代产业体系，尤其是支柱产业现代化，产生更高的效益，形成更强的竞争力。

过去，我国制造业为主的结构之所以能够支撑较长时期的发展，一方面靠的是较为宽松的资源和环境供给，另一方面主要靠的是国际市场需求。现在制造业为主的产业结构竞争力明显下降，一方面资源和环境的压力造成了制造业增长的极限；另一方面世界性危机

和产业转型又导致国际市场产能过剩,国际市场竞争过度又导致保护主义越来越严重,中国制造品频繁遇到各种方式的打压和惩罚,

现在在制造业产品总量上中国已经成为世界第一制造业大国。按照国际标准工业分类,在22个大类中,我国在7个大类中名列第一,钢铁、水泥、汽车等220多种工业品产量居世界第一位。目前,只有两个国家占世界贸易的比重超过10%,即中国出口占11.2%,美国进口占12.6%。中国的出口量居全球第一的地位也是以制造业生产能力居世界前列为支撑的。正因为如此,中国有"世界工厂"之称。但是,当中国进入中等收入国家发展阶段时,中国的工业结构问题就突出了。

一是制造业的结构性问题突出。一方面产能过剩严重。这是长期追求GDP的发展方式所致。尤其是在水泥、钢材、玻璃、有色金属、化工、建材等传统制造业领域,产能严重过剩。生产能力超过市场容量,生产的产品不为市场所接受。再加上能源原材料成本不断上升,造成了高产值低收入的产业结构。另一方面,在存在大量产品产能严重过剩的同时,高科技、高性能、高附加价值的产品却很紧缺。例如,我国是世界上第一位钢铁生产大国,但冷轧薄板却有巨大的供给缺口,自给率仅65%左右,不锈钢自给率更低,仅15%左右;我国的乙烯生产能力也是过剩,但同时高性能的醋酸乙烯聚合物的生产能力却不足,每年要进口200万吨左右。冶金业是买方市场,但许多特种钢材还依赖进口。其他如建材业、制药业等也是这样。

二是中国制造业总体处于价值链的中低端,附加价值不高。尽管我们的制造业产量名列世界前茅,有的处于第一位,有的处于第二位,但是国际竞争力不强。就具有市场优势的领域来说,美国在飞机制造、特种工业材料、医疗设备、生物技术等高科技领域占有更大份额,而我们在纺织、服装、化工、家用电器等低科技领域占有更大份额。再就制造业产品来说,"中国创造"部分少,品牌也是用外国的多。

三是高耗能、高污染。能源、资源、环境供给不可持续,增长效益低。据2017年6月13日发布的《世界能源统计年鉴2017》数据显示,2016年,中国一次能源消费量30.53亿吨油当量,占世界的比重为23.0%,大大超过GDP占世界的比重(14.81%)。从统计数据可以看到,我们的GDP的世界比重并不是很高,但我们消耗的煤炭、石油占的份额却很大,按照我国目前的能源消耗水平,我国的GDP如果要达到美国水平,全世界的石油和煤炭都给我国消耗都不够。或者说,如果按照目前的这种模式发展的话,全世界的资源都给中国用也不够。

实证分析表明,买方市场的强度同产业的等级成正比。越是技术含量低的行业,重复建设越严重,买方市场的强度越强。现在超过买方市场正常值的、产品积压严重的基本上是技术含量较低的产品和行业。其原因很明显,这些技术含量低的行业进入容易,无力将竞争者挡在行业之外。在买方市场条件下,市场占有份额下降甚至被赶出市场的企业,主要由其处于低水准的技术来说明。相反,在技术含量高的行业,可以将许多达不到所要求

的技术水准的竞争者挡在门外,因而买方市场的强度较低。一些首先采用国际最新技术的企业,具有较高的竞争力,能够在买方市场中创造本企业产品的卖方市场。显然,对相当部分处于过强的买方市场约束的企业来说,只有依靠采用国际最新技术进行技术改造的路径,才能走出市场狭窄的困境。

在进入中等收入国家发展水平后,进一步推进工业化也要转变发展方式,走新型工业现代化道路。

首先是提高工业的科技含量。依靠最新科学技术不仅可以使工业化水平一下子进入国际前沿,同时可以以其对物质资源的替代和节省,实现低物质消耗,以其带来的清洁生产而降低污染;而且依靠高的科技含量可以获取高的附加价值。尤其是依靠最新科技成果发展该时代处于领先地位的新兴产业,形成具有自主创新能力的现代产业体系。

其次是节能减排。我国现在所处的工业化阶段正是经济结构显著转换的过程,资源消耗推动经济增长的特点较为明显。这种结构转换和经济发展对自然资源形成巨大的需求,从而使本来就捉襟见肘的自然资源更为紧张。现在,在全球环境恶化及资源供给条件恶化的背景下,为了实现可持续发展,就必须摒弃发达国家所实行过的工业化模式和现代化道路。按可持续发展要求形成的新经济发展模式:从对自然资源竭泽而渔的做法转向以再生能源为基础、重复或循环利用资源的经济模式。在处理发展与治理环境污染方面,由先发展后治理转向边发展边治理并进一步转向先治理后发展。

第三是人力资源优势得到充分发挥。劳动力是经济增长的一个要素。中国的现代化不能回避的问题是劳动力资源较为丰富,沉重的就业压力会制约产业结构转型升级。这意味着中国产业结构现代化在吸纳就业的能力上应该是多元的,也就是劳动密集型产业与技术密集型产业并存。但即使是劳动密集型产业所吸纳的劳动力也不应该是简单劳动力。生产力发展到现在这个阶段,对经济增长起作用的劳动已不是简单劳动,而是掌握一定知识和技术的劳动。劳动要素投入对经济增长的贡献,主要在于投入的劳动力的质量。新型工业化不只是充分利用劳动力的量,更重视劳动力的质。在工业化中最有价值的资源应该是与先进的机器设备相适应的知识和技术,而人力资本是人的知识和技术的存量。显然,进行人力资本投资,提高劳动者的素质,成为新型工业化的重要内容。

三、工业现代化与信息化的融合

马克思有个重要判断:各种经济时代的区别,不在于生产什么,而在于怎样生产,用什么劳动资料生产。据此他确定水推磨产生的是封建社会,蒸汽机产生的是资本主义。后者反映的正是第一次工业革命成果。第二次工业革命则是以钢铁和电力为标志。第三次科技革命,是在 20 世纪自然科学理论最新突破的基础上产生的,涉及信息技术、生物技术、新材料技术、新能源技术、空间技术和海洋技术等。从 20 世纪 70 年代初开始,又出现了以微电子技术、生物工程技术、新型材料技术为标志的新技术革命。现代的经济可以说是由电脑和互联网驱动的,当下是否使用不使用互联网从一定意义上成为区分现代工业和服务业与传统工业和服务业的标志。特别是近年来,移动终端又与互联网融合,并进入工业和服务业与之融合发展,工业和服务业的现代水平又有了新的提高。

有意思的是,近期流行的美国学者杰里米·里夫金(Jeremy Rifkin)的关于第三次工业革命的著作从所用能源的角度划分工业时代。他把第二次工业革命称为化石能源的时代。进入 21 世纪,曾经支撑起工业化生活方式的石油和其他化石能源正日渐枯竭,那些靠化石燃料驱动的技术已陈旧落后,以化石能源为基础的整个产业结构也运转乏力,更糟糕的是使用化石能源的工业活动造成的碳排放破坏地球和气候生态系统并危及人类健康。这就催生了第三次工业革命。正在到来的第三次工业革命,根据里夫金的定义,以可再生能源为基础,是互联网技术和可再生能源的结合。

面对正在到来的第三次工业革命和第四次科技革命的挑战,各个国家已经和正在采取积极的应对措施。据有关资料,美国着力发展新能源、生物医药、航天航空和宽带网络技术。日本着力发展新能源、新型汽车、低碳技术、医疗技术和信息技术。欧盟国家着力发展绿色技术、低碳技术和新能源汽车技术。巴西、墨西哥等发展中国家也在着力发展新能源和绿色环保技术。

可见,新科技和产业革命以创新知识密集产业和绿色技术产业为标志。由此催生的战略性新兴产业,是新兴科技和新兴产业的深度融合,既代表着科技创新的方向,也代表着产业发展的方向。过去几次科技和产业革命我国都没能赶上,失去了机会。这次再也不能与新科技革命失之交臂。

在全球化、信息化、网络化的时代,面对新工业革命,我国的工业化同发达国家已经站在同一个创新起跑线上,美国、日本、欧洲这些国家所发展的产业,同样也是我们所要发展的产业,前段时间,发达国家都在搞信息化,现在又都在搞生物医药、生物技术、新能源,这都是我们所要发展的新技术、新产业。

工业现代化的标准是加快发展先进制造业。具体要求是推动互联网、大数据、人工智能和实体经济深度融合,支持传统产业优化升级,促进我国产业迈向全球价值链中高端,培育若干世界级先进制造业集群。

现在的工业化正在进入信息化阶段。在美国等发达国家,信息和网络技术、信息和网络服务正在成为经济发展的主要推动力,也正在使工业等产业的技术基础发生革命性变化。许多发展中国家虽然也不同程度地进入了工业化阶段,通常的逻辑是追随发达国家亦步亦趋,先工业化,后信息化。实践的结果是不但跟不上,距离还在进一步扩大。一些成功国家的经验就是瞄准发达国家技术的最新发展,直接采用最新技术而实现跨越式发展。例如一般的工业化都会经历重化工业阶段,这个阶段具有高消耗高污染的特征。信息化则可能跨越这个高消耗高排放的阶段。

已有的现代化理论把工业化和信息化作为现代化进程中的两个阶段。而在进入新时代后，工业现代化必须同信息化融合，以信息化推动工业化，实现跨越式发展。信息化是充分利用信息技术，开发利用信息资源，促进信息交流和知识共享，提高经济增长质量，推动经济社会发展转型的历史进程。现阶段的信息化已经发展到移动互联网化，信息化不仅代表信息产业的迅速发展，还表明信息技术在社会经济各部门迅速扩散且被高度应用，信息资源被高度共享，从而使人的智能潜力以及社会物质资源潜力被充分发挥。信息化同时也导致经济和社会结构的重大变革，以至于把现代社会称为信息社会。

信息化的内涵包括建立在最新信息技术基础上的产业创新，推进高科技产业化。不仅要在现有产业中采用高科技，提高产业的高科技含量，更为重要的是直接发展一部分高科技产业，如微电子产业、信息产业、生物工程产业、新材料产业等。现阶段的现代生物技术等战略性信息产业，以及里夫金所说的可再生能源实际上都离不开信息和互联网技术。

信息化没有完全摒弃传统产业，其重要功能是对传统经济的整合和改造，通过信息技术对传统产业的渗透，很多传统产业部门一跃进入信息化社会。信息技术具有覆盖面广、渗透力强、带动作用明显等优势。可利用信息技术围绕工业产品研发设计、流程控制、企业管理、市场营销等环节，提升自动化、智能化和管理现代化水平，促进传统产业结构调整和改造升级。我国现阶段许多传统产业产品有市场，但高消耗高排放，只有靠信息化才能达到绿色技术的改造进入现代化社会。

四、 产业迈向全球价值链中高端

经济全球化发展到现阶段的突出表现是，国际分工发展为产品内分工，即同一种产品在全球范围内各个国家和地区布局产品的生产、流通和营销环节，相应地形成连接研发、生产、销售、服务等过程的全球价值链。相应地，国际竞争突出表现为全球价值链竞争：一方面是全球价值链之间的竞争；另一方面是全球价值链内部的竞争，表现为争夺其中的主导地位和高附加值环节的竞争，从而达到自主可控的要求。长期以来欧美发达国家的跨国公司大都处于全球价值链的研发和营销环节两端，掌握核心技术和关键技术，因而在全球价值链中居主导地位。

根据图 9-1，在价值链上附加值最高的两端是研发环节和销售环节，附加值最低的是加工装配环节，在低端加工装配环节向两边延伸附加值也相应递增。我国过去基本上是基于劳动力和资源环境的比较优势嵌入全球价值链的。包括以加工贸易方式嵌入生产者驱动的全球价值链，以代工贴牌等方式进入采购者驱动的全球价值链。这么多年来也确实获得了全球价值链的红利。全球价值链进入，跨国公司的资金、技术、管理等优势与我国劳动力、土地成本、基础设施等方面的优势结合，同时也引进了一批先进产业。但其缺陷也逐步显示出来：处于价值链低端的加工制造环节，核心技术和关键技术环节不在我国的居多，中国创造部分少，品牌也是用外国的多。现在我国产业所处的全球价值链地位面临两大挑战：一是由于劳动成本、土地成本的明显上升，不仅附加值进一步下降，还存在“低端锁不定”的风险，主要利用劳动和资源环节的外资正在转向他地。二是受制于人。从理论上说，在全球价值链上谁的技术水平高，谁具有成本优势，就用谁的产品。就如美国高通的高级芯片在这方面有明显优势，其产品就进入我国一些产品的供应链。但是在贸易保护主义条件下就可能存在受制于人和“断供”的风险。

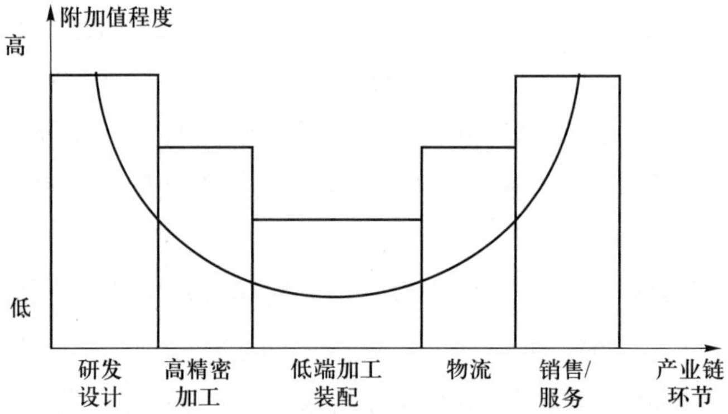

图 9-1 全球价值链附加值曲线

党的十九大报告要求“促进我国产业迈向全球价值链中高端”。我国创新型国家建设规划中都有产业攀升全球价值链中高端的目标：2020 年进入创新型国家时，要求若干重点产业进入全球价值链中高端；基本实现现代化跻身创新型国家前列时，主要产业进入全球价值链中高端。

高质量发展要求我国产业在全球价值链中所处的位置转型升级，从根本上扭转我国处于全球价值链分工体系中的不利地位。其方向涉及三个方面：

一是低端的加工组装环节，一方面通过机器换人，依靠智能技术，降低劳动成本，增加附加值；另一方面递次攀升进入技术和质量要求更高附加值、更高的元器件制造环节。就如近年来国外知名品牌的轿车组装的零部件国产化。

二是根据自主可控的原则参与全球价值链的要求，围绕产业链部署创新链。我国的企业需要面对全球价值链上的核心技术关键技术，如高级芯片、汽车发动机进行科技攻关，产生具有自主知识产权的核心技术和关键技术，实现对全球价值链中高端环节的替代，从而进入全球价值链的中高端。

三是建立以我为主的全球价值链。面对近来盛行的贸易保护主义，更需要推动拥有自主知识产权的核心技术的优势产业价值链走出去。具体地说，我国已经具有竞争优势并掌握自主知识产权的核心技术和关键技术的高铁、装备制造业、电子信息产业等，也包括服装、家电等传统产业采取全球价值链的方式在全球布局。以我为主导的全球价值链参与国际竞争，能够获取更大的全球化利益，可以在一定程度上避开相关国家的保护主义，开发全球生产要素和市场的潜在价值，极大地释放全球生产力。

第三节　产业结构转型升级的战略和机制

产业现代化涉及产业结构的优化和升级，产业创新依赖于创新要素的配置。在社会主义市场经济条件下，无论是产业结构的调整，还是产业创新，其机制是对资源配置起决定性作用的市场机制，同时也需要政府更好地发挥作用。

一、产业结构转型升级的决定性因素

产业结构的水准反映所处的经济发展阶段。当我国由低收入发展阶段进入中等收入国家发展阶段时，产业结构也要随之升级，而且要实现中等收入国家向高收入国家的转变，也需要产业结构转型升级来带动。

一般说来，推动产业结构高度化的因素主要有四个：第一，人均国民生产总值的提高是产业结构高度化的物质基础。它不仅能推进产业的多样化，也能保障结构变动的资金供给。第二，社会需求结构变动调节产业结构变动。它不仅影响各个产业的发展规模，也支配产业发展的先后次序和新陈代谢。第三，国际贸易对结构转换有贡献，特别是一国的国际贸易战略由比较优势转向竞争优势时，对一国参与国际分工的产业结构升级有明显的带动力。第四，技术革新及其成果的高速扩散是推动产业结构高度化的重要因素。科技创新必然会作用于产业创新。

钱纳里在《结构变化与发展政策》一书中对导致各国结构转变方向一致性和结构变化形式不同的因素做了如下概括：

导致在一定历史时期里所有国家的结构转变带有一致性的因素：

(a) 消费需求随收入增加而出现相似变化（恩格尔函数）；

(b) 为增加人均产出而积累实物和人力资本的必要性；

(c) 所有国家获取相同技术的问题；

(d) 进入国际市场的问题。

导致各国结构变化的型式不同的因素：

(a) 社会目标和政策选择的差异；

(b) 资源禀赋的差异；

（c）国家大小的差异；

（d）获得外部资本的差别；

（e）同一因素随时间推移而发生的变化。①

二、产业结构的市场选择

结构调整本来就是市场要做的事。产业结构调整也就是资源在各个产业部门配置比例的调整。市场决定资源配置就是指市场来决定这种配置比例。在资本、劳动力、技术等要素自由流动的条件下，市场通过自主选择和优胜劣汰的机制进行产业结构的调整，尤其是依靠市场淘汰落后产能，依靠市场选择新兴产业。

市场选择从一定意义上说是市场需求选择。社会需求结构包括消费需求和投资需求两大类。一种产业能否发展起来，发展规模有多大，取决于社会是否需要以及需求的规模和潜力有多大。不同部门产品的社会需求规模的差别直接影响其供给规模，并直接影响不同部门技术进步的速度。

就消费需求来说，根据恩格尔定律，随着收入增加，消费支出中用于食物需要的部分所占比重逐渐下降。这表明，社会消费需求的增长不是简单的数量扩张，而是伴有质的进步，即结构性的转变。当人均国民收入水平提高时，对某些消费品的需求可能趋于停滞甚至缩减，对某些消费品的需求可能会迅速地增加，消费构成必然会伴随经济增长而出现重大的变化。随着收入的增长，食品消费比重下降及与此相关的第一产业比重下降，第二产业比重上升的趋势较为稳定，第三产业即服务业在生产总值中所占的比重有明显上升的趋势。

就投资需求来说，新兴产业主要靠大规模新增投资来形成生产能力，三次产业对投资吸纳能力是不同的。在工业化进程中，第二产业（制造业）对新增投资的吸纳能力最强，大部分的社会新增投资被工业部门吸收，这是第二产业在工业化中地位迅速上升的重要原因。而且，在相当长的时期中，由于资本有机构成的差别，第三产业（服务业）对投资的吸纳远不及工业部门强烈，其发展在更大程度上依赖于劳动投入的增长。但当工业化达到一定阶段，由于工业品市场扩大、工业品技术含量提高等原因，引起对为生产服务的现代服务业的投资需求。于是生产性服务业有显著增长的趋势。

产业结构有资本的存量结构和增量结构两个方面。增量结构调整或者说新增投资的调节对产业结构调整是有意义的。但在目前的经济发展水平上，单靠资金增量（投资）结构的调整已推不动产业结构的调整。产业结构调整的关键是存量结构调整，这就是“去产能”。马克思在《资本论》中分析的市场充分竞争的标志是资本和劳动力不受限制地自由地从一个部门流向另一个部门。这是市场调节结构调整的必要条件。如果市场体系不完

---

① ［美］霍利斯·钱纳里：《结构变化与发展政策》，朱东海等译，经济科学出版社 1991 年版，第 10 页。

善,有的要素市场已放开,有的要素还没有进入市场,有的地方和部门进行保护,阻碍要素流动,要素在部门间的流动就会发生紊乱或受阻。因此,为了保证市场对结构调整有效起决定性作用,必须打破地方保护、强化市场竞争,特别是强化其优胜劣汰机制。

从一定意义上说,市场对产业结构是以价格比例进行调节的。无论是产品价格还是要素价格都在市场上形成,才能体现市场对结构的选择和调节。而在现实中,市场定价和国家定价混杂,致使市场价格比例长期扭曲,在现行的价格比例信号调节下的资金流动的结果往往是长线更长、短线更短。近几年来,各个地区的产业结构出现同构化,各地不顾自身条件一哄而上某些相同的产业和行业。这不仅同地区分割的体制相关,也同现行的价格信号相关。基础工业产品(主要是煤电油)价格过低造成供给满足不了膨胀的加工工业部门的需求。因此明确市场对产业结构的自主选择,就必须解决好价格在市场上形成的机制,并且强化市场价格的调节作用。

三、政府引导和产业政策

对发展中国家来说,一方面产业结构长期处于低水准,积重难返;另一方面市场不完善,因此产业结构调整不能只丢给市场,政府还是要发挥作用。政府的作用除了为市场决定资源配置提供必要的制度性环境外,还要为产业结构的调整和转型升级提供明确的引导。其主要方式是制定和发布每个时期的产业政策,并提供必要的引导性投资。产业政策有普惠性和倾斜性两种。普惠性是全面的引导政策,倾斜性只是对个别的产业给予激励和扶持。政府的产业引导主要在以下三个方面:

1. 主导产业的选择和支持

在经济发展中,产业结构内各个产业部门的地位并不相同。在每个发展阶段上都有主导产业起带头作用,带动整个结构向高水准发展。一个部门要成为主导产业部门有两个条件:第一,在它成为主导部门的这段时间里,不仅增长势头很大,还要达到显著的规模;第二,这个部门与其他部门有广泛而密切的联系,并能产生强烈的"联系效应"。

就主导产业具有很强的增长势头的条件来说,日本经济学家筱原三代平在规划日本的产业结构时曾提出两条基准,一是直接影响需求规模的"收入弹性基准",即对某种产品的需求随着人均国民收入的增加而增加或减少的相关关系。一个产业部门的需求收入弹性比较高,意味着它有着广阔的市场,因此,收入弹性高是部门成为主导部门的一个条件。二是直接影响供给能力的"生产率"基准,即从供给方面选择生产率、上升率高的产业或者技术进步速度较快的产业作为发展的重点。

主导产业的部门联系包括:其与向它提供中间产品投入的部门之间的后向联系,其与吸收它的产出作为中间产品投入的产业部门之间的前向联系。能够作为主导产业的必须具有较强的后向联系,同时也具有较强的前向联系,从而使该产业的发展能产生较强的联系效应，带动各个产业部门的发展。在具体考察联系效应时，后向联系一般比前向联系更为重要。除此之外，主导产业还会产生旁侧效应。主导部门的发展引起它周围的一系列变化，迅速地改变其所在的整个地区的经济、文化的环境，要么使老城市中心得到改造，要么产生新的城市中心。在主导产业带动下，城市基础设施投资得到扩大，银行和商业得到较大发展，建筑业和服务业也得到较快发展。

总之，主导产业的主导作用得以充分发挥，便可促进新技术、新原料、新能源、新产业的产生，刺激更大范围的经济活动。

2. 前瞻性地培育战略性新兴产业

战略性新兴产业是科技创新的成果，代表产业发展的方向。国家竞争力很大程度上表现在其科技和产业占领世界的制高点。处于制高点地位的产业就是战略性新兴产业。一般说来，战略性新兴产业成长的生态环境涉及三大需求：一是科技需求，掌握当今世界最为高端的科学技术，而且需要不间断地创新。二是市场需求，其产品要为市场所接受，实现其价值。问题是其刚刚进入市场时并不容易被市场接受，甚至受到先期进入市场的同类产品的抵制。三是财务需求。其投入、成本和规模等因素影响财务和利润的核算。新产业成长的初期阶段普遍遇到的问题是成本太高，价格处于高位。由此产生的财务压力会使新产业半途而废。如果没有政府的扶持，战略性新兴产业会被扼杀在襁褓之中。

因此，战略性新兴产业需要政府进行前瞻性的培育。培育方式，一是对战略性新兴产业进行科学规划，二是对孵化新技术新产业环节提供引导性投资；三是对孵化出的战略性新兴产业进行加速性扶持，扶持性措施不只是税收等方面的财务性支持，更重要的是市场扶持，也就是消费拉动。同时要防止一哄而上，在制度安排和计划安排上克服重复、分散投资，实现优势集中，并且从研发到制造到采用形成产业链，达到范围经济。显然，培育和扶持战略性新兴产业是同支持产业创新结合在一起的。当然在战略性新兴产业达到一定规模后，政府的扶持政策就要退出，让它平等地参与市场竞争。政府再转向对新一轮的战略性新兴产业的培育。

3. 有选择地引进国际先进产业

在开放型经济背景下，产业结构的调整和升级不能脱离国际背景。现阶段国际资本流动的重要方面是产业的国际移动。在中国成为制造业大国的同时，中国已成为世界第二吸收对外直接投资的大国。世界500强已有400多家来华投资。我国作为发展中大国在接受国际制造业转移时有明确的目标，这就是建设世界先进制造业集群。世界先进制造业集群不只是制造业和工厂的堆积，更为突出先进制造业研发机构的集聚，从而成为制造业升级的领头羊。因此，引进的国外先进产业必须处于全球价值链的高端，重点引入核心高技术，引入拥有核心技术的企业。特别强调其出口品中附加价值的份额；高科技产品和创新产品的全球份额；国际品牌的“中国制造”产品的数量；其消耗的能源和环境的标准。

发达国家向发展中国家转移的产业一般是成熟产业,而不是在未来市场上具有竞争力的产业。这意味着单纯靠引进外资和国外产业并不一定能培植战略性产业。因此建设世界先进制造业集群的基本路径是自主研发高科技产业,也就是依靠自主知识产权实现产业升级。按此要求我国引进战略需要调整,由直接引进产业转向引进发展国际先进产业的要素,尤其是吸引发展先进产业的科技成果和科技人才及管理人才。

4. 自觉地组织协调

产业结构的调整和发展有两种战略:一种是各产业同步发展的平衡发展战略;另一种是各产业不同步发展的不平衡发展战略。产业的转型升级,主导产业的快速发展,战略性新兴产业的涌现都会产生产业结构的不平衡发展。当某些产业部门超前发展时,别的产业部门的投资者要能主动地、灵敏地做出反应,需要产业链上各个投资者具有企业家精神,市场机制传递准确的信息及充分的市场竞争压力。否则,即使正确地选择了主导产业,也难以产生带动其他产业部门发展的联系效应。这本身是市场发挥积极作用,但产业结构长期不平衡就会产生资源的浪费,人民需要得不到充分满足。这时候就需要政府发挥作用,自觉地协调产业结构。政府在实行非均衡结构战略的同时协调结构偏差,需要解决好三方面问题:第一,正确地选取和规划优先和重点发展部门,并真正使这些部门成为资源配置的重点;第二,努力放大优先发展部门的扩散效应,以带动各个部门的发展;第三,根据产业结构的发展趋势调节需求结构和进出口结构,从而使非均衡的结构趋向均衡。在实行非平衡发展战略时,平衡产业结构的主要机制是市场机制,由市场来组织平衡,因此需要通过经济体制改革,增强企业的活力,并使企业产生企业家精神,从而借助主导产业的联系效应,各产业自求平衡,求得在高层次的产业结构上的平衡目标。

以上四个方面的政府引导,都会体现在每个时期政府制定的产业政策中。在市场经济中,产业政策的引导需要同市场调节结合进行。

第十章　农业现代化和新型城镇化

我国曾经是一个具有典型的二元经济结构特征的发展中国家，采用现代技术的现代部门（工业）同采用传统技术的传统部门（农业）并存。经济发展的重要课题是，改造传统农业，推动二元经济走向一元的现代化经济，实现整个国民经济的现代化。改革开放以来，我国推进农村工业化和城镇化，到现在农业、农村的落后面貌发生了重大变化，在这个在新的历史起点上乡村振兴和农业现代化成为农业、农村、农民发展的新目标。

第一节　改变二元结构现状的路径

一、二元结构理论

二元结构理论最早由刘易斯（Lewis）提出。所谓二元结构是指在技术和生产方式上传统部门和现代部门并存的结构。具体表现是：农业部门使用传统技术，工业部门使用现代技术；农业部门市场化水平低，工业部门市场化水平高；农业部门采用落后生产方式，而现代工业部门采用先进生产方式。

关于改变二元结构的路径，刘易斯提出了劳动力无限供给条件下的经济发展模型。该模型是这样展开的：传统农业部门存在着无限的劳动供给。一方面相对于资本和土地来说，劳动力有剩余，农业劳动的边际生产率为零或负数。另一方面，农业劳动者的工资仅能维持劳动者最低生活水平。农业劳动者是在接受最低水平工资的条件下提供劳动的。而现代工业部门的劳动生产率较高，面对农业部门的低工资水平，工业部门只要提供略高于农业部门的工资便可得到源源不断的劳动力供给。由于工业部门追求利润最大化，注重积累，可以通过利润再投资的积累来扩张规模，从而增强吸收农业剩余劳动力的能力。这样，工业部门由于得到劳动力的供给而不断扩张，农业在剩余劳动力流出后劳动生产率得以提高，农民的收入也因此而提高，整个经济可以进入停止从农业部门撤出劳动力的“转折点”（被发展经济学界称为刘易斯转折点）。这时农业劳动力减少到一定限度，农业总产出开始下降，农产品供不应求，价格便上涨。再加上剩余劳动力撤出后，农业工人的工资也可能上升。这就迫使工业部门支付的工资提高,其积累能力也达到这个转折点。到了这一点后,现代工业部门若还需要劳动力撤出农业部门,可行的途径只能是推动农业技术进步,提高农业劳动生产率,增加农产品剩余①。

费景汉—拉尼斯模型在推演和发展刘易斯模型的同时进行理论创新,从而弥补了刘易斯模型的几个根本性缺陷,突出表现在以下几个方面。首先,费景汉(John C.H. Fei)和拉尼斯(Gustav Ranis)对劳动力剩余做新的界定。他们在刘易斯所定义的“0 边际劳动生产力”的剩余劳动力以外又提出“隐性失业”的概念。农业剩余劳动力的转移不仅是指“0 边际劳动生产力”的那一部分劳动力,还包括一部分处于 0 边际生产力以下的那一部分劳动力。其次,农业部门不仅提供剩余劳动力,还提供剩余农产品。如果没有农业剩余,农业劳动力流向工业部门是不可能的。农业剩余对工业部门的扩张和农业劳动的流动具有决定性意义,因此实现经济发展需要工业和农业平衡发展。二元化是一个动态概念,技术变化和非农资本积累是其重要内容。发展的一个目标是通过劳动力持续再配置消除劳动力过剩。这需要两个部门共同进行投资和革新,才能实现平衡增长,直到挤出农业中全部隐性失业者,商业化完成之时,即工资等于劳动边际产品时。这个过程是长期的动态的,在欠发达国家转型增长的努力中,该过程可能经过几十年才结束②。

二、农村工业化和农业剩余劳动力转移

发达国家一般都是在传统农业部门得到改造之后才建立起现代工业部门的。而在我国 20 世纪 50 年代的城市工业化中,除了工业的自我积累外,相当一部分积累是通过工农业产品价格剪刀差获取的农业部门收入。因此直到 20 世纪 70 年代末,与城市工业并存的是没有得到根本的技术改造的庞大的传统农业部门。传统农业中同样存在着刘易斯所揭示的劳动力无限供给现象。1952—1979 年劳动力平均每年增长 2%,大大快于土地增长率,农业产量的增长主要靠单位面积的产量增长,但受耕地的限制,农业产量增长率很有限,而劳动的边际生产率低于其他低收入国家。过多的劳动力拥挤在狭小的土地上从事单一的种植业,由此造成农业生产要素配置缺乏效率。无限供给的剩余劳动力在有限的土地上强制性投入,严重阻碍农业中的技术进步。因此农业发展的必然选择是转移剩余劳动力。一方面现有的土地要素缺乏,容纳不了过多的劳动力。农业劳动者的边际生产率长期处于零或负数的状态。另一方面在有限的土地上拥挤着过多的劳动力,排斥资金、技术要素的进入,形成低效率的要素替代。再加上长期以来,为加快工业化,国家在实际上推行农业为工业化提供积累的政策,借助价格剪刀差这种不等价交换从农业部门抽调资金至工业

① [英]刘易斯:《二元经济论》,北京经济学院出版社 1989 年版。

② [美]费景汉、[美]拉尼斯:《增长和发展:演进观点》,商务印书馆 2004 年版,第2-5 页。

部门。于是,农业部门的生产要素配置形成低效率的均衡结构,即过多的劳动投入与过少的资金、技术投入的均衡。改变农业的传统性就得打破这种均衡结构,这依赖于生产要素的两方面流动:一方面是剩余劳动力流出农业部门,另一方面是资金、技术等生产要素流入农业部门,形成高效率的要素替代。

与其他国家农业剩余劳动力直接向城市工业转移不同,我国从 20 世纪 80 年代开始在农村发展乡镇企业,启动了农业剩余劳动力就地向非农产业的转移,即离土不离乡,同时也就发动了农村工业化。这是中国农民创造的城镇化道路,对中国的经济发展具有深远的意义。

第一,它使中国发动新一轮工业化找到了新的支点和能量。农业剩余劳动力通过进入乡镇企业转入非农产业,实际上替代了一部分发展非农产业所需要的资金。而且,劳动力从边际生产力低的农业部门转向边际生产力高的非农产业部门,增大了国民生产总值,也就是在实际上增强了农村工业化的自我积累能力。

第二,由乡镇企业来推进农村工业化,找到了吸收和消化剩余劳动力的途径。依靠乡镇企业,转移和消化了农村中从事农、林、牧、副、渔业一大部分剩余劳动力。大批农业剩余劳动力流出后,农业产量没有降低,农业产值还有所增长。

第三,乡镇企业发展带动了农村产业结构的结构性变化,提高了农村工业化水平。乡镇企业的发展打破了长期以来农村以农为主、农业以粮为主的传统结构,乡镇企业已经成为我国工业化的重要一翼,成为我国中小型企业的主体。在研究和规划中国的工业结构时,农村工业已成为对我国的工业结构变化能产生较大影响的一块。

表 10-1 显示了江苏省农村社会总产值及构成的演变,导致这种演变的主要动因是江苏乡镇企业的异军突起(当时被称为苏南模式)。

表 10-1　江苏省农村社会总产值及构成　　单位:%

年份	农村社会总产值	农林牧渔业	工业	建筑业	运输业	商业餐饮业
1978	100	57.55	33.93	3.16	1.39	3.97
1980	100	50.51	39.88	5.31	1.13	3.18
1985	100	37.20	49.70	7.83	2.51	2.76
1990	100	28.01	60.40	6.46	2.33	2.80
1995	100	15.96	72.89	4.72	2.17	4.25
2000	100	13.17	73.52	4.70	2.65	5.96
2003	100	9.34	76.09	5.03	2.59	6.96
2004	100	9.31	76.78	4.66	2.37	6.88
2005	100	8.00	77.95	4.65	2.34	7.07

续表

年份	农村社会总产值	农林牧渔业	工业	建筑业	运输业	商业餐饮业
2006	100	6.81	79.34	4.46	2.22	7.21
2007	100	6.17	80.50	4.15	2.03	7.16

数据来源:《江苏省统计年鉴 2007》。

三、克服二元结构的新课题

我国以发展乡镇企业为特征的农村工业化牵动了工业化和城市化对“三农”发展的带动作用:以非农化带动农业发展,以城镇化带动农村发展,以市民化带动农民发展,其效果非常明显:农民迅速告别了贫困并进入奔小康的阶段,农业生产力迅速提高,农村城镇也呈现出繁荣景象。这种城镇化可简单归结为人口城镇化和土地城镇化。当我们肯定其对“三农”发展的积极作用的同时,又要看到其吸纳农业要素的负面效应,这种状况可以分两个阶段来说明:

第一个阶段是在 20 世纪 80 年代的农村工业化阶段。我国是在城市大工业效益不高、国家财政拮据的情况下发动农村工业化的。这种状况决定了相当一部分的乡镇企业的资本原始积累或初始资本需要由农业部门来提供。就是说,农业在排出剩余劳动力时还要挤出资金,乡镇企业的发展对农村资金、资源有更强更直接的吸纳能力。发展工业所需要的资本、土地和劳动力都来自农业,农民利用自己和集体的积累来解决工业化的原始积累,工业发展和小城镇建设所需要的土地则就地取得,农村中的能人也大都进了乡镇企业。小城镇也是伴随着乡镇企业的相对集中基本上是由农民自己建的。

第二个阶段是在 20 世纪 90 年代开始由开放型经济带动的全面的工业化城市化阶段,各地建立了各种类型的开发区、工业园,出现地域城市化,促进农民离土又离乡,大批农民工进城创业和就业。城市中出现了许多行业离不开农民工的状况。到 2011 年城镇人口比重达到 52%,中国农民工总量达到 2.53 亿,其中外出农民工 1.59 亿,相当于城镇总人口的 23.0%。在此过程中,大批农村土地被工业化和城市化了,农业土地要素的严重流失。不只是工业化和城市化对土地的正常占用,更为突出的是对土地的滥占滥用,同时还产生了一批失地又没有得到足额补偿的农民。特别是后来出现“开发区”热、房地产热,县县、乡乡、村村竞相兴办开发区、招商区,出现一场新的“圈地运动”,大批良田被圈占,由于投资项目供给不足,土地成片抛荒。被工业化的农村区域的许多工业项目所产生的污染物又破坏农村生态,造成水体污染和土壤污染,严重影响农业、农民的生存和发展环境。

以上情况说明我国当今的城乡二元结构不完全是技术水平上的差异,而是在城乡发展水平都有明显提升的同时差距进一步拉大,其中包括城乡发展要素质量的差距、发展水平的差距、城乡收入水平的差距。

工业化城市化进程中城乡差距的扩大可以用发展经济学中的“累积性因果关系理论”来说明。在存在地区间不平等的条件下，“经济力和社会力的作用使有利地区的累积扩张以牺牲其他地区为代价，导致后者的状况相对恶化并延缓它们的进一步发展，由此将导致不平等状态的强化”①。这种累积性因果关系包含扩张效应与回流效应两个概念。工业区和城市的扩展效应对农业和农村地区的经济增长产生有利影响，其中包括市场、技术、信息等先进生产要素的扩散。工业区和城市的回流效应又会对农业和农村地区的经济增长产生不利影响。其中包括劳动力、资本特别是人力资本等要素从农业和农村流向工业和城市。因此，城乡发展不平衡的根本原因是工业和城市的回流效应强于扩展效应。其突出表现是：农业和农村对工业和城市贡献的是要素，而工业和城市对农业和农村的反哺主要还只是收入。

我国人口城市化率水平过了50%后，面临着新的问题：第一，城乡之间的差距不但没有缩小，还有进一步扩大的趋势。第二，城市化的劳动力供给不像以前那样“无限”。第三，城市尤其是大城市普遍产生人口拥挤、交通拥堵、环境污染、房价高昂等“现代病”，承载不了进一步的人口城市化，更谈不上现代化了。第四，农业部门的现状是老人、妇女为主的劳动力和过少的资金、技术要素结合的低效率结构，因此发展经济学界用进入“刘易斯转折点”来说明这种状况，就是说，农业中不再存在剩余劳动力，到了工业部门支持农业技术进步的转折点。

进入新时代后，农业现代化，克服城乡二元结构有了新的内涵：直接以农业、农民和农村为现代化对象，推进城乡发展一体化，这就是习近平总书记指出的：即使将来城镇化达到70%以上，还有四五亿人在农村。农村绝不能成为荒芜的农村、留守的农村、记忆中的故园。城镇化要发展，农业现代化和新农村建设也要发展，同步发展才能相得益彰。要做到这一点，必须采取有效措施推动现代生产要素流向农业和农村，以改造传统农业，建设社会主义新农村。形成以工促农、以城带乡、工农互惠、城乡一体的新型工农、城乡关系。

第二节 农业现代化

许多发展中国家在一开始发动经济增长时一般都是片面追求工业发展，忽视农业。在后来的发展实践中，发展中国家逐渐发现，偏爱工业化并不见得可以促进发展。许多国家致力于发展工业而忽视农业，结果非但没有解决经济发展问题，甚至连吃饭问题也解决不

① ［英］瑟尔瓦尔（Thirlwall）：《增长与发展》，中国人民大学出版社1992年版，第122页。

了。因此改造传统农业、推进农业现代化直接成为发展任务。

一、改造传统农业

面对二元结构,在发展经济学中除了刘易斯的转移农业剩余劳动力理论外,还有舒尔茨的改造传统农业理论。这两位观点迥异的经济学家同获1979年的诺贝尔经济学奖。我国在实践多年的农业剩余劳动力转移后,有必要转到改造传统农业,推进农业现代化。

1979年舒尔茨(Schultz)在《改造传统农业》一书中明确指出:对经济增长不能做出贡献的是传统农业,现代化农业能对经济增长做出重大贡献,改变二元结构现状的关键是如何把传统农业改造成高生产率的现代化农业①。改变农业落后性的基本途径是农业部门引入新的生产要素,以改造传统农业。

传统农业的特征是农业中既无引入新的生产要素的供给也无引入新的生产要素需求的均衡。其症结不在于生产要素的配置缺乏效率,不在于农业中劳动力剩余,而在于阻碍新的生产要素的引入。根据舒尔茨的分析,传统农业转变为现代农业需要有三方面投入:一靠物质资本投入,二靠人力资本投入,三靠高产作物。改造传统农业的关键是解决好这些要素足够的投入农业的机制问题。因此改造传统农业的关键是引进新生产要素。在农业中引进新的生产要素包括三方面内容:① 建立一套适合改造传统农业的制度。② 从供给和需求两方面为引进现代生产要素创造条件。③ 对农民进入人力资本投资。

在制度方面改造传统农业有两种方式:一是依仗政权的命令方式;二是以经济刺激为基础的市场方式。舒尔茨主张运用市场方式通过农产品和生产要素价格的变动来刺激农民。同时认为无论是公有制还是私有制,都要解决好所有制关系同作出生产决策所根据的经济信息状况以及做出有效决策的经济状况的联系。

在要素投入方面,改造传统农业的关键是借助投资引进新的生产要素,其中包括研究推广新的农业技术和新品种等。舒尔茨认为,农业中引入新的生产要素有两点特别重要。第一,新要素的生产可能性要取决于还不知道的风险和不确定性。“农民接受一种新生产要素的速度取决于适当扣除了风险和不确定性之后的利润。”②现实中农业中采用新技术新品种需要先进行推广和示范就是这个道理。第二需要对农民进行人力资本投资,向农民提供新的生产要素的信息等。农民所得到的能力在实现农业现代化中是头等重要的。迅速增长的经济基础不在于提倡勤劳和节俭,而在于获得并有效地使用某些现代生产要素。因此,舒尔茨的中心论点“是把人力资本作为农业经济增长的主要源泉③。”

虽然我国实行联产承包责任制等农村改革解决了温饱问题,农业剩余劳动力转移提高

---

① [美]舒尔茨:《改造传统农业》,商务印书馆1987年版,第26页。
② [美]舒尔茨:《改造传统农业》,商务印书馆1987年版,第26页。
③ [美]舒尔茨:《改造传统农业》,商务印书馆1987年版,第132页。

了农业的边际生产力，但由于受自然影响大，农业部门仍然是增长最不稳定的部门。库兹涅茨(kuznets)明确认为，农业份额下降是现代经济增长的特征。他在实证研究时发现，总产值中农业份额合规律下降依存于两个条件：一是农业劳动生产率提高，农业部门提供更多的剩余农产品；二是在假定农产品需求的收入弹性小于1的前提下进入工业化阶段时，农产品的需求相对下降①。问题是我国是在传统农业部门没有得到根本改造时提前发动工业化的。在我国现阶段，农业份额合规律下降的两个条件尚未完全具备。

第一，我国目前还没有进入农产品需求明显下降的阶段。在中国这样一个人口超过世界1/5，耕地仅占世界7%的大国，农业所承受的沉重压力，其他任何国家都无法比拟。同时，以农产品为原料的工业部门仍要有较快的发展，工业化对农产品的需求不会下降。

第二，目前农业劳动生产率的增长基本上还只是剩余劳动力转移的效应，农业的技术基础没有改变。不仅如此，由工农业产品价格剪刀差等原因产生的比较利益结构，在过去工业和农业相互隔离时带有一定程度的隐蔽性和不可抗拒性，而在推进农村工业化时，这种比较利益结构便显性化。对于这种比较利益结构，农民的直接对策是将本应投入农业的生产要素投入乡镇企业，致使农业的技术基础进一步劣化，难以为工业化提供越来越多的剩余农产品，这反过来会拖工业化的后腿。

现在的农业问题可以归结为三大问题：

一是农业劳动生产率太低。根据2013年《中国统计年鉴》数据，直至2012年，由33.6%的劳动力所从事的农业增加值，占整个GDP的10.1%，另外66.4%的非农劳动力创造了89.9%的GDP。这就是说非农产业的劳动生产率与农业的劳动生产率之比大致为4.5∶1。

二是农民收入太低，据国家统计局公布的数据，2012年城镇居民家庭人均可支配收入为24 564.7元，农村居民家庭人均纯收入7 917元，城乡收入之比约为3∶1。与此相关，农民消费能力太低。截至2012年，城镇人口占比为52.57%，农村人口占比为47.43%，城乡人口之比将近1∶1；城镇居民平均每人全年现金消费支出为16 674.32元，而农村居民平均每人全年现金消费支出为3 742.25元，城乡购买力之比约为4.5∶1。农业生产方式落后和务农收入不高问题在中国尤为突出。分析我国2012年农民收入结构(见表10-2)可以发现，虽然由于非农收入来源增加，在一定程度上农民收入有所提高，但最为突出的问题还是作为农民收入主体的务农收入太低。

表10-2　2012年我国农民人均纯收入结构

收入来源	数量(元)	比例(%)
农业生产经营收入 　其中农业纯收入　　人均2 107元	3 533	44.6

① ［美］库兹涅茨：《现代经济增长》，北京经济学院出版社1989年版，第91-93页。

续表

收入来源	数量(元)	比例(%)
工资性收入 其中农民外出务工收入 人均 2 290 元	3 448	43.6
转移性收入	687	8.7
财产性收入	249	3.1
合计(不含税负)	7 917	100

资料来源:国家统计局对全国 31 个省(区、市)7.4 万个农户抽样调查报告。

进入新时代后,通过脱贫攻坚,城乡差距不断缩小。据国家统计局数据, 2016 年城乡居民人均可支配收入之比为 2.72(农村居民收入=1),比 2012 年下降 0.16。2018 年城镇居民人均收入 39 251 元;农村居民人均收入 14 617 元。城乡居民人均收入倍差降到 2.67。

三是农产品不能满足进入新时代后居民美好生活的需要。人民日益增长的美好生活需要,不仅表现在对农产品量的需求,还表现在对其质的需求提高。相对于社会对农产品的需求,农产品供给仍然不足。中国也不可能依靠进口来解决近 14 亿人口不断提高的饮食水平问题,这也表明中国农业的发展状况直接影响整个中国的现代化进程。

二、 农业现代化目标

中国要强,农业必须强。做强农业,就要实现农业现代化。中国是有 13 亿多人口的大国,中国人的饭碗任何时候都要牢牢端在自己手上,我们的饭碗应该主要装中国粮。农业是国民经济其他部门发展的基础,正如马克思所说:“超过劳动者个人需要劳动生产率,是一切社会的基础。”①

过去农业发展可概括为“农业剩余”范式。农业的技术进步和制度调整都是以增加农业剩余(剩余产品、剩余劳动力)为目标。非农部门的发展也是从农业剩余中得到支持。现在,随着经济、社会和文化的进步,农业发展范式也发生了改变。其趋势是由“剩余”转向“品质”。其必要性在于,首先,现在的农业需要解决的问题不只是增加剩余问题,而是要改变目前农业的弱势产业的地位。农业由弱变强,关键在其发展建立在现代科学技术基础上,农产品有较高的附加值。其次从对农产品的需求来说,过去居民只是消费米面来解决温饱问题,而现在居民消费牛奶和安全营养的绿色作物。尤其是居民生活达到小康水平后,更为关注健康饮食,食品的安全和卫生。上述供求两方面分析表明,农业现代化意味着发展优质、高效、高附加值农业。涉及农产品的品种的优化,品质的提升,农产品由初级品

① 马克思:《资本论》第 3 卷,人民出版社 2004 年版,第 885 页。

向最终产品的延伸。这些方面的进步归结为农产品品质范式。相应的需要构建现代农业产业体系、生产体系和经营体系。具体要求是优化调整农业的品种结构、要素投入结构以及产业关联与融合结构,促进农业全产业链中的产品附加值提升,构建农产品品种、品质结构与居民消费快速升级相适应的高质高效的现代化农业产业体系。

与农业转向"农产品品质"范式相适应,发展现代农业的基本途径是创新。农业科技创新大致有两方面内容:一是生物创新,效果是培育出优良品种,改进农产品品质和提高农产品附加值;二是机械创新,效果是增加农业剩余和节省劳动力。在我国这样农业人口众多的大国,机械创新成果的应用可以让更多的农民从土地上转移出来。我国目前机械创新的能力较强,但其成果应用在很大程度上受就业压力的抵制。根据上述发展现代农业的"农产品品质范式",农业技术创新更为重要的是生物创新。这种创新使农产品在品种、品质和附加值上都能提升,而且直接关系到环境和生态等方面的可持续发展,代表农业现代化的方向。但相比机械创新,生物创新的能力严重不足,难以满足日益增长的社会需求。因此生物技术创新越来越成为农业技术创新的重点。一方面提供培育优良品种、改进农产品品质和提高农产品附加值的新技术,这种创新使农产品在品种、品质和附加值上都能提升;另一方面提供绿色化的技术,这利于环境和生态等方面的可持续发展,代表农业现代化的方向。

对农业的科技要素投入包括农业科技的研究、研发、推广和应用等各个环节的投入。根据现代农业发展的"品质范式"要求,农民所需要得到的科技要素是可以直接采用的现代科技的投入品,如优良品种、现代农药和肥料、现代农业机械、种植和培育技术。因此,由政府引导的农业科技投入的对象就有个结构问题,科技投入中的研发投入不能或者说主要不是直接给农民。科技投入对象突出在高等院校和科研机构的农业科技研究和研发的投入,这是农业技术进步的基础。采用新技术投入则要给农民。由农业生产周期长和季节性要求高、受自然条件影响大的特征所决定,农业中新技术的采用是有风险的。小本经营的农民有厌恶技术风险的行为。因此,农业中的新技术需要有推广和示范的过程,而且示范和推广的费用不可能由农民支付。因此政府要承担起对农业新技术示范推广的职能。政府对农民采用新技术提供补贴,使农民获取低价的甚至免费的科技和教育供给,同时激励农业科技人员深入农村推广新技术、新品种,帮助农民解决技术难题。

三、谁来种田:农民现代化

一般认为农业问题是农业劳动生产率太低,从我国的现实看,则需要具体分析。就农业产量来说,在农业剩余劳动力较大数量流出农业的条件下,留在农业的劳动力中老人、妇女占很大比重,但农业产量没有下降,农业增加值每年以5%左右的速度增长。这说明用农业产量衡量的农业劳动生产率还是不低的。但是用农业收入来衡量,劳动生产率就不高。

这恐怕同农业中人力资本存量低下是相匹配的。因此，提高农业劳动生产率，更为重要的是解决农民增收问题，而农民增收的重要前提是提高农民的人力资本存量。

发展现代农业的主体是现代农民。我国已有的非农化对增进农业剩余有明显的正面效应，但非农化实际上包含了农业人力资本的非农化。农村流出去的是人力资本，留下来的是低人力资本含量的劳动力，农业中从业人员以女性、高年龄、低文化程度为主。这同已有的农业发展水平对劳动力的人力资本要求相关。在农业中使用世代相传的传统技术，人力资本流出不影响产出（当然会影响收入）。而在发展现代农业，推广现代农业技术时，留在农村的劳动力的知识和技术水平就不够了，没有足够的人力资本投入，就不可能实现农业技术现代化。现代农业需要“以有知识、有创新精神的农民，称职的科学家和技术人员，有远见的公共行政管理人员和企业家形式表现出来的人力资本的改善①。”

通常认为，农业中引入人力资本要素就是对农民进行人力资本投资，主要是提高农业劳动者的受教育程度。应该说这是必要的，但是如果考虑到在劳动力流动的背景下，留在农业中从业人员以女性、高年龄、低文化程度为主，那么，仅仅对留在农业中的农民进行投资，提高其教育水平是远远不够的。发展现代农业所需要的是具有较高人力资本含量的高素质劳动力，需要从农业和农村外部引入。因此，对农业的人力资本投资更需要突出迁徙途径。既要激励流出农业和农村经过在城市和非农部门的人力资本投资的劳动力回到农业，也要激励包括大学生在内的城市中的创新创业人才进入农村和农业部门，从而在农业中形成与现代农业技术相适应的人力资本结构。

现代要素投入农业是由投资推动的，鼓励现代生产要素投入农业的关键是提高农业投入收益率。例如，对农村的人力资本投入先要解决人力资本的收益问题，如果等量人力资本在农村得不到等量收益，如果农业的比较收益太低，投入的人力资本就不能留在农村。这意味着富裕农民是农民现代化的基础。

四、农业制度创新

发展经济学对二元结构的分析不仅仅是技术层面的，也有制度层面的。费景汉和拉尼斯指出，农业劳动生产率的提高不仅取决于取得现代肥料、知识产权等，还取决于经济主体的市场参与，取决于劳动力和土地资产的商业化。其主要说明，“农业的传统性主要因为其经济主体在空间上颇为分散，并且远离城市，从而受到现代化力量的冷落。”②他们认为，农业的传统性主要是因为，在农业部门，农业生产和家庭生活是合二而一的。货币很少作为交换媒介、计算尺度和价值标准。货币的重要性仅限于流入或流出农业家庭和生产部门的

① ［日］速水佑次郎（Yujiro Hayami），［美］拉坦（Ruttan）：《农业发展的国际分析》，中国社会科学出版社2000年版。

② ［美］费景汉、［美］拉尼斯：《增长和发展：演进观点》，商务印书馆2004年版，第117页。

总支付。因此农业部门生产率的提高需要现代投入因素,最为突出的是融入市场经济:更大程度的市场参与和鼓励农民从事贸易所产生的激励效应。市场参与使农民得到现代要素的投入,提供贸易得到纺织品之类的激励性的消费品。

费景汉和拉尼斯分析了与农业剩余劳动力转移相关的商品、金融、劳动力三个市场之间的相关关系。在部门间商品市场中,农业剩余所有者由交易成为部分工业产品所有者或获得货币收入。随着金融市场深度和广度的发展,这些货币收入将会采取银行存款、股票和债券形式,当然也可以采取直接的所有权形式。金融市场必须向各类农业剩余所有者提供可接受的金融资产,能够将其农村储蓄转化为生产性工业投资。显然,这两个市场的有效运行成为一个互相关联的统一体。部门间劳动力市场使低边际生产率的农民被再配置到高边际生产率的工业部门。就农民的市场参与程度来说,劳动力开始通过部门间劳动力市场重新配置,农民参与商品市场和金融市场。就要素市场化来说,农业劳动力头一次得到市场力量所决定的报酬,土地也得到全部的市场价值。以往一直被当作农户财产的土地,如今已作为一种商业化资产进入市场交易,如用于抵押。收入分配的竞争性和商业化原则也出现①。

提高农民收入在政府层面上就是要采取减轻农民负担等多予少取、放开搞活等政策(如取消农业税)。这只是增加农民收入的一个方面,更为重要的是推进农业中的制度创新,产生制度活力,使农民得到制度收益。以下结合我国的实际研究农业制度的市场化及相应的制度创新。

一是土地制度创新。农业生产最为重要的资源是土地。我国从 1979 年开始的农村改革,推行承包经营责任制,就是土地制度的重大改革,充分调动了农民经营土地的积极性。在此基础上深化土地制度改革主要涉及所有权、承包权、经营权三权分置,并在此基础上建立土地经营权流转制度。已有的农村改革在坚持土地集体所有的前提下,实行家庭承包经营,充分调动了农户经营和劳动的积极性。但是,进一步推进农业现代化必然会同土地的农户家庭小规模经营发生矛盾。马克思曾经指出,以小生产为基础的小块土地所有制只是农业本身发展的一个必要的过渡点。其弊端是:"生产资料无止境地分散,生产者本身无止境地分离。人力发生巨大的浪费。生产条件越来越恶化和生产资料越来越昂贵是小块土地所有制的必然规律。"②就其与现代化的关系来说,"小块土地所有制按其性质来说排斥社会劳动生产力的发展、劳动的社会形式、资本的社会积聚、大规模的畜牧和对科学的累进的应用"③。虽然我国农村土地所有权归集体,但由家庭承包经营,马克思所说的小块土地所有制的问题同样出现在当前的土地小块经营中。因此,要推进农业现代化必须推进土地

---

① [美]费景汉、[美]拉尼斯:《增长和发展:演进观点》,商务印书馆 2004 年版,译者序。

② 马克思:《资本论》第 3 卷,人民出版社 2004 年版,第 912 页。

③ 马克思:《资本论》第 3 卷,人民出版社 2004 年版,第 912 页。

的大规模经营，否则，农业的机械化、农业产业结构的优化、现代科学在农业中的大规模应用都将成为空话。农业规模经营的路径就是土地在流转中集中。我国在实践中创造了土地所有权、承包权和经营权“三权分置”的制度安排。这就是坚持土地集体所有权和农民家庭土地承包权，允许通过流转、让渡经营权等市场化方式，将土地经营权向优势生产主体转移，农业规模经营也就得到了保证。这种制度安排还保证了农户家庭在新型农业经营体系中应有的主导性地位，使农户权益在改革中得以保障、财产性收入在改革中得以拓展。农民的资产主要在地产（尽管还只是使用权）和房产，这就要求土地资产和房产流动、转让和被征用都应该得到足额的补偿或收益。农民以土地交易和土地入股等途径获取资产收益，有条件利用商业化的资产吸引现代生产要素进入农业。

二是保证农民的资产收益。农民的资产主要在地产（尽管是承包权）和房产。不仅土地资产要有收益，在土地上投入形成的土地资本也应得到收益。马克思把投入土地的资本称为土地资本，并认为土地资本属于固定资本的范畴，既然如此，就有损耗和补偿的问题，同时也就有土地资本的收益问题。土地资本的收益即“为投入土地的资本以及作为生产工的具土地由此得到的改良而支付的利息”①。谁投资谁收益就能激励对土地的投入。鼓励对土地投资不仅要解决好谁投资谁收益的制度问题，更要解决好延长土地租赁期问题。土地只有在流转中才能产生收益。这就要求土地资产和房产流动、转让和被征用都应该得到足额的补偿。为此，需要推进土地制度改革，使农民利用商业化的土地资产吸引现代生产要素进入农业。在维持土地集体所有的前提下，应允许土地经营权的依法转让，允许土地承包权的继承，允许采取转包、租赁、入股等形式通过土地的流转，土地向种田大户集中，逐步形成有产权制度保证的能适应市场变化的家庭农场，用以改造传统农业。同样，土地经营权的出租、买卖、入股、抵押也可以在制度上推动农业剩余劳动力转移和城市化进程。

三是改革农产品流通体制。在市场经济条件下，提高农业投入收益率的一个重要途径是保证农业的市场收益，进而提高农民获取现代要素的能力。在农产品退出计划购销渠道后，没有能建立起完善的农产品市场来替代计划渠道，致使农民在离开计划收购渠道后找不到市场，仍旧存在严重的卖粮难、卖棉花难等问题。而从事粮食经营的单位、企业、个体经营商贩则乘机压价收购，这样，虽然粮食的市场销售价格涨得很高，但农民没有从中得到涨价收益。因此，提高务农收益，主要不能再靠农产品提价，而是要靠改革农产品流通体制，建设和完善农产品市场，使已有的价格改革效能充分发挥，将农产品提价的收益更多地还给农民。特别是要加快农产品批发市场建设，以完善农产品市场网络，解决农产品卖难问题。针对农业生产不稳定、价格波动大的特点，大型农产品批发市场可有条件地发展为期货市场，用以稳定农产品供求，抵御大的供求波动，转移价格风险，使农民免受大的供求

---

① 马克思：《资本论》第3卷，人民出版社2004年版，第698页。

波动的风险。

四是农业产业组织创新。这涉及两个方面,首先是扩大农村社会分工,形成农业的专业经营和市场化经营。现在农业收益低,主要原因是农产品是以初级产品进入市场的,在市场上没有地位,附加值很低。显然,只有当农业产业组织由初级产品向中间产品乃至最终产品延伸,才可能真正提高农业收益,这就提出了农业工业化的要求。农民提供给市场的是经过加工的农产品,也就是附加了加工价值的农产品,才可能有较高的收益。农业本身的社会分工还包括将农业的产前、产中、产后服务从农业中分离出来,使产前、产中、产后服务由独立的竞争性的经营主体承担,从而形成新兴的为农业服务的产业。其次,推进农业生产工厂化。工厂化后,农业的主要变化表现在:“技术和教育水平的提高,商品化、专业化和资本化的发展以及由此带来的生产效率提高,农业规模扩大和农民数量减少。”①针对我国现状,农业的工厂化又涉及两个方面:一是技术改造,逐步使农业耕作在工厂内进行,改变传统意义上“脸朝黄土背朝天”的耕作方式。二是市场导向。市场化农业的基本特征是专业化和特色化。不同地区应该根据细农产品市场的要求安排自己的农产品生产,需要根据市场导向调整农业结构。

五是农业经营组织创新。农民相对收入太低的一个原因是农民的生产经营活动缺乏组织性。用谈判理论来说明,农民生产经营分散缺乏组织性,因而其谈判能力弱。提高农民组织程度的农业经营组织创新的途径是建设新型农业经营主体。土地的集中和规模经营牵涉合作经营,在推行联产承包责任制基础上形成的合作经济实际已包含了产权关系的调整。在农户经营的生产资料中,既有公有部分(主要是集体所有的土地)又有私有部分,与此同时,还涌现出农民共同投资、按投资和劳动核定比例进行分配的经济联合体。主要有以下类型:第一,土地经营权流转并实现集中后,形成家庭农场之类的新型经营主体。第二,提供信息、资金、加工、技术、销售等各项服务的各类中介组织,尤其是农产品销售组织。只有农民参与的销售组织(合作社)承担农产品的销售,才可能保证农民获得应有的市场收益。农民进入市场不等于农民人人进入市场经商,而是要通过市场经营组织建立起农民面向市场的联系。过去的市场经营组织主要是小商贩,这同当时双轨体制下农产品只有合同定购外的一小块进入市场是相适应的。现在农产品都进入了市场,单纯的小商贩就不适应了,需要有竞争性的大型农产品购销企业,包括农民入股的购销合作组织,依托“互联网+”建立农产品电商平台等。三是顺应农业产业化经营建立的垂直一体化组织,基本模式是公司加农户,即以农产品加工企业或者是专业批发市场为龙头,以农产品基地为依托,农户实行生产的加工、销售以及储运一体化经营。在转向市场经济体制的背景下建立贸工农联合体,是把现代企业制度推进到农村的重要一步,它也将成为我国在广大的农村改造传统农

① [美]埃弗里特·M.罗吉斯(Everett. M. Rogers)等:《乡村社会变迁》,浙江人民出版社 1988 年版,第 35 页。

业的重要经济组织。

第三节　乡村振兴和新型城镇化

一、乡村振兴需要城镇化带动

农村发展涉及两个层面:一是处于农村的城镇,二是乡村。传统意义的城市化是农民进城,我国农民创造了就地城镇化道路,再加上发展进程中农民工进城。2018 年城镇化率达 59.58%。这意味着我国进入新时代时,传统意义的城镇化已基本到位,需要在继续加快农业转移人口市民化的同时,推动农村现代化,即乡村振兴。

乡村是农村的最基层。乡村振兴即在振兴人才、文化、生态、组织的基础上依靠科技做强农业,富裕务农农民,建设美丽乡村,留得住乡愁。在幅员辽阔的农村不可能没有村庄,但村庄过于分散、过小,会使农村现代化建设的公共设施及相应的公共产品供给不仅花费大,建设起来后也达不到规模经济。乡村振兴的规模经济途径就是村庄集中化。农村村庄的集中体现两个方面的进步:一是农村村庄在空间配置上更趋集中和合理化,同时还可腾出土地用于发展农业。二是村庄集中形成新社区并正在成为新的城镇。根据苏南地区的经验,这个过程的推进能否成功主要取决于两个条件:一是农民在村庄集中中能得到看得见的利益,农民自愿。村庄集中要合理规划,留得住乡愁。二是村庄的集中与改善农村居住和生活条件结合进行,在村庄科学规划的基础上实行基础设施和公共设施的集中建设与供给是重要的集中化导向,村庄的集中不但不增加农民负担,而且还可能给农民搬迁损失提供利益补偿。这样,村庄的集中就可能得到农民的欢迎,更为重要的是农民进入集中的村庄可能“城市化”,就地享受城市文明。

乡村振兴需要进行新农村建设,改善农村的生活和居住条件,包括基础设施、公共设施的建设。具体地说,要给农村集中供水、供电、供汽,通路、通电话、通电视、通网络,要在农村办学校、办医院,使穷乡僻壤进入现代区域。推动农村现代化也有个范围经济和规模经济问题。一些先行地区出现了“四集中”趋势:乡镇工业向工业园区集中,人口向小城镇(社区)集中,服务业向中心城镇集中,农田向种粮大户集中。从中可以发现村庄集中是实现乡村振兴的有效途径。

研究人口流动的方向可以发现,经济发展特别是城市化达到一定水平后,人口的流动不完全是生产问题,还是生活问题;不完全是寻求就业岗位,也还是寻求生活环境问题。农村中流出的高素质劳动者,其中相当多的是连同家庭都流出。这部分人流出固然有获取高收入的追求,但农村居住和生活条件的落后也是非常重要的因素。农村存在的突出问题是:村庄道路状况差,饮水困难,公共文化薄弱,文化设施普遍较差,农村环境污染形势严峻,社会保障堪忧,医疗资源严重缺乏,教学质量问题严重。显然,中国目前的城乡居住和生活条件的差距,不仅导致农村人向城市的流动,也直接阻碍城市要素向农村的流动。如果将城乡生活条件的差距作为城乡统筹的重点,那么缩小城乡差距的成效将是显著的。只要城乡生活水准趋向平等,那么农村和处于农村地区的城镇不仅可以留住农村的人力资本,而且可以吸引城里人住到农村。这些人居住到农村,可能以其人力资本在农村开发出新的发展项目,为新农村建设提供各种支持。

基于城镇在广大农村中的中心地位,城镇承担着乡村振兴的重任,是农业农村现代化的中心,因此现阶段的城镇化需要增强城镇的产业发展、公共服务、吸纳就业、人口集聚功能。这样,城镇就有能力吸引周边农民进入城镇,享受市民权利,实现农民现代化:在城镇集聚发展要素就有能力推进周边农业现代化;城镇按现代化要求进行基础设施建设,就有能力推进乡村现代化;城镇要能产生这种发展能力需要城市的支持,需要推动城市发展的势头和要素“化”到农村,从根本上改变农村的落后面貌,实现城乡一体化发展。

处于农村区域的城镇,是连接城市和乡村的中间地带。城乡一体化必须高度重视城镇作为连接城市与乡村的“中介点”。过去发展农村城镇是要解决农业劳动力的就地转移,现在推进城乡一体化就要使城镇成为农村现代化的基地。农村地域广阔,只有在农村范围内发展起一个个城镇,依托城镇联结农村各业,辐射周围农村,就能就地带动农村的繁荣和发展。这可以说是中国特色农村现代化道路的重要特征。城市对乡村的影响力可以通过城镇来增强和扩散,这就提出农村城镇城市化的要求。其基本措施,首先是推进城镇集中化,使城镇达到规模经济;其次是按城市功能建设城市设施。城镇具有城市功能,就能就近推进农村现代化,从一定意义上说,城镇城市化本身是农村现代化的一个重要组成部分。

二、 农民城镇化

与20世纪80年代的农民建城镇和进入城镇的城镇化不同,我国当今的新型城镇化建设的要求是增强城镇的产业发展、公共服务、吸纳就业、人口集聚功能。以此来满足三方面要求:一是吸引大中城市转移的产业和人口进入城镇,以推进城市现代化;二是吸引周边农民进入城镇,享受市民权利,实现人的城镇化;三是集聚发展要素推进周边农业现代化。

20世纪80年代推进的城镇化是农民自发的,走的是分散型道路,形不成积聚效应,达不到规模经济,形成低水平的重复建设和投资。现在推进的城镇城市化需要政府自觉安排,走集约型道路,必须规划先行。科学合理地规划大中小城市和小城镇的布局和功能,体现城市和城镇规划一体化。除了城镇的功能规划外,更要重视城镇的空间规划,要突出城镇的集中、集约和生态。

城镇化的核心是农民的城镇化,也就是农民的市民化。已有的城市化从一定意义上说是农民进城成为市民。衡量城镇化水平有两个指标,一是常住人口城镇化率。二是户籍人口城镇化率。2018 年末全国常住人口城镇化率为 59.58%,户籍人口城镇化率为 43.37%①。两者的差额就是指进城的农业转移人口没有成为市民的比例。

妨碍农民市民化的主要说明因素是城乡二元体制。一方面相对于城市,农村的市场经济发展程度太低,自然经济和半自然经济所占比重仍然较高。各类生产要素的市场基本上集中在城市,而不在农村。农民不能作为平等的主体进入各类生产要素市场。二是长期存在的城乡分割的户籍制度,将居民分割为城市居民和农村居民,城镇户口和农业户口。农村居民,农村户口明显低人一等。因此克服城乡差距的基础是在经济体制上推进城乡一体化,克服城乡二元体制。

当今的城镇化涉及两个问题:一是进入城市的转移人口享受市民权利,二是没有进入城市的农民享受市民权利。虽然已经明确首先解决进城的农业转移人口的市民化,但仅这一步是远远不够的。在我国这样的农村人口众多的大国,如果农民进城才成为市民,现有的城市无论如何难以消化数量庞大的进城农民的。预计我国 2020 年城市化率将超过 60%。这意味着从现在起平均每年有 800 万人转为城市人口。这么多人都进城是不可想象的。可行的途径是农民不进城就市民化。其内容是农民享受平等的城市人的市民权利,城乡居民政治、经济和社会地位的平等,城乡生活方式的趋同,公共物品的享受权利平等。

农民市民化需要由政府提供的公共服务导向,也就是以解决基本公共服务的城乡不均等为抓手。现在许多方面的公共服务只有进城才能享受到,这就产生农民进城获取市民权利的趋势。其结果是城市的各种福利水平会严重下降,由此产生农民市民化的社会代价。克服这种代价的途径是将提供给市民的机会和设施安排到农村城镇去,把高质量的教育、文化医疗设施办到农村城镇,增加农村城镇的公共产品和公共设施的供给。由此解决农民不进入城市就能享受到各种市民的权利,其生活方式与城市人基本没有差别。

基本公共服务城乡均等化的程度实际上受三个因素的影响:一是不同区域地方政府的财政能力;二是农民享用公共服务的支付能力;三是现存的所有制障碍。

首先是解决好农民对文化、教育、医疗和公共交通等公共服务的支付能力。文化、教育、医疗、公共交通等属于非纯公共产品:一方面需要政府负担其一部分费用,另一方面又要求享用者支付一部分费用。由此产生的问题是由支付能力的差别产生享用公共服务的差别。收入越高,支付能力越强,享用的公共产品越多。反之,收入越低支付能力越低(主要是农民),享用到的公共产品越少,甚至享受不到。因贫困而失学,因贫困而缺医少药等情况基本上都出现在农村。这就提出享用公共产品和服务不仅要求谁享用谁付费的横向公平,还要推进纵向公平,按照支付能力支付享用公共服务的费用。通过公共财政的支持,

① 国家统计局:《2018 年国民经济和社会发展统计公报》。

使低收入者和贫困家庭也能享用基本公共服务。现在正在推进的农村免费义务教育就能在一定程度上解决低收入家庭的就学问题。

其次是解决好不同区域的财政能力。基本公共服务是要由财政支付的。由于不同地区的财政能力与各自的经济发展水平相关,也就是说,某个地区以 GDP 反映的经济发展水平越高,地方财力越强,公共产品的供给能力越强,该地区的生活和居住条件越优,反之则越劣。在现有的价格水平、现有的投入和现有的发展条件下,靠农村的 GDP 水平以及与之相关的财政税收收入和居民收入,无论如何都不可能使农村生活条件达到城市水平,反而造成恶性循环:收入水平低—居住条件差—人力资本减少—收入水平更低。……显然,要使农村居民的生活和居住条件与城市居民平等,至少在现阶段,需要改变长期依据各地的 GDP 反映的经济发展水平来决定各地的居住和生活水平的思路和相关政策,如加大转移支付的力度,使生活在不同区域的人民享有大体相等的生活水平和公共服务。

最后是克服所有制障碍。长期以来城乡分割实际上是城乡之间不同所有制的分割。城市土地国有,农村土地集体所有;城市居民大都是国有企业职工,农民是集体的甚至是个体的。由此产生的鸿沟是,国家可以对城市直接投入,而不能对农村直接投入。城市可以统筹医疗,但农村只能合作医疗;城市可以建立政府介入的社会保障账户,而农村还没有。市场化改革发展到今天,无论是城市还是农村都已经是多种所有制经济并存,政府也不只是国有制经济的代表,而是全民的代表。因此政府对农民的支援不要再受所有制限制,特别是政府介入的社会保障应该惠及农民。这样,建立城乡平等的社会保障体系成为农民市民化的重要方面。

三、城乡发展深度融合

城乡发展一体化意味着发展重心由现有城市转到农村,通过城镇化推动城市中的发展要素扩散到农村。但城镇化也会反作用于城市现代化。只要两者融合推进,城市的现代化水平有多高,其对农村城镇的反哺能力就有多强。

在发展中国家,工业化和城市化都得到了农业和农村的哺育。我国已有的城市化包括两个方面:一是人口转移意义上的城市化,即农民“化”为城市人;二是地域城市化,即农地“化”为城市用地。这两个方面都体现农村对城市化的支持。在工业化和城市化达到一定水平后就需要工业和城市对农业和农村的反哺。反哺的方式集中在城市发展要素向农村扩散,实现城乡发展一体化。其主要特点有两个:

一是反哺的内容由收入反哺转向要素反哺。从根本上改变农业和农村落后面貌的基本途径是引入生产要素,特别是先进要素。反哺农业和农村需要形成内生机制,在农业内部产生改造传统农业的能力,也就是建立“造血”机制。农村地区贫困恶性循环的症结在于低收入造成的人才匮乏,以及由人才匮乏所造成的低收入。因此打破农村贫困恶性循环的关键是建立人力资本的反哺机制,形成对人才的持久吸引力。具有较高素质的人力资本向农村和农业流动,通过他们去改造传统农业,繁荣农村经济,这就提出反哺对象问题。无论是财政资金支持,还是农村经济组织的收入分配都要明确扩大农村中等收入者比重的目标,从制度、市场及技术等各个层面上,提高人力资本报酬,以改善对新农村建设的行为主体的激励机制。

二是反哺的范围,由乡镇范围内的就地反哺转向城市的反哺。根据长三角地区的实践,进入全面反哺农业和农村时,城市的反哺作用显著增强。正在推进的城镇化,不仅包括人口的城市化,也包括原来属于农村的地域的城市化。城市的制造业转移到农村以及农村建成工业区使所在的农村成为城市区域,城市规模的扩大,也会使原有农村地域城市化。由此带动,农村范围的城镇能够就近得到城市要素的辐射。

城乡发展一体化是推动城市发展的势头和要素"化"到农村,从根本上改变农村的落后面貌。过去的城市化是农民进城,城乡发展一体化则要求城市发展要素出城,城市要素、城市生活方式向农村扩展。

现代化的城乡关系体现在城乡发展一体化。这是在保持城与乡的特色的同时在发展水平上实现一体化。城乡发展一体化不是降低城市的地位去屈就乡村,而是将乡村的地位加以提高,使城乡在同等地位上在经济、社会、文化等方面相互渗透、相互融合。城乡一体化实际上是缩小城乡差距。城乡差距也就是城乡经济社会发展水平的差距,其表现是多方面的,有城乡收入差距,也有城乡居民生活条件的差距,还有城乡经济体制的差距。从长远看,所有这些差距都应该缩小。但在每个发展阶段都只能提出可能解决的问题。现阶段所要缩小的城乡差距,实际上有优先顺序的选择,是缩小收入差距优先,还是缩小居民生活条件差距优先,就有个科学判断问题。

城乡收入差距一定要缩小。在现实中,即使我们采取一系列支农扶农的措施,城乡收入差距进一步扩大的趋势还是不可避免的。我国现阶段,城市化和工业化的势头还是方兴未艾,而农业增长的能力仍然不足,增加农民务农收入的难度还是很大。虽然,城乡收入差距一时难以缩小,但城乡居民之间居住和生活条件的差距经过努力还是可以首先缩小的。克服这个差距,优先解决好城乡居民生活条件的均等化,本身又可成为提高农村发展能力的基础条件,最终缩小并克服城乡收入差距。

新时代推进"三农"现代化,需要外力推动,需要建立以工促农、以城带乡、工农互惠、城乡一体的新型工农、城乡关系。

首先是把城市的市场化水平"化"到农村。一是通过扩大农村社会分工,克服自然经济及其残余,使农村尽快赶上城市的市场经济水平。二是打破城市与乡村的体制分治,关键是克服城乡之间的要素分割体制。基于各种生产要素市场集中在城市不可改变的现实,打破城乡之间的要素分割体制。建立城乡一体的要素市场,需要创造包括农村市场主体在内的各类市场主体平等进入生产要素市场的环境,消除要素在城乡之间自由流动的各种体制和政策性障碍,做到城乡就业同工同酬,城乡土地同地同价,城乡产品同市同价。

其次是取消城乡分割的户籍制度,从而使城乡居民在城市和农村的流动和居住地不受户籍的限制。农民居住在城市,城市职工居住在农村完全取决于各自的选择。在解决进城的农民的市民权利的同时取消各种对农民的歧视性政策,使之与城市居民享受平等的政策和机会。就就业机会来说,高校毕业生到农村就业与在城市就业享受平等的权利。就受教育的机会来说,农民及其子弟入学及选择学校享受与城市人平等的权利。就卫生和医疗来说,农民与城市人享受平等的权利。就社会保障制度来说,各种社会保障不只是提供给城市人,也应提供给农村人。就享用公共产品的机会来说,农村人与城市人享受平等的机会。

归结起来,农业现代化突出建立在科技进步基础上的农产品品质的现代化;农村现代化突出在城乡一体化基础上的农村生活和居住环境的现代化,农民现代化突出在城镇化基础上的农民市民化。

第十一章 区域经济发展和协调

我国是发展中大国，由于历史的和自然的原因，和其他发展中国家一样，经济发展在区域间也存在着二元结构，即经济发达地区和不发达地区并存。改革开放以来，各个地区的经济社会发展水平都有明显的提升，但是沿海地区发展更快，地区差距进一步扩大。在此背景下，中国的区域发展，既要进行区域协调，先富帮后富，逐步达到共同富裕，又要建设彰显优势协调联动的现代化区域发展体系。

第一节 地区经济差距的主要说明

根据协调发展要求，经济发展的一个重要方面是要改变区域二元结构的现状，走向一元的现代化经济。不同地区经济发展水平存在差距是不可避免的，协调地区经济固然要解决公平问题，但是不能牺牲效率。按此要求，协调地区经济有两个机制：市场协调和政府协调。前者体现效率，后者体现公平。地区之间经济差距的扩大主要由市场的作用来说明，地区之间差距的缩小则需要政府推动。

一、区域经济差距的形成

在 960 万平方公里的中国大地上，由于历史的和自然的原因，其中包括地理位置、运输条件、劳动力素质、科技水平、经济基础的不同，形成了不同的经济发展水平差距很大的经济区域，从大的区域来说存在着东、中、西三大经济地带，就是在同一省份也存在着不同发展水平的区域，如苏南和苏北，浙东和浙西，粤南和粤北。

全国范围的东、中、西三大经济区域呈现明显的由高到低的经济差距。首先，现代工业的比重，东部地区占的比重显著高于中西部地区，西部地区农业的比重明显高于东部地区。其次，工业内部结构，东部是以技术密集型工业制成品为主，西部地区的工业基本上以能源和原材料等基础工业为主。第三，城市化水平，西部地区与东部地区相比存在很大的落差，西部地区比东部的城市化水平低。

从 1978 年底开始的改革开放以市场化为取向，实行允许一部分地区先富起来的政策，由此使地区间经济差距的扩大又有了体制和政策方面的原因。虽然各个地区都得到了改革开放的红利，但东部沿海地区改革开放的步子更大。具体表现在：首先，沿海地区率先发展乡镇企业，农村工业化推进速度明显快于中西部地区，地区间的经济差距又突出表现为工业为主的地区和农业为主的地区的差距，或者说是非农化水平高的地区和非农化水平低的地区间的差距。其次，得沿海的地利，沿海地区发展外向型经济，大规模引进和利用外资，从而使沿海地区的制造业和现代服务业都出现了强劲的增长势头。

市场化改革使要素根据市场信号自由流动，生产要素流动以效率为目标，更多地流向发达地区。外资进入也顺应市场调节方向，集中投入沿海发达地区。由此产生的效应是强化上述"累积性因果关系"，回流效应进一步强于扩张效应，明显表现在以下两个方面：一方面投资布局向发展能力强的沿海地区倾斜。不仅中央各个部门的固定资产投资更多地投向东部沿海地区，许多已经投在中西部地区的资金相当部分也自发地流到了东部地区，技术人才大量涌入东部地区。由此产生的积极效应是使东部地区已有的增长潜力得到了充分释放，同时推动了我国对外开放新格局的形成，为我国全方位对外开放奠定了基础，创造了条件。另一方面，相对于发达地区，不发达地区交通、通讯、水利等基础设施条件落后，资金短缺，科技水平低，劳动力素质也较低。在市场利益的驱动下，落后地区的资金、人才、劳动力等生产要素向效益好、投资回报高的发达地区流动。

以下对地区经济差距扩大的原因做理论说明，从中可以发现改变区域二元结构现状的路径。

二、工业区位理论

将德国经济学家和社会学家马克思·韦伯(Marx Weber)的工业区位理论推广到宏观领域，便有一个工业区位的选择问题。工业区位的选择有两个重要因素，一是该区域资金供给；二是生产和运输费用。

就资金供给来说，没有足够的资金供给，新工业区便不可能形成；没有持续的资金供给，已经形成的工业区也会衰落，这里的工业会向其他地方转移。假定不考虑外来资金的流入，每个地区的资金供给只能取决于本地区的储蓄能力和居民的储蓄倾向。居民的储蓄能力直接涉及本地区的市场经济发展水平、文化因素和传统习惯。不发达地区人均国民收入水平显著低于发达地区，居民的储蓄倾向也远远弱于发达地区。因此，撇开国家对不发达地区的财政补贴和重点投资(随着经济体制改革的深入，国家集中的财政比重下降，国家对不发达地区的直接投资不可能有较大的增长)，发达地区的资金供给高于不发达地区。

就生产和运输的费用来说，首先是运输费用，工业的最优区位一般选在运费最低的点上，这里主要是指生产地点到市场的费用。其次是劳动成本，如果某个区域的劳动费占总生产成本的很大比重，那么对该工业而言运费最低点可能不是生产成本最低点。这时，如果存在一个劳动费最低的点，那么工业区位的选择将会发生变化。第三是集聚力，由企业规模的扩大或工厂的聚集而形成的聚集力也会影响工业区位的选择，因为集聚能够带来规模经济效益以及外部经济效益。

就经济增长的水平和能力来说，地区间差距不仅反映在各自的要素存量差别上，还反映在各自对要素的吸引能力及各种投入要素的产出能力上。在开放的经济中，不论是发达地区还是不发达地区，经济发展都需要引进外界（外国或外地）的资本和技术，这就涉及各个地区对外资的吸引力。只有当本地的投资环境能使外界资金得到相对高的利润率时，外界资金才会投入本地区。虽然不发达地区的自然资源拥有量可能优于发达地区，但是它对外界投资的吸引力仍很弱，原因是它与发达地区比较，运输、通信条件差，运输成本高，技术力量和管理力量缺乏，且落后地区的劳动成本同发达地区趋向平均化。这种投资环境决定了不发达地区的投资效益明显低于发达地区，因而对外界资金缺乏吸引力。

在实践中我们可以发现影响投资者区域选择从而产生地区间工业布局差异的因素主要在如下方面：一是该区域有没有进入经济成长阶段。经济活跃、经济开放度高、增长率高、法制健全、经济安全性强都会成为考虑因素。二是市场容量。既要考虑本地的购买力，又要考虑其市场辐射面，在开放型经济中尤其要考虑同海外市场的时间距离。三是经济能量的集聚程度。公司和服务业的集聚程度，外资的集聚程度，市场和信息的集聚程度都会进入考虑的范围。四是基础条件。其中包括交通、通信（网络）和金融的发展程度、城市化水平、劳动力的受教育程度、高校和科研机构的集中程度、地方政府的效率和办事能力等。所有这些条件在各个地区不是同等具备的。

三、城市功能理论

一般讲的城市化指的是城市人口比例的提高。从区域经济发展角度讲的城市化突出的是城市功能的提升。城市的基本功能是市场中心，是人流、物流、信息流和资金流的集聚地，也是服务业的载体。哪里有城市，生产要素就到那里集聚；哪个城市的城市功能强，那里集聚要素的能力就强。增长极理论的奠基者佩鲁把城市看作区域发展的增长极：由于城市的带动作用增加了地区差别效应。地理上集中的综合产业极（城市）"改变了它直接的地理环境：而且如果它足够强大，还会改变它所在的国民经济的全部结构。作为人力、资本资源的积累和集中中心，它促进了其他资源集中和积累中心的产生。当这样两组中心通过物质的和智力的高速公路相互联系在一起时，广泛的变化在生产者和消费者的经济视野和计划中就显示出来了。"①正因为城市对区域发展具有增长极作用，城市是一定范围区域的中心，一定区域的发展水平在很大程度上取决于该区域的城市数量、城市规模和城市功能。

---

① ［法］弗朗索瓦·佩鲁（Francois Perroux）：《略论"增长极"概念》，《经济学译丛》，1988(9)：112-115.

在一定区域内城市数量多、城市规模大,其吸纳生产要素的能力强,城市的增长极功能就强,该区域的发展水平就高。反之则相反。

根据上述关于城市化功能的原理,我国地区经济差距就可以用城市化水平的差距来说明。根据2008年统计数据,东、中、西部的城市化率分别为55.90%、40.90%和41.50%。究其原因,主要是东部地区城市供给充足,而中西部地区的城市和城镇供给不足。我国不同地区城镇分布密度(座/万平方公里),即城市密度(全国0.69):东部2.50,中部1.64,西部0.25,东北1.14。建制镇密度(全国20.91):东部68.02,中部48.69,西部10.35,东北19.45。

因此,地区间经济社会发展水平的差距最根本的是城市化水平的差别。东部地区之所以经济发达,原因是这里的城市数量多,城市规模大,城市功能强。中西部地区之所以经济不发达,原因是这里的城市数量小,城市规模小,城市功能弱。正因为在广大的中西部地区城市和城镇供给严重不足,农业中转移出来的劳动力在当地无城镇可"化",只能是走离土又离乡的异地城市化道路。

城市的中心地位越是突出,辐射范围越广,越能穿透行政壁垒。以长江三角洲地区为例,这里发展水平领先全国的主要原因是城市密集且城市化水平高,长三角已经是中国第一大并正在成为世界第六个特大型都市圈。既有上海这样的国际化大都市,又有苏州、无锡、常州、南京和杭州这样的大中城市。由于城市的中心地位突出,因此区域内市场和企业有强大的向城市特别是中心城市的向心力。因此推动落后地区发展的主要路径是推动城市化,以吸引生产要素、聚集经济能量。

四、累积性因果关系

诺贝尔经济学奖得主瑞典经济学家缪尔达尔(Karl Gunnar Myrdal)用"累积性因果关系理论"说明发达地区和不发达地区在现代化过程中经济差距进一步扩大的原因。按照新古典的均衡理论,要素的流动性能使所有地区的要素价格(工资率、利息率等)趋向相等,从而克服地区间的不平衡。与此理论相反,"累积性因果关系理论"认为:在存在地区间不平等的条件下,"经济力和社会力的作用使有利地区的累积扩张以牺牲其他地区为代价,导致后者的状况相对恶化并延缓它们的进一步发展,由此将导致不平等状态的强化。"①这意味着要素的流动不但不能达到不同地区要素分布的均衡,还会使要素的空间分布更不均衡。

缪尔达尔用扩张效应与回流效应两个概念来说明这种累积性因果关系。扩展效应是指一个地区经济增长对另一个地区的经济增长产生有利影响的效应,其中包括市场、技术、信息等先进生产要素的扩散。回流效应是指一个地区经济增长对另一个地区的经济增长

① [英]瑟尔瓦尔(Thirlwall):《增长与发展》,中国人民大学出版社1992年版,第122页。

产生不利影响的效应。其中包括劳动、资本等要素从增长缓慢的地区流向增长迅速的地区,污染严重的项目由先进地区转移到落后地区。地区发展不平衡可以用回流效应强于扩展效应来说明。

由于累积性因果关系的作用,资本、劳动力和企业家往往一起流向效益较高的地区,贸易也给发达地区带来利益。其结果是发达地区发展更快。而在落后地区由于增长要素的流出而发展更慢。对落后地区来说采用新技术所产生的增长效应并不像发达地区那样强。"先进技术并不必然对今天的后来者同样有益。经常有这种情况:从使用先进技术中增加的产量远远超过了有限的国内市场的吸收能力。"而且,现代技术涉及的进一步问题是,它需要大量的初始投资,因为当今的技术主要是资本密集的,"许多可能超过了该地区非常贫穷资本匮乏经济的资力"①。这些便成为落后地区采用先进技术的困难。而且,"若对其各种活动不加调节的话,银行制度必然会成为从贫困的地区抽取储蓄而把它投入较为富裕的和较为进步的资本收益高且有保证的地区的手段"②。

由累积性因果关系决定的要素流动对发达地区和不发达地区都会产生负面影响。发达地区人口密度过大,引起社会治安等方面问题,环境遭受严重污染。不发达地区人员大量流失,而且主要是青壮年以及有一技之长的人员流失,导致发展停滞,贫困问题严重,甚至引起区域冲突。因此,地区差距过大,不仅使不发达地区不可持续发展,同样也使发达地区经济不可持续发展。

根据上述累积性因果关系理论,克服地区差距的重要路径是弱化回流效应,强化扩展效应。就扩展效应来说,东部地区经济发展起来后,东部的企业会从自身发展考虑,或者是为了开拓市场,或者是为了获得原材料,主动向中西部地区投资,由此使中西部地区的发展增加了政府以外的新的来源。是流入东部的劳动力,不仅获得人力资本投资的机会,而且其收入汇回西部本身也是西部资金积累的重要渠道。正因为如此,即使是中西部,其经济增长速度也明显地超过改革开放以前的时期,由此带动了我国的经济总量和综合国力迅速提高。这可以说是发达地区的扩展效应:产业(新技术的载体)在空间上不断地向欠发达地区扩散。但是这种扩展效应是有限的。原因是落后地区不具备必要的经济技术基础和相当素质的劳动力,这种扩散就难以实现。中西部地区陷入的"积累资金不足—技术进步缓慢—劳动生产率低下—居民收入水平低下—资金供给能力不足"的不良循环之中,各种自然资源得不到综合利用和深度加工,资源优势得不到充分发挥,最终使中西部地区的发展动力越来越弱,区域差异进一步拉大。发达地区对落后地区的扩散效应无法充分实现。

就经济增长的水平和能力来说,地区间差距不仅反映在各自的要素存量差别上,还反映在各自对要素的吸引能力及各种投入要素的产出能力上。只有当本地的投资环境能使

---

① [瑞典]缪尔达尔:《亚洲的戏剧》,北京经济学院出版社 1992 年版,第 47-48 页。

② [瑞典]缪尔达尔:《经济理论和不发达地区》,伦敦达克沃斯出版公司 1957 年版,第 28 页。

外界资金得到相对高的利润率时，外界资金才会投入本地区。虽然不发达地区的自然资源拥有量可能优于发达地区，但是它对外界投资的吸引力仍很弱，原因是它与发达地区比较，运输、通讯条件差，运输成本高，技术力量和管理力量缺乏，且落后地区的劳动成本同发达地区趋向平均化。这种投资环境决定了不发达地区的投资效益明显低于发达地区，因而对外界资金缺乏吸引力。

五、允许一部分地区先富起来

在客观存在经济发展水平的地区性差距的条件下，各个地区应该按什么样的次序推进现代化，是重要的研究课题。就国家的经济发展战略和政策来说，对各个地区都要采取相同政策，不论是发达地区还是落后地区，吸引外资和先进技术的机会应该均等。但就经济发展的现实来看，梯度推移的过程和趋势客观存在。由于各个地区对资本和技术吸引能力的差异，接受现代技术的梯度性次序客观存在，因此经济发展政策要在承认这种客观现实和趋势的基础上，积极支持发达地区引进和掌握世界先进技术，并引导和推动现代技术逐步地由发达地区向次发达地区、不发达地区推移和扩散。正如当年毛泽东同志在《论十大关系》中所说的，为了平衡工业发展的布局，内地工业必须大力发展，但是沿海的工业基地必须充分利用。如果真想发展内地工业，"就必须更多地利用和发展沿海工业"①。

改革开放以来我国实施允许一部分地区先富起来的政策，这意味着承认不同地区发展速度的差别。市场经济作为优胜劣汰的经济承认速度的不平衡，地区间的技术差距决定了各地区速度的不平衡，有条件的地区发展速度应该更快一点。在经济发达地区经济的发展有技术的基础，有产品质量和经济效益的优势，其经济增长速度应该比其他地区高，应该高于全国的平均速度，若要跟其他地区平衡，无异于贻误时机和牺牲已有的生产力。一个国家的宏观平衡不是建立在多个地区同步增长的平衡速度基础上的。在市场经济体制中，经济效益高的地区超前发展，生产要素流向效益高的地区，可以在更高的速度、更高的效益基础上实现宏观总量平衡。即便是国家实现宏观紧缩政策时，也不排斥经济效益高的地区超前发展。

在市场经济中，资源是可能自由流动的，速度的唯一制约因素是市场。只要有市场（不仅仅是省内市场），没有资金可引进资金，没有资源可买进资源，没有技术可引进技术。因此，某个地区高速度的支撑力不在本地区，而在全国乃至国外的大市场。速度能多高，不在于地区内有多大的资源供给能力，而在于对外界资金、技术、资源有多大的吸引能力。发达地区可借助各类要素市场及其价格信号、投资环境的改善来吸引外界的要素投入本地区。

由于以上原因，虽然我国通过西部大开发等战略的实施，缩小了地区间的经济社会发

① 《毛泽东选集》第5卷，人民出版社1977年版，第271页。

展差距，但直到2016年地区差距仍然严重存在。2016年人均GDP超1万美元的省(市、自治区)均在东部。天津、北京、上海、江苏、浙江、福建、内蒙古、广东和山东按人民币计算的人均GDP分别为：115 613元、114 690元、113 731元、95 394元、83 923元、74 288元、74 204元、73 290元和68 049元。低于4万元的均在中西部：四川39 835元，安徽39 254元，广西38 042元，西藏35 496元，山西35 285元，贵州33 242元，云南31 358元，甘肃27 508元。最低的甘肃的人均GDP不到江苏的1/3。

第二节 区域经济的协调

区域经济发展的不平衡是一个国家经济发展过程中的必然表现，但区域差距的过分扩大必然会导致区域经济的不可持续发展，并进而导致国民经济的不可持续发展。没有落后地区的现代化，便不可能有全国的现代化。因此经济发展的战略要承认地区差别，但不能把这种差别凝固化，需要借助有效的战略、政策和体制来缩小并最终克服这种差别。其协调机制固然还是要利用市场，但更多的是政府协调和推动。

一、先富帮后富

针对地区发展，邓小平不仅提出允许一部分地区先富起来，同时又明确要求沿海地区达到全面小康水平以后转向先富帮后富。

发达地区发展对不发达地区的负面效应已经凸显：劳动和资本等生产要素从增长缓慢的地区流向增长迅速的地区，发达地区也会将污染严重项目转移给不发达的地区，由此加剧地区间的不平等。诺贝尔经济学奖得主缪尔达尔对造成这种回流效应的原因的研究远远超出了资金转让、人口增长和资源紧缺等范围，他认为发展相对不够主要是市场力量发生作用的自然结果。不发达地区和发达地区之间的贸易并没有趋向生产率和收入的平等，而是趋向于不均衡。可见，回流效应是市场调节地区间资源配置的负效应，也可说是实行市场经济体制的成本。落后地区为发达地区的发展付出了经济长期停滞的代价。在这种背景下，发达地区到了反哺不发达地区的时候了。

过去讲到东西部地区关系时，人们往往关注其相互之间的经济联系。但是在沿海地区发展开放型经济以后地区间的相互依赖性明显减弱。其原因主要有三个方面：一是沿海地区经济开放后，所需要的资源可以从国际市场获得，并不一定从西部获得。二是沿海地区进行结构调整，发展高科技和向服务业转型，都会减少对西部资源的需求。三是沿海地区发展外向型经济，产品进入国际市场，因此对中西部地区市场的依赖性减弱。这样东部地区的经济发展不再直接依赖于西部。特别需要指出的是西部地区的后发优势也不像人们想象的那样明显。当西部地区发展的工业品进入市场时，相当部分产品的市场已经被东部地区的企业占领。西部地区的产品进入市场要付出更大的交易成本和竞争费用。

斯蒂格利茨曾经告诫我国不能只把对外开放看作增长的发动机，国内经济也可以成为增长的发动机。原因是过分依赖外需的战略已经暴露出局限性：① 在国际市场上出口遇到越来越大的障碍，出口收益明显下降。② 外向型经济使沿海城市得到繁荣，但它未能给内地省份以同样的机遇。③ 落后地区需要得到增长源来带动发展。据此，斯蒂格里茨断言："中国应当采取措施利用其庞大的国内市场，它正在成为其自身增长的发动机。"①

区域发展不平衡的国情决定了中国现代化实现过程需要采取"区域推进"的方式。就如邓小平提出共同富裕有先有后，允许一部分地区先富起来的过程一样，不同地区的全面建设小康社会进程存在有先有后的时序。与此相应，开启现代化的进程就不可能是同步的。在实践中，在经济相对落后的地区全面小康社会还没有达标，不可能提出现代化任务。而在经济发达地区，全面小康的基本目标达到以后，就有条件也有必要及时开启现代化的历史进程。鼓励有条件的地方在现代化建设中继续走在前列，为全国改革发展做出更大贡献。

现在沿海相当部分地区已经达到小康水平，支持欠发达地区发展的任务就现实地提出来了，对沿海地区来说帮助中西部地区发展有自身的需求。东部和中西部地区的差距进一步扩大同样会影响东部地区发展的可持续性。中西部地区发展相对落后，对加工品的需求增长必然缓慢，使东部地区的产品缺少市场。同时，中西部地区由于没有能力加快企业技术改造，原材料产品的成本居高不下，甚至会高于国外的成本，从而迫使东部地区从国外进口原材料。另一方面，中西部地区产业结构的缓慢推进，将迫使沿海地区长期生产那些中低档的产品以满足中西部地区生产结构的层次和消费结构的需要，从而放慢产品的更新换代速度，影响总体产业结构高级化的进程。中、西部地区产品市场和资源供给两方面的约束，将毫无疑问地反作用发达的东部地区，对发达地区的进一步发展起到制约作用，其结果必然是损失了我国从区域分工中应该得到的比较利益。现在东部的企业会从自身发展的考虑，或者是为了开拓市场，或者是为了获得原材料，主动向中西部地区投资，由此使中西部地区的发展增加了政府以外的新的来源。即使是流入东部的劳动力，不仅获得人力资本投资的机会，而且其收入汇回西部本身也是西部资金积累的重要渠道。正因为如此，即使是中西部，其经济增长速度也明显地超过改革开放以前的时期，由此带动了我国的经济总量和综合国力迅速提高。这可以说是发达地区的扩散效应：产业（新技术的载体）在空间上不断地向欠发达地区的扩散。但是这种扩展效应是有限的。原因是落后地区不具备必要的经济技术基础和相当素质的劳动力，这种扩散就难以实现。克服回流效应需要政府的

① ［美］约瑟夫·斯蒂格利茨：《中国第三代改革的构想》，载《中国走向》，浙江人民出版社 1999 年版。

宏观调控及相应的区域发展政策。

二、推动生产要素流向不发达地区

单靠市场机制的调节不但不会缩小和克服地区间的经济差距,还可能进一步扩大差距。这意味着在西部这样的地区既不能单纯等待发达地区的梯度推移来实现现代化,也不能靠市场经济的作用来缩小差距。中央确定西部大开发的战略,从一定意义上说,就是试图以西部的大开发来发动新一轮经济增长。

按市场经济原则发展经济不可避免地会导致地区间经济差距的进一步扩大,但市场经济体制本身又可提供协调地区差距的手段和途径。其核心内容是地区间的市场开放,打破自我保护的“诸侯经济”。在开放条件下推进二元结构现代化包括下述内容。

第一,不同地区要按照比较利益原则进行合理分工,在分工的基础上发展和扩大区域间的贸易关系。这种分工有两层意思:一是根据各区域提供产品和服务的相对优势及成本的相对差别进行分工。如发达地区在技术上有相对优势,因而可重点发展高技术产品;不发达地区在自然资源开发和利用上有相对优势,因而可重点发展自然资源制成品。二是根据各区域生产要素供给的相对充裕程度进行分工。如在劳动力资源相对充裕的地区,发展劳动密集型产业;在自然资源供给相对丰裕的地区,发展自然资源密集型产业;在技术力量相对强的地区发展技术密集型产业。在这种区域分工的基础上推进区域间的商品交换,能推进各个地区的经济繁荣。

第二,区域间相互提供资金、技术、人力,开展经济技术合作,推动生产要素在地区间流动,以促进生产要素在各个地区的有效配置。单是商品交换关系还不能从根本上改变区域间的二元结构,只有生产要素在全国范围进行有效的再分配才能从根本上改变二元结构,实现二元经济的现代化。因此,除了国家对生产要素的流动做必要的计划和政策的引导外,不发达地区要致力于改善投资环境,特别是要改善运输、通信条件,进行人力资本投资,同时要为吸引科技人才提供优惠的政策。发达地区从自身发展的需要出发,也要积极同不发达地区扩大经济技术合作,组建经济联合体和企业集团,以解决发达地区经济发展所需要的能源、原材料和市场。股份制、联营、合资,正是市场经济体制提供的生产要素在地区间重新配置的重要形式。

第三,市场机制和政府支持相结合。市场经济下的区域协调,应该充分利用市场机制的协调作用。我国的中西部地区是资源富集地区,其产业链主要是延伸于区外,在市场体系不健全(尤其是价格体系不合理)的状态下,中西部地区只能低价输出初级产品高价输入制成品。部分地区为改变这种不利的分工格局,盲目发展加工工业,导致地区结构同构,中西部地区和东部地区之间的经济技术联系被割断,无法实现区域的可持续发展。因此,有必要尽快建立全国统一的市场体系,消除地方和部门对市场的封锁和分割,建立规范化、制度化、法制化的市场秩序,使各地区能够在平等的基础上进行交易,发挥各个地区的区域优势。

三、增长极及其扩展效应

增长极(发展极)概念是法国经济学家佩鲁提出的。佩鲁认为:"增长并非同时出现在所有地方,它是以不同的强度首先出现在一些增长点或增长极上,然后通过不同的渠道向外扩散,并对整个经济产生不同的影响。"①具体地说,增长的势头往往集中在某些主导部门和有创新能力的行业,这些部门和行业往往集中在大城市中心,这些中心就成为增长极。增长极对广大周围地区有一种辐射扩散效应。凭借这种辐射效应,增长极成为一个地区的生产中心、贸易中心、金融中心、交通运输中心、信息中心。向心力的作用使得主导部门和有创新能力的行业四周聚集着日益增多的其他相关部门、行业和辅助性厂商。其增长的势头又把技术、资金、组织、信息等生产要素向周围地区扩散,带动周围地区的发展。显然,较梯度推移方式,这种依靠增长极进行辐射式技术传递的方式具有速度快、效率高的特点。

在现代经济中,增长极的形成、经济中心区的形成与产业集群的形成密切相关。所谓产业集群理论是说:生产经营相同或相关产品的企业聚集在同一地区和区域。由此形成的集群还会进一步向横向和纵向扩展。这样产业集群就可界定为:同类产品或具有产业关联的企业在某一地理空间的聚集。现实中这种产业集群非常普遍,例如:意大利的皮鞋业集群,美国北卡罗来纳州家具业集群,硅谷的电子产业集群,美国底特律汽车城,以及我国的浙江服装产业集群,近年来贵州形成的大数据产业集群等。

增长极的作用就是作为区域经济中心极对周围地区的经济增长产生有利影响,主要包括为其他地区的产品扩大市场、扩散技术。相应地,每一个地区的发展规划重点就是明确本区域的增长极,如在长江三角洲区域内上海的增长极地位就非常明显。

现实中,广大的中西部地区经济落后,原因就在缺乏增长极。这就有个建设增长极的问题。增长极的形成本身有个自然发展过程。有创新能力的产业和企业集聚会产生强大的凝聚力,经济活动的区位相互接近所带来的成本的节约和收益的提高,会加速其经济增长的速度,从而形成一个地区的经济中心。增长极的形成包括:资本的集聚、技术的创新、产业和企业的集中,以及贸易、金融、信息等第三产业的完善,这些便成为建设增长极的内容。增长极的形成就目前来看有两条途径:一条是市场途径,靠市场的吸力来聚集要素。另一条是政府推动,由政府通过计划和重点投资来主动建设增长极。

对发达地区来说,建设和强化增长极主要应采取市场途径。如上海浦东的建设,其意义就在于建设长江流域的增长极。开发开放浦东从某种意义上讲就是要使浦东成为整个

① [法]弗朗索瓦·佩鲁:《增长极概念》,载于《经济学译丛》,1988年第9期。

长江流域的“增长极”。以市场途径建设和强化增长极(如开发开放浦东),需要认真解决聚集和扩散的关系。聚集就是要使生产要素和主导产业部门、有创新能力的行业向中心聚集;扩散就是要把中心的发展势头通过技术、组织、生产要素、市场、信息等渠道向其周围地区扩散,以带动周围地区的发展。作为向心力的前提是它必须在硬件和软件方面给予周围地区一种具有较强扩散效应的预期。没有扩散就没有聚集,没有聚集也就没有扩散,两者相辅相成。

而在经济落后地区,若要靠市场的力量来创建增长极,那要有一个漫长的过程。落后地区是不愿意也不应该等这么久的。这就要政府介入。根据增长极理论,政府的区域发展规划不再是规划发展的面,而是规划发展的点。国家在各个地区发展的点上集中投入资金、引入技术,培植主导产业部门,使之真正带动周围地区的增长极。由此形成这样的机制:政府协调的作用点在增长极的建设上,市场协调作用体现在增长极对其外围的带动作用上。

四、城市现代化

在区域经济中,城市毫无疑问是所在一定区域范围内的增长极。在现代经济中,城市在区域经济和社会发展中的主导地位越来越突出。城市的中心地位越突出,对周边区域的辐射力越强,区域的整体发展水平越高。这种作用的发挥依赖于城市的发展,要素和主导产业在城市的聚集。

根据增长极理论,分布在区域内不同点的大大小小的城市可以成为当地带动周边地区发展的增长极。就如苏南地区,其发展水平之所以处于全国前列并且有条件率先基本实现现代化,就在于这个区域形成了包含中心城市、县城和中心城镇的城市群。在现代化进程中不仅需要这种城市群继续发挥作用,还要进一步提升。现代化的城市群协调就涉及三个层次的内容:首先是提升中心城市,成为现代化国际性都市和创新型城市。其次是壮大中小城市,增强其产业发展和现代服务功能,使之具有吸引中心城市产业和人口转移的能力。第三是建设小城镇。农村城镇是城乡一体化的重要节点,担负着在广大农村推进现代化的重任。

在现阶段无论是在发达地区还是不发达地区,城市增长极作用的提升集中在其现代化水平的提升上。

长期以来我国对城市的定位基本上是生产型城市,即相当长时期所强调的由消费型城市转变为生产型城市,生产型城市又归结为工业城市。在工业化的初期阶段发展城市工业对推动我国的工业化起了重要的历史作用。但是随着城市工业的发展,由工业集中所产生的污染、拥挤等城市病越来越严重。特别是在工业制成品普遍进入买方市场后,城市失业问题也越来越突出。现在可以说,工业比重越高的城市越是落后。而且,随着农村工业化和城镇的发展,城市地位逐渐下降,原因是在农村城镇发展相同的工业成本更低。进一步分析,在计划经济年代,新建、扩建、改建一个城市,全部由财政负担。增加一个城市人口,国家就多拿一个人的各种补贴,多一个人的供应,多一份财政负担。在经济并不发达的过去,必然结果是对城市的发展建设进行严格控制,特别是对大城市的严格控制。为保证有限资金生产性使用,抑制消费型的第三产业的发展,导致城市设施普遍陈旧落后。改革开放以后,城市化变成城镇化,小城镇成为城市化的重点,城市发展受到各个方面的限制,由此分散了本应在城市聚集的经济能量。

从现代化的角度给城市定位,首先需要给城市"正名",还城市的本来面目。过去在短缺经济年代城市成为经济中心是因为它是工业中心。现在工业制成品成为买方市场,工业中心不再是经济中心,只有是市场中心才能成为经济中心。观察现代化国家可以发现,城市是现代化的中心,是科学技术和文化思想的策源地,是先进社会生产力和现代市场的载体。推进城市现代化将促进技术创新和文明进步,进而推进社会经济现代化和城市文明的地域扩散,提高区域现代化的潜力。

城市现代化涉及对城市价值的理解。过去人们对城市只是突出其经济价值,包括市场价值和产业价值。进入新时代后,从满足人民美好生活需要考虑,城市不只有经济价值,还有文化价值和生态价值。按此要求,城市现代化需要突出解决以下问题:

一是进一步提升城市的经济价值。从产城融合发展的角度看,关键是提高城市中服务业的比重。从一定意义上说,工业大市至多成为经济大市,只有以服务业为主的结构才能成为经济强市(见表 11-1)。城市化的关键不是人口流动和集聚,而是提升城市功能,变工业型城市为贸易型、服务型和消费型城市。因此,城市现代化需要通过城市产业结构重组,将城市工业向周边小城市和城镇转移,金融、贸易、信息、服务、文化教育等第三产业向大中城市集中。从城市作为一个区域的发展极考虑,在城市聚集的要素只能是先进生产要素,聚集的产业只能是主导产业,包括服务业和制造业的研发中心,公司总部及其营销中心也聚集在城市。城市由工厂林立转向公司林立,包括吸引外资银行、保险公司、贸易企业、电讯公司和各类高科技研发中心进入中心城市。

表 11-1　国内外一些大城市市区的第三产业比重

城市	第三产业占 GDP 比重(%)	第三产业就业人口比重(%)
纽约(1989)	80.00	86.70
巴黎(1988)	72.70	77.90
东京(1988)	72.50	70.00
首尔(1989)	68.90	63.20
香港(2012)	93.00	88.50
北京(2012)	76.46	75.63
上海(2012)	60.45	50.76
广州(2012)	63.58	53.88

注:()内代表年份。

二是进一步提升城市的生态和文化价值。现代化突出人的现代化,需要克服城市的交通拥堵、人口拥挤,环境污染之类的“现代病”。城市现代化目标是:最佳人居环境,最佳科技教育环境,最佳生态环境,最佳法制环境。按此要求,城市现代化建设主要涉及:首先是城市环境和生态建设。现代化城市凸显生态功能。环境治理和改善生态环境对提升城市价值具有重要意义。改善生态环境也有利于提升旅游业。其次是城市的社会建设,涉及科技、医疗、教育、文化等方面的现代化。城市成为现代化的中心以及科学技术和文化思想的策源地,就能推进社会经济现代化和城市文明的地域扩散,提高区域现代化的潜力。

三是建设现代化的城市设施支撑体系。建设高质量的金融、交通、通讯、供水、能源供应等体系,加快信息网络和城市信息港中心的建设;改善住房供给,提高住房质量,建立完善的住房新制度;建设高水准、多层次现代市场,强化市场网络和完善保证市场正常运行的机制的建设;等等。所有这些都是建设现代化城市的基础设施的基本内容。最后是现代化城市向周边区域的通道建设,这是扩大中心城市增长极功能的基础性条件。

基于提升城市价值考虑,城市要素需要转型升级。城市现代化不是城市大规模化,要突出其内涵和功能的现代化,而不是片面追求规模。过去的城市化以城市规模的扩张为特征,其原因是当时城市化处于工业化阶段,因此城市规模越大,工业化水平越高。而现代工业化正在进入信息化阶段,以信息化为基础的城市现代化水平没有必要用城市规模来说明①。现在城市中产业(主要是制造业)和居民住宅的高度集中造成了过分拥挤和环境恶劣等问题,城市单位土地使用的效益也严重下降,同时也挤占了现代产业和服务发展的空间,城市现代化水平难以提升。因此城市现代化涉及通过土地置换,使大量工业、普通住宅等偿付租金能力差的用地从中心区退出,在传统工业和居民出城的同时鼓励企业总部进城,为租金偿付能力强的金融、商务、公司总部及公共建筑等进入城市提供空间,促进城区的功能更新。与此相应的城镇化就是要求增强城镇的城市功能,使其具有吸收城市产业和人口转移的能力。

第三节　区域经济一体化

在幅员辽阔的中国不仅存在东、中、西部之间的经济差距,而且在同一区域内,在毗邻的地区都会存在较大的经济差距,因此区域经济协调就不只是在国家层面上对东、中、西部

① 美国学者曼纽尔·卡斯泰尔(Manuel Castells)将现代城市发展归结为两个趋势:中心化过程和扩散化过程。现在在美国几个大城市出现的现象是:信息密集型产业正在向城市、大城市及其中心地带集中,公司办公地点则向郊区扩散。这与其员工大多数住在郊区相关。(《信息化城市》,江苏人民出版社2001年版)。

三大区域的协调,更多的是对毗邻的发展水平存在差异的不同行政区域的协调。明确我国实施的区域经济一体化战略包括:京津冀协同发展战略,长江经济带发展战略,长三角经济一体化发展战略和粤港澳大湾区发展战略等。所有这些发展战略所包含的一个主要内容是区域经济一体化。

一、重塑经济地理

2009年世界银行发布世界发展报告《重塑世界经济地理》①,该报告研究了地理因素对区域发展的影响与作用,论述了地理空间在区域发展政策中的地位。该报告指出:全球经济主要集中在大城市、发达省份和富裕国家。经济动力的集中导致了发展的不平衡,但若实行平衡发展战略,又往往会阻挠发展。不平衡的经济增长与共同富裕是否可以并行不悖,相辅相成?该研究报告的回答是:当今世界提升区域发展水平、克服地区差异的重要趋势是重塑经济地理,即在毗邻城市推进区域一体化,形成具有内在经济联系并相互促进的经济板块,可以在更大范围内优化资源配置、拓展新的发展空间。

该发展报告吸收了新经济地理和新贸易理论的最新研究成果,提出一个新的多维度经济地理分析框架。该报告将密度、距离和分割概括为经济地理的三个基本特征,重构了关于城市化、区域发展和一体化的理论和政策框架。

首先,提高密度,实现经济集聚。密度是指每单位面积的经济总量,反映经济的集中程度,经济越集中的地方往往发展也越好。旨在提高单位土地产出密度的产业空间重组路径如下:一是促进产业转移,充分发挥区域一体化范围扩大的制度优势,有效实施企业迁移和产业转移,为重塑经济地理腾出空间。二是推动产业地区重组,在地区层面上寻求产业群的分工与错位发展,在产业扩散和重组过程中通过兼并、接管等资本运作方式组建一批集团公司。市场掌控和技术性垄断是价值链集聚的最主要途径。三是价值链(供应链)集聚,企业或企业集团利用组织内交易代替市场交易,把整个产品价值链实现企业内部化,来规避市场不确定风险。但是价值链不同环节的要素密集度或运行环境存在很大的差异,企业按照价值链实现分工、匹配与集聚,将在地区之间和城乡之间形成一个有效率的分工格局。四是培育战略性产业,创新发展不仅是技术创新,更重要的是产业创新,按照本地区在全球分工格局和地区分工格局中的定位,选择合适的先进技术进行集中推广。只有产业与企业组织不断实现空间重组,只有区域经济拥有较强的产业结构更新能力,才能不断地提高空间利用效率,提高经济活动和价值创造的密度和高度。

其次,缩短距离,降低运输成本。距离主要是指经济(时间)距离,是指资源、商品、服务、信息等到达经济聚集中心的距离,标志着生产要素的集中速度,劳动力的流动程度和物

---

① 世界银行:《2009年世界发展报告:重塑世界经济地理》,清华大学出版社2009年版。

流成本的高低,具体体现就是交通、通信等基础设施是否先进。大部分的经济机会与价值创造都在少数中心地区,尤其是消费行为集中的地区。毗邻地区发展状况至关重要,一个地区的繁荣迟早会惠及周边地区,包括那些地理上不一定连接但是存在紧密的一体化制度安排的地区,比如远离世界经济中心的智利,通过一系列双边一体化制度安排而接近世界市场,脱离周边而成功跨越"中等收入陷阱"。落后地区增加和毗邻发达地区的联系,缩短距离,是实现长期生活水平趋同的最高效的、现实可行的途径。缩短彼此之间的距离有利于降低交易成本,促进企业兼并和市场分工深化,获得企业层面的规模经济利益和地区层面专业化分工带来的范围经济利益。缩短地区间的经济距离的主要途径:一是完善交通型基础设施。生产与消费地点的空间分离,生产上的规模经济与运输成本之间的相对大小决定了产业的专业化分工和空间集聚程度,在过去20年中,完善而高效的交通物流系统使得发达地区成为一个专业化分工与集聚的大市场,但是一些地区却处于这一高效的交通物流网络之外。现代化社会是整体推进的,应该聚焦欠发达地区。二是提高信息型基础设施水平。信息已经是现代社会发展的关键要素,是一切决策的基础,而信息不畅或信息成本较高是一切贫穷地区共同的特征。旨在推动区域经济一体化的政策应该聚焦信息类基础设施,比如卫星电视、互联网以及专业的检索平台等信息类基础设施,以便提高市场融合和促进落后地区发展。

最后,减少分割,建设统一市场。分割是指国家之间、地区之间商品、资本、人员和知识流动的限制因素,通过打破封闭、打破分割的体制和政策的实施,可实现城市间、区域间和国家间的分工和专业化协作。减少地区分割的基本途径:一是地区功能定位。地区功能定位远比追求规模重要,功能定位准确就会促进产业分工、避免过度竞争、减少地区分割,以企业的专业化和地区层面的多样化获取区域范围经济利益。二是建立广泛的信息共享制度。地区分割不一定表现为行政性壁垒,还有一些由于信息不能够共享而出现的条块分割状况,出现重复建设和重复作为的现象,提高发展成本而降低发展速度,因此必须建立信息共享制度。三是推动同城化建设。中心城市作为区域对外经济联系的窗口,是区域经济活动的集聚中心,是信息、知识、技术以及公共产品集聚中心,必须扩大中心城市不断增长经济密度所带来的受惠范围。

区域一体化的基本推动要素是:制度合作、基础设施共享和特别激励措施的有效政策组合。其中包括:制度合作,解决区域内的协调,培育更大的规模经济;区域基础设施共享,实现区域与先进市场的战略性连接,降低运输成本;协调性干预措施,促进区域内先进地区和落后地区的要素流动和生活水平的趋同。经济发展成效卓著国家的经验证明,在努力促进生产集中的同时,通过政府的财政转移支付政策,基础设施建设、公共服务均等化政策和激励政策等,可以促进生活水平趋同,从而达到共同富裕。

二、中心和外围的对接

现代化进程也是区域经济一体化的进程,应从区域协调发展的角度对现代化建设做出整体规划。各地推进现代化的空间尺度不能是一市一县这么小。即使北京、上海这样的特大城市,也不可能独自实现现代化。因为现代化区域包含中心和外围,仅有中心的现代化而没有外围的现代化,中心的现代化也不可能长久。中心城市的现代化建设需要外围地区分工协作,从而降低成本,形成集聚效应、规模效应。同时,中心城市对外围地区还有辐射效应、扩散效应,能够带动外围地区共同发展。包括中心和外围的区域在实现现代化的过程中又会从整体上成为中心,带动更大范围的发展。因此,现代化的进程也是打破地区分割、推动区域经济一体化、实现区域协调发展的过程。

根据空间经济学的观点,区域经济的空间应该包含中心和外围,既要有中心城市又要有周边农村。中心与外围的关系不仅是指一个区域内城市与乡村的关系,还指一个大的区域内中心城市与其周围地区的关系。城市是带动其外围地区发展的增长极(发展极),中心城市是带动其整个区域作为外围发展的发展极。中心和外围间建立紧密的联系,无论是对中心还是对外围都是大有益处的。

对中心来说,其发展对外围有很强的依赖性,外围地区不仅为它提供原材料,还为它提供市场。其外围越大,中心的地位越突出。而且,随着中心地区发展出现的人口稠密、交通拥挤、污染严重、资源不足等规模不经济问题的突出,现代经济增长有个趋势:制造业等生产部门将越来越多地离开中心进入其外围地区。留在中心的将是以金融、国内外贸易、信息、服务等第三产业部门为主的行业,以市场中心、金融中心、信息中心、服务中心的功能作为周围地区的发展极。中心和外围经济的一体化将成为趋势。这时,评价中心的经济实力已不是单看聚集在中心的产业部门有多少,而是要看中心的辐射范围有多大,辐射力有多强。例如在亚洲,竞争力较强的几个中心都是依靠广大的腹地而称雄的。新加坡以东南亚国家为腹地,香港以广大的华南地区为腹地,上海以长江流域为腹地。

对外围来说,中心是至关重要的发展极,中心向外围扩散资金、技术、信息是外围地区发展的捷径。地区间经济发展差距的梯度在相当程度上可用不同地区接受中心的辐射力的强度来说明。人们一般用外围与中心的距离来说明外围的经济发展程度。例如,世界银行在一篇关于中国经济的报告中用与上海的距离来说明江苏与甘肃的经济差距。因此对外围地区来说应主动寻找带动本地发展的发展极,主动吸引和接受中心扩散的要素,主动进入中心地区的市场,进而主动进入以中心为龙头的一体化的经济体系。

中心和外围的对接包括体制和文化的对接。这里特别要强调交通、通信建设在中心和外围之间的对接作用。发展经济学家把交通、通信等基础设施投资看作经济起飞的先行投资。即便是一些离工业中心很近的地区也会因交通、通信落后接受不到发展极的辐射而陷于落后。因此重视现代化的交通、通信设施建设，缩短中心和外围的空间和时间距离，放大发展极的扩展效应，应该成为协调区域经济、地区间经济发展不平衡的先行条件。

从区域现代化的角度分析，单纯的中心城市的现代化指标明显高于其周边农村，绝不能就此就认为中心城市率先基本实现现代化。中心城市的现代化建设实际上需要外围地区充分的包括人力在内的要素供给，从而降低现代化成本，例如外围为中心提供低成本的建筑、运输、家政等服务。中心地区如果没有外围地区的低成本要素供给，其现代化成本会更高。中心对外围不仅有要素的吸引，也有要素的扩散。动态地看，地区现代化过程中，在中心城市有限实现的"现代化社会"商务和生活条件会诱使要素和人口向中心集聚；随着集聚水平的上升，不可流动的要素（如土地）价格上升，生活成本上升，如高房价。其结果是低水平要素"望而却步"，高水平要素继续集聚。在达到较高集聚水平时，其现代化能量就会向周边外围地区扩散，从而使原先的外围也成为中心，其相对较低水平的要素会出现"边际转移"，接受过现代化"洗礼"的边际要素又将回到外围地区从而带动外围地区的现代化进程。

一般说来，率先推进现代化的地区，对毗邻区域的现代化有明显的外溢性，就像苏南现代化的势头也会梯度推移到苏中和苏北。苏中各市会利用其毗邻苏南的区位优势，融入苏南的现代化进程。这里所讲的区域协调不限于这种自然的客观的现代化外溢，更为重要的是先行现代化地区对后行地区自觉带动。实际上，先行现代化地区在其现代化进程中必然会遇到两个方面限制：一是环境和生态的有限容量的限制，二是经济发展的能量受到区域容量的限制。经济的进一步发展必然会使这两方面矛盾更加尖锐，从而成为增长的极限。因此，先行现代化地区对后发地区现代化的支持是自身发展的需要。例如，将制造业的生产基地办到区域外，在区域内保留制造业企业总部、研发中心、设计中心以及品牌等知识产权。在制造业生产基地向外转移的同时，腾出空间发展各种类型的服务业，特别是发展作为制造业延伸的生产性服务业，包括服务外包，可以进一步增强先行地区的现代化中心地位。

三、建设统一市场

推动区域经济一体化的区域协调实际上是打破地区分割，实现经济地理的重塑。中心和外围对接依托于区域统一市场建设。统一市场对区域发展的意义在于，区域市场一体化，促进商品和生产要素在全国市场自由流动，从而在更大程度和更大范围内发挥市场在资源配置中的基础性作用。例如长江三角洲区域一体化，就是该区域市场一体化。

市场的地区分割的经济背景是，我国幅员辽阔，各个地区之间存在显著的经济社会发展水平差距。地方在实际上成为经济单位。地方的福利水平，包括就业率、居民收入水平、公共产品的供给能力与本地区的经济发展水平密切相关。地方在实际上成为利益集团，地方政府在实际上成为地方利益集团的总代表，其经济职能明显体现在地方政府对本地市场的保护上，由此形成对市场的分割。因此，所谓的市场分割可以明确界定为地方政府利用行政力量保护本地市场，形成区域间的市场分割。分割市场的主要特征是封闭和限制竞争者进入：一方面阻碍外地产品和服务进入，保护本地企业的产品和服务；另一方面阻碍外地企业进入，对进入本地的外地企业和外来人员歧视，不让外地人分享本地利益。

转向买方市场后，产品供给大于需求，地区福利的基本制约是要素供给不足，以及本地产品和服务的需求不足。在制度上是地区的福利取决于对本地产品和服务的需求。与此相应，分割市场的主要特征是保护和垄断，主要是：① 积极争夺企业（包括外资）进入，限制企业流出；② 争夺要素流入，限制要素流出；③ 鼓励产品流出，限制产品进入，限制竞争，特别是保护本地落后企业和产品，保护本地区假冒伪劣产品。

类似加入 WTO，国际范围内统一市场靠的是规则，不同地区统一市场的内容不仅包括取消各种保护，还包括统一市场规则：第一，相互开放各类市场，市场透明；第二，资本市场和金融服务自由化，推动资本在区域间自由流动；第三，统一技术标准，排除技术标准方面的贸易障碍；第四，相互承认各类技术资格证书，人员在地区间自由流动和就业；第五，统一创业和企业经营的法规，为企业在地区间流动和合作提供良好的基础。上述规则的基本要求就是区域之间统一政策、降低要素流动区域的高门槛（高交易成本），构建产品互相准入、资本自由流动、要素自由流动、企业跨区运作的统一市场。这种统一市场的直接结果是降低交易成本，扩大企业的市场配置空间，增强企业创新动力，在更大范围获得规模经济和范围经济及技术外溢。

根据上述统一市场要求，推进区域经济一体化主要涉及以下三个方面：

一是克服不同地区的政策和体制落差。在相当长的一个时期中，我国的改革和发展基本上是靠政策推动的，对不同地区、不同产业实行不平等的政策，如特区政策、沿海开放政策等。现在随着市场化改革的深入，中央在这方面的不平等政策已经趋向取消，但不同地区的经济政策差异依然非常明显。为了吸引外地企业，争夺资本、人才等生产要素，各个地方政府会在税收、土地使用费、待遇等方面竞相开出优惠政策。看起来这会给企业降低商务成本，实际情况是政府成本加大，大到高于给企业所节省的商务成本。不仅如此，政府依靠优惠（歧视）政策干预市场的后果是，资本流动、人才流动不是受市场调节和市场选择，而是政府选择和政府调节。所形成的生产要素价格也不是真正的市场价格。因此，打破市场封锁，统一市场的前提是统一政策，不仅是统一中央对各个地方的政策，还应该统一各个地区干预市场的政策。各地政府在做出制度安排时，从提高整体竞争力出发，相互协调，统一规划，可以大大降低各项制度安排的实施成本和各项制度安排间的摩擦成本，并能产生制度安排和实施的规模经济和范围经济。

二是建设共享性基础设施。首先是完善交通型基础设施。港口、机场是对外联系的通道,互通、便捷、共享的港口、高速公路和机场等基础设施可以缩短发达地区和落后地区的距离。其次是提高信息型基础设施水平。聚焦信息类基础设施,比如卫星电视、互联网以及专业的检索平台等信息类基础设施。基础设施建设不仅要增加供给,更要解决对基础设施的共享。其中包括跨区域信息网络互通,推动信息要素交流,实现电子政务、电子商务等信息资源和信用体系资源的互通共享。现在的突出问题在两个方面:一方面是拥有基础设施的地方设置障碍增加外地企业共享基础设施的困难;另一方面本地重复建设重复投资可以共享的外地的基础设施,以致两地基础设施的使用都达不到规模经济。克服这种反一体化的对策主要有两个:一个是地方政府退出重大基础设施的经营。如果重大基础设施的经营是企业行为,而不是地方政府行为,必然会提出基础设施共享问题。另一个是从制度上克服对基础设施的市场分割。这就是在体制上整合港口之类的基础设施,进行跨地区组合。

三是推动企业为主体的区域合作。在市场对资源配置起决定性作用后,政府所进行的区域协调只是提供现代化区域推进的外部环境,最为重要的是企业作用。企业跨地流动可以打破市场的行政分割。首先是以产权链建立企业之间跨地区合作。推动一体化的主要形式是企业跨地区分布和企业跨地区并购,由此形成跨地区的产权联系。企业跨地区分布即总部与生产基地或营销体系跨地区分布,其结果是企业的生产要素能够在更大范围内,特别是不同的区域之间自由流动。生产要素跨区域流动和组合,促进了区域之间相互渗透、逐步融合,形成了以资源有效配置和整体利益最大化为基础的区域专业化分工格局。其次是以供应链建立企业之间跨地区合作。供应链即上游、下游企业之间按原料、投入品、生产、销售的供应链条在更大范围内分工基础上的合作。现在无论是在世界范围还是在国内,竞争关系已经和正在由供应链内不同环节的企业之间的竞争转向不同供应链之间的竞争。与此相应,分布在不同地区的同一个供应链上不同环节的企业便由竞争关系转向合作关系,在此基础上形成的区域内不同地区间供应链的合作便成为统一市场的强大动力。最后是发挥现代流通组织统一市场的作用。这类服务业组织包括银行、保险之类的金融机构以及连锁超级市场等。这些服务业企业跨地区分布和经营,所有这些都可能在较大范围内推动统一市场建设。包括现代流通组织在内的现代服务业企业对打破市场分割形成统一市场的作用。一般说来,制造业的生产和消费可以分开,如生产地在农村,消费地在城市。而服务业的生产和消费不能分开,也就是说,服务业进入某个地方就要利用当地市场。这类服务业组织包括银行、保险之类的金融机构以及连锁超级市场等。这些服务业企业跨地区分布和经营,可能在较大范围内推动统一市场建设。

四、彰显优势、协调联动的区域发展体系

区域发展体系是现代化经济体系建设的重要方面。根据习近平总书记关于建设现代化经济体系的要求,区域发展体系建设的基本要求是彰显优势、协调联动。这意味着我国的区域协调不仅是指发达地区和落后地区的协调,还涉及发达地区内部毗邻地区的协调联动,其目的主要有以下方面:

第一,在协调联动中彰显优势。毗邻的经济发达地区连成片,相互间互联互通,打破行政分割,优势互补,形成世界级城市群。例如,粤港澳大湾区(由香港、澳门两个特别行政区和广东省的广州、深圳、珠海、佛山、惠州、东莞、中山、江门、肇庆珠三角九市组成,总面积5.6万平方公里,是中国开放程度最高、经济活力最强的区域之一,在国家发展大局中具有重要战略地位。根据《粤港澳大湾区发展规划纲要》。粤港澳大湾区不仅要建成充满活力的世界级城市群、国际科技创新中心、"一带一路"建设的重要支撑、内地与港澳深度合作示范区,还要打造成宜居宜业宜游的优质生活圈,成为高质量发展的典范。又如,长三角包括上海、浙江、江苏、安徽三省一市,地域面积35.9万平方公里,占全国的1/26;常住人口有2.2亿,占全国的1/6;经济总量达19.5万亿元,占全国的近1/4。其经济总量在世界经济版图中也占重要地位。长三角一体化上升为国家战略,就是要使这个区域成为我国经济发展的"领头羊",进一步壮大世界第六大城市群的实力。

第二,在协调联动中全流域保护环境。区域的生态文明状况,是现代化的重要指标。某个区域的水环境质量可能受上游来水的污染,某个区域的大气环境也可能受周边其他区域的空气污染。区域内不同地区山水相连,尤其是湖泊、河流上下游跨区域相连。在现代化进程中,相邻的各个地区应该有整体的环境治理规划,包括整体的减排、整体的流域治理等。需要全区域乃至更广的区域进行统一整治,上下游联动。例如,长江领域覆盖上海、江苏、浙江、安徽、江西、湖北、湖南、重庆、四川、云南、贵州11省市,人口和经济总量均超过全国的40%。实施长江经济带战略是要在长江沿岸不搞大开发,生态文明建设成为先行示范带的基础上,推进区域开放开发战略,成为具有全球影响力的内河经济带。到2030年,水环境和水生态质量全面改善,生态系统功能显著增强,水脉畅通、功能完备的长江全流域黄金水道全面建成,创新型现代产业体系全面建立,上中下游一体化发展格局全面形成,生态环境更加美好、经济发展更具活力、人民生活更加殷实,在全国经济社会发展中发挥更加重要的示范引领和战略支撑作用。

第三,在协调联动中实现区域现代化。实现现代化区域有个空间尺度问题。区域现代化的空间尺度应该包含中心和外围,既要有中心城市又要有周边农村。中心地区如果没有外围地区的低成本要素供给,其现代化成本会更高。中心地区现代化能量向周边外围地区扩散,从而使原先的外围也成为中心,某个包括中心和外围的区域基本实现现代化后又会

从整体上成为中心,其现代化的势头又会向周边扩散。因此,单有中心的现代化,没有外围的现代化,中心的现代化是不可能长久的。例如,京津冀协同发展,核心是京津冀三地作为一个整体协同发展,要以疏解非首都核心功能、解决北京“大城市病”为基本出发点,调整优化城市布局和空间结构,构建现代化交通网络系统,扩大环境容量生态空间。推进产业升级转移,推动公共服务共建共享,加快市场一体化进程,打造现代化新型首都圈。

第十二章　金融服务实体经济和防范金融风险

金融是现代经济的核心。从经济发展的角度,金融要为实体经济服务,满足经济社会发展和人民群众需要。经济是肌体,金融是血脉,两者共生共荣。金融活,经济活;金融稳,经济稳。经济兴,金融兴;经济强,金融强。为此需要构建风险投资、银行信贷、债券市场、股票市场等全方位、多层次金融支持服务体系。同时需要有效的制度安排,防范化解金融风险,特别是防止发生系统性金融风险,以保证经济健康稳定发展。

第一节　金融深化和金融发展

发展中国家的经济发展所面对的资金问题,不仅涉及资金积累水平,还面临资金的流动和配置问题,资金的融通和运作问题,就是金融问题。发展中国家经济落后的一个重要方面就是金融落后,要走向经济现代化先要实现金融现代化。

一、经济增长中的投资需求及其缺口

根据凯恩斯的储蓄等于投资的宏观均衡式,哈罗德提出了均衡增长率的概念,这是指储蓄与投资相均衡时达到的增长率。这时的增长率既实现了充分就业的有效需求水平,又使形成的生产能力得到充分利用,社会上既无失业又无通货膨胀。而在现实中达到这种均衡的增长率的可能性像“刀锋”一样窄。

依据储蓄=投资的宏观均衡式来研究发展中国家的投资需求及其宏观影响,有以下两种情况:

第一种情况:

$$储蓄>投资$$

这是指投资需求不足,也就是投资不足以动员闲置的资源实现充分就业。这里的资金短缺在于储蓄不能足够的转为投资。

第二种情况:

$$储蓄<投资$$

这是指投资需求旺盛，储蓄不足造成资金短缺，储蓄充分转化为投资后还是满足不了投资需求。

上述第二种情况可以说是发展中国家的常态。发展中国家的投资需求始终是旺盛的，第一种情况主要发生在实行紧缩性宏观调控时，投资>储蓄的缺口就对金融提出需求。

从总体上说，发展中国家只要进入发展阶段而不是停滞阶段都会有强烈的资金需求：一方面，工业化需要足够的资金积累，用于发展制造业及相关的资金密集、周转时间长的基础产业和基础设施的建设；另一方面，城市化需要为农村人口转向城市提供足够的城市设施。城市要成为现代化的中心就需要建设现代化设施、发展现代服务业，这些都需要足够的资金投入；再一方面，高科技产业化的进程需要足够的创业投资（风险投资）用于高科技的研发、孵化，并在此基础上创立科技企业。

面对旺盛的资金需求，发展中国家要实现经济快速增长，都会努力采取有效的机制动员居民储蓄，我国就是基于人口红利、农业剩余劳动力转移以及长期实行的低收入政策，实现了在低人均 GDP 基础上的高积累。而在我国进入中等收入国家发展阶段，全面实行社会主义市场经济体制，人民对美好生活的需求日益增长，原有的高积累（高储蓄）机制基本上不再存在。在此基础上，需要寻求新的动员积累的机制，与过去不同的是，必须充分利用市场机制，动员企业和居民的自愿性积累（储蓄）。

发展中国家发展资金严重不足不完全是供给总量不足问题，而是机制问题。金融就能提供这种机制。在现代信用制度下，在真实的积累同投资需求存有差额或缺口，也就是储蓄<投资时，可以用银行信贷来填补缺口。进一步说，就是在银行存款<贷款时可以通过增发货币来填补两者的缺口。人们往往以为银行信贷在这里起到了积累的作用，以至于造成一种假象，似乎资金的短缺不是由积累（储蓄）不足引起的，而是银行提供的资金不足引起的。于是，资金短缺的压力由真实的积累转向了信贷。在传统体制下，财政和银行信贷的预算约束是软的。这就出现了科尔内指出的现象：实际的投资活动起着首要的作用。用于实际投资活动的资金将自动地通过货币因素或收入分配的变化来创造。“可以肯定，对社会主义经济而言，实际投资是首要因素，而资金可得性是派生现象。”①科尔内在这里说对了一半。初看起来，资金的可得性是派生的，但从最终意义上说，投资需求还是不能脱离真实积累这一基础。在积累和投资存有缺口时，由财政赤字和银行信贷增发货币所增加的资金供给能暂时填补积累不足的缺口，但这种事后的强制性的积累不能说是真实的积累。只有当增发的货币能推动收入增加，增加的收入转化为积累时，才能以真实的积累填补缺口。否则，由增发货币产生的通货膨胀压力便会打断经济增长过程。我国屡次出现大起大落的经济波动的原因大都在于此。在经济过热时，投资饥渴无法满足，资金短缺起因于投资过

① ［匈］亚诺什·科尔内（Janos Kornat）：《短缺经济学》（下卷），高鸿业校，经济科学出版社 1986 年版，第 236 页。

热。受资金短缺信号的引诱,货币超量发行。由此扩大的资金供给量超过了潜在需要量,生产要素和物质资料供给便极度紧张,出现经济增长"瓶颈"。在经济紧缩时,资金的短缺便起因于财政和信贷的双紧,这时紧的是由银行信贷提供的非真实积累性资金供给,其目的是强制地使过旺的投资需求降下来同真实积累平衡。这时解决资金短缺的途径就不应该是放弃"双紧",而是对资金存量做结构性调整。

银行信贷能够放大积累的作用,但并不是真实的积累。在储蓄(积累)和投资存在缺口时,银行信贷只是暂时填补储蓄不足的缺口,但缺口还存在,只有当银行信贷的增加促使利润增加,从而促使储蓄增加时,缺口才会真正弥补。这就是说,用增加银行信贷途径积累资金是有条件的。首先,社会因资金不足而存在闲置资源时,增加银行信贷可把这些闲置资源动员起来。其次,在原材料积压、产成品积压、资金拖欠时,许多资金处于呆滞状态,增加银行信贷,可启动呆滞的资金使其由死变活。在这两种情况下,银行信贷实际能起到创造资金的作用。

显然,用信贷提供资金和用积累提供资金的重大区别是,信贷对价格和收入分配有直接影响。信贷增加、货币供给增加,会直接引起价格上涨,形成通货膨胀的压力,造成收入的再分配。在由信贷增加引起通货膨胀的过程中,如果没有利润的增加,没有真实资金积累的增加,通货膨胀将一发而不可收。也就是说,实行通货膨胀政策,尽管可在短期内积累一部分资金,取得短期的繁荣,但为此付出的代价很大。因此对利用银行信贷创造资金的积累方式要谨慎管理。发展经济学家一般不推荐这种政策。

上述通过信贷发行货币的途径实现资金积累的方式应该谨慎,但不意味着不要充分发挥银行信贷对资金积累的积极推动作用。金融制度与经济发展之间存在相互促进的关系,一方面,健全的金融体系能够有效地动员社会储蓄,并将其投入到生产中去,因此对经济的增长产生促进作用。另一方面,随着经济的发展,人们收入的增加和对金融服务需求的增长,刺激和促进了金融业的发展。这种良性循环对发展中国家的经济发展无疑是至关重要的。我国过去之所以能保持较高的积累率,主要靠的是集中的财政分配。今后,与建立市场经济体制相适应,财政机制的积累职能将弱化,金融机制的积累职能则应强化。这就提出了改革和完善金融机制,增强其积累功能的任务。

二、金融的发展功能

我国在全面转向市场经济体制以后,市场对资源配置起决定性作用。面对分散化程度越来越高的社会经济活动,资源配置将主要通过金融机制进行,相应地金融在社会经济活动中的作用也越来越显著。

马克思当年在《资本论》中就已经发现现代市场经济是信用经济,再生产过程的全部联系都是以信用为基础的。金融的作用在于:第一,信用和竞争是资本积累的杠杆。第二,资本之所以有更大的活动性,更容易从一个部门和一个地点转移到另一个部门和另一个地点,其前提是,信用制度的发展已经把大量分散的可供支配的资本集中起来了。第三,信用可以使社会生产规模、市场扩大,并且远离生产地点。第四,信用制度使可以伸缩的再生产过程强化到了极限,其也成为生产过剩和商业过度投机的主要杠杆。第五,随着投机和信用事业的发展,它还开辟了千百个突然致富的源泉。一种情况是,"以信用形式交给大产业部门的指挥人去支配"。另一种情况是,"大量分散的小资本被迫走上冒险的道路:投机、信用欺诈、股票投机、危机"①。

根据美国功能金融学代表人物罗伯特·默顿教授的分析,金融体系有六大基本功能:

一是清算和支付功能,金融体系提供便利商品、服务和资产交易的清算支付手段。一个有效的支付系统对于社会交易是一种必要的条件。交换系统的发达,可以降低社会交易成本,可以促进社会专业化的发展。

二是融资功能。金融体系融通资金的功能包含动员储蓄和提供流动性手段。金融市场和银行中介动员储蓄的最主要的优势在于:一是它可以分散个别投资项目的风险;二是可以为投资者提供相对较高的回报(相对于耐用消费品等实物资产)。金融系统动员储蓄可以为分散的社会资源提供一种聚集功能,从而发挥资源的规模效应。金融系统提供的流动性服务,有效地解决了长期投资的资本来源问题,为长期项目投资和企业股权融资提供了可能,同时为技术进步和风险投资创造出资金供给的渠道。

三是资源配置功能。金融体系提供了促使经济资源跨时间、地域和产业转移的方法和机制。在现代不确定的社会,单个的投资者是很难对公司、对经理、对市场条件进行评估的。金融系统的优势在于为投资者提供中介服务,并且提供一种与投资者共担风险的机制,使社会资本的投资配置更有效率。同时,金融体系通过提供各种机制,汇聚资金并导向大规模的无法分割的投资项目;将无法分割的大型投资项目划分为小额股份,以便中小投资者能够参与这些大型项目进行的投资。

四是风险管理功能。金融体系的风险管理功能要求金融体系为中长期资本投资的不确定性,即风险进行交易和定价,形成风险共担的机制。由于存在信息不对称和交易成本,金融系统和金融机构的作用就是对风险进行交易、分散和转移。如果社会风险不能找到一种交易、转移和抵补的机制,社会经济的运行不可能顺利进行。

五是激励功能。金融体系解决了在金融交易双方拥有不对称信息及委托—代理行为中的激励问题。金融体系所提供的解决激励问题的方法是股票或者股票期权。让企业的管理者以及员工持有股票或者股票期权,企业的效益也会影响管理者以及员工的利益,从而使管理者和员工尽力提高企业的绩效,他们的行为不再与所有者的利益相悖,这样就解

---

① 马克思:《资本论》第1卷,人民出版社2004年版,第651页,第3卷/第544,555,585页。

决了委托—代理问题。

六是信息提供功能。在金融市场上，不仅投资者可以获取各种投资品种的价格以及影响这些价格的因素的信息，筹资者也能获取不同的融资方式的成本信息，管理部门能够获取金融交易是否在正常进行、各种规则是否得到遵守的信息，从而使金融体系的不同参与者都能做出各自的决策。

归结起来，金融的上述功能对发展中国家的经济发展尤其重要。一是弥补储蓄与投资的缺口，推动经济发展，从而促进社会资金的积累。二是将集中的储蓄在各种投资机会中进行有效分配，从而提高了投资的效益。在资金总量已定的前提下，金融活动越活跃，资金使用效率越高。因为竞争会保证资金首先流向投资风险小、回收期短、盈利水平高的产业和地区。三是功能良好的金融体制能够起到转移和分配风险的作用。一切经济活动都有一定的风险，功能良好的金融制度会提供多种风险程度不同的金融工具供投资者选择，从而提供有不同风险的资产。其结果是把风险减到最低程度。当然，对于由自然灾害或者世界性的经济衰退引起的风险，金融机构也是无能为力的。

在现实中，发展中国家经济的落后很大程度上是金融落后，发展中国家向现代化转型和发展首先要发展和完善金融制度。

三、从金融压制走向金融深化

发展中国家在其发展的起始阶段，金融制度落后的突出表现是，货币化程度（国民生产总值中货币交易价值所占的比例）低，市场不完全，资本市场尤不发达，金融机构也是残缺不全，政府管制利率和汇率。不发达的金融机构和其他制度上的障碍，限制了金融的发展功能，也限制了运用货币政策手段的范围和作用，其原因是制度上的综合干预症。发展中国家在经济发展过程中往往不能充分重视市场机制的作用，在经济活动的各个领域进行过多的行政干预。这种干预在金融领域表现为对资金实行严格的管制，强制规定和控制利率（尤其是存款利率）和汇率，使它们低于市场均衡水平。过低的利率抑制储蓄，过低的汇率（高估本国币值）抑制出口，最终抑制经济的发展，形成所谓的“金融压制”。

发展中国家经常性的问题是政府规定的利率和汇率，不能真实地反映市场供求信息，既加大了银行贷款的成本，严重地抑制了金融的中介作用，也严重挫伤储蓄的积极性。资金的流动不受利率等相对价格的约束。人们在选择投资对象时，不是基于对不同投资利润率和社会收益率的权衡比较，而是依靠主观的、偶然性的因素。面对低利率，人们对资金的需求很强，而资金供应又严重不足，在这种情况下，贷款只能采取配给等行政分配形式，难免出现资金分配不公和缺乏效率的现象。不仅如此，发展中国家的失业在一定程度上也是金融抑制造成的。储蓄不足，不能为劳动力提供充足就业工具。更为糟糕的是，低利率与较高的最低工资水平相结合，在资金短缺而劳动力充裕的背景下，企业更愿意使用资金，从而使得发展中国家本来就已严重存在的就业不足雪上加霜。

面对上述金融压制，发展中国家要实现发展，唯有进行彻底的金融改革。那就是，发展中国家必须放弃国家对金融体系和金融市场的过分行政干预，放开利率和汇率的控制，让其充分地反映资金和外汇的实际供求情况，充分发挥市场机制的作用，从而让金融体系尤其是银行体系，能够以适当的利率吸引储蓄，同时以适当的放款利率满足国民经济各部门对资金的需求，这样不仅金融体系本身可以扩展，而且能通过它的中介作用，推动经济的增长。这就是著名的“金融深化”①。

衡量金融深化有两个标准：一是量的标准。即从金融资产的存量、流量、金融机构的数目、规模、金融资产的种类和数量，以及金融资产的价格等方面来考察金融深化的程度。肖认为，“金融深化是金融资产相对于实际真实财富更快地增长”，麦金农则用 M2/GNP 来衡量金融深化的水平，由此来判断一国消除金融抑制战略的实际效果，戈德史密斯则主要用金融相关率（FIR）指标，即金融资产量与 GNP 的比值来反映金融发展的程度，这些数量指标反映了一国金融发展的规模。二是质的标准。如金融运行机制是否完善和成熟，金融机构的设置是否优化，金融资产是否完备，金融市场是否发达等。简单地说，衡量金融深化有两个主要的标准——质量标准和效率标准。忽视这两个标准，只看到金融业规模的扩大，金融资产额度增加，就认为金融深化已达相当程度，这是片面的。

四、金融现代化

虽然发展中国家的金融制度较发达国家落后，但在经济全球化的背景下，金融制度不能仅维持在麦金农和肖在 20 世纪 70 年代提出的金融深化水平上。现代经济具有两个特点：一是经济信用化，二是资本证券化。这些正是发展现代金融的重要方面。根据金融功能的观点，麻省理工的王江教授提出了中国金融体系改革的设想：银行的主要功能，一是提供支付系统，二是提供信贷。随着金融技术的发展，信用卡的广泛使用，银行在这方面的角色越来越不重要了。而提供信贷，银行还起着一定作用，将家家户户的储蓄集中起来做合理投资，较适合的投资是短期的、流动性大的投资。而长期投资、流动性大的投资，可通过投资银行和证券市场②。就发展各类共同基金来说，目标是要给居民提供明确的风险和回报机制。如果居民不想冒风险，他们可以把钱投入一个投资短期国库券的货币市场基金，如果想冒风险争取更大的回报，就更多地投资于股票或者以股票为主的基金。现在在发达国家的趋势是，居民收入越来越多地投向共同基金、国库券、养老基金、保险单、股票，银行作用明显弱化。

---

① 参阅［美］罗纳德·麦金农（Ronald L.Mckinnon）：《经济发展中的货币与资本》，上海人民出版社 1997 年版；［美］爱德华·肖（Edwards Shaw）：《经济发展中的金融深化》，牛津大学出版社 1973 年版。

② 廖理等：《探求智慧之旅》，北京大学出版社 2000 年版，第 151、153 页。

基于上述发展现代金融的基本思路。我国的金融深化任务实际上没有完成,需要从金融现代化的角度进一步推进金融深化。当今世界的金融制度有两种类型:一种是以资本市场为主的金融制度,一种是以银行为主的金融制度。我国金融制度的现代化,既要发展现代化的资本市场,又要发展现代化的银行制度。

第一是金融制度深化。目前我国的几大国有银行已经先后通过上市等途径成为国有控股的商业性专业银行,其规模也进入世界前列。与此同时也发展起了一批商业性银行及金融公司。现在存在的金融压制问题,一是银行普遍缺乏金融创新能力,金融创新恰恰是现代经济最需要的。二是不同所有制企业不能平等地获取金融资源。非国有企业受到明显的贷款歧视。① 这两方面问题的根子在金融制度:一方面存在明显的大银行垄断,另一方面是国家对银行的行政管制过严。我国的经济发展要摆脱这种金融压制就得按市场经济要求,改革金融体制,发展普惠金融。一方面要发展各种所有制形式的金融机构,特别是允许符合条件的民营企业举办银行等金融机构。另一方面要将政策性银行和商业性银行分开,通过硬化预算约束和企业化经营的促使专业银行商业化。在此基础上,培育和发展以商业银行为主体的金融市场。

第二是银行利率深化,也就是利率市场化。政府对银行利率的行政性控制扭曲利率的调节功能,由行政控制的官方利率低于均衡利率所形成的差额对资金的积累和流动造成一系列的误导:一是在银行融资为主渠道的条件下,官方低利率鼓励使用资金而对储蓄缺少刺激,人为地造成资金紧张。二是官方利率和均衡利率的差额会给银行造成一种"租",导致在按官方利率贷款时的"寻租行为",出现腐败。三是在官方利率过低的情况下,银行无利可图,大量的资金流出按官方利率定价的银行渠道,造成资金的体外循环(影子银行),既提高融资成本,又使资金流向失控。改变这种状况的出路便是放开对利率的行政性控制,加快推进银行利率市场化,从而准确地反映并调节资金供求。当然,利率的放开必须同金融市场的培育同步进行。

第三是金融市场深化。与金融(包括间接金融和直接金融两个方面)相适应,一国的金融体系既包括银行,也包括金融市场。我国长期以来偏重银行,因此金融市场发育很不成熟。其表现,一是进入金融市场融通的资金数量很小,资金的市场流通受阻。二是金融市场流通的金融工具(金融资产)单调且不规范,特别是可用于长期投资的股票、债券、保险单数量很小,可在二级市场上交易的金融资产比重更低。三是金融市场缺少规范并处于分割状态。四是银行资产的负债结构单一,银行的资产集中在贷款上,且贷款方式局限于信用放款。由于政府干预过多,企业预算约束太软,银行贷款常常收不回,形成大量的呆

① "在欠发达国家,存在着一大批无法从正规银行得到信贷的较小企业、农场或投资性居民户(小手工业者)。就提供这种小规模贷款服务而言,每美元贷款的成本是非常高的。"(麦金农:《经济市场化的次序》第35页,上海三联书店1997)。

账、死账,企业破产也常常是破银行的产。所有这些表明我国金融资产整体市场化程度低,严重滞后于其他要素的市场化进程,致使资金的积累、流动、融通和配置缺乏有效的市场调节。金融市场的重要性在于提供直接金融的场所和机制,因此可能产生的金融风险直接由投资者承担,不像银行由社会承担金融风险。因此,加快推进金融市场建设是金融深化的重要方面。首先是在加快专业银行商业化的同时,扩大直接金融的范围,建设和培育融通短期资金的货币市场和融通长期资金的资本市场。其次是发展多种金融工具,扩大市场上流通的金融资产的品种和数量。再次是打破金融市场的条块分割,建立开放的统一的金融市场。最后是建立金融市场竞争的必要规范,保障金融市场的有序竞争。

第四是保险市场的深化。现代经济学不只把金融视为配置资源的机制,更是把它看作风险配置的机制。金融从一定意义上说是风险配置的机制,金融工具就是不同风险程度的工具,人们对金融工具的选择就是选择风险。进入银行选择不同的存款单或不同期限的贷款,进入资本市场选择不同的股票都是属于对风险的选择。金融不仅要提供风险工具,也要提供保险工具,后者正是需要金融创新的。2013 年诺贝尔经济学奖得主罗伯特·希勒(Shider Robert J)在《金融新秩序》一书中提出了现代需要的六大保险:涉及与居民生计风险相关的保险(包括失业保险,与房地产价值风险相关的房地产保险),与宏观经济波动风险相关的宏观经济保险,与未来收入变动风险相关的收入相关贷款保险,与未来收入不平等风险相关的不平等保险,与代际收入不平等风险相关的跨代保险(可持续发展),与国家经济风险相关的国际共担风险①。根据希勒的界定,以上六种保险,方式是多样的。有的是金融体系提供的商业性保险,有的则要靠金融市场,有的靠政府保障,有的是锁定风险,有的是分散风险。希勒的新金融秩序的思想是值得研究和思考的。首先,现实世界是充满风险的世界,有许多风险依靠现有的保险机制是无法化解和分散的。由此希勒提出建立以保险为中心的金融秩序的理念,总的要求是经济安全。其次,人们所面临的长期经济风险实际上是由个人和家庭独自承担的,特别是穷人、老年人,无法控制这些风险。希勒的新金融秩序更多地考虑给这些弱势群体提供保险,“把华尔街的客户所享受的利益带给沃尔玛超市的顾客们。”这意味着解决不平等问题的重点在中低收入人群。收入不平等是正常的,如何对低收入者提供保险则是关键。

金融深化的改革需要同企业融资结构的改革相配合。我国目前企业融资结构带有明显的发展中国家特点,基本上是以依赖银行的间接融资为主,经营不善造成企业杠杆率太高,并进而而造成全社会杠杆率太高。杠杆率高意味着负债超过资产。过高的杠杆率是企业乃至社会金融风险的根源。去杠杆就是要减少银行的间接融资,这就要改变企业的融资结构,更多的通过股权融资和进入资本市场直接融资。相应地需要建设多层次的资本市场

① ［美］罗伯特·希勒:《金融新秩序》,中国人民大学出版社 2004 年版,第 4-5 页。

与之配合。

第二节 风险投资和科技金融

科技进步和创新是加快转变经济发展方式的重要支撑。科技创新只靠政府投入是远远不够的，需要动员社会投入，由此提出发展科技金融的要求。科技金融发展的方向是促进科技和金融融合，培育和发展风险投资。我国现阶段科技金融需要培育，发展科技金融需要一系列的制度安排。

一、科技创新与科技金融

经济增长由物质资源投入转向创新驱动，可以相对节省物质资源、环境资源之类的物质投入，但不能节省资金投入。科技创新需要足够的资金投入，需要科技与金融深度融合，培育和发展科技金融。

创新驱动的核心是科技创新。科技创新存在明显的不确定性，尤其是在创新的前端。这是由创新投入的两个明显特点决定的：一是投资回收期长，有些创新如生物医药的发明，从科学发现到临床使用所要经历的时间很长，投资周期长，其间还需要有不间断的投入；二是投资效益的不确定性，一方面新思想能否孵化为新技术有很大的不确定性；另一方面，孵化出的新技术新产品能否被市场所接受也有很大的不确定性，创新成果的不确定性就产生投资风险。由于风险厌恶使然，人们对创新投资往往是望而却步，由此产生创新投入的不足。这正是金融难以进入科技创新的前端环节的症结所在。

科技金融有特定的领域和功能，它是金融资本以科技创新尤其是以创新成果孵化为新技术和创办科技企业，进而推进高新技术产业化为内容的金融活动。从创新驱动型经济对金融的需求以及金融自身的创新要求分析，商业性银行和金融机构则是科技金融的主体。

从金融创新史分析，金融是随着科技和经济的发展而不断创新的。每一次科技和产业革命都会带动金融创新，并且带动金融财富出现爆发性增长。在工业化时代，银行资本和工业资本的融合产生金融资本；在信息化时代，金融又与信息化融合，产生电子银行、电子货币。当今时代，金融与科技融合产生科技金融正是正在孕育的新科技和产业革命的产物。科技创新不只是产生产业财富，也应该产生金融财富。当下金融参与科技创新活动，就能及时分享发展成果并实现创新成果的财富化。金融资本只有主动进入科技创新领域才能获得金融财富的积累。就如美国成立于 1971 年的纳斯达克(Nasdaq)股票市场，就是信息和服务业的兴起催生的。因此金融资本与科技融合形成科技金融有着客观必然性。

一般来讲，企业作为技术创新主体也就是创新投入主体，企业创新所需要的资金可以由企业进入市场融通资金。现在所讲的创新是科技创新，是以科学新发现为源头的创新，这种创新涉及产学研多个环节。从产生新思想到孵化出新技术再到生产上应用直至进入市场，每个阶段都需要投入。这意味着创新投入不是单个企业所能解决的，需要动员多个投入主体，特别是在科技创新的前期阶段更需要金融进入。这就是科技创新对科技金融的需求。

科技创新路线图涉及三个阶段：上游阶段即科学发现和知识创新阶段；中游阶段即科学发现和创新的知识孵化为新技术的环节；下游阶段即采用新技术的环节。如果考虑到创新技术的产业化则可再加个高新技术产业化阶段。

用信息经济学方法对创新投入的各个阶段做风险—收益比较：就风险程度来说，创新投入的阶段离市场越近，信息越是完全，风险越小；离市场越远，信息越不完全，风险越大。就投资的潜在收益来说，越是靠近市场，竞争越激烈，潜在收益越小。离市场越远，竞争越不激烈，潜在收益越大。归结起来，科技创新全过程各个阶段的创新投入的风险和收益是对等的，都是由高到低的序列。

如果进一步将创新投入的潜在收益区分为社会收益和私人收益，创新投资的阶段越是靠前，创新成果的社会收益越是明显，也就是创新收益难以收敛到哪个私人投资者。通常所说的创新成果的外溢性主要就是指此。创新投资的阶段越是靠后，创新成果的私人收益便越是明显，也就是创新收益能够收敛到私人投资者，这里讲的私人投资者包括企业性质的投资者。从一般的投资行为分析，在科技创新的最前端，即知识创新阶段，是科技创新的源头。这个阶段投入的目标关注的是创新成果的基础性、公益性和公共性，投入主体无疑以政府财政资金投入为主。而在科技创新的后期阶段，即创新成果进入市场的阶段，金融资本一般也会积极投入，这里起作用的是市场导向和明确的私人投资收益。科技创新的实践表明，在创新的中间阶段，尤其是新思想新发现孵化为新技术阶段应该是最需要资金投入的阶段，现实中恰恰是这个阶段资金投入严重不足。原因是在创新的这个阶段，一方面创新收益开始向私人投资者收敛，政府不可能再承担这一阶段的主要投资。另一方面这一阶段离市场渐远，风险大，私人投资者存在风险厌恶，因此不愿意进入。显然，科技创新的这个阶段正是需要科技金融进入的阶段，这就需要引导足够的金融资本投入的阶段向创新的前期阶段前移，尤其是孵化新技术阶段。

科技金融进入科技创新的前期阶段，需要采取不同于一般市场金融的行为，并进行金融创新。

在孵化新技术、新产品阶段。依据科学发现产生的孵化新技术的新思想的项目多而分散，最终的成活率也低，但一旦成功效益非常明显。通常的投入方式是天使投资之类的风险投资。“天使”这个词指的是创新项目的第一批投资人，这些投资人在新技术、新产品成型之前就把资金投入进来，其投资数额不大，但推动科技创新和创业的作用不小。许多新技术新产品就出自这些天使投资,这可以说是科技金融的一种方式。但是面对多而散的创新成果转化项目只靠“天使投资”是远远不够的,这就提出了提供集中性的孵化器的要求。孵化器投资的主要任务是为高新技术成果转化和科技企业创新提供优化的孵化环境和条件。由于孵化器具有共享性和公益性的特征,因此孵化器投资仍然需要政府提供一部分投入,这就是所谓的政府搭台。同时,孵化的新技术的项目需要明确的市场导向,其投资收益就有明显的收敛性,就需要企业参与孵化器投资。企业参与的不都是自有资金,需要科技金融的介入。

在采用创新成果进行科技创业阶段。新技术、新产品被孵化出来就要飞出孵化器进入创业阶段。这个阶段或者是以新成果创新企业,或者是企业转向采用新技术生产新产品,这时需要的是创业投资。创业投资一般由风险投资公司提供,就如奈特所指出的:“在现代经济中新企业的创建和建成后企业的经营之间分离的趋势很明显。一部分投资者创建企业的目的是从企业的正常经营中得到收益。更多的人则期望从建成后的企业的出售中获得利润,然后再用这些资本进行新的风险投资活动。”在现代经济中,虽然创业投资存在不确定性,但“相当多的且数目日益增加的个人和公司将其主要精力放在新企业的创建上”①。在现实中也有不少生产企业为了自身的发展,占领和扩大未来的市场,取得未来的收益,也进入孵化新技术的创新领域,直接进行孵化新技术的创新投资。虽然企业明知进行这种投资存在风险,但是企业进行的这种投资与自己的长期发展密切相关,在此过程中企业可能理性地指导创新行为,可以通过不断地调整适应目的的手段,从而把不确定性降到最低。只要能取得成功,一般都能得到高收益。

在基于创新成果的高新技术产业化阶段,即新产品逐渐成长为新兴产业阶段。这时候市场信息较为完全,不仅是科技金融,一般的市场性金融也开始介入了。在创新技术产业化阶段,风险投资就可以考虑退出了,与此同时银行信用融资成为主体。如果说在此以前的创新阶段基本上都是以生产者、创新者为信贷对象的话,这个阶段的信贷对象就应该转向消费者。原因是到这个时候,创新成果产业化并扩大其市场规模的主要阻力是缺乏消费者,就如现在的新能源、新能源汽车、生物医药产品等尽管其科技含量很高,如果没有消费者,市场不承认,其创新价值就得不到实现。

二、发展科技金融的制度安排

科技金融有两个方面,一是直接的科技金融,基本上由风险投资家提供,涉及股权融资以及相应的股权交易市场;二是间接的科技金融,涉及银行提供的信用。在现实的经济运行中,两者不是截然分开的。即使是直接的科技金融,那些风险投资家采取股权融资方式

---

① [美]富兰克·奈特(Knight.F.H):《风险、不确定性和利润》,中国人民大学出版社2005年版,第187页。

参与的创新投入也在很大程度上需要银行提供的间接科技金融。因此发展科技金融，提供足够创新资金，需要推动金融进入科技创新的前端，支持风险投资和科技创业投资。所谓发展科技金融就是要求现有的银行性和非银行性金融机构和金融资本都能进入科技创新领域。这就需要针对现有的金融机构和金融资本的特性，以必要的制度安排进行引导、激励和培育。

在通常情况下，科技金融进入孵化新技术阶段很大程度上是被风险投资企业带进去的。目前的风险投资者有两类：一类是生产企业直接进行孵化新技术的创新投资。企业为了自身的发展，进入孵化新技术的创新领域，其追求的目标是在创新项目中获取收益。另一类是专业的创投公司。这部分投资者为创新创业提供风险投资，目的不是追求做股东取得股权收益，而是追求股权转让收益，期望从建成后的企业的出售中退出，然后再用这些资本进行新的风险投资活动。这些风险投资者的存在可以说是现代经济充满创新活力的原因所在。这两类风险投资者都需要科技金融的信用支持。

科技创新的风险投资也有个资金来源问题，其来源除了风险投资者的自有资金外，更多地需要外源资金。主要包括两个方面：

一方面是能够得到银行足够的信用支持。银行信贷进入创新的前端环节确实存在风险，作为商业性银行存在风险厌恶无可非议。金融行为，除了政府的政策性行为，其基本的行为准则是市场导向，都要逐利，都重视流动性，即使进入科技创新领域也不会改变。科技金融所要进入的科技创新阶段，越是往前端越是偏离金融的这种基本准则。为此设定的制度安排就是兼顾两方面目标：一是能够使更多的科技项目得到金融支持科技金融目标，二是也要降低其风险，不影响资金的流动性。因此为引导和鼓励其进入就要为之提供相应的信贷担保和保险。就像为鼓励银行对中小企业融资而建立中小企业投资担保公司那样，需要为进入科技创新前端阶段的科技金融提供担保和保险。由于科技创新成果具有外溢性和公共性特点，因此对科技金融提供融资担保的不仅可以是私人公司（企业），也可以是由政府为主导的创新创业投资担保公司。

另一方面是以各类创新创业基金这种机制去吸引社会资金。从国际上看，风险投资基金的来源大致可以有三方面：① 政府风险基金。② 资本市场上的各种金融中介机构如证券公司、投资银行、保险公司和各种基金组织组成各种形式的风险投资基金。③ 一些实力雄厚的公司通常设立专门的风险投资公司，进行风险投资。这类基金形成后，闲置资金、养老保险基金等不一定都进入银行系统，可以通过进入资本市场进入风险投资领域。甚至居民的小额投资都可以集中起来成为风险基金的来源。虽然政府会在各类创新创业风险投资基金的组建中起主导作用，但这块投资不能由政府直接经营，应该由商业化的公司来经营，也应该有回报，也有及时退出的要求。尤其要强调风险投资专家在其中起决定性作用，由专家选择风险投资项目和经营风险资本。这样，风险投资基金就可能在种子阶段、创业阶段和成熟阶段之间进行优化组合、分散风险。

风险投资作为创业投资与其他投资，它所追求的不是在企业中获取股权收益，而是在股权交易中获利，因此为风险投资提供顺畅的退出机制，使投入高科技项目的资金在孵化出高新技术和企业后能退出来进入新的项目，保证风险投资的可持续。因此在我国鼓励风险投资并建立相应的高科技板块资本市场是必然趋势。

科技创新的投资既然是风险投资，就会要求金融体制能够起到转移和分配风险的作用。由于风险的存在，人们在决策时往往过度谨慎，不敢承担风险，由此失去许多机会。金融体系可以通过保险、对冲、分散风险等途径来进行风险管理，由此鼓励人们敢于冒险，不放过一切机会。这对我们现阶段鼓励创业和鼓励企业家精神有重要意义。其基本的制度安排是为风险投资提供顺畅的退出机制，使投入科技创新项目的资金在孵化出高新技术和企业后能及时退出来进入新的项目，以保证风险投资的可持续。特别是进行风险投资的科技企业在年轻时就上市（或转让股权），不仅使风险资本在完成其使命后及时退出并得到回报，还能使科技企业实现跨越式成长得到金融支持。这就提出了开放股权交易市场的要求。目前我国已经开放创业板市场（二板市场）和科创版市场。与此同时，为满足创新型经济发展的需要，在创新最为活跃的地区可以建立区域性的产权交易市场，从而为未上市或者无法上市的企业建立一个股权交易的平台，所有这些路径都为风险和创业投资提供更为便捷的退出渠道，也为之提供规避和锁定风险的机制。

发展科技金融要重视政府的引导性投入。政府对科技创新和创业项目提供引导性投入，可以带动科技金融投资方向。这就是罗伯茨所说的："当社会正在向新领域迈进的时候，风险投资十分重要。有些国家采用政府风险投资，也就是政府建立风险投资机制以弥补缺乏私有风险投资机构的不足。"①对看准的符合国家目标导向的项目将政府投入与科技金融捆绑在一起可以增强金融资本的投资信心。由政府职能决定，政府提供的风险投资行为更应该长期化，从种子阶段就应该进入，对风险投资起导向作用。

第三节 金融风险及其防范

发展中国家的金融深化和现代化是当前金融全球化的一个重要方面，随之而来的是全球性金融危机可能通过金融渠道波及发展中国家。同时由于金融在国内经济中的地位和作用的提升，随之而来的金融风险也可能是系统性和全局性的。因此，发展中国家的宏观经济都有防范金融风险的任务。

---

① 廖理等：《探求智慧之旅》，北京大学出版社2000年版，第247页。

一、金融风险的理论假说

马克思早年在《资本论》中就指出了货币执行流通手段和支付手段时包含着危机的可能性：流通手段能够打破产品交换的时间、空间和个人的限制。纸币流通量超过自己的限度不仅有信用扫地的危险，还可能产生通货膨胀。货币执行支付手段职能可能形成债权债务的链条，当这个链条被打乱时就可能产生货币支付的危机。马克思明确指出这种危机产生的可能性要成为现实性是有条件的，“必须有整整一系列的关系”①，“这种货币危机只有在一个接一个的支付的锁链和抵消支付的人为制度获得充分发展的地方，才会发生”②。根据马克思的逻辑，我们可以从“人为制度”和“整整一系列的关系”等方面寻求导致金融风险的制度性原因。根据马克思的逻辑，这一系列关系可以归结为市场经济关系。最能概括市场经济现代特征的是信用经济。信用经济的实质是金融经济，金融问题也就成为全局性的宏观经济问题。“一旦劳动的社会性质表现为商品的货币存在，从而表现为一个处于现实生产之外的东西，独立的货币危机或作为现实危机尖锐化的货币危机，就是不可避免的。”③马克思当时就发现“随着投机和信用事业的发展，它还开辟了千百万个突然致富的源泉。”④这种突然致富的基础就是利用信用这种人为制度的种种投机行为，这可以说是现代各次金融危机产生的主观因素。

现代发展经济学家针对 20 世纪 90 年代先后发生在墨西哥、东南亚、巴西、俄罗斯等发展中国家的金融危机，明确指出：“金融自由化带来了明显的经济效益，但是它也带来了风险。”⑤根据他们的分析，发展中国家的金融风险主要来自以下三个方面：首先是发展中国家对自己的金融市场实现了自由化后，对货币、外汇和资本市场缺少足够的制度和监管框架。其次对外资开放后，外资的来源不再是官方而是私人，外资的接受者也不再是官方而是私人实体。缺乏透明度和可靠的数据往往掩盖了金融市场的真实状况。最后是在国家层面上，风险控制不力、执行松懈、规则不严、监督不到位，同时政府直接贷款的做法，将导致一种质量较低的投资。针对上述状况，他们认为金融自由化需要继续推进，但要采取有效的防范金融风险的措施，其中包括：采取更严格的监管机制、更合适的监督标准、更大的金融交易透明度、对预防流动性危机的更有效的风险控制机制，以及在债权人和借款人之间对付现存债务威胁的更好的风险共担机制。

原先实行计划经济的发展中国家向计划经济的转型都要推进金融深化。当年最早提

① 马克思：《资本论》第 1 卷，人民出版社 2004 年版，第 133 页。
② 马克思：《资本论》第 1 卷，人民出版社 2004 年版，第 158 页。
③ 马克思：《资本论》第 3 卷，人民出版社 2004 年版，第 585 页。
④ 马克思：《资本论》第 1 卷，人民出版社 2004 年版，第 685 页。
⑤ ［美］杰拉尔德・迈耶、［美］约瑟夫・斯蒂格利茨：《发展经济学前沿：未来展望》，中国财政经济出版社 2003 年版，第 124 页。

出发展中国家金融深化理论的经济学家麦金农在20世纪90年代又提出了发展中国家市场化的次序理论。他认为,"保持国内价格水平稳定而不诉诸直接价格控制,将实际存款(从而将贷款)利率保持为可持续的正值而同时又限制实际汇率的波动,这对经济发展的成功具有决定性意义"①。

二、虚拟经济过度导致金融风险

如上所述,导致金融风险的因素很多,这里特别指出虚拟经济的影响。原因是近期所产生的金融危机大都是由虚拟经济引起的。根据马克思的分析,虚拟经济主要产生于三个方面:

首先是在信用形式上产生的虚拟资本。信用包括商业信用和银行信用。商业信用的作用是使经济的扩张、交易的扩张突破现有资本的限制,这就是马克思所分析的,商业能够用自有的资本把全国的产品买去并且再卖掉,这是不可能的。借助商业信用,就使这种状况成为可能。其机制是:商品买卖采取汇票形式,汇票是一种有一定支付期限的债券。这种汇票直到它们期满,支付之日到来之前,本身又会作为支付手段来流通。这种商业票据的流通便代替了货币流通。这时"真正的信用货币不是以货币流通(不管是金属货币还是国家纸币)为基础,而是以汇票流通为基础"②。通过这种单纯流通手段的创造,产生出虚拟资本。银行信用的作用同样能使经济扩张,它使同一些货币可以充当不知多少次存款的工具,同一货币能够执行多少次借贷资本的职能。其形式有:汇票、支票、发行银行券,以有息证券、国家证券、各种股票作抵押的贷款,存款的透支,未到期汇票的贴现等。同一笔货币资本反复使用,就产生虚拟资本。这种在信用流通上产生虚拟资本在现实中就表现为信贷膨胀。

其次是在收入资本化形式上产生虚拟资本。就如马克思所说:"人们把虚拟资本形成叫作资本化,人们把每一个有规则的会反复取得收入按利息率计算,把它算作是按这个利息率贷出的资本会提供的收入,这样就把这个收入资本化了。"③债券、股票等证券的收入都可依据利息率资本化,从而都可成为虚拟资本。这些证券所筹集的资本进入企业运行,形成实体经济的运行。但它们作为所有权证书存在,实际上代表对于未来收益的索取权,因此可以进入市场流通。用于投资的房地产也有这种特征。在证券和房地产流通市场上,股票、债券和房地产的价格有独特的运动和决定方法:"一方面它们的市场价值会随着它们有权索取的收益的大小和可靠程度而发生变化。"另一方面它们的"市场价值部分地有投

---

① [美]罗纳德·麦金农:《经济市场化的次序》,上海三联书店1997年版,第43页。

② 马克思:《资本论》第3卷,人民出版社2004年版,第451页。

③ 马克思:《资本论》第3卷,人民出版社2004年版,第528页。

机性质,因为它不是由现实的收入决定的,而是由预期得到的、预先计算的收入决定的"①。利息率变化、进入市场的证券数量、投机心理、虚假信息、操纵市场等因素都会导致其市场价值远远脱离其现实资本的价值。因此证券市场实际上是投机性市场,投机过度就产生泡沫经济。

第三是金融衍生工具形式产生的虚拟资本。马克思当时从股票债券等虚拟资本中发现,一切资本具有了倍数增加的能力。这样,"在一切进行资本主义生产的国家,巨额的所谓生息资本或货币资本都采取这种形式。货币资本的积累,大部分不外是对生产索取权的积累,是这种索取权的市场价格即幻想资本价值的积累。"②虚拟资本这种使货币资本倍数增加的机制就产生了强烈的创造虚拟资本的诱惑。后来的金融创新可以说基本上都是围绕着创造虚拟资本进行的。恩格斯在修订《资本论》第 3 卷时依据当时现实发现,市场上出现了单纯为了购买某种有息证券而成立的金融公司:"资本这种增加一倍和两倍的现象,例如已由金融信托公司大大发展了。"③这些金融公司单纯投资于证券,而不是投资于实体经济,由此使虚拟资本进一步膨胀,使虚拟资本的市场价值越来越看不到现实资本的影子。

马克思关于虚拟资本产生及其可能产生金融风险的原理完全可以说明从 20 世纪 90 年代以来所产生的一系列金融风险和危机。虚拟经济可以说是在虚拟资本基础上产生的投机性经济。银行信用直接为实体经济服务不是虚拟经济,利用信用机制进行投机就是虚拟经济;企业通过发行股票筹集资金不是虚拟经济,以股票在股票市场投机就是虚拟经济;购买房产用于居住不是虚拟经济,购买房产用于投机就是虚拟经济;外汇用于进出口不是虚拟经济,利用外汇进行投机套利就是虚拟经济。现代经济不可能没有虚拟经济,但在虚拟经济领域的过度投机则会导致系统性金融风险。

银行和资本市场是金融体系的两个方面。金融体系在不同的国家有不同的模式,日本是以银行为主体,美国是以资本市场为主体。日本产生泡沫经济,美国人批评它是没有发达的资本市场。但是不久美国资本市场又出现安然事件、纳斯达克市场的 IT 泡沫,尤其是 2007 年的次贷危机并引发全球性金融危机。这反映无论是资本市场为主体还是银行为主体都可能存在全局性风险。

首先是银行信用失去控制可能产生泡沫经济。金融机构的无节制放贷超出实体经济的支持能力必然导致危机。这种状况在 20 世纪 80 年代末日本产生的泡沫经济中表现得最为明显。当时盛行所谓的低成本扩张和负债经营导致日本出现信贷泡沫,在无限制贷款而资本无法回流的情况下,导致信用无法持续,最终因泡沫经济被打破导致经济出现了持续十年左右的衰退。

---

① 马克思:《资本论》第 3 卷,人民出版社 2004 年版,第 530 页。
② 马克思:《资本论》第 3 卷,人民出版社 2004 年版,第 531 页。
③ 马克思:《资本论》第 3 卷,人民出版社 2004 年版,第 533 页。

其次是虚拟资本市场上投机过度也会导致泡沫经济。1997 年爆发的东南亚金融危机基本上就是由证券和房地产市场上投机过度造成的。2001 年美国华尔街上的安然、世通等公司也是利用证券市场上的投机机制,弄虚作假,操纵股价,导致了华尔街信用危机。

再次是金融衍生工具创新过度也会导致泡沫经济。从 20 世纪 90 年代起,随着信息化的发展,以美国为首的西方国家的金融创新速度大大加快,创造出一系列的金融衍生工具,如金融期货、股票指数、期权等。虚拟资本的数量也大大增加,据有关资料显示,每天在各类资本市场上交易的虚拟资本是现实资本的数十倍。金融衍生工具从一定意义上说是投机工具,衍生工具交易也就是转嫁风险。1997 年美国次贷危机产生的直接原因是金融创新过度,衍生工具创造过度。当时的金融创新实际上把实体经济也虚拟经济化了。

最后是银行资本结构虚拟资本化加速了金融危机的全球性蔓延。马克思当时就发现:"银行家资本的最大部分纯粹是虚拟的,是由债权(汇票),国家证券(它代表过去的资本)和股票(对未来收益的支取凭证)构成的。……它们所代表的资本价值也完全是虚拟的。"①这也可以说明,为什么美国的次贷危机一发生就迅速向银行蔓延,并使花旗银行等大银行濒临破产。银行资本结构以虚拟资本为主,银行对虚拟经济领域的过度投机不但没有抗风险能力,甚至能与其同流,产生整个金融领域的危机就是必然的了。

2007 年发生在美国的金融危机很快就蔓延到全世界,即使是经济一直健康发展的国家都无一幸免。这要从金融全球化的趋势说起。金融全球化表现为:货币的自由兑换及货币的全球化,金融市场(货币和资本市场)的全球化,虚拟经济的全球化,资本的自由流动,由贸易全球化产生的全球性支付关系。由于美国是拥有金融实力的国家,其一旦发生危机,必然通过金融全球化的通道,迅速向全世界蔓延。对金融体系较为脆弱的发展中国家来说更要建好金融防火墙。

三、有效防范金融风险

从 20 世纪末到 21 世纪头十年连续发生多次大的金融危机,既发生在发达国家又发生在发展中国家,而且每次金融危机都造成全局性危机。这说明在金融现代化进程中必须建好防范系统性金融风险的金融制度,既要防止银行的系统性风险,又要防止资本市场的系统性风险。

金融危机的频频爆发宣告了单纯信奉市场自我调节的新自由主义的破产,证明了依靠市场的自我调节不能解决宏观经济和经济衰退问题,必然提出有效的政府干预问题,从而牵动宏观经济理论的突破。

首先是宏观调控的范围扩大到资本市场上的资产价格总水平。过去的宏观经济理论

① 马克思:《资本论》第 3 卷,人民出版社 2004 年版,第 532 页。

也是从实体经济的三大市场(商品市场、就业市场和货币市场)来分析宏观经济的总量均衡问题。政府干预理论也主要限于在实体经济中的总供给和总需求的均衡,政府所要调节的总量指标主要是商品市场上的价格总水平,就业市场上的就业总水平,货币市场上的利率总水平。即使是所涉及的金融问题也主要分析货币市场上的货币供给和货币需求,其研究视角限于其对商品价格总水平和就业总水平的影响。而现在发生的经济危机基本上是在虚拟经济领域产生的。影响宏观经济均衡的市场不仅是商品市场上的价格总水平,就业市场上的就业总水平,货币市场上的利率总水平,更是资本市场上的资产价格总水平。资本市场上资产价格总水平不仅有相对独立的决定因素,而且能独立地影响宏观经济的均衡,过度投机造成的资产价格膨胀,形成没有实体经济支持的泡沫经济,通货膨胀随之而来。泡沫经济一被打破,资产价格迅速缩水,通货紧缩和经济衰退随之而来。因此,资本市场和虚拟经济必须进入宏观经济分析的范围,资产价格水平必须成为宏观监测的指标。

其次是虚拟经济领域成为政府监管的重点。过去我们所说的市场失灵都反映在实体经济领域,如外部性和垄断等,因此政府干预所要关注的也在实体经济领域。近年来所发生的几次经济危机都在虚拟经济领域中引发,如失信和过度投机。这些问题不但不可能靠市场的自我调节来克服,而且市场机制的运行还可能有自我增强的功能。问题不仅是过度投机所导致的虚拟资本脱离实体资本,还在于流通中的证券和衍生的金融工具中“有惊人巨大的数额,代表那种现在已经败露和垮台的纯粹欺诈营业;其次,代表利用别人的资本进行的已告失败的投机;最后,还代表已经跌价或根本卖不出去的商品资本,或者永远不会实现的资本回流”①。马克思在一百多年前揭示的这些问题在现代的虚拟经济领域中比比皆是,而在相当长的时间中,虚拟经济领域可以说是金融监管的盲区。早在 2002 年,美国出现的安然公司造假并破产导致股市濒临崩溃事件,表明虚拟经济领域中的许多问题可以归结为诚信缺失和道德风险。资本市场的诚信机制不能仅依靠自律,必须突出他律。他律,就是要政府介入,加强法制约束和监管力度,由此促使美国出台了《萨班斯奥克斯利法》,其基本内容是以较为严格的会计审计制度,对市场各个主体的行为进行监控,加强对资本市场失信行为的惩处力度。这个法律出台,恰逢美国金融体系竞争力下降之时,再加上美国一直信奉市场自我调节的自由主义,又促成了美国放松金融监管的决心并于 2006 年出台了《金融服务管制放松法》。2007 年美国次贷危机的爆发并引发 2008 年全球性金融危机,从一定意义上说是对美国放松金融监管的惩罚。2008 年全球金融危机的爆发迫使美国政府在 2009 年 6 月发布《金融监管改革——新基础:重建金融监管》法案。该法案确立了政府在危机处理中的核心地位,试图实施无盲区的全面监管,着力解决金融监管机构之间的协调和制衡问题。从美国金融创新失控和过度的实践看,金融监管的重点应该规范金

---

① 马克思:《资本论》第 3 卷,人民出版社 2004 年版,第 555 页。

融衍生工具的创造。金融衍生工具的创新对虚拟资本的创造具有明显的杠杆效应,这也是对虚拟经济脱离实体经济的支持的杠杆效应。因此国家特别要规制金融衍生工具的创造,使之严格控制在可控范围,控制在实体经济支持能力的范围。

再次是处理好虚拟经济和实体经济的关系,归根到底是发展实体经济。本来虚拟经济是在实体经济基础上产生并服务于实体经济的,但在现实中虚拟经济领域的投机过度导致虚拟经济严重背离实体经济,其后果是打击实体经济,造成经济衰退。因此政府的监管和政策导向是要遏制虚拟经济领域的过度投机,防止脱实向虚趋向,支持实体经济的发展。危机到来后,无论是虚拟经济还是实体经济都面临困难,都需要求助政府,政府毫无疑问要着力挽救实体经济,以保增长来阻止经济衰退,以保就业来减少失业。只有在实体经济得救后虚拟经济才可能走出困境,而不是相反。

最后需要强调,中国的金融发展无疑要走市场化道路,但市场化改革不等于走新自由主义道路,政府监管市场必须加强。金融创新必须适度,金融机构的运行必须规范。特别要关注党的十九大针对守住不发生系统性金融风险的底线所提出的健全货币政策和宏观审慎政策双支柱调控框架。其必要性就如斯蒂格利茨所指出的,传统的监管工具都具有顺周期的偏斜:银行的顺周期行为无法遏制繁荣时期的过度风险行为,经济危机时的经济下滑。因此他认为,“关键的政策问题是如何将反周期要素引入审慎性管理和监督中来”①。

① [美]约瑟夫·斯蒂格利茨:《稳定与增长》,中信出版社2008年版,第85页。

第十三章　经济全球化和开放型经济

自改革开放以来,我国建立开放型经济,取得了巨大的成就,经济发展也从开放型经济中取得了明显的效益。现在中国经济发展达到了中等收入国家水平,进出口总量达到世界第一,引进外资连续 25 年居发展中国家首位。在这个新水平上的开放型经济需要转型,一方面开放目标要提升,即转向主动性开放,谋求自身的国际竞争力;另一方面开放质量要提升,由谋求开放数量转向开放效益;再一方面是在参与全球经济治理中提升话语权。

第一节　经济全球化条件下的开放型经济

我国从 20 世纪 80 年代开始对外开放,先是发展外向型经济,后又提升为开放型经济。开放型经济成为我国特别是沿海地区发展的主要推动力。开放型经济即以开放的制度和政策利用国际资源和国际市场。虽然扩大内需是我国经济发展的战略基点。但这不意味着经济发展不再需要外需,不再需要开放,而是要提升开放型经济的水平。

一、两种资源两个市场

发展中国家在对外开放的初期阶段,一般都是被动地开放,也就是利用国际资金以弥补国内储蓄的不足,利用国际市场以获取外汇。对此可以宏观经济的基本平衡式来说明:

宏观经济的基本平衡式即总供给=总需求,细分为:

消费+储蓄=消费+投资

引入开放型经济,公式扩展为:

消费+储蓄+进口=消费+投资+出口

这意味着:第一,进口可以增强国内的供给能力;第二,出口是拉动经济增长的三驾马车之一。

进一步分析,发展中国家往往存在两个缺口。

第一个缺口即储蓄缺口:

储蓄<投资

储蓄+外资=投资

这意味着,在开放经济中,国内储蓄不足所产生的资金的缺口可以由引进的相应数量的外资来弥补。

第二个缺口即外汇缺口:

进口>出口

进口+外资=出口

这意味着,进口大于出口所产生的外汇缺口可以由引进的相应数量的外资来弥补。

合起来说,发展经济学家钱纳里等曾经用"两缺口"模型来说明发展中国家引进和利用外资的意义。发展中国家的经济增长一般存在外汇和储蓄两个缺口,引进的外资利用得好,能同时平衡两个缺口。一笔外资以机器设备形式进入发展中国家,一方面它是进口,这些进口不需要相应的出口来抵付;另一方面它是投资,这笔投资不需要动用国内储蓄。对于我国来说,建立有效引进和利用外资的机制,便能使我国的经济不完全依赖国内储蓄能力而有更快的增长。进一步说,发展中国家引进外资不只是解决资金问题,研究的外商直接投资同时引进管理和进入国际市场的通道。

国际资本流动正在成为发展的一支重要力量。过去,发展中国家要实现工业化、现代化和城市化需要大量的资本。国内储蓄不足,因此产生的储蓄缺口就通过引进外资来弥补,这样,引进外资主要是用于弥补国内储蓄不足。而在全球化背景下,居于领导地位的工业国家的金融市场已经融入全球化金融体系。使空前规模的资本得以在这些经济体中配置,并流向发展中经济体。就是说,发展中国家所流入的外资实际上属于金融的全球配置,在金融全球化配置下,生产要素的国际流动替代产品流动成为主流。这样向发展中国家流动的国际资本可能超出其弥补国内储蓄缺口的范围,发展中国家的资本也可能融入全球化金融体系而走出去。

二、经济全球化及其效应

经济全球化这个概念是在 20 世纪 80 年代后期开始广泛流行的,国际货币基金组织(IMF)对它的解释是:"经济全球化是指跨国商品与服务贸易及资本流动规模和形式的增加,以及技术的广泛迅速传播使世界各国经济的相互依赖性增强"。OECD 的解释是:经济、市场、技术与通讯形式都越来越具有全球特征。包括生产的全球化,贸易的全球化,金融的全球化。在经济全球化的过程中,世界各国经济联系的加强和相互依赖程度日益提高;各国国内经济规则不断趋于一致;国际经济协调机制强化。应该肯定以互联网为代表的信息技术革命对经济全球化起了重要的推动作用。

其实,在经济全球化概念提出之前,就有世界经济概念,也有相应的国际分工。就发达国家与发展中国家的经济关系来说,就有中心(核心)—外围(边缘)学说。该学说把世界经济分为两极：发达国家即处于发展中心的国家，不发达国家即处于发展外围的国家。发展中国家的发展就涉及与发展中心的关系。

刘易斯在1978年出版的《增长与波动》一书以较大的篇幅分析了中心和外围的关系。他认为整个核心国的工业部门是“增长的发动机”。“我们首先关心的是外围国对核心国增长发动机的反应。”①核心国的发动机作用在于它的技术、资源和市场在外围国的发展中起了重要作用。具体地说，它们提供新的、生产率更高的技术，贡献资源特别是资本和人力，贡献自己的市场。外围国的反应有两种选择：一种是模仿核心国直接进行工业革命，另一种是通过与核心国进行贸易来为工业革命创造条件。但是不同的外围国对此的反应速度不一样，由此产生了外围国之间发展水平的差别。

普雷比什(Paul Prebisch)的中心和外围说则得出了中心国和外围国之间的自由贸易倾向于中心国家的结论。其主要说明因素是这两类国家的产业结构。在中心国家产业结构是多元化的也是均质的，一方面现代化的技术贯穿于整个经济，另一方面生产领域覆盖了资本、中间产品和最终消费品等广泛的领域。而外围国的产业结构是单一的而且是不均质的。因此，外围国不可能达到与中心国家同等的生产和技术进步，其初级产品出口部门的劳动生产率要慢于中心国家制造业部门，其平均收入也比中心国家增长慢。

概括起来，原先的世界经济理论及相应的中心—外围说主要突出两个方面：一是发展中国家与发达国家的经济关系更多的是贸易关系；二是在发达国家与发展中国家的经济关系中，虽然发展中国家也能得到比较利益，但得益更大的是发达国家，由此进一步拉大发达国家与发展中国家的差距。

而在经济全球化的背景下，国际经济关系发生了重大变化。就如斯蒂格利茨等所说：“全球化意味着世界经济更加融合，这是贸易、观念和资本的流动不断增加，以及跨国公司的投资活动所造成的多国生产的网络的出现造成的。”②根据其分析，经济全球化对发展中国家的影响突出表现在以下方面：

首先，贸易的显著增长是全球化的一个重要方面。发展中国家不像过去只是为了获取外汇而参与国际贸易，尤其是依靠其比较优势参与国际分工。在全球化背景下，越来越多的发展中国家的公司像它们的工业国家对手一样参与跨国生产，并从全球的视角安排它们的经营活动。

其次，经济全球化很大程度上是国际经济运行规则的全球化，以WTO规则和自由贸易区为代表。WTO可说是缔约国贸易政策的国际协调。它包括一系列旨在推进贸易自由化的原则，其中包括：无歧视待遇原则，最惠国待遇原则，国民待遇原则，关税减让原则，互惠

---

① [美]刘易斯：《增长和波动》，华夏出版社1987年版，第4页。

② [美]杰拉尔德·迈耶，[美]约瑟夫·斯蒂格利茨：《发展经济学前沿：未来展望》，中国财政经济出版社2003年版，第168页。

原则,取消数量限制原则,透明度则和禁止倾销原则。各国通过加入WTO或建立自由贸易区等路径与国际经济运行规则接轨,克服各种类型的保护主义,由此也带动了本国的经济体制改革。以上经济全球化的影响与过去的中心—外围格局不完全相同。虽然经济全球化仍然是由发达国家主导,其仍然可以在经济全球化中获取较大利益,但对进入经济成长阶段并主动融入全球化经济的发展中国家来说,其获得的全球化利益比过去更大,甚至能够与发达国家平等地获取全球化利益。我国的改革开放正遇上经济全球化的机遇,获取的全球化利益是十分可观的。

三、产品内分工和全球价值链

国际分工最初是产业间分工,最典型的是发达国家发展技术密集型产业,发展中国家发展劳动密集型产业。后来发展为产业内分工,同一种产业在不同国家都发展,但各自有差别。现在的国际分工出现的新趋势是产品内分工。同一种产品的制造环节布局在不同国家和地区。跨国的产品研发、生产和营销的链条之所以称为全球价值链(又称为全球产业链、供应链),是因为在不同国家布局的各个环节因所利用的资源差别以及在其中所处地位的不同有不同的附加值。

当代国际竞争突出表现为全球价值链竞争。一方面是全球价值链之间的竞争,如在智能手机领域,就有华为手机价值链、苹果手机价值链和三星手机价值链之间的竞争。其决定性因素是各自在相应布局的地区所能获取物质、技术和人力资源的能力和市场的范围。现实中不同价值链竞争中的优胜劣汰非常明显,就如摩托罗拉的手机被赶出市场,其整条价值链一下子就消失。另一方面是全球价值链内部的竞争,表现为争夺其中的主导地位和高附加值环节的竞争。长期以来欧美发达国家的跨国公司大都处于全球价值链的研发和营销环节两端,掌握核心技术和关键技术,控制市场渠道,因而在全球价值链中居主导地位。跨国公司依靠其在全球价值链中的主导和掌控地位所形成的核心竞争力占据了国际竞争制高点,并且通过对价值链的各个环节在各个国家进行深度分解和全球资源的不断战略组合,成为全球价值链的治理者。

正像发达国家推进经济全球化离不开全球价值链一样,发展中国家谋求发展也要通过嵌入全球价值链融入全球化。对发展中国家来说,嵌入全球价值链虽然要付出一定的代价,但自身的发展也需要通过进入的全球价值链获取新技术、新产业,加快推进工业化和现代化。现实中,发展中国家的现代工业尤其是新兴产业相当多的是在进入全球价值链的基础上建立起来的。对发展中国家来说,发展新产业的最初路径是引进外商投资企业即引入全球价值链。这可以说是发展现代新产业的起步。

在经济全球化进入产品内贸易的背景下,中国相当部分的产业进入全球价值链分工,但大都处于全球价值链的中低端,不能掌握关键的核心技术,需要进口掌握在外国公司手中的核心技术，其方式是进口中间产品，就如中兴公司需要进口高通的高端芯片。这种状况对中国的产业来说是受制于人，不可控。由此提出处于全球价值链上的中间产品的进口替代，其路径就是依靠创新，创造具有自主招生产权的核心技术。

一个国家在全球价值链中的地位与其科技水平是相一致的，当代国际竞争优势表现为科技和产业的优势。一国产业在全球价值链中的地位是其科技和产业竞争力的集中体现。过去中国的科技基本上处于发达国家之后的跟随创新阶段，处于全球价值链的低端环节。现在中国许多领域的科技创新已经进入同发达国家并跑和领跑阶段。与此相应，我国企业所处的全球价值链地位也应相应提升。我国企业既要在所参与的全球价值链中攀升中高端，又要建立以我为主的全球价值链。

2008 年世界金融危机以后，以美国为代表的发达国家经济受到重创，尤其是特朗普上台以来，出现了逆全球化现象。特朗普在“美国优先”理念下推行雇美国人，买美国货的保护主义政策，大幅度提高关税壁垒。这种逆全球化政策无疑会对全球化进程产生阻力和不确定性，但不会阻碍经济全球化的潮流。尤其是中国扛起了积极推进经济全球化的大旗，当然，中国的对外开放也面临着打破美国保护主义的新课题。

四、我国的开放型经济的形成和发展

对一个经济长期处于停滞状态的国家来说，其经济发展在颇大程度上需要外力推动。在经济上便要发展外向型经济，进入国际市场，充分吸收和利用国际上的经济增长要素。

首先，增长的外资推动。发展中国家推动经济增长面对两大压力：一是国内储蓄不足。由于人均国民生产总值低，储蓄能力弱，因而资本供给严重不足，利用外向型经济以引进外资，可以支撑较高的投资率和经济增长率。二是市场。后起国家的后发劣势就是海外市场已被先行国家所占领，发展外向型经济便可有效地打破这种限制。引进的外商直接投资，不仅带来了技术，带来了项目，还带来了出口渠道，进入国际市场。

其次，体制转轨的外力推动。国际竞争的强大压力会成为国内改革经济体制、强化竞争机制的外在推动力。同国际市场接轨后，国内价格变动不仅有了国际标准，还有了外在的调整杠杆；同国际市场接轨后，我国将同发达的国际商品市场发展大规模的贸易往来，将进入国际金融市场开展大量的融资活动，将有大批的劳动力出口，也将在国际技术市场引进技术，在国际劳动力市场引进管理和技术人才；同国际市场接轨后，国际惯例传导到国内，传统的经营方式、管理体制将会自愧弗如，阻碍经济体制改革的种种国内惯例便会被冲破。

我国的开放型经济是在发展外向型经济的基础上建立的。在经济全球化背景下，开放型经济隐含的含义是以对外开放的政策和环境利用国际资源和国际市场发展我国经济。衡量开放型经济的水平有开放度指标，根据经济全球化的特征，对一国的开放度要做两个方面的区分。

一是就要素流动来说,引进和利用外资是吸收国际资源特别是知识和技术存量的重要载体。对外资的成功利用,还会得到双重的经济效果:① 增强出口能力。用外资建成的项目可以直接地增加出口。② 提高储蓄水平。利用外资促进经济发展,可提高收入水平,促使整个国民经济的总储蓄(总积累)水平上升。因此这方面的外向度应该足够高。资金、技术、人员的流进流出更为自由,吸引和利用国外资源的方式更为灵活。

二是就国际贸易来说,中国作为大国对国际贸易的依存度同小国是有差别的。小国对国际贸易的依存度非常高,小国经济的发展依赖于产品出口,因而只有在对外贸易依存度加大的情况下才能加快经济增长。而对大国来说,对外贸易的依存度达不到小国的水平也可实现经济增长。原因是大国的国内市场和资源条件允许其发展专业化和规模经济①。我国的经济不仅是大国经济,与许多小国相比简直是巨国经济,国内市场容量很大。因此我国不可能像小国那样整个经济都外向。片面追求外向度,舍弃国内大市场会付出很大的代价和成本。当然,外贸是经济增长的发动机,没有一定的外向度也不行,有必要在一些条件好的地区发展外向型经济,在那里有较高的外向度,并以此带动整个经济的现代化。

实践证明,开放型经济的效益是明显的。引进了外资,引进了技术,引进了管理,这些要素同我国的劳动力和土地要素结合,推动了经济的快速增长。特别是外商投资企业带来了国外先进产业,推动了我国产业结构的提升,缩短了我国产业发展水平的国际差距,以至于我国一些开放型经济水平高的地区有“世界工厂”之称。我国成为世界制造业大国,开放型经济为之做出了重大的贡献。

发展中国家进入世界经济一开始都有一个出口初级产品以换取外汇的阶段。在此基础上就可能有两种战略选择:一种是进口替代战略,其目标是以工业化主导对外贸易,也就是致力于先搞替代进口的工业化,再搞出口化。另一种选择是出口替代战略,即替代初级产品出口战略。

进口替代概念有两层意思:一是指国内生产原先进口的产品;二是指初级产品出口换来的外汇不是用于进口消费品,而是进口投资品。因此实行进口替代战略时也是鼓励出口的,出口的主要产品是初级产品。就是说初级产品出口同替代进口工业是不矛盾的。

典型的进口替代战略首先根据以往大量进口的事实,确定哪些产品在国内有广大的市场,然后通过建立保护壁垒,某些产品课以较高的关税或规定进口限额,对生产这些产品的国内厂商进行保护;也可以通过提供各种优惠的鼓励投资的办法,吸引外资绕过本国关税壁垒在本国建厂生产。较之于国际市场,进口替代工业的产品,最初的生产成本可能很高,但人们预期这些幼年工业将逐渐走向成熟,规模效益日趋明显,生产成本随之下降,并在国

---

① [美]库兹涅茨:《现代经济增长》,北京经济学院出版社 1989 年版,第 265 页。

际市场上开始具备竞争能力。国际收支状况则由于进口受到限制、出口得到加强而趋于改善。

在不同的进口替代阶段，替代成本是不一样的。在用国内产品替代非耐用消费品（如服装、鞋类等）阶段，工业化初期的国家比较适合生产这些产品，因此不需要太多的保护，因为这些产品的生产有较大的规模，替代成本不会很高。进口替代的第二阶段是替代耐用消费品阶段。这类部门基本上是资本密集型部门，而且进口品价格也较高，需要提供保护成本，从而替代成本也很高。我国目前的许多进口替代品是属于替代耐用消费品阶段的产品，由于替代成本太高，进口替代战略的成就往往令人失望。最令人失望的是，没有效率的进口替代工业对工业化的进程实际上起了阻碍作用。

在经济发展达到一定阶段后，发展中国家一般都会提出出口替代战略，强调以制成品替代初级产品作为主要的出口商品。实行这一战略需要采取鼓励工业制成品出口的关税和汇率政策，也就是改变进口替代而采取的保护贸易政策。因此由进口替代转到出口替代是外贸战略和外贸政策的重大调整。根据成本效益分析，出口替代战略的外向效益明显高于进口替代战略。出口替代战略的实施有利于缓解发展中国家的外汇限制；出口替代可超越国内市场限制，开拓和利用国际市场，由此可以不断地获取规模经济、学习效应以及由国际竞争推动所带来的效率；出口替代对外国投资有较大的吸引力；在提供更多的就业机会和改进收入分配方面，出口替代比进口替代更有作为。

费景汉和拉尼斯将出口替代分为两个阶段。第一个阶段是以劳动密集型工业制成品替代初级产品，劳动密集的非耐用工业品出口意味着“欠发达国家的生命周期中第一次找到了能完全利用自己剩余劳动力的方法”。二是替代劳动密集出口品阶段。这时的出口具有多元化和灵活性的特点。再进一步的出口替代就是“科技导向的阶段”①。这是高层次的外向战略。我国目前不同地区的出口水平是多元化的，出口品既有初级产品出口，又有劳动密集型工业制成品，也有科技导向的出口品。但从总体上来说，还属于劳动密集型出口品替代初级产品出口品阶段，只有一些发达地区开始进入技术密集型出口品替代阶段。

五、新时代开放发展新特点

在出口替代基础上，亚洲“四小龙”在20世纪七八十年代实施出口导向战略取得了成功。我国在20世纪80年代后期发展外向型经济也提出出口导向战略，并在沿海地区取得了明显的效果。所谓出口导向就是以国际市场需求作为本国产业发展的方向。这种战略对小的经济体可能是有效的，但对大的经济体来说，虽然在一定时间内实施也可能是有效的，但长期来看不一定有效，尤其存在对国际市场的依赖性。我国是大国结构，同其他小国

① ［美］费景汉和拉尼斯：《增长和发展：演进观点》，商务印书馆2004年版，第462-464页。

有不同的国情，我国的工业化、现代化不能单纯地建立在依靠出口的产业基础上，需要有自主的可控的产业体系。这意味着，中国在新阶段的对外开放，不是出口导向的开放，而是基于内需的对外开放。其区别在于，不是以国际市场需求为导向安排自身的产业，而是以国内需求为导向安排开放的方向和战略选择。

新时代的开放型经济就是要根据习近平建立人类命运共同体的思想，建立高质量的开放型经济体系。所谓人类命运共同体就是习近平提出的，“提倡所有人参与，所有人收益，不搞一家独大或者赢者通吃，而是寻求利益共享，实现共赢目标”①。为此，我国坚定维护WTO多边贸易体制，反对各种形式的贸易保护主义，推动贸易和投资开放。充分参与并完善G20全球治理机制，推动“金砖国家”深度合作，积极参与并探索对现有全球治理体系的增量改革，积极承担起一个负责任大国的义务。在2017年美国正式宣布退出《巴黎协定》的境况下，我国重申支持《巴黎协定》的立场并发挥积极作用。基于人类命运共同体的思想，新时代的开放发展有如下特点：

（1）与过去重在引进不同，开放战略坚持引进来和走出去并重，利用自由贸易区等开放载体，形成陆海内外联动、东西双向互济的开放格局。

（2）服从于创新驱动发展战略，引进国外要素的着力点将转向创新要素，进行开放式创新。

（3）与过去以资源禀赋的比较优势被嵌入全球化不同，参与全球化分工将以比较优势转向竞争优势，着力培育以技术、品牌、质量、服务为核心竞争力的新优势。

（4）与过去以禀赋的比较优势嵌入全球价值链不同，重视我国产业在全球价值链地位的提升，争取在价值链中的主导地位，并且依托核心技术建立以我为主的全球价值链，形成面向全球的贸易、投融资、生产、服务的价值链，培育国际经济合作和竞争新优势。

（5）与过去偏重制造业对外开放不同，现在是各个产业全方位开放，尤其是服务业的对外开放。随着人民币国际化和汇率市场化的推进，亚投行等金融机构作用的增强，中国在世界经济中的地位就有金融支撑。

（6）与过去基于沿海地区，面向海洋、面向发达国家不同，现在需要在提升向东开放的同时，推进与“一带一路”沿线国家合作，加快向西开放步伐，推动内陆沿边地区成为开放前沿。

（7）实施积极的“引进来”与“走出去”相结合的战略。2012—2016年，我国吸引外商直接投资年均增长3.5%；2016年，我国引进外商直接投资共计1390亿美元，连续5年居世界前三位。2012—2016年，我国对外直接投资年均增长率为20.2%；2016年，我国对外直接投资额达1831亿美元，居世界第二位，并超过同期吸引外资规模，实现资本净

---

① 习近平：《中国发展新起点，全球增长新蓝图》，《人民日报》，2016年9月4日。

输出①。

归结起来,就是在更大范围、更宽领域、更深层次上提高开放型经济水平。2018 年 4 月,习近平在博鳌亚洲论坛上再次提出:“中国人民将继续扩大开放、加强合作,坚定不移奉行互利共赢的开放战略,坚持引进来和走出去并重,推动形成陆海内外联动、东西双向互济的开放格局,实行高水平的贸易和投资自由化便利化政策,探索建设中国特色自由贸易港。中国人民将继续与世界同行、为人类做出更大贡献,坚定不移走和平发展道路,积极发展全球伙伴关系,坚定支持多边主义,积极参与推动全球治理体系变革,构建新型国际关系,推动构建人类命运共同体。”②

第二节 对外贸易中谋求竞争优势

在我国成为世界第二大经济体并达到中等收入国家水平后,我国的开放型经济需要转型升级,关键是解决我国参与国际分工和国际竞争的理论指导的转型,以谋求最大的国际贸易利益。这就是由比较优势理论指导转向竞争优势理论指导。

一、资源禀赋的比较优势理论

最一般地说,国际交换之所以必要,是因为存在国际分工,国际分工使得各个国家专业化的生产最适合本国生产的产品,通过国际贸易可使贸易双方获得更大的福利。

最早的比较优势理论是古典学派李嘉图(Ricardo)在 19 世纪所说的比较成本理论:不同国家生产不同产品存在着劳动生产率的差异或成本的差异,各国分工生产各自具有相对优势(劳动生产率较高或成本较低)的产品,尽管一个国家(一般是落后国家)具有相对优势的产品的成本可能会高于另一国家(一般是发达国家)同一产品的成本。

对近现代国际贸易影响最大的是赫克歇尔(Heckscher)在 1919 年,俄林(Ohlin)在 1933 年所说的资源禀赋(简称 H-O 模型)。资源禀赋学说是指,各个国家的资源禀赋存在差异,有的劳动资源丰富,有的自然资源丰富,有的资本资源丰富。各个国家分工生产使用本国最丰富的生产要素的产品,经过国际贸易,各国获得最大的福利。

比较优势理论的基本思路是,发达国家有资本和技术的优势,发展中国家有劳动力和自然资源丰富的优势,因此发达国家生产和出口资本和技术密集型产品,发展中国家生产和出口劳动和自然资源密集型产品,大家都能得到贸易利益。

---

① 联合国贸发会议 FDI 数据库。

② 习近平:《开放共创繁荣,创新引领未来——在博鳌亚洲论坛 2018 年年会开幕式上的主旨演讲》。

按比较优势理论，我国作为发展中大国，相对于发达国家资本、技术和产业都处于劣势，只有劳动力和自然资源（特别是土地和环境）有比较优势，因此我国的对外开放按这种比较优势来推进。在贸易结构上，致力于劳动密集、资源密集和高能源消耗、高排放产品的生产和出口。在引进和利用国际资源上，以廉价的劳动力和土地资源为条件引进外资。外商投资企业进入我国的环节在产业链上基本上属于劳动和资源密集环节，以及需要利用环境资源的生产。应该说，这种开放战略在发展的初期阶段是成功的。否则，我国不可能进入全球化经济，不可能利用国际资源和国际市场在较短的时间内实现跨越式发展。问题是这种建立在比较优势基础上的开放战略不能长期化，这里既有国际市场的外部原因，也有我国自身发展的内部原因。

二、比较优势贸易结构不可持续

目前中国的国际分工和出口结构可以用传统的比较利益理论来说明。我国初期的资源禀赋的比较优势结构主要是指直接出口资源密集型产品或劳动密集型产品，例如 1998 年纺织、服装和皮革制品及轻工消费品占总出口的 30%左右。随着中国经济增长和开放型经济的深入，中国的贸易结构开始升级。一方面，出口已转向以工业制成品为主，2013 年工业制成品比重上升到 95.1 %，出口额达 19 482 亿美元，比 1978 年增长 437.8 倍。另一方面，工业制成品中以机电产品出口为主。2012 年机电产品出口达 11 800 亿美元，占出口总额的比重达 57.6%，成为中国第一大类出口商品，尤其是技术含量高、加工程度深、附加值较大的高新技术机电产品出口所占比重由 1977 年的 4.9%上升到 58.7%，高于机电产品总体增长水平。但是目前的出口结构仍然依靠资源禀赋的比较优势，主要形式是依靠加工贸易出口工业品。

所谓加工贸易，是指企业从国外进口原材料、零部件，在本国加工后再出口，赚取其中的附加值，即来料加工，来图加工，来料装配。这种加工贸易实际上仍然是利用中国的劳动力资源、土地资源和环境资源出口。

加工贸易形式的国际贸易结构基本上实现了劳动密集型产品对初级产品的替代。这种替代能够发挥我国劳动力资源丰富的优势，同时也有利于增加就业机会，从而缓解沉重的就业压力。更为重要的是加工贸易的技术溢出效应为我国的企业提供学习效应。但是，建立在加工贸易基础上的贸易结构所取得的出口效益并不高。

加工贸易是以引进的国际资源来利用我国低工资的劳动力和廉价的自然资源（尤其是土地和环境），即使是生产和出口的高科技产品外商投资企业在我国的生产环节也主要是劳动和资源密集的环节，核心技术和关键技术不在我国，是国外提供的，我国企业附加的只是劳动价值。严格地说仍然是劳动密集型产品出口。因此，虽然我国的出口产品数量大，但附加值不高。据估计许多加工贸易出口收入中有 70%是支付给进口品的。有许多出口品看起来是高科技产品(如电脑),但在我国基本上是使用劳动力的加工组装环节。特别是近年来出现了“加薪潮”,再加上我国开始实施更有保障的劳工权益,部分外商投资企业的“血汗工资制度”难以为继。在这种条件下,开放型经济难以继续建立在低劳动成本和充裕劳动力的基础上。更不能长期在国内生产利用环境资源的出口品。这意味着开放型经济的基础需要提升,方向是改变开放型经济的廉价劳动力和自然资源的基础。以自主创新的技术替代进口中间品,以扩大附加价值。在此基础上,一般性贸易所占比重近年来超过加工贸易的比重意味着出口效益的提高。所谓一般贸易是指中国境内有进出口经营权的企业单边进口或单边出口的贸易,按一般贸易交易方式进出口的货物即为一般贸易货物。简单地说是在国内购买原材料加工后出口。

2008年爆发的世界金融危机重创出口需求,特别是劳动密集型产品的国际市场需求严重下降,同时也推动了西方发达国家产业结构的转型。如美国的再工业化,其方向除了发展新兴产业外,劳动密集型产业也受到了重视。为解决就业问题,即使是在技术和资金有比较优势的发达国家也要发展劳动密集型产业,提供就业岗位。他们一方面以各种壁垒阻碍国外劳动密集型产品进入,另一方面依靠其资本和技术的优势提升劳动密集型产业以在竞争中挤压发展中国家的劳动密集型产品出口。由此使我国的劳动密集型产品的国际市场环境和贸易条件更为恶劣,这就使我国长期实施的以劳动作为比较优势的出口战略难以为继。

国际市场需求下降,反映相当数量的出口品确实存在国际产能过剩的问题。这意味着,即使世界经济复苏了,相当多出口品仍然可能没有市场。与此同时,国际贸易摩擦日益频繁,反映在各个国家保护主义的抬头。这样,对我国的挑战就不仅是劳动密集型产品出口收益低,还遇到保护主义的抵制。面对这些摩擦,我们的出口产品需要升级,唯有增加出口品的科技含量,才能减少国际贸易摩擦。

特别要注意的是,伴随持续三十多年的快速发展,劳动、土地等资源不可能无限供给,其价格上涨也是必然的。随着人民生活水平的提高和对健康要求的提高,发展项目的生态和环境约束也更为严格。这意味着相比其他发展中国家,我国的劳动和自然资源的比较优势正在失去。许多以利用我国劳动力、土地和环境为主要取向的外资企业开始向其他国家转移就是证明。

就我国自身发展的要求来说,中国制造业出口品的全球份额与出口品中中国附加价值的份额是很不相称的。中国成为世界第二大经济体后,作为世界经济大国面临着向世界经济强国提升的历史性任务。其中首要的任务就是由制造业大国提升为制造业强国。这时候我们参与全球化经济就不能只是谋求贸易利益,还要尽快缩短与发达国家的经济技术差距。比较优势虽然能扩大出口,但会冻结我们和发达国家的差距。只有谋求竞争优势才能缩短与发达国家的差距。

首先,随着经济全球化的发展,生产要素、资源可以在国际流动,在新技术革命浪潮推动下,资源、劳动可以被资本和技术所替代。这表明,大部分发展中国家所具有的自然资源和劳动力资源的比较优势在国际竞争中不再具有明显的竞争优势。

其次,利用本国相对充裕的资源生产的产品在国际竞争中不一定具有竞争优势。原因是在世界上可能有其他发展中国家依据资源禀赋提供相同的劳动密集型产品,如服装鞋帽之类的产品。我们将会发现,同样的劳动密集型产品在不同的国家生产竞争力是大不一样的。有的国家因为有较高的技术或较多的资本投入而有较高的质量或知名的品牌,这实际上是资本和技术对劳动的替代。有的国家的劳动力和资源的价格更便宜。面对这种竞争,我国许多具有资源禀赋比较优势的产品已经不具有国际竞争优势。

最后,劳动密集型产品不一定是低成本的。发展中国家主要出口劳动密集型产品的可能性是,在各个国家要素租金存在差别的条件下,劳动丰裕的发展中国家的工资/租金比率偏低。问题是经济全球化不可避免地包含各个国家要素价格(包括劳动价格)出现均等化趋势。就像我国,近年来特别是经济开放程度高的沿海地区工资增长很快。这意味着,劳动密集型产品中的劳动成本有提高的趋势,这时的资源禀赋的比较优势有下降的趋势,其结果是进一步降低劳动密集型产品的国际竞争力。

以上说明已有的建立在利用我国资源和劳动力的开放型经济模式的发展效应正在衰减,而这种模式的开放型经济也难以为继,需要转型升级,其基本方向是改变以劳动密集和资源密集为比较优势的外向结构,改变单纯追求出口数量而不注重出口效益的出口导向战略,提升外商投资企业在我国的产业链环节的科技含量。

三、由比较优势转向竞争优势的内涵

国际贸易对发展中国家是发展的引擎,这一点已经被广泛接受。现在需要研究的是,国际贸易在哪一方面起引擎作用,对发展中国家是最有利的。根据钱纳里的分析,一个国家的对外贸易战略同这个国家产业结构的比较优势相联系,一个国家对外贸易战略的调整又同这个国家的产业结构的比较优势的改变相联系。这就是说,只有在国际贸易能起到推动本国产业结构优化和升级时,这种引擎作用才是最需要的。

过去各个国家特别重视产品的比较优势,其背景是存在严重的贸易壁垒。随着经济全球化的推进,这种比较优势对发展中国家的意义明显衰减。经济全球化包括自由贸易的全球化,投资的全球化,金融的全球化。全球化意味着国内市场国际化,国际竞争转向国内。外国资本进入意味着一国独有的劳动资源、自然资源可以被进入的外国资本所利用。这样,某个国家的资源优势在全球化条件下没有过去那么明显。而且所谓的国际竞争也不完全是过去意义的民族产品的竞争,可能是中国制造的外国品牌的产品与外国制造的外国品牌的竞争。在国内市场上也可能出现都是利用国内资源的外国品牌之间的竞争。

何为竞争优势？根据迈克尔·波特(Michael E. Porter)的分析，竞争优势理论与比较优势理论的区别突出在三个方面：首先，在当今经济全球化的条件下，竞争优势理论以国家作为经济单元，更多地指向国家层面的开放战略。其次，竞争优势理论强调依靠品质、特色和新产品创新创造新的竞争优势。所以“新的国家竞争优势理论必须把技术进步和创新列为思考的重点”①。最后，竞争优势理论强调的是与高手竞争：“一国产业是否拥有可与世界级竞争对手较劲的竞争优势”②，并以此为目标推进科技和产业创新，形成国家竞争优势。这些关于竞争优势的界定，就成为由比较优势转向竞争优势的理论指导。

国际竞争中的竞争优势突出的是产业优势。长期以来人们讲到国际产业分工只是停留在技术密集型、资本密集型和劳动密集型产业之间的分工。现实中出现的国际分工又有了新的类型：一类是三次产业的国际分工。有的国家还是农业国，有的国家进入工业国，有的国家则转向以服务业为主。另一类是产业链各个环节的分工，例如，某种高科技产品的生产在多个国家完成，其附加值高的研发环节在某个国家，而附加值低的制造环节则在另一些国家。

在国际分工新格局中，我国所要谋求的产业竞争优势，除了加大力度发展现代服务业外，需要实现两个替代：一是实现高科技含量和高附加值，对低科技含量和低附加值出口品的替代。出口品不仅要进入它们的超级市场，还要进入它们的高端市场。二是在产业链的国际分工中实现研发环节对制造环节的替代，既要提高附加值，又要减少土地资源的占用，并且节能减排。三是依靠创新培育竞争优势，由制造业大国转向制造业强国。其标志性指标是：高科技产品和创新产品的全球份额；国际品牌的“中国创造”产品和技术的数量；拥有核心高技术的国际性中国企业的数量；等等。

转向竞争优势实际上是比较优势的升级。就如劳动力资源丰富的优势要成为国际竞争的优势，必须有个转换过程。转换的关节点是将高新技术，包括从国外引进的高技术与丰富的劳动力资源结合，由此产生真正的比较竞争优势。如果将引进国外生产要素和国内生产要素结合进来考虑，那应该是指，将引进的国外资金、国外先进技术，同中国丰富而提质了的劳动力结合，生产在国际市场上有竞争力的产品。这时的比较竞争优势就在于，同是高技术产品，但在中国生产的科技含量更高。

---

① ［美］迈克尔·波特：《国家竞争优势》(上)，天下远见出版公司1996年版，第30页。

② ［美］迈克尔·波特：《国家竞争优势》(上)，天下远见出版公司1996年版，第37页。

第三节 国际要素自由流动中获取发展要素

一、利用外资的效应

对发展中国家来说,为了增强自己的国际竞争力,更要突出在要素的国际自由流动中获取更多的发展要素。

国际资本流动的形式很多,主要可分为三类:外商直接投资、间接投资和灵活方式的投资。外商直接投资(Foreign Direct Investment,FDI)主要是产业资本输出。间接投资是指通过贷款进行的投资,这是借贷资本的输出,其中包括私人银行贷款、国际金融组织贷款、政府贷款等。灵活方式投资是指除上述两种形式以外的各种资本输出方式,如股票投资、证券投资、补偿贸易等。国外援助也是一种利用外资的形式。我国的科技和产业落后于发达国家,尤其是缺乏资本、技术等要素,需要通过引进外资来引进技术,从而提升我国的科技和产业水平。外商直接投资的意义在于不仅带来资本,还带来技术和管理,也可能带来先进产业。因此吸引外商直接投资逐步成为引进外资的重点。2011 年,我国外商直接投资达 1 160 亿美元,全球排名上升至第二位,成为仅次于美国的世界第二大 FDI 接受国。并连续 19 年位居发展中国家首位①。到目前为止,外国直接投资已成为利用外资的主要形式,约占外资总额的 70%以上。外商直接投资同时也带来了国际市场,促进了我国出口的大幅度增长。

利用外资要付出一定的代价,即要支付利息,或分出一定的利润给外国资本。社会主义国家有效利用外资,可以增强自己的经济实力,加快社会主义经济的发展。外资引进不但引进了发展所需要的资金资源,而且引进了发展中国家更为需要的管理、企业家精神以及先进的生产技术和生产工艺。跨国公司在发展中国家的直接投资,就具有“一揽子”或“一个包裹”的性质。资金是这个“包裹”中的重要部分,因为跨国公司具有筹集资金的巨大能力。在“包裹”中,还有发展中国家更难获得的其他要素,这些要素不仅对工业化过程是十分必要的,而且对赶上一个日益复杂且迅速变化的国际社会也是必不可少的。这些要素包括先进的技术和管理方法,也包括专门的科技人才,同时还有与国际市场的广泛的现成联系。

在肯定利用外资的积极作用时,还要根据发展中国家的实际情况,指出其积极作用的有限性。发展中国家的经济增长率并不是跟国外资金占国内生产总值的比例完全成正比

① 国家统计局贸经司:《对外开放实现跨越式发展》,国家统计局网站,2011 年 8 月 21 日。

变化的。发展中国家可能缺乏外资的吸收能力，诸如缺少技术人才、基础设施、行政管理能力、灵活的经济体制以及稳定的政治环境。没有这些重要的补充投入要素，较高的投资率并不一定导致较高的经济增长率。即使具备了这些补充投入要素，也可能国为外国储蓄取代了国内的储蓄，外资的引进并没有相应地增加投资和出口而是使消费增加，出口减少。

中国开放型经济进入新阶段后，不是需不需要利用外资问题，而是如何引进和利用高质量外资问题。为了有效地吸收和利用外资，发展中国家需要在政治、法制和经济上创造有利的投资环境，同时要维护国家的主权和利益，不接受任何带有政治性条件和损害本国权益的条件，对投资项目要从宏观经济效益的角度进行比较选择。

二、利用国际发展要素

国际贸易是发展的引擎，发展中国家在其初期发展阶段可能是这样的。刘易斯(W. A. Lewis)在指出国际贸易的引擎作用时，对发达国家和发展中国家进行了比较，发现："如果增长的引擎是较发达国家的工业产品和欠发达国家的初级产品出口，那么，较发达国家的引擎就比欠发达国家的引擎转动的略为快一些"①。就是说，在发达国家出口工业制成品，发展中国家出口初级产品的国际分工格局中，发展中国家的出口依赖于发达国家的增长速度，造成了发展中国家对发达国家的依附性。发达国家始终处于主动地位。而且，在国际贸易中，初级产品和工业制成品交换的贸易条件越来越恶化。显然，发展中国家要改变这种国际贸易利益结构的基本路径就是提升自己的产业结构，提升自己的国际竞争力。其条件就是在对外开放中获取足够的国际发展要素，而当前的经济全球化就提供了这种机会和条件。

国际间的经济关系不仅包括商品的国际间流通，还包括生产要素的国际间流动，其中包括资本、技术和劳动力的流动。中国的经济发展不仅要充分利用国内资源，还要充分吸收和利用国际资源。经济资源在国际间的流通，既可通过外贸的形式，又可通过生产资本的输出和输入形式来进行，移民也是一种重要方式。

经济全球化的一个重要特征是资源和生产要素可以在国际动，一国的禀赋资源供给条件可以借助新技术革命的成果来改变，也可以借助开放获取国际生产要素来改变和优化。我国过去的对外开放重在以出口创汇来扩大购买进口品。大规模的出口和充裕的外汇，并不能自动导致积极的经济发展，中国这样的大国不可能买一个现代化回来。中国经济发展的动力主要是本国产业的国际竞争力。因此我们发展开放型经济，最终是要通过引进和采用新技术革命成果来改造传统产业，优化产业结构，改善生产要素的供给条件，从而建立起现代化的基础，这可以说是引进和利用国际资源的重点。

---

① ［英］刘易斯：《增长引擎的减慢》，《现代国外经济学论文选》第 8 辑，第 251 页。

科技和知识没有国界。根据库兹涅茨的分析,对世界范围内技术社会知识存量的开发利用,是生产高速增长和发展中国家进入现代增长阶段的标志。在他看来,不管其所用资源的来源如何,任何单个国家的经济增长都有其国外的基础,这反映一个国家的经济增长对世界知识存量的依赖性。现在各个国家都是依赖对世界知识存量的利用进入现代增长阶段的,发展中国家与发达国家的经济差距可以用对世界知识和技术存量的开发利用的差别来说明,进入现代增长阶段的时间越晚,非利用的技术和社会知识存量越大,与发达国家相比的经济劣势就越大①。我们这样后起的发展中国家,要进入现代增长阶段,就必须充分地开发世界知识和技术的存量为我所用,并且要提高利用效率。

根据库兹涅茨的观点,较迟进入现代经济增长阶段的国家有个后发优势,即进入的时间越迟,技术资源越丰富,可供选择的范围也越大。但是由于国情不同,一个国家的选择不仅取决于进入现代增长阶段的时间,还要依据这个国家的面积、自然资源、历史传统等方面的特点。

开发利用世界知识和技术存量的载体很多,其途径可能是外资的带入,也可能是人才的带入。这里特别要指出智力的引进问题。发展中国家受过教育的有技能的人才流向发达国家被称为智力外流。从一方面说这是一种人力资本的流失,但从另一方面说流入发达国家的人才在国外经过人力资本投资学得新技术后回国便成为引入利用世界知识和技术存量的载体。其利用效率也是最高的。因此,在争夺智力人才的国际竞争中,我们不必依靠封锁国际间人才流动的方式来保持人才,相反应积极鼓励并疏导人才的国际流动。我们要在竞争中吸引懂国外先进技术的人才,在现代教育的普及是利用国际发展要素的基础性条件。根据库兹涅茨的观点,无论在哪一个国家,现代经济增长都是指增加使用和分享那些超出本国传统知识的东西,而不是说一个国家对新知识的利用和分享就等于隶属别国。这意味着一个国家的经济增长日益受别国新知识的影响。因此发展中国家有效地分享世界知识和技术存量的必要途径有两个方面,一是高度重视教育事业,培养一大批能够吸收、掌握和发展现代科学技术的劳动者;二是提高献身于发展科技知识的人力资源的比例。

三、开放型经济由出口为导向转向创新为导向

我国以往的开放型经济实际上一直以出口为导向。2008 年世界金融危机爆发以来,全球化经济进入了再平衡阶段。发达经济体经济长期不景气,不发达经济体中涌现出一批新兴经济体。发展中国家对发达国家的经济依附性明显减弱,尤其是中国成为世界第二大经济体并进入中等收入国家发展阶段。在此背景下中国的对外开放战略需要调整,其国际分

① [美]库兹涅茨(Kuznets):《现代经济增长》,戴睿译,北京经济学院出版社 1989 年版,第 253 页。

工和竞争定位就是提升中国在全球产业价值链中的地位，其具体目标是，一方面提高制造业出口品的附加值，另一方面创造服务贸易新优势。再一方面是顺应要素国际自由流动的大趋势，形成要素的双向流动，即放宽投资准入和扩大境外投资。

进入新时代的中国，发展需要国内产业结构的升级，特别是发展与其他发达国家相同的新兴产业，占领科技和产业的世界制高点。相应的发展战略归结起来就是发展创新型经济。创新型经济依托的是人才、科技、管理之类的创新要素，目标是发展具有自主知识产权的核心技术和关键技术，着力于产业创新，体现增长的内生性和创新驱动性。增长的引擎转向创新驱动，不是回到封闭经济，恰恰是还要发挥开放型经济的引擎作用。当然它是在创新型经济这个主引擎作用的条件下发挥作用。开放型经济如果还要继续发挥经济增长的引擎作用，也需要转型升级，这就是以创新为导向发展开放型经济。

开放型经济以创新为导向：一方面出口替代，即依靠创新以出口高科技的绿色产品替代出口劳动密集型和资源密集型产品，也就是提高出口产品的科技含量，特别是要减少能源和环境出口（高能源消耗高污染出口品）。我们不能满足于出口品进入发达国家的超级市场，更要进入其高端市场，因此扩大战略性新兴产业产品和服务的国际市场尤为重要。另一方面进口替代，在全球产业链上替代中间产品进口，依靠增强自身科技水平和创新能力提升，进入全球价值链中高端。虽然，转向以创新为导向的出口在一段时间内会明显减少出口总量，但是这是在由单纯的追求数量转向追求效益和质量的基础上进行的，因此出口品的附加值会更高。

竞争优势需要培育。我国开放型经济转型升级的方向是着力引进创新资源，以培育产业优势。当今的国际经济是要素流动为主导的经济。过去我国通过引进外资来利用国际资源，原因是各种要素如技术和管理跟着资本走。现在转向创新驱动意味着需要转向着力引进人才，原因是各种创新要素跟着人才走。高端创新要素，特别是高端人才相当多的聚集在发达国家，需要利用开放型经济着力从发达国家引进高端科技和管理人才。

以创新为导向的开放型经济也会要求外商直接投资转型升级。过去的外商投资企业不只是以“三来一补”等方式将其利用国内劳动力和环境资源的制造环节进入我国，而且其带来的技术和产业水平基本上是其国内的成熟技术和成熟产业，不是先进技术和产业。现在以创新为导向，对进入的外资及其带来的技术就要有更高的要求，一方面要求其高新技术研发环节的进入，提高中国本土制造的附加价值。另一方面要求进入的产业是国际先进的新兴产业。鼓励外资在中国本土创新研发新技术成为吸引外资的重要导向。

首先是提高引进外资的层次，鼓励外资企业在中国本土研发、创新技术。创新无国界，创新型经济不仅指本土企业创新，也包括外资企业在中国本土的不断创新。在劳动成本和土地价格不再具有优势时，需要强化人力资本优势和创新环境，鼓励外资科技企业和研发中心的进入，促使外资进入的环节向价值链的高端环节和研发环节延伸。这样，外资进入中国所要利用的不完全是廉价的劳动力和不受约束的环境资源，而是高素质的人力资本和创新环境。国际直接投资也进入转型升级阶段也就是更多的高新技术外资替代一般技术的外资，外资将世界领先的技术和产业基地放在中国成为可能。

其次是扩大外资进入的领域。国际直接投资进入的行业由着重于制造业扩展到现代服务业。原因是创新型经济所需要的国际资源的支持不仅是制造业技术，还需要与现代服务业相关的管理和服务的支持，其中涉及金融、保险、运输、信息服务、电子商务、现代物流业等。其中服务外包又是利用我国高智力劳动力的重要途径。我国一些从事服务外包的企业和员工在参与外包服务中边干边学，提高了自身的创新能力。

第三是扩大金融的对外开放。利用国际资源不只是利用外商直接投资，还需要通过金融业的对外开放吸引和利用国际金融资本，吸引和利用外资由产业资本向金融资本拓展。其途径包括吸引国际金融机构和金融公司进入中国，鼓励中国企业到境外资本市场上市，在国际金融市场募集资金，逐步放开外国投资者进入中国资本市场的限制。尤其是要吸引国际风险投资公司进入参与我国的科技创新和科技创业。

四、以自由贸易区为引领的开放型经济载体

我国在吸引外资流入方面创新了一系列的制度。在新时代吸引外资，将着力在要素更为自由便利的流动上。

世界各个国家和地区的外向型经济区大致分为三种类型：

1. 自由贸易区

自由贸易区包括自由贸易区、免税贸易区、自由贸易港等。传统的自由贸易区（Free Trade Area，FTA）：是根据多个国家之间协议设立的包括协议国（地区）在内的区域经济贸易团体。指多个国家或地区（经济体）之间彼此给予各种贸易优惠政策（如零关税）。东盟自由贸易区就属这类。我国在 2013 年建立的中国（上海）自由贸易试验区（Free Trade Zone，FTZ）：是根据本国法律法规在本国境内设立的区域，采取境内关外的贸易行为。与国际上传统自由贸易区（FTA）多个国家多国共同制定贸易规则不同，上海自由贸易区的贸易规则由自己制定。实行准入前国民待遇加负面清单的管理方式。在自由贸易区内改革和开放的政策和措施先行先试，其中包括：扩大投资领域开放，选择金融、航运、商贸、文化等服务领域扩大开放，探索建立负面清单管理模式，逐步形成与国际接轨的外商投资管理制度；改革境外投资管理方式，支持试验区内各类投资主体开展多种形式的境外投资；推进贸易发展方式转变；积极培育贸易新型业态和功能，推动贸易转型升级；深化国际贸易结算中心试点，鼓励企业统筹开展国际国内贸易，实现内外贸一体化发展；提升国际航运服务能级；深化金融领域开放创新；建立与自由贸易试验区相适应的外汇管理体制，促进跨境融资便利化；推动金融服务业对符合条件的民营资本和外资金融机构全面开放，鼓励金融市场

产品创新;等等。我国进入新时代后,以上海自由贸易区的建立先行,至今已在各个区域建立了多个各具特色的自由贸易区。

2. 出口加工区

出口加工区是自由贸易区的一种,发展中国家建立出口加工区,主要是为了提高出口换汇能力,加速实现工业化。出口加工区一般建立在工业基础薄弱,但外部运输条件较好,经济腹地广阔的地区。出口加工区的特征是原材料供给和市场两头在外。出口加工区实行特殊的政策和灵活的措施,创造良好的环境吸引外资,发展出口加工业,对进口原材料、机器设备减免进口税,对加工出口的商品减免出口税。发展中国家的出口加工区,初期主要是为了解决区内资金不足、技术落后、就业不足等问题,通过引进外资来兴办一些劳动密集型工业,现在一些加工区已转向发展资本密集和技术密集型产业。

3. 科学工业园区

科学工业园区又称科技城或科技园。这是高层次的外向型经济区,它以集中开发新兴产业和尖端技术为目标,园内集中高科技的研究机构和大专院校,开展高、精、尖的科研活动,工程技术开发和工业生产,形成"科学—技术—生产"的综合体。园内具备各专门从事尖端技术的工业基础设施及服务设施,为专家、科技人员提供良好的工作条件和生活条件。美国在加利福尼亚州北部建立总面积为768平方公里的尖端工业中心——硅谷,就是一种科学工业园区。

世界各地除了上述三类外向型经济区外,还有各种类型的专业性外向型经济区,例如,旅游开发区、农业开发区等。出口加工区也各具特色,有的是电子业出口加工区,有的是服装业出口加工区等。

我国各地建设的各类开发区(经济技术开发区、工业园等)是开放型经济的产物,也是发展开放型经济的平台和载体。当时建设开发区的基本目标是引进国外产业和外商投资企业。开发区对外资的吸引力在于开发区的"n通一平"的基础设施,土地使用费和税收的优惠。实践证明,我国以各类开发区作为开放型经济的载体是成功的,外资在开发区集聚产生了明显的发展效应:开发区成为各个地区对外开放度最高的区域,开发区也形成了当地新兴产业的集群。

以创新为导向的开放型经济对各类开发区发展提出了转型升级的要求。现有的开发区基本上是按照世界工厂的模式建设的。开发区为之提供的条件基本上是廉价的土地和劳动力资源,以及较为宽松的环境资源容量的约束。现在在许多地区,特别是先行开放的地区,所有这些条件越来越不具备。特别是使用廉价的外来民工也接近极限。实际上,靠廉价劳动力和自然资源吸引的外资往往是科技含量低的外资,或者说高科技不在我国的外资。再加上世界金融危机爆发以后,外资远远没有危机前那么充裕。这些新问题对现有的开发区模式提出了挑战。

从我国各地发展各类开发区的实践看,开发区是产业集聚区,是先进生产要素的集聚区,是各地发展经济的增长点。开发区不仅可用于开放型经济同样也可用于发展创新型经济。特别是开发区本来就有开放的功能,将其向创新功能转型,其作用会更大。

开发区转型升级的基本方向是由原来引进国外资源和国外产业的主要载体转变为发展创新型经济的引领区。这种开发区功能的转变提出了对开发区评价标准的改变。过去开发区的主要评价标准是引进多少外资,产出多少 GDP。开发区转型的重要方面是由世界工厂向世界工厂的研发和孵化基地转型,使工业园成为高科技的孵化园。与此相应,对开发区的评价就要更多关注引进多少大学的研发机构,孵化出多少新技术、新产品。

按照发展创新型经济引领区的要求,各类开发区突出需要进行以下几个方面的建设:一是现有的许多开发区作为制造业的集聚地,也是集中排放的地方。需要按照生态文明的要求,推进低碳化建设。二是现有的开发区基本上是制造业的生产基地,是个工厂区,聚集不了高端创新创业人才。因此,需要推进开发区的城市化建设。开发区不仅要提供生产要素,还要能够提供城市要素;不仅要集聚生产要素,还要集聚城市要素。一些开发区还可以由制造业集聚区向服务业集聚区的转型,实现制造业和服务业的协调发展。三是现有开发区由重点引进外资转向引进创新资源,既要主动接受高校和科研院所的辐射,又要积极地引进世界著名科技企业及其研发中心和风险投资进入,从而使开发区工业园成为大学科技园和高端人才的集聚区。概括起来,在创新型经济中开发区体现开放和创新的结合,形成高科技制造业聚集,国际知名品牌的制造业企业聚集,高科技研发中心聚集和现代服务业聚集的集聚经济区。

我国各个地区的技术、工业基础、地理位置、腹地经济、原材料供给、运输条件等各不一样,因此各个地区发展开放型经济不能统为一个模式。各个地区需要根据各自的基础和特点,扬长避短,发挥优势,建立各具特色的外向型经济模式。各个外向型经济区在引进先进技术、引进资金及出口结构上各有特色,各自的功能与辐射作用也各有所长,各种特色浑然一体,开放型经济的整体作用将大大增强。

五、走出去和“一带一路”

习近平同志在二十国集团(杭州)峰会开幕式上的主旨演讲中指出:“坚持对外开放的基本国策,敞开大门搞建设,从大规模引进来到大踏步走出去。”在国际资本自由流动的大背景下,不仅要把外国资本引进来,中国资本也要走出去。资本的引进来和走出去并重,必将有利于进一步加快中国“走出去”步伐、构建更加完善的双向循环的开放型经济系统。

在全球要素分工体系下,中国成为世界第二大经济体后,经济发展需要充分利用国际空间。“走出去”不仅是转移过剩产能、缓解贸易摩擦的有效途径,也是直接利用海外资源、拓展外部发展空间、实现资源优化配置的必由之路,更是深化与东道国平等合作、互利共赢建立人类命运共同体的有效途径。“走出去”在很大程度上可以集中体现一个国家或地区整合和利用全球生产要素的能力以及经济国际化发展水平。近年来,随着中国“走出去”战略的实施,中国企业“走出去”的步伐正在加快。联合国贸发会议 2017 年 6 月 7 日发布的《世界投资报告 2017》统计数据显示:2016 年中国对外直接投资达到 1 830 亿美元,超过日本首次成为仅次于美国的全球第二大对外投资国。对外直接投资,虽然从规模上看,目前已经与利用外资水平相当,但是在走出去的产业领域、动机以及体制机制方面,仍然与发展高水平开放型经济差距较大。习近平曾深刻指出:“我国对外开放进入引进来和走出去更加均衡的阶段,但支撑高水平开放和大规模走出去的体制和力量仍显薄弱。”①

2013 年 9 月 7 日,习近平访问哈萨克斯坦时,在纳扎尔巴耶夫大学发表了《弘扬人民友谊,共建丝绸之路经济带》的演讲,同年 10 月 3 日,他在印度尼西亚参会时又发表了《中国愿同东盟国家共建 21 世纪海上丝绸之路》的演讲,标志着“一带一路”倡议的正式提出。“一带一路”倡议是中国贡献给世界的全球化中国版本,它的载体是陆上丝绸之路和海上丝绸之路,它的产生是基于史上进行丝绸贸易的国家间经济贸易合作。大力推进“一带一路”建设,对于形成对外开放新格局具有关键和战略性意义,甚至具有引领全局的作用。以“一带一路”为通道引进来和走出去的意义:一是,向沿线国家提供公共产品、让其分享中国经济发展的成果;二是,践行和探索包容、普惠、平衡、共赢的开放发展理念和模式;三是,加大向西和向南开放的力度以及加快开放的速度,从而拓展对外开放空间,将我国中西部地区纳入国际经济大循环,实现东中西部地区对外开放更趋平衡发展。总之,“一带一路”倡议与对外开放新格局的基本内容和内涵高度契合,以此为重点对于推动形成我国对外开放新格局具有重要战略意义。

习近平在厦门金砖国家会议上就合力打造新的全球价值链时指出:发挥产业结构和资源禀赋互补优势,培育利益共享的价值链和大市场,形成联动发展格局。借助全球价值链可以实现十九大报告所要求的:促进国际产能合作,形成面向全球的贸易、投融资、生产、服务网络,加快培育国际经济合作和竞争新优势。显然,全球价值链是我国在“一带一路”上推进的国际产能合作重要平台。全球价值链在“一带一路”国家布局,相关国家在全球价值链中可以共享中国发展成果,与中国企业互利共赢。

在“一带一路”上的国家进行境外投资,这些国家以新兴市场为主,市场成长的潜力大,风险也大,因此走出去进行境外投资都需要做好风险的防范和控制。在境外投资,投资企业可能会面临多重风险,如政治风险、战争风险、市场风险、金融风险、环境风险等。及时规避不可控的风险,积极管理可控的风险,是企业境外投资的成功的关键。

---

① 习近平:《在省部级主要领导干部学习贯彻党的十八届五中全会精神专题研讨班上的讲话》,《人民日报》,2016 年 5 月 10 日。

第十四章　经济发展的制度推动和市场化改革

经济发展的关键是制度因素，经济发展的各个要素能否有效作用，经济能否发展，经济发展能否建立在效益和效率的基础上，取决于国家的经济制度安排。我国转向社会主义市场经济体制，无论是市场决定资源配置还是政府更好发挥作用都是制度安排，既涉及宏观调控制度，又涉及市场制度；既涉及资源配置制度，还涉及分配制度。全面阐述经济制度是政治经济学的任务，本书只是突出阐述直接与发展相关的制度安排。

第一节　制度变迁和经济发展

一、发展和制度不可分

在一般的发展理论中把制度看作是既定的，不列入发展要素进行专门的考察。而在研究发展中国家的经济发展，研究由计划经济向市场经济转型的国家的经济发展时，就不能回避制度因素。从一定意义上说，这些国家的制度问题不解决，就不可能进入经济成长阶段。

对制度与发展关系的研究不在于要不要和有没有制度的问题，而在于如何使制度正确的问题，也就是建立一个有利于经济健康发展的制度。这涉及经济效率，人民福祉，宏观稳定等方面的制度安排。

在罗斯托(Roslovian)的理论中，经济起飞的三个特征之一便是："存在或迅速出现一个政治、社会和制度体系，这个体系能够发掘现代部门扩张的动力，以使起飞带来潜在的外部经济效果，并使增长具有连续性。"①库兹涅茨给现代经济增长下的定义中也包含着制度的调整："一个国家的经济增长，可以定义为向它的人民供应品种日益增加的经济商品的能力的长期上升。这个增长中的能力，基于改进技术，以及它要求的制度和意识形态的调

① ［美］罗斯托：《从起飞进入持续增长的经济学》，贺力平译，四川人民出版社1988年版，第30页。

整。”①可见制度安排在经济增长和经济起飞中的关键性作用。一个国家进入经济增长阶段依赖于国家的制度安排，就像中国 1978 年起实行改革开放，建立社会主义市场经济体制，推动中国进入快速发展的经济成长阶段。实践证明，制度改革就是解放生产力。

所谓制度，根据诺贝尔经济学奖得主诺斯（North）的解释，制度是社会中的游戏规则，是人为设计的形成人们互动关系的强制性规定。它不仅包括正式的规则（宪法、法律和法规），还包括非正式的限制（行为规范、惯例、自愿遵守的行为准则），“它是规则、规范和决定经济绩效的特定的强制性规定的混合物”②。诺斯在说明经济史时指出，制度变迁有三块基石：一是产权制度，二是保障一定产权制度的国家，三是意识形态，即一个社会共同的价值观和道德标准。现实中的制度变革基本上也是以这三个制度基石展开的。

从发展角度选择的制度，首先同效率相关。一个国家的经济资源（资本、劳动力、技术、土地等自然资源）是有限的。资源配置，一方面是指资源在各个生产部门的配置，解决生产什么、生产多少、怎样生产的问题；另一方面是在经济增长过程中各种要素的组合，各种要素如资本、劳动力、技术、自然资源各自都有不同的供求关系，资源配置就要解决最为稀缺的资源用到最为需要并能取得最大效益的地方。资源配置总是由一定的体制安排的，体制不同，资源配置的方式便不同。资源的配置效率，资源的最小成本组合，便成为体制选择的标准。就像当今世界上市场决定资源配置是最为有效的，因而就有各个国家的经济体制都向市场经济体制转型的趋势。

在现实中对体制的各种选择都是有费用的，比较体制费用便成为选择经济体制的依据，也就是诺贝尔经济学奖得主阿罗（Arrow）所说的“经济制度操作的成本”。科斯所发现的交易成本在一定意义上说就是一种体制费用，在配置资源方面，正是市场经济体制的费用比计划经济体制的费用低，所以我们选择了市场经济体制。但在市场经济体制的框架内仍然有个制度选择和调整的过程。就如斯蒂格利茨所提醒的：“许多实行市场经济的不发达国家极度贫困，尽管这些国家愿为经济转型付出代价。值得一提的是，市场经济具有多种多样的表现形式。”③

在现实的经济运行中，制度的选择和调整无时无处不在。例如，企业间的市场交易存在交易成本，通过相关企业间的并购，以企业代替市场，企业间的外部分工和交易变为企业内的管理，就可克服交易成本。当然如果企业代替市场后的管理费用低于原先的交易成本，这种企业代替市场的制度选择又是划不来的。

---

① ［美］库兹涅茨：《现代经济增长的事实和思考》，《诺贝尔经济学奖学金获得者讲演集》，中国社会科学出版社 1986 年版，第 97 页。

② ［美］杰拉尔德·迈耶，斯蒂格利茨：《发展经济学前沿：未来展望》，中国财政经济出版社 2003 年版，第 19 页。

③ ［美］约瑟夫·斯蒂格利茨：《社会主义向何处去》，吉林人民出版社 1998 年版，第 3 页。

经济发展有绩效要求。与效率相关的制度安排不仅是对制度的选择问题，还有个激励机制的建设问题。只有当制度提供了有效的激励，技术进步和资本积累才能持续地进行。其必要性同市场的信息不完全、竞争不完全相关。与此同时，无论是国家的治理还是企业的管理都存在一系列的委托—代理关系，在此过程中的监管往往是低效率的。为了避免由此带来的各种逆向选择和道德风险之类的机会主义行为，需要建立一系列的激励机制，以克服各种机会主义行为，达到经济发展的效率目标。

二、制度变迁的路径依赖

研究制度变迁和改革，必须关注转型的路径依赖。道格拉斯·诺思(Douglassc. North)指出，与技术变迁相类似，在制度变迁中，同样存在着报酬递增和自我强化的机制。这种机制使制度变迁一旦走上某一路径，它的既定方向会在以后的发展中得到强化。所以，“人们过去作出的选择决定了他们现在可能的选择”①。沿着既定的路线，制度变迁可能进入良性循环的轨道，迅速优化；也可能顺着错误的路径走下去，甚至被锁定在某种无效率的状态中。一旦进入锁定状态，需走出这种境地就非常困难。要改变这种状况，往往要借助于外部效应，引入外生变量。

制度变迁的路径依赖理论同样可以说明我国改革开放初期所形成的苏南模式和温州模式。市场化在不同地区可以有不同的发展模式，主要是各自市场化的起点不同。当年温州发展乡镇企业的主要形式是家庭工业，没有集体投入是因为这里的集体无“经济”。因此温州模式的私有化比重高，而苏南地区起步发展乡镇企业时，与其他农村地区有集体无“经济”的状况不同，这里的集体有“经济”。利用集体积累发展乡镇企业上马快，也便于上规模。因此苏南模式的集体经济比重高。环境和条件的可变性决定了发展模式的可变性。后来的发展中，无论苏南模式还是温州模式，都经历了很多方面的重要变革。从 20 世纪 80 年代末 90 年代初开始，苏南地区的经济发展就进入了新的历史阶段，呈现出许多与以往不同的新特征，其中最重要的是外向型经济、企业改制和城市化。这些重要变化进一步改变了苏南地区的经济环境，同时也大大发展了苏南模式的内涵。以乡镇集体经济为主要内容的传统苏南模式，逐渐为苏南地区自身的发展所扬弃，走上了股份化的道路。这就是苏南模式的创新。

路径依赖理论说明了经济转型不只是破旧体制，更为重要的是建新体制。根据青木昌彦的假定，经济体制所依存的历史的、社会的、技术的、经济的环境，现存的制度会改革路径，造成经济体制的路径依赖，使改革路径偏离目标。这种状况说明如果要避免改革路径偏离目标的状态，就需要解决改革路径所依赖的各种环境的改变。当制度所依存的外部条

---

① [美]道格拉斯·诺思:《经济史中的结构与变迁》中文版，上海三联书店 1991 年版，第 1-2 页。

件发生变化时,社会成员就会依据新的条件对制度安排进行修改,从而使得自己的偏好能够与这些新的制度安排保持一致并获得制度变迁带来的收益。

三、改革与发展相协调

经济体制改革是发展的强大动力。但是改革方向和道路选择是否正确,改革的步骤是否合适直接影响发展的效果。罗纳德·麦金农的“经济市场化的次序”理论就明确提出,在市场化进程中,财政政策、货币政策和外汇政策如何排次序的问题是极端重要的。政府不能、也许也不该同时实行所有的市场化措施。相反,经济市场化有一个“最优”次序,在正在实行自由化的不同的国家,这种次序也因其初始条件而有所不同。需要防止因次序颠倒而产生的经济系统的混乱①。有不少由计划经济转向市场经济的国家在其转型过程中普遍出现的经济波动、通货膨胀、通货紧缩、失业、腐败等问题。这说明改革与发展相协调的重要性。

所谓的“华盛顿共识”认为:转型有三大支柱:① 价格自由化;② 私有化;③ 宏观经济稳定化。转型应该是大爆炸型的、激进的、休克式的。所有的重大改革都应该同时进行,不能有先后顺序。实践“华盛顿共识”的典型国家是俄罗斯等苏联国家。它们重点在私有化,基本上都采用了大猛击(big bang)式的“休克疗法”战略。实行“休克疗法”的国家的通货膨胀率显著的高,经济增长率显著的低,甚至多年处于负增长。

我国的经济转型实行渐进式改革战略,实践证明,渐进式的经济转型不但不会破坏生产力,还会由于市场化改革的顺利进展而产生明显的推动经济增长的效应。在改革开放开始后的30多年中经济增长率持续处于高水平(10%左右),显著高于俄罗斯和其他东欧国家,通货膨胀率也最低。到20世纪90年代初,中国的市场化水平实际上超过了实行“休克疗法”的苏联和其他东欧国家。在此新的历史起点上,中国的市场化需要有更高的目标并且在更高的市场化水平上实现改革与发展相协调。

在1995年初世界银行组织的关于第二次转型的讨论会上,世界银行首席经济学家迈克尔·布鲁诺(Michael Bruno)就第二次转型提出了三个论题:① 转型国家稳定、自由化和经济增长的依赖关系;② 企业重组问题;③ 法制建设。这涉及反腐败问题。这三个论题也是我国改革和发展的课题。

关于建立保证经济稳定增长的机制。经济转型国家大都面临严重的通货膨胀等宏观经济问题。而且,经济转型过程中出现的不稳定因素,不仅是通货膨胀,通货紧缩也可能出现。现实中一些转型国家已经出现了经济的停滞或衰退,甚至是经济停滞与通货膨胀并存。应该说,中国的渐进式改革,由于其制度摩擦较少,能够避免破坏生产力,因而在转型

① ［美］罗纳德·麦金农:《经济市场化的次序》,上海三联书店1997年版,第5页。

阶段能够保持持续的经济增长。但是，不容忽视的是，由于两种体制交织，旧体制下单纯追求产值增长而不顾效益的行为仍然顽强地起作用。由此既可能产生经济过热，也可能产生经济过冷，反映在市场上就是通货膨胀或就业不足。显然，经济转型国家经济的不稳定可以表现为通货膨胀，也可能表现为经济停滞或衰退，也可能是通货膨胀和经济停滞结合在一起。面对转型国家通货膨胀严重和经济增长停滞的状况，研究经济发展的经济学家需要开出在改革阶段稳定和推动经济增长的药方。

关于企业重组。企业重组牵动两个方面：一方面牵动国有企业的资产结构重组。企业重组不可避免地触及国有企业及其他类型企业的产权结构变动。其目标是建立现代企业制度，首先是明晰产权，对包括国有企业在内的公有企业进行明晰产权为内容的改革，将其改制为多元股权的公司制企业，现在已经明确，股份制可以成为公有制的主要实现形式。因此，除了一部分中小企业改制为私人企业外，相当部分企业通过吸收私人资本或其他法人资本的途径形成多元股权的混合所有制企业。另一方面是企业间通过产权交易进行并购和重组。与国有经济布局调整相应，私人企业进入新的发展阶段。一是扩大规模，提高竞争力。二是市场准入，拆除私人企业进入领域的各种政策壁垒。这两个方面归结起来就是通过企业的产权重组提升企业竞争力。

关于通过法制建设克服转型阶段的腐败。经济转型时期造成不稳定的另一个问题是腐败问题。腐败可能破坏稳定甚至延缓改革的进程，因为它可能降低政府的可信度和对政府的信心。腐败在僵硬的计划经济制度中盛行，其原因是，计划经济阻碍商品和服务的自由流动。它通过分配稀缺的物品和服务为“寻租”提供刺激。计划经济制度崩溃后，本来预计合法的自由市场的规则将普遍实行，不合法的“寻租”和其他的腐败将减少，但在现实中这种效应没有出现。腐败成为转型国家的共同问题，主要原因在国家继续保持着对钱袋的控制，它们可能有“寻租”问题和其他内部交易。虽然市场化过程会因最终减少政府对经济的干预而减少腐败，但在现实中腐败没有因政府作用的减少而减少，人们可能试图在新的制度中创造新的“寻租”的路径。基于上述产生腐败的原因，克服腐败的途径不仅要求减少政府对经济的干预，还要求建立相应的法律制度。转型国家试图建立法律标准，同时在经济市场化过程中约束政府权力从而减少“寻租”的可能性。

我国确定的社会主义市场经济体制的基本框架包括以下内容：① 建立以公有制为主体多种经济成分共同发展的所有制结构。② 建立以产权清晰、政企分开、权责分明、科学管理为内容的现代企业制度。③ 建立和完善宏观间接调控体系。④ 建立统一开放的市场体系。⑤ 建立效率优先兼顾公平的收入分配体制。⑥ 建立多种形式的社会保障体系。基本框架的这六个方面解决了现代市场经济运行的基本要素。我国正在推进的供给侧结构性改革就是直接与发展相关的改革。

第二节　市场对资源配置起决定性作用

几乎在所有的发展经济学中隐含的制度前提是市场经济体制。我国的经济体制改革一开始就以市场化为取向。1992 年中共十四大就明确提出建立社会主义市场经济体制，并确认市场在国家宏观调控下对资源配置起基础性作用。2013 年十八届三中全会则明确提出，经济体制改革的核心问题是处理好政府和市场的关系，使市场在资源配置中起决定性作用和更好发挥政府作用。这是社会主义市场经济理论的重大突破。问题是“在发展中国家没有可靠的市场价格体系，企业家的供应有限，需要进行大的结构变革”①，这些正是建立完善的市场经济体制的核心内容。

一、市场决定资源配置

经济学不仅研究效率目标，更为重要的是研究实现效率目标的机制。无论是马克思主义经济学还是西方经济学，共同的结论是，在市场经济条件下，只有市场机制才能实现资源的有效配置，马克思对此的说明是：社会劳动时间在各个部门的有效分配的标准是每个部门耗费的劳动时间总量是社会必要劳动。其实现依赖于价值规律的充分作用，市场机制是价值规律的作用机制。“竞争，同供求比例的变动相适应的市场价格的波动，总是力图把耗费在每一种商品上的劳动的总量归结到这个标准上来”②。西方经济学对此的说明是福利经济学的定律，即：每一个竞争性经济都具有帕累托效率，每一种具有帕累托效率的资源配置都可以通过市场机制实现。市场按效率原则竞争性地配置资源，能促使资源流向效率高的地区、部门和企业。我国经济发展已经过了依靠资源投入阶段，资源和环境供给不可持续问题已经非常突出，确确实实到了向效率要资源的阶段，因此，将资源配置的重任交给市场就显得更为迫切。

市场配置资源的基本含义是依据市场规则、市场价格、市场竞争配置资源，实现效益最大化和效率最优化。决定资源配置的市场有两大功能：一是优胜劣汰的选择机制，二是奖惩分明的激励机制。其现实表现是市场决定生产什么、怎样生产、为谁生产。

所谓市场决定生产什么，是指生产什么东西取决于消费者的货币选票。市场要起到决定作用，不仅要求生产者（企业）自主经营和决策，还要求消费者主权，消费者自由选择。生产者按消费者需求，按市场需要决定生产什么，才能真正提供社会所需要的产品。与此

---

① ［美］杰拉尔德·迈耶，斯蒂格利茨：《发展经济学前沿：未来展望》，中国财政经济出版社 2003 年版，第 10 页。

② 马克思：《资本论》第 3 卷，人民出版社 2009 年版，第 214 页。

相应,就要取消各种政府对企业生产什么的审批。

所谓市场决定如何生产,是指企业自主决定自己的生产和经营方式,自主决定自己的技术改进和技术选择。在充分竞争的市场环境中,生产者会选择最先进的技术,最科学的经营方式,最便宜的生产方法。竞争越是充分,资源配置效率越高。与此相应的体制安排是打破各种保护和垄断,优胜劣汰,生产者真正承担经营风险。

所谓市场决定为谁生产,是指生产成果在要素所有者之间的分配,取决于各种生产要素市场上的供求关系。市场配置的资源涉及劳动、资本、技术、管理和自然资源。各种资源都有供求关系和相应的价格,相互之间既可能替代又可能补充。由此就提出资源配置效率的一个重要方面:最稀缺的资源用到最需要的地方并得到最节约的使用,最丰裕的资源得到最充分的使用。这种调节目标是由各个要素市场的供求关系所形成的要素价格所调节的。要素使用者依据由市场决定的生产要素价格对投入要素进行成本和收益的比较,以最低的成本使用生产要素,要素供给者则依据要素市场价格来调整自己的供给。与此相应的体制安排是各种要素都进入市场,各种要素的价格都在市场上形成,准确地反映各种生产要素的稀缺性,并能调节要素的供求。与此相应的制度安排是生产要素都进入市场。

市场决定资源配置突出的是市场的自主性。这种自主性不仅表现为市场自主地决定资源配置的方向,同时也表现为市场调节信号,即市场价格也是自主地在市场上形成,不受政府的不当干预。关于价格在市场上形成马克思主义经济学有过明确的规定。价格只有在竞争性的市场上形成,才能形成准确反映市场供求的价格体系,才能反映价值规律的要求。凡是能由市场形成价格的都交给市场,政府不进行不当干预。这样,市场价格信号就更为准确,市场调节范围就更为广泛。而且,市场价格形成不只是指商品价格,还涉及各种生产要素的价格体系。作为市场调节信号的价格、利率和汇率都应该在市场上形成,反映市场对各种要素的供求关系,并自主地调节各种要素的供求变动。

市场决定资源配置是一个制度系统,需要相关的体制进行全面深化改革才能实现。

二、培育充满活力的市场主体

市场经济的微观基础是充满活力的市场主体。我国原有的企业结构是以国有企业为主的公有制企业,这是计划经济的微观基础。现在转向市场经济,就得培育充满活力的市场主体。其路径就是进行所有制改革:一是进行所有制结构调整,发展多种形式的非公有制经济;二是对国有制进行产权制度和实现形式的改革。三是建立现代企业制度。

虽然市场化不等于私有化,但市场活力之源还在于不同所有制经济之间的竞争。原因是只有在不同所有者之间才能有真正意义的竞争。私有制是作为公有制的竞争伙伴,作为市场经济的重要组成部分而得到大力发展,就可以催生市场活力。

中国发展多种非公有制经济的初始阶段特征是在国家提供宽松的政策环境的条件下,

未被计划经济动用的资源（在当时数量是相当大的）被自发地用于发展多种所有制经济。因此在相当长的时期中非公有制经济的发展是无阻碍的，从而发展的速度相当迅速。

市场化改革的深入必然要触及国有制经济本身。与其他所有制经济相比国有经济的整体效益不高，其原因在颇大程度上与国有制无所不包的布局相关。第一是国有经济进入了一些本来就不需要进入又不可能占优势的行业；第二是相当的国有资本沉淀在低效益企业中。第三是由于结构性矛盾，国有资本所在的一些行业已经成为长线行业。第四，随着市场化进程的加快和国民收入分配结构的改变，国家拥有的资本金越来越不足以支撑巨大的国有经济“盘子”。在这种情况下，在相当一部分领域需要非国有经济进入。所有这些同时提出了对国有经济进行布局调整的必要性。

从国有经济的整体效益考虑，国有经济没有必要在所有行业都在数量上成为主体，国有企业将主要集中在应该发挥作用的领域。国有经济行业重组的基本趋向是：国有经济继续保持对国民经济命脉的控制，例如，铁路、航空、港口、邮电、通信、金融等；对国民经济的发展具有关键性作用，但又处于薄弱环节的基础工业部门国有经济要积极发挥作用，如能源、原材料工业，在这些行业国有经济适当集中。当然这种集中要以在其他领域的收缩为前提。在不涉及国民经济命脉的一般竞争性部门，国有经济没有占支配地位的要求，国有资本从中退出没有制度限制。根据效益标准，国有资本逐步退出低效益的企业，退出本来就没有必要也没有明显优势并且是处于结构性矛盾中的长线产业。这有利于提高国有资本的整体效益。于是就产生了多种方式的“非国有化”，其中有相当多的直接改制为民营企业。

在一般竞争性领域，也有不少信誉好，品牌好，效益也不差的国有企业。国有资本在这里就没有必要全部退出。这里有以下三方面考虑：第一，社会主义初级阶段基本经济制度要求公有制为主体和多种所有制经济共同发展两个毫不动摇。如果国有资本在一般性竞争领域连高效益企业都退出，国有资本在哪里能增值呢？国有资本在高效益企业中获利是对公有制主体地位的重要支持。特别是，信誉好、品牌好、效益好的国有企业存在本身就是公有制为主体的体现。第二，现有的国有企业并不都是像有人所说的废铜烂铁。许多先进的生产要素如较为先进的设备、人力资本还是集中在国有企业，问题是现行的产权制度束缚了其竞争力。因此对国有企业的态度不是放弃，不是任其关门破产，而是通过新的产权制度安排，来解放其竞争力。在明晰产权基础上强化竞争就能解决提高效率的制度环境。

市场化改革形成了三大活力经济：民营经济、外资经济和上市公司。这三大活力经济的重要性都在于包含了私人产权经济。因此国有经济改革的方向是与三大活力经济相接轨，具体途径包括以下三个方面：第一，国有企业吸收私人股权。其中包括公司上市进入资本市场吸收私人股权，本企业职工持股，经营者持股等形式。这些私人投资进入国有企业，不仅可以使之获得更多的扩大资本规模的渠道，也可以使之因包含私人产权而得以改制。

第二,国有企业与民营企业相互融合。国有企业与民营企业在产权结构上相互融合的途径包括国有企业吸收民营企业股权,民营企业吸收国有企业股权。在相互参股的过程中,没有必要都追求国有控股。

在改革初期,公有制和非公有制经济共同发展的结构基本上限于企业的外部关系,即在公有制企业外部发展非公有制企业。在公有制企业通过吸收私人股权建立各种类型的混合所有制企业以后,就形成在同一企业内部公有制为主体多种所有制经济共同发展的格局。实践证明这种包含私人产权的混合所有制企业具有明显的竞争优势。现实中存在的中外合资企业、股份制企业和股份合作制企业等混合所有制企业就体现社会主义成分和非社会主义成分在同一企业内部共同发展。

过去公有制的实现形式是国有企业和集体企业。现在已经明确,公有制经济不只是指公有制企业,而且还包括国有资产和集体资产。与此相应,公有制可以有多种形式,特别是包含了私人产权的各种类型的混合所有制企业也可成为公有制的实现形式。包含了私人资本的混合所有制企业,较单纯的国有企业和集体企业更有活力。

混合所有制企业的组织形式最为典型的是股份制。国有企业通过吸收各种非公有产权进行改制也要依赖股份制。正是从这一意义上说,股份制将成为公有制的主要实现形式。股份制是一种产权组织形式,它可以包容多元投资,形成多元股权的结合。根据混合经济的思路,国有企业市场化改革的基本途径是在企业中引入私人产权,甚至让民营资本控股,并在此基础上重建治理结构。上述国有企业吸收私人股权的各种途径,实际上是国有资本退出的几个方面。可以料想,今后的企业股权结构调整和整合,各类公有资本与各类非公有资本之间的相互参股,企业之间的收购和兼并,企业内控股者的变化将是市场上的一种常态。

建立股份制之类的混合所有制只是增强企业活力的重要一步,绝不意味着“一股就灵”。企业活力要能可持续还需要建立现代企业制度。这种现代企业制度包括三方面制度建设:一是建立归属清晰、权责明确、保护严格、流转顺畅的现代产权制度;二是建立协调运转、有效制衡的公司法人治理结构;三是建立企业家经营企业的职业经理人制度。

活力来自竞争。竞争也不仅在私有制企业之间,公有制(主要指公有资本控股的)企业与非公有制企业之间的竞争可能更为有效。特别是现代的竞争不仅包括效率的竞争,也包括社会责任和社会信用的竞争。这方面的竞争效果主要体现在不同所有制之间。在竞争中,国有企业(包括国有控股企业)在社会责任方面较为突出,私营企业在经济责任方面更为关注。两者的竞争包含了相互学习,从而使经济责任和社会责任都能在竞争中得到关心。

三、 建立有效竞争的市场

市场是以包含市场价格、市场竞争和市场规则的市场机制来决定资源配置的。显然,市场配置资源是否有效，前提是市场机制是否完善。就如习近平所说，我国的市场经济由计划经济转型而来，市场体系和市场秩序的混乱现象更为严重，难以实现市场配置资源的有效性。这就提出了为实现市场有效配置资源而建设有效市场的要求。

当年马克思对市场经济的经典描述是，市场上“不承认任何别的权威，只承认竞争的权威”①。根据新古典经济学的界定，市场机制有效配置资源要以完全竞争市场为基础。完全竞争市场的经典假设是：对于任何商品，在任何时间、任何地点、任何自然状态下（任何风险状态）都处于完全竞争的市场中，大量的追逐利润（或价值）最大化的厂商与理性的追逐效用最大化的消费者之间相互影响、相互作用。该模型对完全市场有几个最基本的规定：① 各种商品都要进入市场；② 各个市场是完全竞争的；③ 市场主体（厂商和消费者）都是理性的追求最大化②。

在现实中这种完全竞争市场并不存在，特别是随着资本主义自由竞争阶段向垄断阶段的发展，托拉斯、卡特尔等大的垄断组织相继出现，使得建立在完全竞争基础上的市场经济理论不能与现实情况相符。萨缪尔森讲：“一旦抛弃了完全竞争，那个推断自由放任的作用很可能导致以最有效率的方式来满足需要的看不见的手的原理就不复存在。”③这表明，竞争的制度是组织经济社会的一种办法，完全竞争是可望不可即的极点，我们能够逐步接近于完全，但永远不能达到它。问题的解决在于维持发生作用的“有效竞争”④。在不完全竞争条件下维持有效竞争实际是要维持竞争在配置资源方面的有效性。

创造“有效竞争”的市场也就是创造充分竞争的市场环境。与完全竞争市场相对应，不完全竞争市场指的是个别或少数厂商的市场占有份额达到控制市场程度的市场。经济学的一般理论指出，垄断严重削弱市场的活力，从而降低资源配置的效率。垄断价格，垄断收入，以及垄断部门的服务质量问题，本质上都是体制问题。不完全竞争市场的三种形态：完全垄断、寡头市场和垄断竞争市场。这三种形态的垄断的存在有其合理性，可以说是现实市场的常态。现代市场经济是不可能建立在分散的原子型企业基础上的。自然垄断行业的完全垄断本身就具有规模经济。由分散的生产走向生产的大规模集中，甚至出现寡头垄断的市场，本身是市场经济发展的结果。在垄断竞争市场上，许多生产者为创造自己在市场上的垄断优势而根据消费者的不同偏好提供差别性产品，本身也是竞争的产物，社会也可由此而得到利益。相互竞争的企业在达到势均力敌的境地，为避免两败俱伤，必然要主动地寻求相互合作：或者签订某种分配市场的合约，或者联合为一家企业，由此在一定范围形成的垄断会减轻各自的竞争费用，并节约社会资源。这也体现资源配置的效率。美国

① 马克思：《资本论》第1卷，人民出版社1972年版，第394页。
② ［美］约瑟夫·斯蒂格利茨：《社会主义向何处去》，吉林人民出版社1998年版，第5页。
③ ［美］萨缪尔森：《经济学》（上），商务印书馆1979年版，第190页。
④ ［美］萨缪尔森：《经济学》（上），商务印书馆1979年版，第70页。

容许波音公司与麦道公司之类的大公司合并，主要说明因素是市场规模。过去有一种理论：在一个地区、一个市场上某一种产品只有一两家公司就是垄断，这种垄断就要打破。现在的问题是市场范围扩大了，某一两家公司面对的不是本地（本国）而是面对全国乃至世界的市场①。再者，为鼓励创新，创新者所获得的专利之类的知识产权就必须在一定期限内保持垄断收益权，否则就不会有创新的动力。

基于对现代市场经济中垄断的认识，创造有效竞争的市场环境主要涉及以下制度安排：第一，把自由进入某一行业的障碍限制在最低限度，尤其是不能设置行政性的壁垒，由此强化的竞争有助于行业内的技术进步。第二，非自然垄断行业形成的完全垄断应该打破，完全垄断的行业应该严格限制在“自然垄断”行业。第三，把反垄断的重点由结构转向行为，也就是不反对在一定市场上企业合并所形成的垄断，但对利用垄断地位采取的垄断行为则坚决反对。如垄断高价、合谋、搭售、操纵市场等则是要坚决反对的。这种行为同市场机制的调节方向是明显相悖的。依据反垄断法对微软公司的搭售行为进行起诉，就是明显的例子。就我国当前来说，还需要破除政府对竞争的行政限制，地方政府和主管部门对本地区、本部门市场的保护和对落后企业的保护，政府只给某些地区某些企业提供的特殊优惠政策等是造成竞争不充分不公平的主要原因。只有破除这些竞争的行政性限制才能产生有效竞争的环境。

我国市场化改革已经近 40 年，竞争局面已经形成。按理说，企业的经济效益应该有明显提高。可是现实中，企业的经济效益不但没有提高，还有下滑的趋势。仔细分析便可发现，竞争对企业提高生产效率确实起到了明显的促进作用，企业的生产成本确实已大大降低。问题是企业间只有竞争，没有合作，出现严重的无序竞争、过度竞争、恶性竞争，造成了过高的竞争费用。在企业间竞争加剧的情况下，企业的竞争费用大大膨胀。膨胀起来的竞争费用严重地侵蚀企业的效益。在这种情况下，人们不免要提出一个问题：竞争费用这么高，竞争是否还值得？竞争作为提高效率的手段，本身也有费用，因此，对竞争也要做费用和效用的分析。如果竞争费用过高，高于竞争所产生的效率，这种竞争就是划不来的。

现代市场经济理论已经发现，市场经济作为一种资源配置方式是有成本的。交易成本包括寻找市场、寻找真实价格的信息成本、谈判成本、签订和监督契约的成本等。就信息成本来说，由于信息的不确定、不完全，获得信息有成本，就有可能产生搭卖、互惠、垄断、搭便车、舞弊等不正当交易行为。分散化市场经济也产生了巨大的广告费用和竞争费用。交易费用以及贸易伙伴的不可靠带来的费用足以高到使人们对分散化完全丧失信心的程度。

在市场经济中，客观存在着降低竞争费用的机制，这就是合作。竞争与合作相配合，便

① “竞争是受市场规模限制的，当市场规模发生变化时，竞争的效果也发生变化。……当美国市场的规模只能容纳三大厂商（指汽车公司）时，世界市场的规模则可以容纳许多个厂商。”（[美]约瑟夫·斯蒂格利茨：《社会主义向何处去》，吉林人民出版社 1998 年版，第 25 页。）

可降低竞争费用，从而放大竞争的效用。市场这只看不见的手所起的作用就是组织和协调。具体地说，市场调节面对的是各个追求自身利益的竞争者，市场调节的功能是对各个竞争者的活动进行协调，从而在各个竞争者之间建立起一定的合作关系，达到资源在各个竞争者之间最佳配置的目标。诺贝尔经济学奖获得者希克斯(Hicks)1977年在他的《经济学展望》一书的序言中指出现代市场经济同瓦尔拉斯和马歇尔描述的市场经济有明显区别，其主要体现在两个方面：① 市场不再是“原子型市场”。由于生产的集中和资本的集中，垄断性企业控制了市场，垄断企业内部的计划性会带动它所控制的市场的计划性。② 没有组织的市场已经被有组织的市场代替。在希克斯的分析框架中，市场是否有组织，可以从价格体系上反映出来。显然，市场经济是竞争和合作相兼容的经济。我们今天所讲的市场经济体制建设，绝不能仅强调放开竞争的一面，需要建立起竞争和合作相兼容的关系。

四、建立统一开放竞争有序的市场体系

针对我国市场现状，建设现代市场和完善市场机制主要涉及以下方面：

第一，建立公平开放透明的市场规则。任何游戏都有规则，市场交易也不例外。建立市场规则也就是规范市场秩序。这是提高市场调节效果，降低市场运行成本的重要途径。市场机制之所以具有有效配置资源的功能，就在于其坚持市场公平的原则。包括权利平等，机会均等，公平交易，规则公平。在这种公平竞争的市场上，企业自由进出市场，消费者自由选择，要素自由流动，交易等价交换。市场在这样的公平竞争的市场环境下配置资源，就能达到效率目标。我国目前市场竞争的不公平突出表现在三个方面：一是不同所有制经济的不平等待遇，非公有制经济实际上受到各种形式的歧视。二是存在市场垄断，相当多的属于计划经济残余下来的行政垄断，处于垄断地位的企业可以操纵市场，获得垄断收益。三是国家和地方出台的各种优惠和倾斜政策。有优惠就有歧视，政策不一视同仁，部分地区、部分企业获得某种优惠和照顾，造成竞争机会不公平，由此弱化市场机制的调节效应。建设公平竞争的市场，突出需要建设法治化的营商环境，市场规范建设主要包括三个方面。一是进入行为规范，实行统一的市场准入和市场化退出制度，在制定负面清单基础上，各类市场主体可依法平等进入清单之外领域。二是定价行为规范。价格放开不等于定价可以随心所欲，定价中的垄断性行为、倾销性行为和牟取暴利的行为都应受到限制，以免价格的暴涨暴跌。三是竞争行为规范。竞争中出现的欺诈、串谋、虚假广告等不正当竞争行为都可能造成过高的竞争费用和交易成本，并导致低效率。规范竞争的制度安排涉及两方面：一方面要有严格的保障公平公正公开的市场竞争规则，另一方面要增加市场透明度，促使厂商在市场经济中采取自愿的规范竞争行为。市场的公开透明要求建立市场信息披露制度。市场信息不完全，独享信息的一方可能垄断和操纵市场，市场交易就达不到双赢。从社会来讲就需要通过一定的制度安排来强制市场参与者披露信息，政府也要建立市场信息

披露制度,为市场参与者提供产能过剩、技术水准、市场需求等信息,由此从社会范围降低信息成本。

第二,建立统一开放的市场。统一市场可以从多角度做出规定:一是从产品和要素的流动性规定,统一市场意味着在市场上要素自由流动,企业自由流动,产品和服务自由流动。二是从各类市场主体的市场地位规定,统一市场是指各类市场主体平等地进入各类市场并平等地获取生产要素。三是从市场规则规定,各个地区的市场体制和政策统一,各个地区市场按照统一的规则运作。我国是从自然经济直接进入计划经济,又从计划经济向市场经济转型的。因此,我国的统一市场一直没有形成。在改革进程中已有的财政税收制度的改革和地区发展政策又强化了地方利益,由此产生的地方保护主义的市场壁垒,阻碍要素在自由流动中实现有效配置。现阶段建设统一开放的全国市场突出在三个方面:一是打破地方保护,地方政府对本地处于劣势的产业和企业保护,使处于竞争劣势的企业和产品因保护而不能退出市场,导致资源配置缺乏效率,不能实现资源最优配置。二是要打破市场的行政性垄断和地区封锁,实现商品和各种生产要素在全国范围自由流动,各个市场主体平等地进入各类市场交易。三是打破城乡市场分割,建设统一的城乡市场。其路径涉及提升农村市场化水平,完善农产品价格在市场上形成机制,建设城乡统一的要素市场。

第三,完善市场体系。市场体系是资源有效配置的载体。转向市场决定资源配置的特征性要求是,资本、土地、劳动力、技术等生产要素都要进入市场。只有在各种要素都进入市场系统并在市场上自由流动,才可能有现实的市场决定资源配置。各个要素市场上的供求调节各种要素的价格,从而调节各种生产要素所有者得到的报酬,才可能有效配置各种资源。由于市场经济是信用经济,资源基本上是通过信用渠道配置的,因此完善金融市场体系尤为重要。马克思当年在《资本论》中就明确提出市场充分竞争的必要条件是,资本有更大的活动性,更容易从一个部门和一个地点转移到另一个部门和另一个地点。这个条件的前提除了社会内部已有完全的商业自由外,还包括“信用制度的发展已经把大量分散的可供支配的社会资本集中起来”。在现阶段完善金融市场体系,就如十八届三中全会所指出的,主要涉及三个方面:一是各种所有制经济平等获取金融资源,允许具备条件的民间资本依法发起设立中小型银行等金融机构。二是完善金融市场调节信号,其路径是利率市场化,使利率反映资本市场供求并调节其供求。三是鼓励金融创新,丰富金融市场层次和产品。四是以金融市场作为对外开放的通道,实现国内市场和国际市场的对接。

我国由计划经济体制向市场经济体制转换也是有成本的。交易成本过大,会使实行市场经济体制划不来,因此我国建立社会主义市场经济体制应该以降低制度性交易成本为目标,一开始就要重视法制和其他制度安排,不但要降低体制建设的成本,还要使建立起来的市场经济体制中的交易成本最低。

以上各种市场建设归根结底是为了形成企业法制化的营商环境。法治化的营商环境是指市场或企业在一套行之有效、公平公正、公开透明的具体法律、法规和监管程序下运行,目的是营造依法保护企业家合法权益的法制环境,营造促进企业家公平竞争诚信经营的市场环境,营造尊重和激励企业家干事创业的社会氛围①。

第三节 兼顾公平与效率的分配制度

进入新时代以后,要解决的发展问题就不只是在低收入阶段提出的提高效率的要求,还要提出社会公平的要求,人民群众需要分享经济发展的成果。不能简单地以为只有拉开收入差距能促进效率提高。实践证明,公平正义也能促进效率提高。

一、分配和发展绩效的不可分性

分配涉及收入分配和财富分配。在各个国家分配状况与其制度密切相关。

公平目标与效率目标的关系,所有国家都要面对,都会影响经济发展的绩效。在可分配资源有限的条件下,这两个目标不可能兼得,只能兼顾,兼顾就有谁为先的问题。

发展中国家在低收入发展阶段,一般倾向于效率优先,其机制就是按效率分配资源和收入,产生的发展效应是明显的,同样不公平效应是明显的。在进入中等收入国家发展阶段以后,能否继续延续这种效率优先的分配制度和政策就需要重新研究了。就如斯蒂格利茨等所说的,"五十年前,不平等的加剧不仅被当作发展的自然伴随物,而且被认为能够实实在在地促进发展,我们今天意识到不平等的这种加剧不仅不是必然的,而且实际上对增长也是不利的"②。

高质量的经济增长所提出的发展目标,不只是国内生产总值的增长,还有减少贫困、分配公平的目标。因此,"成功的发展政策不仅必须确定实际收入怎样能以更快的速度增长,还必须确定实际收入怎样能够实现体现在发展中的其他价值。"③

在斯蒂格利茨看来,影响经济发展绩效的分配,不只是收入分配,更为重要的是财富的分配,以及由此产生的财富分配的不平等。他认为,财富分配通过许多渠道影响经济绩效,它影响代理问题(如金融市场的进入许可)的严重程度、抵御风险的能力。这些因素直接影响结果,也通过影响价格、工资、利率间接影响发展的绩效。财富分配的不平等与制度是

---

① 洪银兴:《新编社会主义政治经济学》(龙小宁执笔部分),人民出版社 2018 年版,第 329 页。

② [美]杰拉尔德·迈耶,斯蒂格利茨:《发展经济学前沿:未来展望》,中国财政经济出版社 2003 年版,第 306 页。

③ [美]杰拉尔德·迈耶,斯蒂格利茨:《发展经济学前沿:未来展望》,中国财政经济出版社 2003 年,第 17 页。

联系在一起的，主要体现在权利的不平等，如受不同群体受教育的权利、获取土地的权利、创建公司的权利不平等带来收入和财富积累的不平等。这种状况在拉美国家最为明显，其付出了经济增长长期停滞的代价。

针对收入和财富分配不公平及由此产生的经济增长停滞和出现一系列社会问题，现代发展经济学家主张通过政府的再分配来解决。他们举例说：一项成功的再分配能够卸下政府承载的其他负担。如果父母有足够的资金，他们就能对孩子的健康和教育进行投资，以致政府从这种特殊义务中解脱出来①。显然，由财富分配所影响的财富积累直接影响经济发展的能力。

正因为如此，新一代发展经济学家特别欣赏东亚国家分享增长的政策，并把分享增长看作东亚经济奇迹的一个主要说明。所谓分享增长，是指所有的人在未来的增长中都将享有一份。其依据是：市场体制在分配方面有缺陷；政府希望，迅速而广泛分享的经济福利的增长与改善能给其领导带来合法性。在东亚，特别是在新加坡，分享财富的措施与其他发展中国家的再分配方法不同，不是直接提供收入转移赠与或为特定的商品提供补贴，而是建立合适的机制。如教育，支持中小企业，政府提供住房、医疗之类的基本生活服务，增加社会和经济地位上升的机会。

二、 分配的激励功能

选择何种分配方式，与分配的功能相关。长期以来人们往往把分配看作被动的生产成果的分配，没有看到它对生产效率能起到其他机制所不可替代的作用。斯蒂格利茨等则从信息不对称等方面发现市场不完全，单纯靠市场调节不能完全解决效率问题。由此就提出分配对效率的激励功能：“如果信息不完全，效率问题和分配问题不能被如此轻易地分开。例如，不论经济是否具有帕累托效率，经济本身就取决于收入分配。”②

过去在讲到收入分配与效率的关系时往往指的是劳动效率，因此就有按劳分配的功能。现在提出效率问题就不只是劳动效率，更为重要的是资源（要素）配置效率，所谓的帕累托效率指的就是这种效率。按劳分配只能激励其中一种要素，即劳动的效率，但不能激励其他要素的效率。这就提出其他分配方式问题，按要素投入和贡献进行分配的方式（简称要素报酬）就应运而生。其功能是：不仅要刺激劳动要素所有者的劳动投入，还要刺激资本、技术、管理等要素所有者的各种要素的投入。与多种所有制形式共同发展的所有制结构相适应，社会主义初级阶段的分配结构应该是以按劳分配为主体多种分配方式并存的结构。多种分配方式的现实形式是按照要素投入取得报酬。即根据资本、劳动、自然资源、技

① ［美］杰拉尔德·迈耶，斯蒂格利茨：《发展经济学前沿：未来展望》，中国财政经济出版社 2003 年版，第 335 页。

② ［美］约瑟夫·斯蒂格利茨：《社会主义向何处去》，吉林人民出版社 1998 版，第 71 页。

术和企业家等要素在生产过程中的投入取得相应的报酬。这种要素报酬结构与要素所有权相关，即要求对各种要素的所有者支付占用和耗费其要素支付报酬。其意义在于，适应发展生产力的要求，在社会主义初级阶段需要动员包括资金、劳动、技术、企业家等各种要素足够地投入经济发展过程。这需要在收入分配体制上鼓励各个要素所有者将要素投入生产过程。按资分配、按劳分配、按技术投入分配、按企业家要素分配就能起到这种作用。

一是激励资本投入。在现阶段，发展经济需要足够的资本投入，投入资本主体不仅有国家，还有企业和私人。在多元投资主体组成的公司中就由所有者权益分配项目来实现各个资本所有者的利益。现在的关键是激励私人资本的投入。从推动经济增长的目标考虑，财产的来源及对财产的支配和使用的方向不是政治上先进和落后的评价标准。按此标准，按资分配应该是合理合法，值得鼓励的。这里有两种类型：一类是私人直接办企业雇佣劳动，作为私营企业主获得资本收入。承认按资分配就要承认其资本收入的合法性。另一类是居民将一部分不用于消费的收入，购买股票取得股息，购买债券取得债息，也可通过持有企业(包括私人企业)股权的途径获取资本收益。这类私人投资实际上就同居民将储蓄存入银行一样，区别只在于后者是间接投资，前者是直接投资。两者又有风险(收益)程度的差别，承认所有这些不同途径的资本所有权收入，并且提供不同风险和收益程度的私人投资渠道，也就提供了足够的激励私人资本投入的机制。

二是激励知识和技术投入。将技术投入列入生产价值的劳动，就有其报酬问题。技术投入的报酬，即技术投入的所有权在分配上得到体现，技术开发所付出的成本得到相应的收益。目标是调动科技人员技术开发的积极性，推进技术进步。在现实的社会主义社会，技术和管理人员的教育和培训费用固然有社会提供的部分，但其相当部分还是由私人提供的，再加上接受教育和培训的机会成本，因此技术在很大程度上仍然属于私人所有。与此相应，技术人员提出更高收入的要求是合理的。现实中的技术投入，不仅包括科技人员的劳动，还包括科技投入的凝聚或结晶，如产业化的科技成果、专利等。科技成果的价值得到科学的评价，知识产权得到保护，知识产权的收入得到体现，可以说是现阶段的要素报酬的重要方面。

三是激励经营者成为企业家。企业家是一种生产要素，是对管理素质和能力的概括。在马克思的劳动价值论中，对管理有两个方面的界定：第一，它是参与创造价值的劳动；第二，它是资本的职能。这就是马克思说的：“一切规模较大的直接社会劳动或共同劳动，都或多或少地需要指挥，以协调个人的劳动，并执行生产总体的运动……所产生的各种一般职能。……这种管理、监督和调节的职能就成为资本的职能。”[①]因此，管理投入(企业家要素投入)应该参与资本收入(利润)的分配，而不是仅得到劳动收入。根据马克思的分析，

---

① 马克思：《资本论》第1卷，人民出版社2004年版，第369页。

执行职能的资本可能有两种状况,一种是职能资本家同时执行监督和管理的劳动,另一种是将监督和管理职能交给别人。在前一种场合,企业主收入中包含了其监督和管理的报酬,而在后一种场合,监督和管理的报酬就同作为企业主收入的利润分离。在现阶段,无论是国有企业的经营者还是私营企业主都有一个成为企业家的目标和要求。企业家与创新相联系,只有不断地进行产品创新、技术创新、市场创新和组织制度创新的经营者才能成为企业家。经营者要能成为企业家除了有充分的经营自主权外,关键是在分配机制上承担创新的风险和收益。如果在分配制度上实行经营者股权,企业家通过年薪、股份等分配形式参与利润分享,体现经营者的管理才能及其投入,就可以促进更多的经营者成为企业家,克服经营者腐败,并鼓励其管理创新。

三、社会公平正义也促进效率提高

我国经济发展达到中等收入国家水平,意味着居民生活水平不但过了温饱阶段,而且已经或正在进入小康阶段。在这个阶段,居民关心教育与健康问题,也产生明显的公民维权意识,对公平性发展的诉求日益强烈。在低收入阶段为谋求发展,人们可能容忍收入差距扩大,而在中等收入阶段,人们不可能继续容忍越来越大的收入差距,更不能容忍权利的不公平以及由此产生的收入差距。而且随着改革的深化,人们对改革成果的分享存在明显差异,这在一定程度上影响了人民群众改革热情的充分发挥。在这个背景下,是否仍然强调效率优先的改革就值得思考。如果不讲公平,随之产生的社会矛盾会影响整个社会经济持续健康发展的进程。人民不能公平合理地分享经济发展的成果,就不会继续支持改革和发展。这就有必要适时提出将经济发展模式由效率性发展转向公平性发展,公平性发展涉及机会公平、权利公平、规则公平。尽管现阶段公平性发展以前一阶段的效率性发展所提高的效率为基础,但由效率性发展转向公平性发展需要新一轮改革来实现。既涉及收入分配改革,又涉及资源配置机制改革。

由效率性分配转向公平性分配,改革目标是缩小收入差距,改革对象是过去改革所形成的效率优先的收入分配体制。在政策层面上就是由允许"一部分人先富起来",转向让大多数人富起来。过去允许"一部分人先富起来",是要在体制上解决推动 GDP 增长的动力,现在解决大多数人富起来的问题,是要使广大人民公平合理地分享增长成果,这也符合邓小平的战略思想。他在 1992 年视察南方时就提出,等到沿海地区达到全面小康水平后,就要提出先富帮后富、共同富裕的要求。按此思想,转向公平性分配在收入分配体制上需要解决两个突出问题,一是提高低收入群体收入,二是扩大中等收入群体比重。与此相关的体制改革主要涉及以下三方面:

一是在初次分配领域建立提高劳动报酬比重的机制。前一时期分配的指导思想是初次分配讲效率,再次分配讲公平;相应的分配机制是初次分配靠市场调节,再次分配靠政府调节。现在为实现公平性分配,初次分配领域不能只讲效率,也要讲公平。在资本、劳动、管理、技术投入都参与收入初次分配的条件下,需建立劳动报酬增长和劳动生产率提高同步的机制。与此相应的调节机制,不能只是市场调节,更需要其他方面调节,其中包括维护劳动权益的法律规范、企业内工资集体协商机制等。只有这样,才能提高劳动报酬比重。

二是在再分配领域强化公平分配的机制。再分配更加讲公平,这是政府义不容辞的责任,需要相应的体制来保证。首先,建立以政府为主导的先富帮后富的机制,除进一步完善累进的所得税制度、转移支付制度外,当前最重要的是推进基本公共服务在城乡、区域间的均等化。在此过程中享用教育、基本医疗、公共交通等需要付费的公共服务,不仅要横向公平(谁享用谁付费),还要纵向公平(按支付能力支付),使低收入群体有能力享用基本公共服务。在前一时期改革中,市场化范围过大,把不应市场化的公共服务部门市场化了,如卖医院、卖学校、卖公共交通,一些地方政府实际上放弃了公共服务职能。现在这些公共服务应该还给政府(不排除私人办学校、办医院、办公交作为补充),以保证低收入者能上得起学、看得起病、坐得起公交。其次,完善以政府为主导的覆盖城乡居民的社会保障体系,包括基本养老保险、医疗保障体系和对困难群体的社会救助制度。应当明确,政府在社会保障体系建设中起主导性作用。

三是保障收入分配的公平权利。公平分配不是拉平分配水平,在现阶段所能做到的公平分配主要是权利的公平。目前,导致收入差距扩大的主要症结在于权利的不公平。其中,包括以权谋私和财产占有的不公平,这是人们不能容忍的。相应的改革需要从两方面推进。首先,针对以权谋私,不仅要通过反腐败途径进行惩处,更要从体制上堵塞以权谋私的漏洞,也就是不给权力设“租”和寻“租”;其次,针对财产占有的不公平,需要创造条件增加居民财产性收入。允许发展私人经济。承认财产性收入是改革的一大进展,但财产占有的差距以及由此产生的财产性收入差距,又成为收入分配差距扩大的一个重要原因。解决财产占有上的公平权利,不能走剥夺私人财产的老路,可行的是在体制上提供增加居民财产从而增加居民财产性收入的途径。包括:为居民提供更多的私人投资渠道;鼓励私人创业;保护知识产权及其收入;完善企业股权结构,允许员工持股,鼓励企业家持股和科技入股。农民也可以通过宅基地和土地承包权流转获取土地收入。依靠财产性收入的增加,让越来越多的低收入者进入中等收入群体。这部分人是发展的受益者,也是发展的推动者。而且,中等收入群体占大多数,是稳定向上的结构。贫富之间的中等收入群体越大,社会矛盾越小。

以上关于发展制度的分析表明,我国经济运行的基本格局是资源配置效率优先目标,由市场调节;收入分配主要在再分配领域贯彻公平优先目标,由政府调节。在不同的层面上充分发挥市场和政府作用,经济发展所需要的公平和效率目标将都能得到实现。

第十五章　经济发展的政府推动和调控机制

对于中国这样仍然处于社会主义初级阶段发展中国家来说，发展仍然是硬道理。市场决定资源配置可以有效提高发展效率，但需要政府推动发展。各级政府还需要承担必要的推动发展的任务。例如：推动城乡发展一体化和城镇化，发展创新驱动型经济，经济结构调整，生态和环境建设，发展开放型经济，等等。政府推动发展的机制包括发展规划和公共政策等。政府推动发展的机制需要同市场决定资源配置的机制有效配合。

第一节　政府推动经济发展的职能

一、发展经济学对政府作用的认识

长期以来对于转向市场经济的发展中国家要不要政府作用的争论一直不绝于耳。最早的发展经济学家向发展中国家推荐的发展理论，秉持其自由主义传统，对政府的作用只是限于市场失灵的范围：一是在收入分配领域中，通过收入的再分配，克服由市场制度造成的收入分配悬殊问题。二是提供市场制度不能提供的公共产品，如国防、治安、教育等。三是通过法律等途径克服市场制度可能产生的外部性问题，如环境污染。四是稳定宏观经济和维持健康的经济增长。五是以反垄断法等手段维持市场竞争秩序。

相当长的时期中发展经济学界基本上把政府和市场当作非此即彼的两种资源配置机制。传统经济学理论认为政府唯一适当的角色是界定和实施财产权并且提供公共物品。超过这个范畴，政府干预就可能是低效率、不必要，或者是妨碍生产力的。新一代发展经济学家发现，“大多数经济增长的成功事例都涉及高度的政府干预。”①因此他们认为政府同市场并不完全是对立的替代要素，可以成为补充因素，甚至是构成经济体制的必要因素。“在处理新市场失灵（不完全信息、不完全和不完全的市场、动荡的外部性、规模收益递增、多重均衡和路径依赖性），提供公共物品，满足教育、健康、减少贫困和改善收入分配等优化

---

① ［美］杰拉尔德·迈耶，斯蒂格利茨：《发展经济学前沿：未来展望》，中国财政经济出版社 2003 年版，第 296 页。

要求，提供物质和社会基础设施，以及保护自然环境等方面，政府仍然具有广泛的功能。”① 在这里，政府不只是解决市场失灵的替代机制，还能增加私人部门的发展能力。因此形成在替代发展方面政府和市场的相互依赖性。这就是世界银行报告所指出的：“没有一个计划机构能够计算和管理所有物品和服务的相对短缺性，也没有一个政府敢于没有把握地信赖自由市场。”②

发展经济学对政府推动发展方面的新认识也被东亚经济发展的奇迹所验证。世界银行 1993 年 9 月的报告《东亚奇迹：经济增长与公共政策》将东亚各国和地区经济发展所取得的不同成就归功于政府。这些国家的政府在采取控制“寻租”行为且整体上有利于市场政策框架的同时成功地解决了协调问题，包括外向型政策，金融市场的快速深化，进行人力投资积累人力资本，引进技术等③。“东亚向人们证明，国家能够在不导致高度不平等的情况下实现一个非常高的自愿储蓄率。”从而导致高增长和低不平等④。

以上政府作用的范围基本上是依据发达国家的市场失灵提出来的。发展中国家与发达国家的市场背景不尽相同，即使是独立后一开始就走市场经济道路的国家，市场的发育程度和完善程度都远远落后于发达国家，与此同时这些国家又面临着紧迫的经济发展任务。其经济发展又不能等待经济的自然发展，需要政府的推动。这意味着，政府对经济干预的范围和程度，在发展中国家有特别的内容。根据世界银行对政府公共政策的界定，政府作用的范围主要包括：宏观经济稳定，大幅度投资于人力资源，稳定可靠的金融体系，减少价格扭曲，对外技术开放等。

二、 市场经济下的政府作用

市场作用和政府作用的职能是不同的。习近平在十八届三中全会关于市场决定资源配置和更好发挥政府作用的说明时指出：科学的宏观调控，有效的政府治理，是发挥社会主义市场经济体制优势的内在要求。政府的职责和作用主要是保持宏观经济稳定，加强和优化公共服务，保障公平竞争，加强市场监管，维护市场秩序，推动可持续发展，促进共同富裕，弥补市场失灵。

在经典的市场经济理论中，市场失灵表明，假想的自由市场情形不能在没有政府的情况下实现，没有理由相信市场能够在无政府状态的假设下运行。这就提出克服上述市场失

---

① ［美］杰拉尔德·迈耶，斯蒂格利茨：《发展经济学前沿：未来展望》，中国财政经济出版社 2003 年版，第 24 页。

② 沃伦·鲍姆（Warren Baum）等：《开发投资》，中国经济出版社 1994 年版，第 24 页。

③ ［美］杰拉尔德·迈耶，斯蒂格利茨：《发展经济学前沿：未来展望》，中国财政经济出版社 2003 年版，第 226 页。

④ ［美］杰拉尔德·迈耶，斯蒂格利茨：《发展经济学前沿：未来展望》，中国财政经济出版社 2003 年版，第 308 页。

灵的政府干预的要求。政府主要的经济职能就是萨缪尔森所讲的四项:提高经济效率、改善收入分配、稳定宏观经济、维持国际收支平衡①。后来的经济学家又发现市场信息不完全所产生的新的市场失灵,即产生逆向选择和道德风险之类的机会主义行为以及劣币驱逐良币的状况,由此提出维持市场秩序的要求。

实际上,市场经济离不开政府。界定和保护产权,这是市场交易的基础和前提。谁来界定和保护产权?是国家。各个国家的产权结构,保护产权的力度是不一样的。就如诺思所说,国家要对造成经济增长、停滞和衰退的产权结构的效率负责。我国发展社会主义市场经济,需要发展多种所有制经济,无论是公有产权还是私有产权都需要国家来保护。产权不仅涉及物质产权,还涉及知识产权。实施创新驱动,最关键的是对知识产权进行保护。这是政府的重要职能。

在实践中,政府并不都是在市场失灵的领域发挥作用。政府的职能是要实现国家的福利目标,因此政府对市场不仅是替代,还是补充,而社会福利是社会所有个人效用水平的函数,社会保障、国家安全、教育等属于社会福利的内容,不可能在市场调节下的个人追求效用最大化中实现。亚当·斯密的"不见的手"理论是指每个人都追求私人利益,在一只"看不见的手"的调节下来实现社会利益。诺贝尔经济学奖得主诺斯对此进行了批评,他认为并不是所有的社会利益都是每个人在追求自己的私人利益中实现的,实际上,如果大家都斤斤计较自己的个人得失,那么许多社会利益是不能够实现的②。社会保障、国家安全、公共教育等社会福利必须由政府承担起来。

为了承担政府的职能,政府为满足居民的公共消费需要,需要通过向社会成员征税和强制转移财富的办法来筹措资金,需要以不营利为目的从事生产和提供诸如国防、治安、教育、卫生、文化、社会保障等公共服务。政府为了保证特定区域内全体社会成员的公平和公正,维护社会的稳定,采取税收、补助、转移支付等手段对各社会成员的财富进行重新分配。所有这些就形成公共经济。

社会主义经济的一个重要特征是国家作用比较强大。马克思当年在《共产党宣言》中就提出"无产阶级将利用自己的政治统治,一步一步地夺取资产阶级的全部资本,把一切生产工具集中在国家即组织成为统治经济的无产阶级手里,并且尽可能快地增加生产力的总量"③。国家的作用包括:剥夺地产,把地租用于国家支出;把信贷集中在国家手里,把全部运输业集中在国家手里,按照共同的计划增加国家工厂和生产工具;等等。

在社会主义实践中,虽然没有采取马克思当年设想的高度集中在国家手里的模式,但

---

① [美]保罗·A.萨缪尔森,威廉·D.诺德豪斯:《经济学》(英文版·16版),机械工业出版社1998年版,第35页。

② 诺思:《经济史中的结构与变迁》,上海三联书店1994年版,第59页。

③ 《马克思恩格斯文集》第2卷,人民出版社2009年版,第52页。

国家作用比资本主义国家强大是无疑的。特别需要指出的是,我国 1978 年以后推进的市场化改革,先是国家给企业放权让利,并发展多种所有制经济,后来明确发展社会主义市场经济,与此相应打破了资源高度集中与国家的经济体制。党的十八届三中全会又明确提出市场对资源配置起决定性作用。在新的体制背景下,以国家为主体的公共经济在国民经济中的份额比过去大大降低,但其作用仍然较大。这是由社会主义国家的性质决定的。首先,国家仍然保留着一块国有经济,国有经济控制国民经济命脉;其次,国家财政支出占 GDP 的份额保持在 20%上下;第三,国家主导的一些公益性项目采取 ppp 模式,吸引私人资本参加,实际上放大了公共经济。第四,国家实施的宏观调控政策的影响是全局性的,对企业和家庭运行的经济都有直接的深刻的影响。

三、 政府的发展功能

人们往往以美国为例宣扬不要政府干预经济的新自由主义,实际情况是在我们这样的发展中大国还不能不要政府。发展中国家的发展对政府也提出了要求。发展中国家由于市场没有发育成熟,而且经济处于相对落后时,要实现追赶和赶超,就不能没有政府。发展经济学普遍认为,发展中国家的经济尤其需要政府干预。韩国、新加坡的成功都是因为政府在起作用。

根据发展中国家成功的经验,尤其是我国的实践,在发动现代经济增长以后,都会面临重大的发展问题。推动发展的机制,除了充分发挥市场决定资源配置的机制外,还要充分发挥政府的推动作用,主要涉及以下方面:

第一,市场主体需要扶持。在美国,企业的总体规模足够大,一家大企业的产值规模大到超过发展中国家一国的产值总量,即“富可敌国”。在这里自然会提出不要政府干预的自由主义理论。而在我们这样的发展中国家,企业总体规模小,竞争能力弱。这样的企业要成长到能同发达国家的企业抗衡需要相当长时间的磨炼。在这里政府扶持企业成长就显得非常必要。

第二,市场需要政府培育,缺乏的市场功能需要政府弥补。在发达国家市场经济已经有上百年的发展历史,无论是市场体系还是市场组织都已趋完善。而在我国市场经济发展的历史很短,没有发育成熟。市场无论是在结构上还是在功能上都是不完全的:生产要素市场缺乏良好的组织,市场信息既不灵敏也不准确,不能及时正确地反映商品的真实成本。市场的分割、信息流动的障碍、价格、利率的管制等,扭曲了市场,价格和利率不能反映稀缺性和机会成本,消费者无法平等地获知有关产品和市场的信息,生产要素的流动受限制,价格不能成为评估和选择投资项目依据。因而市场配置资源并不那么有效。这时,政府的干预在于促进价格的真实性,信息的可获得性以及资源的流动性,从而促使市场发育。政府要采取有效的措施培育市场,政府要采用多种诱导的办法去发展市场经济,当然,政府的这些职能会随着经济的发达程度和市场的发育程度的提高而逐步减少。

第三,推动经济结构转型升级。本来结构调整是市场的事。发达国家的经济主要是增长问题,而不是发展问题,因此在那里结构调整完全可以交给市场。而在发展中国家,经济的主要问题是发展。制约发展的主要是经济结构问题,经济结构主要涉及产业结构和城乡结构,结构性问题不仅在于其失衡,尤为突出的是处于低度水准,产能过剩越来越严重,城乡差距也越来越大。针对这些结构性问题,毫无疑问应该充分发挥市场的优胜劣汰和自由选择的机制。但是对我们这样的发展中大国来说,经济结构的调整不能只靠市场,单靠市场调节,结构性矛盾不可能在短期内克服。产业结构的转型升级需要国家的产业政策来引导,尤其是前瞻性培育战略性新兴产业需要政府产业政策的引导。有重点地扶持主导产业和高新技术产业的发展,是政府推动发展的重要内容。面对城乡结构的失衡,工业反哺农业,城市支持农村也需要政府来推动。

第四,推动创新。一般说来,市场竞争能够提供创新的压力,技术创新也需要市场导向。市场在这两方面的作用应该充分发挥。但是在现代科技创新中只是靠市场是不够的,发展经济学家有个共同的观点:"在任何情况下,市场都不可能对创新提供最优的激励",因此政府发挥更大作用的方面"是作为创新的推进器"①。原因有两方面:第一,创新的知识和技术具有外溢性,社会可以从中得益,具有公共性的特点,其收益并不会收敛到某个个人。因此,创新必须有政府参与。第二,斯蒂格利茨在讲到创新中的市场和政府的关系时提出,标准的市场经济理论无法解决创新问题。因为标准的市场经济理论只是解决市场对已有资源的配置,而创新不是配置已有资源,而是创造新的资源,因此需要政府介入并推动创新驱动。其路径包括:一是国家实施重大科学创新计划,二是国家要对技术创新与知识创新两大创新系统进行集成,三是国家要对孵化新技术提供引导性投资,四是国家要建立激励创新的体制和机制,五是政府要为集聚创新要素而进行知识资本和人力资本投资。

第五,推动对外开放。发展中国家的经济发展离不开全球化经济。作为后起的发展中国家,追赶发达国家的经济发展水平需要充分利用国际资源和国际市场,其中包括开拓国际市场,引进外资和先进技术,引进创新要素以实施创新驱动发展战略。所有这些都需要国家实施对外开放战略以后才能实施。无论是出口导向还是进口替代,无论是加入 WTO 还是建立自由贸易区,无论是汇率的调整还是人民币国际化,都要依靠政府的开放政策选择和实施。

---

① [美]杰拉尔德·迈耶,约瑟夫·斯蒂格利茨:《发展经济学前沿:未来展望》中国财政经济出版社 2003 年版,第 337 页。

第二节 政府推动发展的机制

发展规划与公共政策是政府推动发展的两个重要机制。经济发展规划是有关经济发展的战略规划，是指一个国家对于社会和经济发展的全局性、长期性问题的总谋划和总方针。包括战略指导思想、战略目标、战略阶段、战略重点和战略对策等内容。公共政策是公共权力机关经由政治过程所选择和制定的为解决公共问题、达成公共目标、以实现公共利益的方案。发展规划是蓝图，公共政策是实现发展蓝图的具体措施，发展规划需要通过公共政策的推动来实现。

一、经济发展规划

发展规划具有战略性、前瞻性、导向性，在发展中国家的政府管理中具有十分重要的引领地位。发展规划在发展中国家之所以受到重视，原因在于国家规划在克服发展中的主要障碍、保持经济持续而高速增长时提供了必不可少的甚至是唯一的制度和管制机制。在发展规划基础上综合性的发展政策框架，对于促进经济增长、减少贫困方面扮演了十分重要的角色，起着非常重要色推动作用。

“经济规划可以被描述为一种政府有意识地周密尝试，旨在跨期协调长远经济决策的制定，影响、指导，甚至在某些情况下控制一个国家的基本变量（收入、消费、就业、投资、储蓄、出口、进口等）的水平和增长，从而实现一系列预先设定好的目标。简单地来讲，一个经济计划就是给定时期所要达到的一套特定的量化经济目标，并采用国家化战略来实现这些目标”①。

发展规划在第二次世界大战后几乎所有的发展中国家被最终所接受，被作为一种基本而且关键的手段指导和促进着发展中国家的经济发展。发展规划在制定中，首先是选择社会发展的总目标，然后确定各个具体目标，最后组织一个框架来实施、协调和监督发展规划。发展中国家的经济规划包括两类：一是全面规划。其目标全面、包罗万象，涵盖了国家经济所有的主要方面。例如中国的五年发展规划。“五年计划”是国民经济发展规划的一部分，主要是对全国重大建设项目、生产力分布和国民经济等做出规划，为国民经济发展远景规定目标和方向。中国从1953年开始制定并实施第一个五年计划，到2015年结束已经完成总共十二个五年计划/规划。从2016年起又开始了“十三五”规划。“五年计划”与我国经济的发展紧密结合，在中国经济发展的不同历史阶段体现出了鲜明的阶段性特征。二

① [美]迈克尔·托达罗、斯蒂芬·史密斯:《发展经济学》，机械工业出版社2011年版，第334页。

是局部计划，是国家局部经济的一部分，包括工业、农业、公共部门、外事部门等。

第二次世界大战以后发展中国家制定发展规划的目的主要包括三个方面发展规划：

1. 保持宏观经济平衡

宏观经济政策有四大目标，即充分就业、经济增长、物价稳定和国际收支平衡，其中任何一个目标的实现与否都直接关系到整个社会能否健康协调地发展。这四个宏观经济目标之间有时并不一致，甚至有一定矛盾。比如要减少失业率，就要以较高的通货膨胀率来补偿；要减少通货膨胀的压力，就要以增加失业率为代价。因此，国家必须采取一定的宏观政策，使失业率和通货膨胀率维持在社会可接受的范围，否则，社会将出现不稳定征兆。国家的远景规划可以使市场经济的发展减少盲目性，可以使企业避免决策失误，可以减少社会损失。国家利用宏观的经济调控手段干涉市场，消除“市场失灵”，维持宏观经济平衡，与微观的企业管理相结合共同构造了一个完善的市场体系，为社会整体的和谐发展奠定了基础。

2. 保证经济社会可持续发展

现代社会的经济发展常常以牺牲环境为代价，资源枯竭、环境污染等已成为全球性的问题，人类社会正面临着可持续发展的困境，世界各国都已经认识到只依靠市场经济是不能自动解决可持续发展这一难题的。1972 年 6 月召开的联合国人类环境会议明确提出了“保护和改善环境是关系到全世界各国人民幸福和经济发展的重要问题，也是全世界各国人民的迫切希望和各国政府的责任”，政府有责任、有义务规范企业行为，减少环境污染，扶持生态行业，减少资源消耗，保证社会可持续发展。

3. 资源动员和配置

发展经济学认为经济发展规划具有资源动员和配置功能，“能够帮助疏通稀有资源的配置渠道，使其流入生产效率最高的部门”①。在经济发展中，除了充分发挥市场机制的调节作用外，还需要政府依据社会资源可供量的增加和社会客观需要，制定经济增长和总量平衡计划，实行引导性的需求和供给管理，以促进宏观经济的总量安排和结构优化。一是促进资源的合理配置，提高社会总供给能力。一定量的社会资源，由于配置的不同可以有不同的产出水平。经济规划可以根据国家重点建设和市场需要，对各种社会资源配置进行规划，包括合理布局社会生产力，充分发挥各地资源优势，建立适合国情的生产结构、技术结构和就业结构，使人、财、物得以充分利用，社会总供给能力得以提高。二是协调各经济主体之间的利益关系，进而调节社会总需求。经济规划对于合理安排和处理政府、企业和个人三者之间的利益关系，对于处理积累和消费的比例关系，对于从全局出发，综合运用各种经济杠杆调节利益的分配，调节社会总需求，具有十分重要的作用。三是制定产业政策，

---

① [美]迈克尔·托达罗(Micheal Todaro)、斯蒂芬·史密斯(Stephen C.Smith)：《发展经济学》，机械工业出版社 2011 年版，第 336 页。

优化产业结构和地区布局。经济规划根据经济发展的客观要求和产业结构变动的一般规律，在充分利用市场机制积极作用的基础上，制定科学的产业政策，定向干预产业演变，优化产业结构。同时，通过投资和政策导向手段，能使地区布局趋于协调。

发展中国家的发展规划最初注重宏观发展规划，随后开始重视部门和微观的发展规划。由于第二次世界大战以后一些发展中国家的发展规划不尽理想，人们对发展规划存在争议，但是发展规划体现了政府做出了有意识的努力。发展规划取得预期效果的根本在于政策的切实可行。正如刘易斯所指出的“成功的发展规划的奥秘就在于切实可行的发展政策和良好的公共管理”①，由于发展规划实施中的不尽如人意，发展经济学产生了计划与市场的争论，针对计划失灵带来的发展规划效果不尽人意，政府失灵和对市场优于计划的偏爱重新回潮，许多发展中国家的经济学家、政府以及国际发展组织的领导者倡导更多地运用市场机制，以作为提高效率和加快发展的重要工具。最近几年来，发展经济学关于政府与市场、发展规划的争论逐渐朝着一个新的共识发展，那就是发展必须基于市场，但是必须意识到市场也有很大的可能性失灵。政府及其发展规划在提供稳定的经济环境、基础设施、公共健康、教育与培训、技术扩散、提供出口激励、帮助私人部门协调失灵、降低贫困和不平等、提供法律结构等基本公共物品方面具有广泛而综合性的作用。针对这些新的共识发展中国家开始进行一系列的改革，调整发展规划，积极发挥市场机制的作用，促进发展规划与市场机制的有机结合。

中国 1953 年开始制定并实施第一个五年计划，从“十一五”起，“五年计划”改为“五年规划”。到 2015 年年底已经完成总共十二个“五年规划”，从 2016 年开始实施第十三个“五年规划”。2016 年，诺贝尔经济学奖得主迈克尔·斯彭斯在中国“两会”召开前夕接受新华社记者电邮采访时说，“坚持制定‘五年规划’让中国受益匪浅，这一经验值得西方学习”②。西班牙的中国问题专家胡利奥·里奥斯说：五年规划在中国仍然具有重要地位，所提出的目标对公共部门仍具有重大影响力，因此对经济的管理具有决定性作用③。中国的国民经济发展规划在计划经济条件下是战略性的，转向市场经济体制后是指导性的，预测性的。

新时代的总体发展规划主要体现在《中共中央关于国民经济第十三个五年规划的建议》和十九大报告中。根据新发展理念，中国提出在 21 世纪中叶把我国建成富强民主文明和谐美丽的社会主义现代化强国的奋斗目标。现代化建设分为两个阶段：第一个阶段，从 2020 年到 2035 年，在全面建成小康社会的基础上，再奋斗十五年，基本实现社会主义现代化。第二个阶段，从 2035 年到本世纪中叶，在基本实现现代化的基础上，再奋斗十五年，把我国建成富强民主文明和谐美丽的社会主义现代化强国。从 2016 年到 2021 年实施的第

---

① ［英］刘易斯：《发展计划》，北京经济学院出版社 1988 年版，第 1 页。

② 迈克尔·斯彭斯：《中国的五年规划值得西方学习》，中国经济网，2016-03-02。

③ 胡利奥·里奥斯：《为什么 21 世纪的中国仍在制订“五年计划”》，搜狐，2015-10-30。

十三个“五年规划”要求:经济保持中高速增长。在提高发展平衡性、包容性、可持续性的基础上,到 2020 年国内生产总值和城乡居民人均收入比 2010 年翻一番,人民生活水平和质量普遍提高。就业比较充分,就业、教育、文化、社保、医疗、住房等公共服务体系更加健全,基本公共服务均等化水平稳步提高,国民素质和社会文明程度显著提高,公共文化服务体系基本建成,文化产业成为国民经济支柱性产业。生态环境质量总体改善,生产方式和生活方式绿色、低碳水平上升。能源资源开发利用效率大幅提高,能源和水资源消耗、建设用地、碳排放总量得到有效控制,主要污染物排放总量大幅减少。主体功能区布局和生态安全屏障基本形成。各方面制度更加成熟更加定型。国家治理体系和治理能力现代化取得重大进展,各领域基础性制度体系基本形成。

专项规划是针对国民经济和社会发展的重点领域和薄弱环节、关系全局的重大问题编制的规划。是总体规划的若干主要方面、重点领域的展开、深化和具体化,必须符合总体规划的总体要求,并与总体规划相衔接。

二、 公共政策

公共政策是把规划所规定的目标与任务付诸实施的工具与手段,承担着引导社会经济发展导向的作用。公共政策是指国家通过对资源的战略性运用,以协调经济社会活动及相互关系的一系列政策的总称,是公共权力机关经由政治过程所选择和制定的为解决公共问题、达成公共目标、以实现公共利益的方案。

在发展经济学看来,公共政策相当于政府社会资本。“政府社会资本能够使法律、法规、产权、教育、健康以及‘好政府’的益处具体化,在社会资本降低交易成本和信息成本,以及提高有形资本和人力资本生产率的范围内,它可以被解释为全要素生产率(索罗余值)的源泉。”①

公共政策是政府社会等社会公共权威为实现社会目标、解决社会问题而制定的公共行动计划、方案和准则,具体表现为一系列的法令、策略、条例和措施等。公共政策的功能是指公共政策在社会公共事务管理中的功效与作用。从其对发展规划实现所起到的基本积极作用来讲,主要有以下几个方面:① 分配社会资源。公共政策能将社会的公共利益按一定的标准对一定的对象进行分割,围绕一定时期和一定发展阶段的发展规划目标对全社会所拥有的资源(包括政治、经济、文化等资源)在不同地区、不同部门、不同群体之间的配置进行调节,促进发展规划的有效实现。② 规范社会行为。公共政策通过其所具有的特定的强制性规范,具有对社会公众的行为和社会发展的引导与管制作用,规范发展规划实施中的行为,推动发展规划朝着正确的目标实现。③ 解决社会问题。公共政策的制定与执

① [美]杰拉尔德·迈耶,约瑟夫·斯蒂格利茨:《发展经济学前沿:未来展望》,中国财政经济出版社 2003 年版,第21 页。

行，其目的在于解决规划实施中的社会问题。公共政策通过正向提倡、激励的方式为有关法人、自然人指明行动方向，从而使政策对象朝决策者所希望的方向努力、以决策者期望的方式采取行动，促进规划实施中社会问题的解决。④ 促进规划目标的实现。公共政策的制定与执行，其目的在于解决规划实施中的社会问题。为解决规划实施中的某个社会公共问题，政府依据特定的目标，通过政策对人们的行为和事物的发展加以引导，使得政策具有了导向性。

我国以现代化为目标，确定了中国在中长期的发展规划，制定了中国在新时代的发展蓝图，这些发展规划的实现需要一系列公共政策的推动：

1. 产业政策

从发展角度讲，产业政策是公共政策的核心。产业政策是国家制定的，引导国家产业发展方向、引导推动产业结构转型升级的政策。包括产业结构政策和产业组织政策两个方面。幼稚产业理论强调，为应对经济全球化，需要对幼稚产业的企业进行保护。产业结构政策明确产业结构转型升级的方向，涉及确定战略性新兴产业，优先发展的产业以及需要控制发展的产业等。产业组织政策涉及政府和市场对产业发展的作用，竞争和垄断政策以及产业扶持政策等。世界银行在介绍成功的东亚国家经验时发现了其作用的有限性，他们指出：许多永远长不大的幼稚产业证明，保护并不能保证使承诺的学习和规模经济得以真正实现。产业政策的效力相当差。产业政策并没有改变产业结构和生产率变化模式。因此产业政策更多地需要同市场的优胜劣汰机制结合进行。促进产业成长的基础源于学习、技术改进或赶上世界先进经验的努力。政府的作用就是在保护知识产权的基础上，推导学习，将学习和资本及技术密集型产业联系起来。

2. 财政政策

十九大报告提出“加快建立现代财政制度，建立权责清晰、财力协调、区域均衡的中央和地方财政关系”。权责清晰包括两层内容：一是根据统一领导、分级管理原则，细化中央和地方各自的行政权限、司法权限、立法权限等，基于此，明确划分中央与地方各自的财政事权；二是根据事权划分和中央与地方收入划分格局，科学核定中央和地方的支出责任及其实现方式。财力协调包括两层内容：一是中央和地方各自本级收入与所承担的支出责任相协调；二是实现中央和地方掌握的总财力与支出责任相协调。区域均衡则指，收入划分要把省际收入差距控制在合理范围内，中央对地方的转移支付省际分布合理，以及各省对下的收入划分和转移支付相对平衡。

3. 金融政策

金融要服务于供给侧结构性改革这条主线，促进金融与实体经济、金融与房地产、金融体系内部的良性循环。要建立健全科技和金融结合机制，金融创新对技术创新具有重要的助推作用。要大力发展创业投资，建立多层次资本市场支持创新机制，构建多元化融资渠道，支持符合创新特点的结构性、复合性金融产品开发，完善科技和金融结合机制，形成各类金融工具协同支持创新发展的良好局面。为保证经济健康发展，需要采取有效的措施防止金融风险。

4. 科技政策

科研院所和高等学校是源头创新的主力军，必须大力增强其原始创新和服务经济社会发展能力。深化科研院所分类改革和高等学校科研体制机制改革，构建符合创新规律、职能定位清晰的治理结构，完善科研组织方式和运行管理机制，加强分类管理和绩效考核，增强知识创造和供给，筑牢国家创新体系基础。企业是科技与经济紧密结合的主要载体，解决科技与经济结合松散问题的关键是增强企业创新能力和协同创新的合力。要健全技术创新的市场导向机制和政府引导机制，加强产学研协同创新，引导各类创新要素向企业集聚，促进企业成为技术创新决策、研发投入、科研组织和成果转化的主体，使创新转化为实实在在的产业活动。健全产学研用协同创新机制，强化创新链和产业链有机衔接。鼓励构建以企业为主导、市场为导向、产学研深度融合的技术创新体系。

5. 人才政策

人才是发展的第一要素。改革和完善人才发展机制，加大创新型人才培养力度，对从事不同创新活动的科技人员实行分类评价，制定和落实鼓励创新创造的激励政策，鼓励科研人员持续研究和长期积累，充分调动和激发人的积极性和创造性。一是改进创新型人才培养模式，增强科技创新人才后备力量。二是建立健全各类人才培养、使用、吸引、激励机制。提升人才评价的科学性。三是健全鼓励创新创造的分配激励机制。建立健全与工作业绩紧密联系、充分体现人才价值、有利于激发人才活力和维护人才合法权益的激励保障机制。构建人人能够成才、人人得到发展的人才培养开发机制。坚持面向现代化、面向世界、面向未来，充分发挥教育在人才培养中的基础性作用，立足培养全面发展的人才，突出培养创新型人才，注重培养应用型人才，深化教育改革，促进教育公平，提高教育质量。统筹规划继续教育，基本形成学习型社会。

6. 区域发展政策

按照优势互补、互利共赢的原则，区域发展政策的推动：一是建立区域协调发展的新格局。引导要素跨区域有序流动、促进产业梯度联动发展，优化区域发展结构、融合城乡发展，构建要素有序自由流动、主体功能约束有效、基本公共服务均等、资源环境可承载的区域协调发展新格局。二是加大力度支持老少边穷地区加快发展。三是进一步统筹东、中、西部和东北地区协调发展，充分发挥地区比较优势。四是以城市群为主体构建大中小城市和小城镇协调发展的城镇格局。五是建立促进区域协调发展的支持机制。中央财政要加大对欠发达地区的支持力度，改革预算制度，推进不同区域政府支出的均等化水平和公共福利均等化水平。

第三节　政府规制改革

在明确市场决定资源配置的背景下政府作用的范围后,需要研究政府如何更好地发挥作用。

一、政府作用要尊重市场规律

在市场对资源配置起决定性作用后,更好发挥政府作用的一个重要标志是政府行为本身也要遵守市场秩序。政府职能的错位、政府权力的滥用都会引起市场秩序的混乱,扰乱市场配置资源的秩序。官僚主义、“寻租”、行政垄断可以说是对政府失灵的主要说明。除此以外,“由于政策制定者个人主观认知的困难也会造成政府的失灵”①。针对这些问题,政府更好发挥作用的基本路径是政府作用机制要同市场机制衔接,政府配置公共资源同市场配置市场资源应该结合进行。其基本要求如下:

首先,需要分清政府与市场作用的边界,在此基础上,政府和市场都要充分而有效地发挥作用。这就是世界银行的《1991 年世界发展报告:发展的挑战》所指出的:高速的增长是与有效地但谨慎地减少政府的干预分不开的。政府不仅应减少在那些市场机制行之有效的部门的干预,如生产性部门,而且在那些市场机制无法发挥作用的部门应增加其职能。在政府应该起作用的地方也应最大限度地利用市场。就调整产业结构来说,政府需要采取坚决的行动改变生产和贸易的结构,但是从总体上说,政府进行资源配置的尝试,在提高经济效益方面通常是不成功的。在对外贸易、金融市场和劳动力市场上引导资源分配会使资源流入生产效率低的部门,并导致广泛的“寻租”行为。因此政府调节产业结构的作用范围有明确的限定,以世界银行为代表的亲市场学派将政府的作用限定在四个方面:① 人力投资,② 增强在国际上的竞争力,③ 开放国际贸易,④ 提供公共货物。超出上述领域,政府的干预可能通常是弊多于利。政府在这方面的基本作用是,提供稳定的宏观经济环境,高素质的人力资本,同世界经济高度的融合,企业之间的高度竞争。

其次,政府作用更多的是为市场活动创造有吸引力的外部环境。如协调区域发展,主体还是具有市场行为的企业,市场决定资源配置必然是资源流向高效率的地区,高效率的部门,高效率的企业。政府是在不改变资源在市场决定下的流向的前提下利用自己掌握的财政资源和公共资源按公平原则进行转移支付,推进基本公共服务区域均等化,或者进行重大基础设施建设为吸引发达地区企业进入不发达地区,城市发展要素进入农村创造外部

① [美]哈米德·豪斯赛尼(Hamid Housesaini):《不确定性与认证欠缺导致欠发达国家的政府失灵》,《经济社会体制比较》,2004 年第 2 期。

条件。

最后,政府作用可以利用市场方式。保护环境,这是政府的职责,但不可能都由政府包揽。政府可采取购买服务的方式,让企业参与环保建设和服务。政府也可利用排污收费和排污权交易之类的市场方式来控制排污。

二、政府规制及其改革

中共十八届三中全会提出,国有资本继续控股经营的自然垄断行业,实行以政企分开、政资分开、特许经营、政府监管为主要内容的改革,根据不同行业特点实行网运分开、放开竞争性业务,推进公共资源配置市场化。进一步破除各种形式的行政垄断。所有这些改革可以归结为政府规制的改革。

政府规制(有的地方称为政府管制)是政府的微观管理职能,旨在为市场运行及企业行为建立规则,确保市场的有序运转。政府规制是政府依据一定的规则对微观经济主体的活动进行限制和规范的行为。政府规制的主体即规制者是政府,政府通过立法或其他形式被授予规制权;政府规制的客体即被规制者是各种微观经济主体,主要是企业。政府规制的主要手段是制定和执行各种规则或制度。

政府规制是针对市场失灵的制度安排。政府规制是针对微观经济主体的行为而制定和实施公共政策的过程,是从公共利益出发制定和实施规制的过程,目的是限制被规制者滥用权力、垄断价格等行为,防止发生无效率的资源配置和确保社会公平,增进社会福利,实现社会的公共利益。

市场经济的理论与实践都证明竞争产生效率,因此市场上需要反垄断,尤其是反垄断行为。这里讲的政府规制是针对在一定时期允许存在垄断的领域所要进行的规制,主要是涉及由于生产和配送方面的规模经济效益、网络经济效益、范围经济效益、沉淀成本、资源稀缺性等原因,被限定为一家或极少数几家的产业。包括自然垄断行业和少数非自然垄断行业。在这里,由一家或极少数几家企业提供产品或服务,通常比多家企业提供相同数量的产品或服务能实现最大生产效率,即达到最小平均成本。政府对垄断行业的规制是为了防止发生低效率的资源配置和确保利用者的公平利用。在自然垄断产业的经营企业,具有相当大的市场垄断力量,存在企业和消费者之间的信息不对称,如果政府不对这些企业进行规制,他们就会利用其垄断力量和垄断地位,通过制定垄断高价谋取超额垄断利润,损害用户和消费者的利益,从而扭曲社会分配效率。因此,政府规制的又一任务是防止企业利用其垄断地位谋取高额垄断利润,保护社会公共利益。

对允许存在垄断的领域,政府规制是政府利用法律权限,通过许可和认可等手段,对企业的进入、退出、价格、服务的数量和质量、投资、财务、会计等方面的活动所进行的规制。具体包括:

1. 进入和退出的规制

进入规制首先是指政府对企业进入某一产业的规制。政府对产业进入进行规制的主要目的,一是将企业纳入依法经营、接受政府监督的范围。二是为了获得产业的规模经济效益、范围经济效益。三是为了有效限制生产者和消费者的数量,防止过度竞争。退出规制是政府为了保证供给的稳定性,对企业实行退出规制,目的是保证社会公众的消费利益不受到损害。如果企业从自然垄断产业中退出,会使供给得不到保障,损害社会公众的利益。为此,政府必须规定企业退出该供给要对该供给有某种替代形式,以承担退出该产业的"供给责任"。

2. 价格规制

它主要指在受规制产业中,政府从资源有效配置和服务的公平供给出发,对产业价格体系和价格水平进行的规制,以限制垄断企业制定垄断价格。价格规制的内容有:第一,价格水平的规制。政府可以采取规定最高限价的方式来规制企业的价格或收费水平。第二,价格结构的规制。价格结构是指将企业提供的商品或服务的价格与商品或服务的实际需求结构结合起来的各种价格或收费组合。价格结构规制的目的是监督企业如何把许多共同成本合理地分摊到各种商品或服务之中,由不同类型的顾客分担,既保证价格结构有利于实现资源的充分利用,又防止发生不适当的价格或收费歧视,确保收费合理和公正。

3. 数量规制

它是指在自然垄断产业中,政府为了防止因投资过多(过少)或产出过多(过少)而造成价格波动、资源浪费或有效供给不足而采取的规制。数量规制的主要手段除了产量规制,更为重要的是投资规制。广义的投资规制包括对实业投资和金融投资的规制;狭义的投资规制是指实业投资的规制,主要包括对被规制者投资项目的立项决策、项目能力、项目收益的审核和批准。政府规制者既要鼓励社会投资,以满足不断增长的商品和服务的需求,又要防止重复投资和过度竞争,还要对投资品的最优组合进行规制,以保证投资收益。

政府规制实施的效果表明,政府规制的效果并不理想。对自然垄断行业的管制中,政府通过限价政策来消除垄断企业的超额利润。然而在垄断企业的平均成本随产量的增加而下降的情况下,企业的边际成本小于平均成本,若政府规定价格等于边际成本,则垄断企业必然会以减少产量供给来减少管制带来的损失。现实中往往是政府限价垄断企业产品供不应求,就是这个原因。另一类是对非自然垄断行业的管制,规制的主要方式是限制进入,保护现有厂商而反对新的竞争者。其结果往往导致成本和价格的提高。

斯蒂格勒以国家干预产业结构为例说明国家管制成本:国家可以而且确实通过禁止或强制,取走或给予资金等方式有选择地帮助或损害了许多产业。国家拥有一种在纯理论上即使是最有势力的公民也不能分享的资源:强制权。国家可以通过税收获取金钱,还可以决定资源的运动和在未经同意的情况下制定家庭和厂商的经济决策。这些权力就为一个产业利用国家提高盈利提供了可能性。一个产业谋求从国家得到的主要政策有四种：① 直接的货币补贴；② 阻碍新竞争者的进入；③ 对替代品和补充品生产的干预；④ 固定价格。当一个产业取得国家的权力支持时，该产业得到了好处，但其他人则会受到损害，这是国家管理成本的一个方面。

现实中，规制机构和部门的垄断造成的低效率问题已经非常严重，改革政府规制成为必要。20 世纪 80 年代，世界各地在电信、电力、铁路、煤气、自来水等自然垄断产业中掀起了"管制改革"的浪潮，由垄断走向竞争已成为世界各地自然垄断产业市场化改革的主导趋势。

2014 年诺贝尔经济学奖得主梯若尔和拉丰共同开创了激励理论的一个最新的应用领域——新规制经济学，代表性著作有《政府采购和规制中的激励理论》(1993)和《电信竞争》(2000) 。他们探索将信息经济学与激励理论的基本思想和方法应用于垄断行业的规制理论的道路。创建了一个关于激励性规制的一般框架，成功地解决了不对称信息下的规制问题。根据他们的理论以及一些国家规制改革的实践，规制改革理论主要涉及以下内容：

首先，规制改革的必要性于，在政府与企业的信息不对称条件下，市场竞争和监控结合，可以使高效能的激励方案得以实施。

其次，规制改革的可能性在于：科技进步和企业组织创新的成果的推动。信息技术的普遍运用，使得某些受规制产业的性质发生了巨大变化，不再具有自然垄断的性质。就是说，由于技术的发展，使得自然垄断的边界发生了变化，出现了产业间的替代竞争，例如，电报被传真代替，电话被移动通信所代替。这使对相关行业的规制手段失去了现实的必要性，因此技术的创新推动了规制的放松。一些原先规制的部门交给市场可能更有效率。专业化分工的发展也改变了自然垄断的范围。一般来说，在某个自然垄断产业的新生期，市场容量小，生产过程的各个环节因规模较小，因而企业大都是垂直一体化的全能型企业。随着产业的发展和产业需求的扩大，各个生产环节的规模大到足以独立进行，企业内部的垂直一体化分工便转化为社会专业化分工。其中有相当部分生产环节不具有自然垄断性质。就如电力，其中的发电环节、电力设备生产环节就具有明显的竞争性。因此在电力行业之类的自然垄断行业可能分离出相当多的部门，退出政府规制的范围。

最后，规制改革的主要走向是放松管制、引入竞争。转向激励性规制，所谓放松规制，是指市场调节更有效率的部门退出政府规制；所谓引入竞争机制，是指让有效率的竞争者进入，把竞争机制引入自然垄断产业，可以提高规制部门的效率；所谓激励是指以业绩为基础，在激励与单纯获取政府收入之间权衡，选择激励可以换来成本降低和效益的提高①。

---

① [法]让・拉丰(Laffont)：《电信竞争》，人民邮电出版社 2001 年版。

具体地表现在以下方面：

一是规制的放松，哪个部门市场调节更有效率，政府规制就要从哪个部门退出。具体地说，政府规制的领域只能限于自然垄断领域，非自然垄断行业应该逐步退出政府规制的范围。针对不再具有自然垄断性某些产业部门如电信产业，退出政府规制，使其转为竞争性行业。针对某些产业环节适合于竞争而其他环节适合于垄断经营的混合产业结构，规制改革的措施是，将竞争性业务从垄断性业务中分离出来，并防止在某个产业环节居于垄断地位的厂商将其垄断势力扩展到该产业的其他环节。例如电力行业规制改革，只是保留网络部分的垄断和国家定价，而把发电、电力设备生产、供电服务等环节作为竞争性环节交给市场。

二是在规制部门引入竞争，开放自然垄断产业市场，允许国内外新企业进入，强化市场竞争及其对经济效率的刺激作用。相关的措施式有：对价格规制、进入规制、投资规制等主要政府规制项目，由认可制转变为许可制，或由许可制、认可制转变为申报制，以缩小政府规制涉及的范围。

三是对规制企业提供激励。对被规制的企业实行政企分离，使自然垄断领域的经营企业成为自主经营、自负盈亏的竞争主体。首先，建立以业绩为基础的规制。给予被规制企业提高内部效率刺激的激励性规制。其次，赋予被规制企业以更多的确定商品价格或服务收费的自由度，使被规制企业更加趋于按商业原则经营。各种激励性规制方式使企业受到了利润刺激或竞争的刺激，对于促进企业降低成本、提高生产效率以及资源配置效率具有积极意义。但是，各种激励性规制方式也不是尽善尽美的，需要在转型实践中不断完善。

我国在明确市场对资源配置起决定性作用后，政府推进“放管服”改革，大幅度取消行政审批，简政放权，创新和加强监管职能，转变政府职能，对市场主体由行政干预转向服务，优化营商环境。

主要参考文献

埃弗里特·M.罗吉斯等:《乡村社会变迁》,浙江人民出版社 1988 年版。

波金斯:《发展经济学》(第六版),中国人民大学出版社 2013 年版。

波特:《国家竞争优势》上,天下远见出版公司 1996 年版。

陈其荣:《诺贝尔自然科学奖与创新型国家》,载于《上海大学学报》,2011 年第 6 期。

科尔内:《短缺经济学》,高鸿业校,经济科学出版社 1986 年版。

费景汉、拉尼斯:《增长和发展:演进观点》,商务印书馆 2004 年版。

弗里德曼:《自由选择》,商务印书馆 1982 年版。

富兰克·奈特:《风险、不确定性和利润》,中国人民大学出版社 2005 年版。

郭熙保编:《发展经济学经典论著》,中国经济出版社 1998 年版。

郭熙保:《发展经济学》,高等教育出版社 2012 年版。

赫希曼:《经济发展战略》,经济科学出版社 1991 年版。

霍利斯·钱纳里:《结构变化与发展政策》,朱东海等译,经济科学出版社 1991 年版。

杰里米·里夫金:《第三次工业革命》,中信出版社 2012 年版。

金德尔伯格:《经济发展》,上海译文出版社 1986 年版。

卡尔·夏皮罗、哈尔·瓦里安:《信息规则》,中国人民大学出版社 2000 年版。

库兹涅茨:《现代经济增长》,戴睿译,北京经济学院出版社 1989 年版。

廖理等:《探求智慧之旅》,北京大学出版社 2000 年版。

刘易斯:《二元经济论》,北京经济学院出版社 1989 年版。

刘易斯:《增长和波动》,华夏出版社 1987 年版。

罗伯特·希勒:《金融新秩序》,中国人民大学出版社 2004 年版。

罗斯托:《从起飞进入持续增长的经济学》,贺力平译,四川人民出版社 1988 年版。

迈耶,斯蒂格利茨:《发展经济学前沿:未来展望》,中国财政经济出版社 2003 年。

迈克尔·托达罗,斯蒂芬·史密斯:《发展经济学》,机械工业出版社 2014 年。

麦金农:《经济发展中的货币和资本》,上海人民出版社 1997 年版。

麦金农:《经济市场化的次序》,上海三联书店 1997 年版。

曼昆:《经济学原理》,三联书店 1999 年版。

缪尔达尔:《经济理论和不发达地区》,伦敦达克沃斯出版公司 1957 年版。
缪尔达尔:《亚洲的戏剧》,北京经济学院出版社 1992 年版。
佩鲁:《增长极概念》,载于《经济学译丛》1990 年第 3 期。
钱纳里:《工业化与经济增长的比较研究》,吴奇等译,上海三联书店 1989 年版。
让·拉丰:《电信竞争》人民邮电出版社 2001 年版。
萨缪尔森:《经济学》,商务印书馆 1979 年版。
瑟尔瓦尔:《增长与发展》,中国人民大学出版社 1992 年版。
世界环境和发展委员会:《我们共同的未来》,吉林人民出版社 1997 年版。
世界银行:《2009 年世界发展报告:重塑世界经济地理》,清华大学出版社 2009 年版。
舒尔茨:《改造传统农业》,商务印书馆 1987 年版。
斯蒂格利茨:《社会主义向何处去》,吉林人民出版社 1998 年版。
斯蒂格利茨:《稳定与增长》,中信出版社 2008 年版。
斯蒂格利茨:《不平等的代价》机械工业出版社 2013 年版。
速水佑次郎、拉坦:《农业发展的国际分析》,中国社会科学出版社 2000 年版。
索罗:《论经济增长》,载廖理等:《探求智慧之旅》,北京大学出版社 2000 年版。
托马斯·皮凯蒂:《21 世纪资本论》,中信出版社 2014 年。
谭崇台:《发展经济学》,上海人民出版社 1989 年版。
肖:《经济发展中的金融深化》,牛津大学出版社 1973 年版。
热若尔·罗兰:《发展经济学》,人民大学出版社 2016 年版。
张培刚:《发展经济学》,北京大学出版社 2009 年版。
姚洋:《发展经济学》,北京大学出版社 2018 年版。
谭崇台、王爱君:《发展经济学通俗读本》,江苏人民出版社 2017 年版。
洪银兴:《可持续发展经济学》,商务印书馆 2000 年版。
洪银兴:《产学研协同创新研究》,人民出版社 2015 年版。
洪银兴、安同良、孙宁华:《创新经济学》,江苏人民出版社 2016 年版。
洪银兴:《中国经济学发展:理论 实践 趋势》,南京大学出版社 2015 年版。
洪银兴、任保平:《经济新常态下发展理论创新》,经济科学出版社 2017 年版。
洪银兴:《经济转型与发展之中国道路》,高等教育出版社 2014 年版。
洪银兴:《创新型经济:经济发展的新阶段》,经济科学出版社 2014 年版。
洪银兴:《发展经济学与中国经济发展》(第二版)高等教育出版社 2005 年版。
洪银兴、林金锭:《发展经济学通论》,江苏人民出版社 1990 年版。

重要术语索引

后　记

发展是永恒的主题。无论是学术界，还是经济管理部门和实业界都离不开发展二字，必须高度关注经济发展的理论进展，尤其是对发展中国家来说。经济发展用马克思的话来说就是发展生产力。就研究发展生产力来说，有两个学科：政治经济学根据生产力发展需要研究生产关系（经济制度），发展经济学则是研究生产力自身发展的规律。

已有的发展经济学基本上是以西方经济学范式建构的，虽然其中不乏研究经济发展可取的理论和方法，但总体上正在走下坡路。与之相反，以中国经济发展为对象讲中国发展故事的中国发展经济学（我称为新发展经济学）则方兴未艾。已有的发展经济学一般都是面对贫困的发展中国家研究摆脱贫困实现经济起飞；新发展经济学则是基于中国全面小康社会即将建成，并开启现代化的历史起点，研究建设全面小康社会建设的中国实践，探索社会主义现代化建设的中国道路，尤其是要面对经济发展由高速增长转向高质量发展的新时代特征，回答实现高质量发展的时代课题。

基于以上考虑，我 2017 年在《中国工业经济》第 5 期发表了《进入新阶段后中国经济发展理论的重大创新》一文，全面阐述我国发展进入新阶段后中国经济发展理论的九大创新，并且在教育部高教司先后在辽宁大学和西北大学组织的研讨会上就此问题进行演讲。高等教育出版社的刘清田听过后强烈要求我写一本《新发展经济学》，我和西北大学任保平教授接受了这个任务。正在写作过程中，2018 年国家社科规划办委托我承担“新时代中国特色经济学基本理论问题研究”的国家社科基金的重大研究专项课题，本书也就同时成为该项课题的阶段性成果。根据习近平总书记关于建设中国特色哲学社会科学理论资源的讲话精神，本书在建构中国特色发展经济学中体现以下三点：第一，以马克思主义经济学为指导，尤其是以习近平新时代中国特色社会主义经济思想为指导，充分体现新发展理念。第二，问题导向，讲中国故事。第三，批判吸收世界范围经济学的创新成果，尤其是发展经济学领域中积极的理论成果。

发展经济学是我长期从事的研究领域。早在 1990 年我就同林金锭在江苏人民出版社出版第一本《发展经济学通论》。2001 年在高等教育出版社出版《发展经济学与中国经济发展》，该书被教育部列入研究生教学用书，2005 年出版第 2 版。2014 年和孙宁华合作在南京大学出版社出版《中国经济发展：理论、实践、趋势》，2017 年该书入选国家社科规划办中华外译项目。2017 年我和任保平在经济科学出版社出版专著《经济新常态下发展理论创新》。列出这些，是要说明这次出版的《新时代发展经济学》是过去研究的延续，包含了知识的长期积累，但绝不是重复。本书依据进入新时代后的新课题不仅在体系结构上，而且对许多经济发展理论进行了创新性研究。

本书体系结构的安排以问题为导向。以进入新时代为第一章，第二、三章为一个板块阐述新时代发展的中心和目标；第四、五章为一个板块，阐述经济发展的方式；第六、七、八章为一个板块，从扩大内需和供给侧改革两侧阐述经济发展的动力；第九、十、十一章为一个板块，从产业、城乡和区域三个方面阐述经济发展的结构；第十二、十三、十四、十五章为一个板块，从金融、开放、市场和政府等方面阐述推动经济健康发展的保障体系。

本书由我和任保平教授共同完成。本书初稿完成后在高等教育出版社的主持下在北京举行了审稿会，出席审稿会的专家有：逄锦聚（南开大学）、黄泰岩（中央民族大学）、邱海平（中国人民大学）、黄桂田（北京大学）。各位专家对本书出版价值和本书所达到的学术水平给予了充分的肯定，同时也中肯地提出了一些修改意见，在此对各位专家表示深深的谢意。

感谢高等教育出版社刘清田先生的选题策划，感谢刘清田和王琮女士在编辑本书中的辛勤劳动。

洪银兴

2019 年 5 月

图书在版编目(CIP)数据

新时代发展经济学 / 洪银兴,任保平著. --北京:
高等教育出版社,2019.10
(中国特色经济学丛书 / 洪银兴主编)
ISBN 978-7-04-052721-6

Ⅰ. ①新… Ⅱ. ①洪… ②任… Ⅲ. ①发展经济学-
研究-中国 Ⅳ. ①F120.4

中国版本图书馆 CIP 数据核字(2019)第 201238 号

策划编辑 刘清田 王 琼　　责任编辑 王 琼　　封面设计 张 志　　版式设计 杜微言
插图绘制 于 博　　责任校对 窦丽娜　　责任印制 赵义民

出版发行	高等教育出版社	网　　址	http://www.hep.edu.cn
社　　址	北京市西城区德外大街 4 号		http://www.hep.com.cn
邮政编码	100120	网上订购	http://www.hepmall.com.cn
印　　刷	北京中科印刷有限公司		http://www.hepmall.com
开　　本	787mm×1092mm　1/16		http://www.hepmall.cn
印　　张	18.5		
字　　数	360 千字	版　　次	2019年10月第 1 版
购书热线	010-58581118	印　　次	2019年10月第 1 次印刷
咨询电话	400-810-0598	定　　价	68.00 元

物 料 号　52721-00